신편 중국철학사

A NEW HISTORY OF CHINESE PHILOSOPHY

Joon-yon Hwang

Simsan

신편 중국철학사

황준연 지음

심산

황준연(黃俊淵)

—1948년 전남 목포 출생.
—연세대학교 문과대학 철학과 졸업.
—성균관대학교 대학원 동양철학과 석사, 철학박사.
—이탈리아 동방학대학(Napoli) 아시아학과 계약교수.
—산똥사회과학원(濟南) 유학연구소 객원교수.
—산~시사범대학(西安) 중국사상문화연구소 방문학자.
—캘리포니아대학(Berkeley) 중국학연구소 방문학자.
—현 전북대학교 윤리교육과 교수.
—『율곡 철학의 이해』(서광사, 1995),
『이율곡, 그 삶의 모습』(서울대학교출판부, 2000),
『한국사상과 종교 15강』(박영사, 2007),
『실사구시로 읽는 주역』(서광사, 2009),
『중국 불교와 도교 수행자를 찾아서』(역서, 심산, 2009) 외에 다수의 저술과 논문이 있다.

신편 중국철학사

초판 1쇄 인쇄 2009년 7월 5일
초판 1쇄 발행 2009년 7월 10일

지은이 | 황준연
펴낸이 | 최원필
편 집 | 김미량
펴낸곳 | 심산출판사
주 소 | 서울시 은평구 불광동 219-7 예은 101
전 화 | 02-357-0633
팩시밀리 | 02-357-0631
E-mail | simsan@korea.com
등 록 | 제1-2114호(1996년 11월 28일)
I S B N | 978-89-89721-86-4 93150
※ 책값은 뒤표지에 표시되어 있습니다.

이 책을 故 산~시(陝西)사범대학

자오지후에이(趙吉惠, 1934~2005) 교수의 영전에 바친다.

❀차 례

부록

일러두기

가. 장절(章節)의 번호

① 1.1은 제1장의 제1절과 같다.

② 1.1.1은 제1장 제1절 제1항과 같다(이하 동).

③ 항 이하의 단위는 ① ② ③ 등의 숫자로 표시한다.

④ 항목의 최소 설명 단위는 알파벳 소문자 ⓐ ⓑ ⓒ 등으로 표시한다.

나. 부호의 용례

① 『 』 독립된 문헌(저술)

② 「 」 독립된 문헌 속의 편명 혹은 분량이 작은 논문류의 저술

③ " " 인용문

④ ' ' 강조어 또는 인용문 속의 인용

⑤ ― ― 보충 설명문. ( )와 같은 용례로 쓰인 경우도 있음

⑥ [ ] 한자어와 한글 발음이 일치하지 않는 경우

다. 책에 대한 표시

① 본문에서는 저자, 책 이름, 출판년도의 순서로 표기한다.

② 출판사는 필요한 경우를 제외하고 참고문헌에서 밝힌다.

③ 출처 쪽수는 필요한 경우에 언급한다.

④ 한글로 번역되지 않은 외국 문헌의 저자와 서명도 한글 표기를 한다.
예) 지엔뿨짠(翦伯贊), 『선진사先秦史』, 2001.

⑤ 참고문헌은 국내, 중국, 일본, 서구 학자의 순서로 배치한다. 외서의 한국어 번역본의 경우는 원본 뒤에 소개하되, 괄호 속에 넣는다.

라. 한어(중국어) 발음 표기

① 서명(書名)은 한글 발음대로 표기한다.

② 인명(人名)과 지명(地名)은 한어(중국어) 발음을 따른다. 이 경우 한글 표기에 '최영애－김용옥 한어병음 표기법'(C.K. System)을 적용한다.

③ 인명의 표기에서 일가(一家)를 나타내는 '자'(子)의 사용을 피하고 본명을 사용한다. 일반 호칭에서 호(號)의 표기를 지양한다. 이는 선현(先賢)을 관습적으로 존경하기보다 한 사람으로서 개성을 중시하는 차원의 배려다.

예) 공자 → 콩치우(孔丘), 맹자 → 멍커(孟軻), 순자 → 쉰쿠앙(荀況)
노자 → 라오딴(老聃), 장자 → 주앙저우(莊周), 장횡거 → 장짜이(張載)
정명도 → 츠엉하오(程顥), 정이천 → 츠엉이(程頤), 주자 → 주시(朱熹)
육상산 → 루지우위앤(陸九淵), 왕양명 → 왕서우르언(王守仁)

④ 지명에서 성(省)과 도시 이름은 중국어 발음을 따른다. 소수민족의 이름 과 시(市), 현(縣), 자치구(自治區)의 행정 단위는 한글 발음으로 표기한다.

예) 山東省 → 싼똥 성, 濟南市 → 지난 시
廣西壯族自治區 → 꾸앙시 장족 자치구

⑤ 산(山) 이름은 한글 발음으로 표기한다. 산과 사람 이름이 중복 사용될 경우, 사람은 중국어 발음으로 적는다.

예1) 廬山(lu2 shan) → 여산, 지앙시 성 지우지앙 시(九江市) 소재의 산
예2) 藥山(yao4 shan) → 약산, 후난 성 횡저우(澧州)에 있는 산 이름
藥山(yao4 shan) → 야오산 웨이옌(惟儼), 사람 이름
예3) 南岳(nan2 yue) → 남악 형산(衡山), 후난 성(湖南省)에 있는 산 이름
南岳(nan2 yue) → 난위에 화이르앙(懷讓), 사람 이름

⑥ 강하(江河)의 이름은 한글 발음으로 표기한다. 강하와 사람 이름이 중복 사용될 경우, 사람은 중국어 발음으로 적는다.

예) 伊川(yi chuan) → 이천, 허난 성 루어양 시(洛陽市) 주변을 흐르는 강
伊川(yi chuan) → 이츠우안, 송대 유학자 츠엉이(程頤)의 호칭

⑦ 인명과 지명이 관용어로 사용될 때, 중국어와 한글 발음이 혼용되는 경우가 있다.

예1) '떠산(德山)의 방망이' → 덕산방(德山棒)과 혼용
'린지(臨濟)의 고함' → 임제할(臨濟喝)과 혼용
예2) '룽츠앙에서의 깨우침' → 용장오도(龍場悟道)와 혼용

⑧ 인명에서 왕(王) 혹은 공(公)의 호칭이 붙어 있을 경우 한글 발음으로 표기한다. 도교의 신(神)은 한글 발음으로 표기하되, 본명은 중국어 발음으로 적는다.

예1) 文王(wen2 wang2) → '원왕'이 아니고 '문왕'으로

周公(zhou gong) → '저우꽁'이 아니고 '주공'으로

예2) 문창제군(文昌帝君) → 본명은 후에이(揮)

종산신(鐘山神) → 한 말(漢末)의 장수 쯔원(子文)

⑨ 국제적으로 공인된 지명 혹은 민족명을 따른다.

예) 香港(xiang gang3, 시앙깡) → 홍콩(hong kong)

新疆維吾爾自治區(xin jiang wei2 wu2 er3, 신지앙 웨이우얼) → 신지앙 위구르(Uighur) 자치구

西藏自治區(xi zang4, 시짱) → 시짱 자치구 혹은 티베트(Tibet) 자치구

⑩ 예외적으로 현지 발음을 존중하는 경우가 있다.

예) 陳榮捷(chen2 rong2 jie2, 츠언르옹지에) → 윙-칱 찬(Wing-Tsit Chan)

머리말

독일의 철학자 헤겔(G.W.F. Hegel, 1770~1831)은 일찍이 이렇게 썼다. “유럽의 지성인(知性人) 중에서 특히 우리 독일인은 희랍이라는 말만 들어도 어떤 향수를 느끼게 된다. …… 그것도 그럴 것이 우리의 정신생활을 흡족하게 하거나 가치 있게 하며 겉보기에도 훌륭하게 하는 학문과 예술은 모두가 희랍을 발상지로 하고 있기 때문이다”(H.J. 슈퇴릭히, 임석진 옮김, 『세계철학사 下』, 1980).

헤겔의 이야기는 그리스(희랍)를 하나의 국가 단위로 여기는 것이 아니고 문명 단위로 인식한다는 뜻이다. 한국과 일본의 지식인이 중국에 대하여 느끼는 감정도 이와 비슷하지 않을까 한다. 중국은 오랜 기간 동아시아 문명의 중심지였으며, 동아시아인의 정신생활을 풍족하게 하고 가치 있게 만들었다. 아시아 여러 나라의 역사는 중국과의 관계사라고 할 수 있다. — 이 같은 관점에서 보면, 조선 시대 사대부의 ‘모화’(慕華) 관념은 단순히 한 국가(중국)에 대한 사모의 감정이라고 할 수만은 없다. ‘모화’ 사상에는 문명의 측면이 있다.

중국철학은 중화 민족이 창조한 유산(遺産)이다. 이 유산은 전통 사회에서 동아시아의 정신생활에 깊은 영향을 미쳤다. 한국과 일본, 베트남은 중국 문명의 전통을 벗어 버릴 수 없는 과거를 지니고 있다. 전통은 역사 속에서 숨쉬고 있으며, ‘뉴턴의 제1법칙’(관성의 법칙, law of inertia)처럼 우리를 지배한다. 우리는 전통을 완전히 벗어날 수 없다. 그러므로 시인 김수영은 “전통은 아무리 더러운 전통이라도 좋다”라고 외친 것이다(김수영, 『거대한 뿌리』, 1974).

오늘날 중국에 대한 이해의 필요성이 증대되었다. 이 책은 한국의 대학에서 교양 혹은 전공 과목으로 개설된 〈중국철학사〉, 〈중국철학의 이해〉 또는 〈중국종교철학〉 등의 강좌를 위해 저술한 것이다. 또한 중국의 철학 혹은 종교에 관심이 많은 일반인도 읽을 수 있는 수준이다.

저자는 이 책의 이름을 '신편 중국철학사'라고 이름 지었다. '신편'(new)에는 과거의 저술에서 취급하지 않는 새로운 자료를 소개한다는 뜻이 들어 있다. 중국은 20세기 이후 그 이전에 볼 수 없었던 지하 자료가 많이 출토되었다. 1899년 허난 성 인쉬(殷墟은허)의 갑골문 발견, 1900년대 초기 깐쑤 성 뚠후앙(敦煌돈황) 문서의 발굴은 세계를 놀라게 한 사건이다. 이러한 현상은 1970년대 중국의 개혁·개방 이후 괄목할 만하게 나타났다. 1973년 후난 성 츠앙사(長沙장사) 마왕뚸이(馬王堆마왕퇴) 무덤의 백서(帛書), 1993년 후뻬이 성 징먼(荊門형문) 꾸어띠엔(郭店곽점)의 초나라 죽간(竹簡), 1994년 상하이(上海상해)박물관의 죽간 입수 등이 그 대표적인 예다.

이와 같은 출토 자료를 놓고 사람들은 중국철학사를 새롭게 써야 하는가라는 의문을 제기했다. 이 책은 이러한 문제에 대답하기 위한 결과물이다. 가장 최신 자료의 하나로 1996년 후난 성 츠앙사 중심가에서 발굴된 쩌우마러우(走馬樓주마루)의 오(吳)나라 죽간을 들 수 있다. 이 자료는 십만 점이 넘는다고 밝혀졌는데 현재 조사가 진행 중이다. 이와 같은 자료가 계속 발굴될 운명이므로, 이 책은 과도기의 저술이 될 가능성이 크다.

저자는 한국의 대학에서 25년 이상 중국철학사를 강의하면서 불만이 많았다. 강의 내용을 충족할 수 있는 마땅한 한국어 교재가 없었기 때문이다. 훵여우란(馮友蘭) 교수의 『중국철학사』(영문 『中國哲學小史』, 1948) 번역본을 오랫동안 활용했고, 기타 몇 권의 한국어 번역서로 가르친 경험이 있다. — 개인적으로 훵여우란 교수의 책은 매우 뛰어난 철학서로 생각한다. 그러나 1948년 나온 훵 교수의 책은 새로 출토된 자료를 소개하지 못했다. 그러므로 훵 교수의 책은 이제 시효(時效)가 다되었다고 본다. — 이것으로 충분하지 못했고, 불만의 화살이 선배 학자를 향하여 날아갔다. 적절한 교재를 만들어 내지 못한 그들의 무책임에 대해 화가 났다. 그러나 2008년 2월, 2년 2개월의 해외 체류를 마치고 돌아오니 저자의 나이가 이순(耳順)이 되어 있었다. 이제는 저자가 후학의 화살을 피할 수 없게 되었다.

돌이켜 보건대 중국철학사의 기술에서 가장 큰 문제점은 '철학'에 대한 합의점을 찾는 일이다. '철학'은 좁은 의미와 넓은 의미가 있는데, 사람마다 사용하는 내용이 다르다. 저자는 '철학'을 넓은 의미로 우주와 인생에 관한 체계적인 사유(思惟)로 이해한다. 이는 '사상' 보다 더욱 논리적이고 체계적이며, 인간의 존재(Being, 존재론)·인식(Knowing, 인식론)·가치(Value, 가치론)의 문제를 포함한다.

철학의 세계는 언어로 표현되며, 설명 가능한 논리를 지닌다. 중국철학도 '철학'의 범주(카테고리)에 속하는 이상 예외가 아니다. 종교는 설명 가능한 세계와 설명이 불가능한 세계를 포함한다. 저자는 설명이 불가능한 문제를 다룰 수 없다〔예, 천당과 지옥의 유무, 기적(奇蹟)의 발생, 철학자의 개인적 체험 등〕. 이 책에서는 중국 종교의 현상만 이야기하고 종교의 본질·목적 또는 구실 등의 문제는 언급하지 않는다.

중국철학은 서양철학에 비하여 종교적 성격이 매우 강하다. '유교' 혹은 '도교'를 철학적 측면과 종교적 측면으로 나누어서 고찰할 수 있다. 실제로 이 두 가지 요소가 뒤섞여서 뭉툭한 상태로 이해된다. 이 책과 기존의 저술과 차이점이 있다면, 그것은 중국철학을 철학의 영역에서만 서술하고 종교의 영역을 다루지 않으려고 시도한 점이다. — 예를 들면 저자는 〔주시(朱熹)의 경우를 제외하고〕 개개 철학자의 수양론(修養論)을 자세하게 다루지 않았다. 수양 이론 대부분이 언어로 표현되는 철학의 범주를 넘어서서 언어 밖의 체험 세계를 다루기 때문이다. 다만 이 책에서 도교와 불교를 언급한 점은 철학의 범주를 넘어선 것이다. 이는 불가피한 선택이었다.

이 책에서 지향하는 질서는 비유적으로 말하면 헤겔의 이성적 진보적 역사관에 따른 것이다. 니체(F.W. Nietzsche, 1844~1900)의 비이성적 디오니소스적인 세계관을 좇은 것이 아니다. 저자는 세계가 간혹 낭떠러지 상태(Abgrund, 심연 혹은 나락을 가리키는 독일어)로 추락하는 경우도 있지만, 궁극적으로 '절대정신'(absolute Geist)에 의하여 모종의 질서를 유지한다고 믿는다. 중국철학에서 보면 헤겔의 철학은 유가(儒家)에서 말하는 '인문주의' 정신과 연결된다. 이에 대하여 니체의 비이성적인 니힐리즘(nihilism, 허무주의) 철학은 도가(道家)의 '자연주의' 철학에 근접한다. 그러므로 중국철학은 헤겔적인 요소와 니체적인 요소를 함께 포함하고 있다. 전자가 문명의 건설과 유지에 중점을 둔다면, 후자는 문명의 '해체주의적' 성격이 강하다. 건설과 파괴는 인간 본능의 두 가지 요소다.

중국철학이 서양철학에 비하여 덜 논리적이라고 말해서는 안 된다. 반대로 중국에는 중국만의 특수한 논리가 있다고 고집부려도 안 된다. 형이상학적 명제는 언제나 자의적(恣意的) 해석의 위험이 있다. 우리는 기준을 설정하는 데 조심해야 하며, 합의점을 찾기 위한 노력을 기울여야 한다. 일정 부분의 보편성을 찾는 일은 모든 철학자가 해야 하는 일이다.

중국은 이제 여러 분야에서 세계의 관심 대상이 되고 있다. 저자가 이 책을 저술한 2008년 가을, 중국은 자체 기술로 신주(神舟) 7호를 우주에 쏘아 올려 우주인은 우주 유영(遊泳)을 성공하고 귀환했다. 2008년 여름 뻬이징올림픽을 치룬 지 불과 두 달만의 일이다. 중국은 이해하기 힘든 나라다. 하지만 우리는 중국을 이해하지 않으면 안 된다. 이제 세계의 그 어떤 나라도 중국을 비켜갈 수 없다. 어떤 대상을 이해한다는 것은 얼마나 어려운 일인가? 금세기 오스트리아가 낳은 천재 철학자 루트비히 비트겐슈타인은 다음과 같이 말한다.

어떤 대상을 알기 위해서 내가 그 대상의 외적 특성들(properties)을 반드시 알아야 할 필요는 없다. 그러나 나는 그 대상의 내적 특성들은 모두 알아야 한다. (L. 비트겐슈타인, 『트락타투스』, 2.01231)

중국을 진정으로 알려고 하는 사람은 그 내적 특성인 철학 또는 종교에 관심을 가져야 한다. 이 방면에 종사하는 인문학자는 물론이고 외교관, 언론인, 정치가, 기업체의 간부, 교육자 등도 중국을 내부적인 측면에서 이해할 필요가 있다.

이 책을 저자의 독창적인 창조물이라고 말하지는 않겠다. 창조란 말처럼 쉬운 일이 아니다. 그러나 누군가 길을 열면, 그 길을 따라가기는 그렇게 어렵지 않다. 이미 열린 길을 잘 따라가면, 중국 고대의 『예기禮記』에서 말하는 배부르고 등 따뜻한 '샤오캉'(小康)의 상태는 유지할 수 있다. 계속 걸음을 재촉하면 남에게 보이지 않던 다른 길도 보이는 법이다. 『주역』(『십익十翼』), 〈건괘〉, 〈상전象傳〉에서 말하는 "스스로 굳세어 쉬지 않는다"(自彊不息자강불식)라는 표현이 이것이다. 이를 일러서 창조라고 말할 수 있지 않을까?

원고를 찾으려고 먼 길을 사양하지 않은 심산의 최원필 사장과 이 책의 출판을 위하여 불철주야 노력한 편집부에 고마움을 전한다.

2009년 仲春

황준연

제1장
중국철학의 정신과 배경

1.1 철학을 어떻게 이해해야 하는가?

철학은 문명의 창조물이다. 세계의 역사에는 여러 문명이 존재했다. 대표적인 문명으로 고대 그리스와 고대 중국을 들 수 있다. 철학을 의미하는 '필로소피아'(philosophia)는 그리스어의 '필로스'(philos, 사랑)와 '소피아'(sophia, 지혜)의 합성어로 알려져 있다. 필로소피아는 그리스인의 말이지만, 그들만 지혜를 사랑한 것은 아니다. 고대 중국인도 지혜를 사랑했고, 철학적 사색을 전개하여 많은 저술을 남겼다.

철학을 이해하는 데 많은 견해가 있다. 금세기 영국의 철학자 버트런드 러셀(Bertrand Russel, 1872~1970)은 자신의 저술 『서양철학사』 서론에서 다음과 같이 말하고 있다.

> 인생과 세계에 관한 관념으로 우리가 '철학적'(philosophical)이라고 부르는 것은 두 가지 요소의 산물이다. 하나는 진승적인 종교적 윤리적 관념이요, 다른 하나는 넓은 의미로 '과학적'이라고 부를 수 있는 종류의 탐구다. 이 두 가지 요소가 철학자들의 체계에 얼마만 한 비율로 들어 있는가라는 것은 개개인

에 따라 크게 다르지만, 그러나 이 두 가지 요소가 어느 정도는 들어 있다는 것이 철학의 특징이다. '철학'이란 넓은 의미로도 쓰이고 혹은 좁은 의미로도 쓰이는 용어다. …… 나는 철학이란 신학(神學)과 과학 사이의 중간 영역에 있는 그 무엇이라고 생각한다(Philosophy, as I shall understand the word, is something intermediate between theology and science). (버트런드 러셀, 『서양철학사』, 1969)

러셀의 이 말은 철학의 성격을 이해하는 데 길잡이가 된다. 그는 인간의 인식을 명확한(*definite*) 지식과 독단적인(*dogmatic*) 주장으로 나누고, 과학을 전자에 속하는 것으로, 신학(종교)을 후자에 속하는 것으로 보았다. 그 중간에 '무인도'(無人島, No Man's Land)가 있다. 이처럼 러셀은 철학이란 과학과 신학의 중간 지역에 있는 그 무엇으로 파악했다.

러셀의 견해를 그림으로 표시하면 다음과 같다.

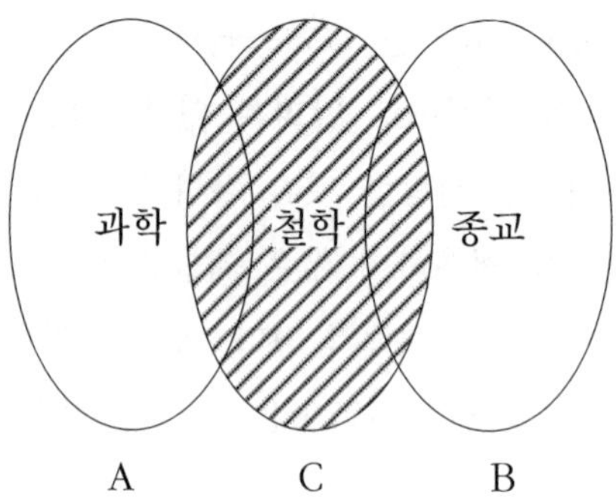

위의 그림은 저자가 이해한 버트런드 러셀의 견해고, 저자가 생각하는 '철학'이란 C의 영역에 해당한다. 다시 말하여 A의 영역은 과학에 속하고, B의 영역은 신학(종교)에 속하며, 그 중간에 빗금 친 겹친 부분이 철학의 영역이다.

과학은 검증 이론(verification theory)에 의지하는 사유 체계다. 즉, 진리라고 말할 수 있는 것은 검증되어야 하며, 검증되지 않은 것은 의미가 없다. 명확한 지식이란 수치(數値) 또는 실험을 통하여 검증될 수 있는 지식이다. 이 경우 과학이란 개별 과학으로 자연과학을 의미한다. 만일 어떤 지식을 가리켜 'definite'한 것이라고 말하려면, 이것은 증명할(define) 수 있어야 한다.

과학의 기준에 의하면 검증될 수 없는 예술, 종교, 윤리, 철학, 형이상학은 모두 헛소리(넌센스)에 속한다. 이런 것은 도대체 참이다, 거짓이다라고 말할 수 없는 것이다(이기상, 『철학노트』, 170쪽). — 이기상의 이와 같은 주장은 독일 철학자 루돌프 카르납(Rudolf Carnap, 1891~1970)의 '논리실증주의'를 반영한다. 이기상의 용어는 독일어를 번역한 것이다. 독일어로 의미에 해당하는 단어는 'Sinn'인데, 의미가 없다는 것은 'sinnlos'이고 의미가 있다는 말은 'sinnlich'이다. 그는 예술 등을 '헛소리'라고 말할 때는, 이 두 가지 단어에 해당하는 것이 아니라 'Unsinn'(미침, 제정신이 아님, 넌센스, 의미 기준을 벗어나 있는 것)이라고 표현한다. 용어의 이해에 조심해야 한다.

과학의 세계는 건조하다. 이 세계는 계량화가 가능하다. 그러므로 수치(數値)만이 활개를 친다. 여기서는 시(詩) 한 편을 읽어도 의미가 없다(sinnlos). 그러나 우리의 인생은 과학 밖의 영역도 포함한다. 과학의 세계에서 의미가 없는 것이라도 과학 밖의 다른 세계에서는 의미가 있다(sinnlich). 한국인이 토종 시인 미당(未堂) 서정주의 〈국화 옆에서〉를 읽고 눈물을 흘릴지라도 비난할 일이 아니다. 다만 이와 같은 행위는 과학의 세계가 아니라는 말이다.

신학(종교)은 도그마(dogma)에 의지하는 사유 체계다. 도그마는 교의(教義), 정론(定論), 독단(獨斷)의 뜻을 지닌 단어다. 모든 종교의 교리는 일정 부분 독단에 의지한다. 집단 합의 체계에 의하여 내려진 결론도 마

찬가지다. 종교는 믿음을 바탕으로 한다. 천국과 지옥이 있다는 주장은 검증할 수 없다. 이와 같은 주장이 개인의 차원에 머무는 한 위험한 것이 아니다. 그러나 집단에 의한 권력(행동)이 동원될 때, 종교는 매우 위험한 것이 된다. — 여기서 종교가 위험하다는 말은 1995년 3월 20일에 발생한 도쿄의 지하철 테러 사건과 같은 종류를 말한다. 지하철 차내에서 화학 병기로 사용하는 신경가스 '사린'(Sarin, 액체와 기체 상태로 존재하는 독성이 매우 강한 화합물로 중추신경계를 손상시킴)이 살포되어 승객과 역무원 등 12명이 사망하고, 한국인 등 외국인을 포함한 5천5백 명이 중경상을 입었다. 이 사건의 배후에 종교 단체인 옴진리교(オウム眞理教)가 있었다. 옴진리교는 1984년 아사하라 쇼코(麻原彰晃)가 설립했다. 그는 1995년 5월 야마나시현의 시골에서 체포되었다. 아사하라 쇼코는 테러 사건의 주범으로, 2006년 9월 일본의 최고재판소에 의하여 사형판결을 받았다.

철학은 인간 이성(理性, reason)에 기반을 둔 정신 활동이다. 그것은 과학과 종교의 중간 지역에 속하는 그 무엇이다. 과학이 지닌 몰가치성, 몰인격성, 몰미성(沒美性) — 과학의 검증 원리에 의하면 가치 영역인 '미'(美)의 세계도 의미가 없다. — 을 보완 혹은 치료하는 데 철학이 공헌한다. 철학은 과학적 지식의 의미를 묻는다. 동시에 철학은 종교적 지식의 의미를 묻는다.

철학은 의미를 묻는 학문이다. 자연과학의 발전이 최고의 경지에 이르러 인간을 복제할 수 있는 시대에 이르렀으나, 인간 존재의 궁극적 목적을 밝힐 수는 없다. 루트비히 비트겐슈타인(Ludwig Wittgenstein, 1889~1951)은 말한다.

> 비록 모든 가능한 과학적 물음에 대하여 대답할 수 있다 하더라도, 우리는 우리의 삶의 (본질의) 문제가 여전히 조금도 해결되지 않은 채 남아 있다고 느

낀다. (비트겐슈타인, 『트락타투스』, 6.52)

세계의 위대한 종교는 철학을 바탕으로 성립한다. 철학이 약한 종교는 오래 지속하지 못한다. 그리스도교, 이슬람교, 불교 등은 철학의 탄탄한 기반 위에 자리 잡고 있다. 철학의 기반이 약한 종교는 일시적인 바람잡이로 끝나기 쉽다. 중국 후한(後漢) 시대 태평도(太平道) 및 오두미도(五斗米道)는 한때 회오리바람처럼 일어났으나 곧 소멸했다. — 이들 종교는 직접적으로는 정부의 탄압으로 사라졌지만, 소멸의 원인으로 미신(迷信) 숭배 등 취약한 철학을 지적할 수 있다. 이들 교단의 사상 일부는 도교(道敎)에 흡수되어 살아남았다. 이것은 미신적인 요소(예, 부적을 불에 살라서 물에 타서 마시는 행위)가 제거된 건전한 부분을 말한다. 조선 왕조 후기에 일어난 민족 종교, 즉 동학(천도교), 증산교 등이 한때 들불처럼 번졌으나 그 생명력이 약해진 것은 철학적 기반이 취약하기 때문이다.

다시 한 번 그림을 보자. 빗금 친 영역을 보면 철학 부분의 일부가 과학과 겹쳐 있고, 동시에 그 일부가 종교와 겹쳐 있다. 이 부분이 철학의 성격을 반영한다. 대체로 서양철학은 과학 부분의 빗금 폭이 넓고, 중국 철학은 종교 부분의 폭이 넓다. 중국철학이 종교적 측면이 강하다는 것은 '인식'(지식)의 측면을 넘어서 '수양' 또는 '깨침'의 세계를 강조하는 점에서 드러난다. 서양철학은 종교와 그 영역을 구별하는 점에서 과학에 가깝다. 중국철학은 종교의 영역을 내포하는 점에서 종교에 가깝다.

철학은 물음을 던지는 학문이다. 물음에 대한 해답을 얻지 못한다고 해서 철학자를 비난하지 말라. 물음은 그 자체로 의미가 있다. 철학자는 '없음'[無]에 대하여 물음을 던지며, '있음'[有]에 대하여도 물음을 던진다. — 내가 여기에 지금 있다는 것(being)은 무슨 의미를 지니는가? 내가 우주 속에 없다면(non-being) 우주는 과연 의미가 있는가? — 철학자는 '생각'이 무엇인지에 대하여 생각한다. 그들은 또 '아름다움'[美]이 무엇인지에 대하여 생각한다. 인간은 본능적으로 무엇인가를 알려고 한다. 물음은 인간의 특권이며 지식 추구의 욕망을 반영한다. 동물은 질문을 던지지 않는다. 우주의 존재에 대하여 질문을 던지는 동물이 있다고 생각할 수 없다. 인간을 제외한 동물이 과연 우주의 존재를 인식하고 있을까?

전통적으로 철학이 대상으로 삼는 인간의 물음 가운데 중요한 것은 다음과 같다.

① 나의 존재는 무엇인가? 나는 어디에서 와서 어디로 가는가?

② 우리는 무엇을 아는가? 안다는 것은 무엇을 말하는가?

③ 우리의 삶은 살아갈 만한 가치가 있는가? 도덕적 인간이란 어떠한 인간인가? 어떤 정부(政府)가 가장 바람직한 정부일까? 아름다움이란 무엇인가?

처음의 영역은 존재(being)에 관한 문제다. 학자들은 이를 '존재론'(ontology) 혹은 '우주론'(cosmology) 또는 '본체론'(substantialism)이라고 부른다. 철학자들이 말하는 '우주'는 천문학자들이 말하는 가시적(可視的)인 우주를 뜻하지 않는다. 철학자들이 말하는 우주는 있음[有]과 없음[無]에 관한 것이다. 이 영역을 '형이상학'(metaphysics)라고 부르는 학자도 있다.

두 번째 영역은 지식(knowledge) 혹은 인식(認識)에 관한 문제다. 이는 '앎'의 세계에 관한 내용이다. 학자들은 이를 '인식론'(epistemology)이라고 부른다.

세 번째 영역에서는 가치(value)에 관한 문제를 다룬다. 이 영역에서는 삶의 과정에서 바람직한(desirable) 것이 무엇인지를 묻는다. 학자들은 이를 '가치론'(theory of value)이라고 부른다. 이 영역은 도덕 혹은 윤리학(ethics)과 중첩되며, 정치철학(political philosophy) 혹은 미학(美學, aesthetics)의 영역을 포함한다.

현대 미국의 철학자 로버트 노직(Robert Nozick, 1938~2002)의 철학의 영역에 대한 분류를 소개한다. 그는 세 가지 분야로 철학을 나누었다.

① 형이상학(Metaphysics)
② 인식론(Epistemology)
③ 가치론(Value)
(로버트 노직, *Philosophical Explanations*, 1983)

첫 번째 항목에서 노직은 자아(self) 또는 자아의 주체성에 대하여 묻는다. '나는 누구인가?'(What am I?) 혹은 '자아란 무엇인가?'(What is a self?) 그는 더 나아가 결코 대답을 기대할 수 없는 질문을 던진다. '없는 것에 비하여 있는 것은 왜인가'(Why is there something rather than nothing?) 노직의 이 질문은 존재 혹은 근원에 대한 물음이며, 전통적인 측면에서 우주론에 속하는 것이다.

두 번째 항목에서 노직은 지식(knowledge)과 회의주의(skepticism)에 대하여 기술하고 있다. 동시에 그는 지식을 취급함에 증명(evidence)과 정당화(justification)에 대하여도 언급한다.

세 번째 항목에서 노직은 자유의지(free will)와 결정론(determinism), 윤리학, 생(生)의 가치에 대하여 논술한다. 여기서 중심은 윤리학에 있다. 이상과 같은 로버트 노직의 '철학 3분법'은 위에서 말한 전통적인 구분과 일치한다.

철학의 성격을 놓고 말하면 동양과 서양에서 질적(質的)인 차이가 있다. 이를테면 서양철학과 중국철학에서 '우주론' 분야는 비슷하다. '인식론'은 서양철학이 더 발달했다. 그 가운데서도 논리학, 언어철학, 과학철학 분야는 서양철학의 이론이 크게 발달했다. '가치론' 분야는 중국철학이 장점이 있다.

중국철학에 국한하여 말한다면 '3분법'은 불충분하다. 이에 저자는 한 가지를 추가하여 '4분법'의 틀(프레임)을 만들었다. 저자가 주장하는 틀은 다음과 같다.

ⓐ 우주론(cosmology) — 존재와 생성의 문제

ⓑ 인식론(epistemology) — 앎의 문제

ⓒ 심성론(theory of mind and nature) — 마음과 본성의 문제

ⓓ 가치론(theory of value) — 윤리 및 정치철학, 미학

전통적인 철학의 3분법에 추가되는 분야는 '심성론'(心性論)이다. 중국 철학은 서양철학에 비하여 ⓑ항의 영역이 약하다. 그러나 ⓒ항은 상대적으로 중요하다. 중국철학에서 심성론의 발달은 '수양(방법)론'을 충족하는 필요조건이다. 인간의 심성에 대한 구조적인 분석이 없이 정신의 수양(修養)을 달성할 수 없기 때문이다. — 수양론과 함께 '공부론'(工夫論)이라는 용어가 사용되지만, 개인적으로 뒤의 용어는 합당하지 않다고 생각한다. 서양 문화에서 수양의 문제는 종교의 영역에서 다룬다.

'수양론'은 중국철학사에서 하나의 난제(難題, 아포리아)다. 전통 사회의 학자들은 말끝마다 '성인'(聖人) 운운한다. 이들은 보통의 인간도 일정한 수양 방법을 통하여 '성인'(the saint)이 될 수 있다고 말한다. 멍커(孟軻, 기원전 371~기원전 289)는 입만 열면 야오·순(堯舜요순)을 말했다고 전한다(『맹자』, 「등문공 上」). 그러나 솔직히 말해서 저자는 '성인'이 부담스럽다. 철학을 공부하고 있지만 차마 성인까지 되고 싶지 않다. 그러므로 '주경'(主敬), '거경'(居敬) 또는 '주정'(主情) 등의 실천성을 강조하는 말이 달성할 수 없는 무거운 짐으로 느껴진다. 따라서 이 책에서는 수양론의 영역이 가볍게 취급된다. 성인이 되고자 하는 사람들은 이 점이 불만스러울 수 있다. — 『장자莊子』, 「소요유逍遙遊」편에서 이르기를, 북쪽

바다에 물고기가 있는데 이름이 곤(鯤)이다. 이 물고기가 변하여 새가 되면 그 이름이 붕(鵬)이다. 붕새는 날개가 어찌나 큰지 하늘의 한 쪽을 덮은 구름으로 착각할 정도다. 붕새는 날개를 치며 9만 리 상공으로 날아오른다. 매미[蜩조]와 작은 비둘기(鷽鳩학구)가 붕새를 비웃으며 말하기를, "하필 9만 리를 날아서 남쪽 바다로 갈 것이 무엇이냐?"라고 했다. 저자는 9만 리를 날아서 성인이 되려는 사람을 비웃을 자격은 없다. 그러나 매미와 비둘기처럼 9만 리를 날고 싶지는 않다.

중국철학의 기술에서 또 다른 난제는 '행복'(happiness)의 문제다. 현대어의 '행복'이란 '락'(樂)의 번역어지만 그 의미가 다르다. '즐거움'으로도 번역되는 이 말은 안분지족(安分知足)의 가치를 동반한다. 중국철학에서 진정한 행복이란 도덕적 영역에 속한다. 그러므로 '락'(樂) 혹은 '안락'(安樂)의 문제는 가치의 영역이다. 상당한 인격을 갖추지 않고는 행복의 상태를 지향할 수 없다는 말이다. — 송유(宋儒)는 "콩치우와 옌후에이(顔回)의 행복이 어디에 있었는지를 찾아보라"(孔顔樂處, 所樂何事)는 말을 불가(佛家)의 화두처럼 썼다(『宋史송사』 권427, 「周敦頤傳주돈이전」 참고). — 철학자도 행복을 소망한다. 그러므로 행복의 추구는 철학의 마땅한 관심 대상이다. 이 책에서는 중국철학자의 행복 추구의 태도에 무게를 두고 언급한다.

1.2 중국철학의 정신

중국철학은 철학이다. 곧 이것은 '필로소피아'라고 부르는 사유 체계를 포함하는 어떤 것이다. 중국철학은 하나의 철학사상이다. 이는 중국문명에 기반을 두고 성장 발전한 사유 체계다.

아놀드 토인비(Arnold Toynbee, 1889~1975)에 의하면, 중국문명은

개화(開花)한 문명의 하나며 독립문명에 속한다. — 아놀드 토인비의 문명론은 저자의 다른 저서, 『한국사상과 종교 15강』(2007)의 제1강을 참고하기 바란다. — 중국철학은 독립문명인 중국문명에서 탄생한 것이다.

현대 중국철학자 훵여우란(馮友蘭, 1895~1990)은 중국철학은 실증적 지식(positive knowledge) — 여기서 '실증적'이란 사실의 문제에 관한 지식(matters of fact)을 말한다. — 의 증가를 위한 사유 체계가 아니고 정신(mind)을 드높이는 것이라고 주장한다. 훵에 의하면 철학의 기능, 특히 형이상학의 기능은 실증적 지식의 증가가 아니라고 한다(훵여우란, 『中國哲學小史』, 1948).

훵여우란은 중국철학의 전통에 의하면 철학의 기능이 '정신을 드높이는 것'(elevation of the mind)이라고 한다. 정신을 드높인다는 것은 무엇을 말하는가? 이것은 인격을 닦음을 말하는 듯하다. 그렇다면 이는 서양철학의 성격과 질적인 차이가 있다.

중국철학은 과학적 성격보다 종교적 성격이 강하다. 과학이 정신을 드높이는 기능을 하는 것은 아니다. — 두뇌(brain) 연구의 전문가가 인격을 향상시키는 특수한 약(藥)의 개발에 성공하면 이야기는 달라진다. 만일 이와 같은 일이 가능해진다면, 산중 절간에서 좌선(坐禪)에 몰두하는 많은 승려들이 병원을 찾아 문전성시를 이룰 것이다. — 반면 종교는 구구절절 인격 수양을 목표로 내세운다. 그러나 중국철학이 종교적 성격이 강하지만, 종교와 일치하는 것은 아니다. 철학을 통한 '고차원적 가치'는 종교가 포함하는 상상 혹은 미신을 벗어나게 할 것이다.

중국철학이 과학적 성격보다 종교적 성격이 강하다는 점은 명대(明代) 철학자 왕서우르언(王守仁, 1472~1528)의 '룽츠앙(龍場용장)에서 도를 깨쳤다'(龍場悟道용장오도)라는 기록에서 드러난다. 이는 일종의 신비 체험인데, 서양 문화의 전통에서 철학자들이 '도를 깨쳤다'라고 말하는 경우를 들어본 일이 없다.

중국철학은 서양철학에 비하여 신비주의적 색채가 강하다. 멍커는 "나는 나의 '호연지기'(浩然之氣)를 잘 기른다"(『맹자』, 「공손추 上」)고 말한 적이 있는데, 이는 신비주의적 경향을 가리킨다. 훵여우란은 멍커의 사상을 설명하면서 신비주의(mysticism)라고 표현했다. 왕서우르언의 '롱츠앙에서 도를 깨쳤다'라는 사실도 신비주의적이다. 츠언라이(陳來)는 왕서우르언에게 늘 신비주의적 일면이 자리 잡고 있었다고 말한다(츠언라이, 『양명철학』, 2004).

북송(北宋)의 철학자 사오용(邵雍, 1011~1077)이 루어양(洛陽낙양)의 천진교 위에서 두견새 울음소리를 듣고 왕안스(王安石왕안석)가 출현하여 세상이 시끄러워질 것을 예언했다고 한다. 이러한 신비주의를 철학의 영역으로 취급할 수 없다. 신비가 존재하지 않는다는 말이 아니다. 또한 신비가 무의미하다는 뜻도 아니다. 비트겐슈타인에 의하면 "신비스러운 것은 언어로 표현할 수 없는 것"(『트락타투스』, 6.522)이다. 언어로 표현할 수 없는 세계는 철학이 아니라 종교의 영역이다.

세상에는 세상일에만 몰두하는 사람이 있고, 반대로 세상일과 담을 쌓고 사회를 등지고 초월적인 태도로 살아가는 사람이 있다. 전자를 가리켜 세간적(世間的, this-worldly) 태도라고 부를 수 있으며, 후자를 가리켜 출세간적(出世間的, other-worldly) 태도라고 표현할 수 있다. — 세상에서 성공의 뜻으로 쓰는 '출세'(出世)와 정반대의 의미이므로 조심해야 한다. — '세간적' 의미의 철학은 서양철학사에서 실재론〔實在論, Realism, 인식의 대상(object)이 인식 작용의 의식(意識)이나 주관에서 독립하여 존재한다고 보는 견해〕에 가깝고, '출세간적' 철학은 관념론〔觀念論, Idealism, 표상 배후의 현실 즉 외적(外的) 세계의 실재성(實在性)을 부정하는 견해〕에 비유할 수 있다.

중국철학은 세간적이면서 출세간적이다. 『중용』 제12장에 다음과 같은 구절이 있다.

군자의 도는 구체적이면서 동시에 은밀하다(君子之道費而隱).

저자는 이 구절에서 '비'(費)가 세간의 구체적인(concrete) 세계를 말하며, '은'(隱)이 출세간의 추상적인(abstract) 세계를 말한다고 해석한다. — 주시(朱熹주희)는 『중용장구中庸章句』에서 '비' 자를 '사용함이 넓다'(用之廣)로, '은' 자를 '본체가 은미하다'(體之微)로 주해했다. 그 의미를 자세히 알기 어렵다. — 중국철학이 세간적 성격과 출세간적 성격을 동시에 지녔다는 말은 실재론(Realism)과 관념론(Idealism)의 철학이 공존한다는 뜻이다.

중국철학은 서양철학에 비하여 정치철학의 성격이 짙다. 이는 앞에서 설명한 철학의 영역에서 보면, 중국철학은 '가치론' 분야에 비중이 높다는 말이다. 사회의 구성 원리와 윤리적 규범을 강조하는 유교는 물론, 사회를 부정하고 자연으로 돌아가자는 해체주의(解體主義)적 성격이 강한 도교도 그 궁극을 들여다보면, 정치철학에 상당한 비중이 놓인다. 중국철학의 이상은 '내성외왕'(內聖外王)의 경지를 달성함이다. 내성외왕이란 안으로 성인(聖人)의 경지를 지향하고, 밖으로 제왕의 통치를 달성한다는 뜻이다. 그러나 철학자가 이 경지를 성취했다는 실제적인 예(例)는 별로 없다. 이처럼 중국철학의 이상은 매우 높다. 그 실천이 사실상 어렵지만 말이다.

중국철학에서는 수양론(修養論, 일명 공부론)이 매우 중요한 지위를 차지한다. 훵여우란은 중국철학이 '내성'(內聖)을 실현하기 위한 수양 방법에 비중을 두는데, 이런 내용은 서양의 문화에서는 철학의 영역에서 다룰 수 없는 것이라고 말한다(훵여우란, 『中國哲學小史』).

쥴리아 칭〔Julia Ching, 중국명 친지아이(秦家懿), 1934~2001〕은 중국철학의 수양 중시는 서양철학의 유산(heritage)에서는 보이지 않고, 대신 그리스도교의 '영성'(spirituality) 방면에 많이 나타난다고 지적한다(Julia

Ching, *Chinese Religions*, 1993). — 수양 공부론이라고 말할 때, '공부'는 현대인이 일상에서 사용하는 공부(study)와는 다른 뜻이다. 그러므로 '수양 공부'라는 표현은 어색하다. 중국철학의 전통에서는 '수양(공부)론'을 매우 중시하나 이 책에서는 큰 비중을 두고 다루지 않았다. 중국철학의 수양 이론은 지나치게 종교적이며, 신비주의적 색채가 강하기 때문이다.

이 책은 중국철학의 연구를 역사적 측면에서 한다. 역사(history)의 연구는 언어(philology)를 기반으로 하며, 언어의 내부에는 일정한 세계관 즉, 철학(philosophy)이 담겨 있다. 세상에서 이들의 관계를 보통 '문(文)·사(史)·철(哲)'이라고 말한다. 셋의 관계를 논하자면, 문학[文]과 철학[哲]은 역사[史] 속에 녹아 있다. '히스토리'는 '필로로지'와 '필로소피'를 담고 있는 그릇이다. 문학과 철학에서는 문학(문자)이 먼저다. 인간의 체계적인 사상을 대상으로 하는 철학은 결국 문자(언어)에 의존한다. 이들은 불가분의 관계를 유지한다.

언어 또는 문헌학에 대한 연구를 소홀히 하고 '필로소피'만 앞세운 결과, 기존의 중국철학사는 문헌 해석에서 형이상학 일변도로 진행되었다. 이 말은 중국철학이 지나치게 관념적이다는 의미와 통한다. 이 책은 전승된 문헌을 의심하는 '의고파'(疑古派)의 견해를 존중한다. — 전통적으로 과장이 심한 중국인은 가짜로 저술을 만드는 일까지 서슴지 않았다. 전승되는 많은 저술의 진위 여부를 가리는 일은 매우 중요하다. '짝퉁'을 놓고 왈가왈부하는 일은 한심스러운 일이다.

하나의 철학사에 대한 기술(記述)은 문헌의 정확한 인용 근거를 밝히는 데서 출발해야 한다. 이 책에서는 근세 이후 새로 발굴된 출토 자료를 최대한 반영하려고 노력했다. 그러므로 '신편'(新編)의 의미를 가진다고 생각한다(출토 사료에 대하여는 후술).

1.3 중국철학의 배경

1.3.1 풍토와 철학사상

인간은 시대와 환경의 산물이다. 문명과 문화의 장치는 환경 혹은 풍토와 관련이 있다. 여기서 저자가 말하는 '풍토'란 일본 도쿄대학교 와쓰지 데쓰로(和辻哲郎, 1889~1960) 교수가 규정한 바와 같이, "토지의 기후·기상·지질·토질·지형·경관 등의 총칭"을 말한다(와쓰지 데쓰로, 『풍토—인간학적 고찰』, 1981). 중국 철학·윤리 및 종교를 이해하는 데 중국의 자연풍토에 대한 이해가 선행되어야 한다. 콩치우(孔丘공구, 기원전 551~기원전 479)의 『논어』에 다음과 같은 구절이 있다.

> 콩치우는 냇가에서 말하였다. "가는 것이 물과 같구나! 밤낮을 그치지 않는다(子在川上曰, 逝者, 如斯夫! 不舍晝夜). (『논어』, 「자한子罕」 제16장)

원문에 '천'(川) 자로 되어 있는데, 저자는 이를 황하(黃河) 혹은 황하의 지류(支流)로 본다. "가는 것이 물과 같구나!"는 구절의 참뜻을 알기 어렵다. 12세기의 학자 주시(朱熹)는 "천지의 조화는 가는 것은 지나가고 오는 것은 이어져서 한순간도 멈추지 않으니, 바로 도체(道體)의 본연이다"라고 철학적으로 해석했다. 현대 중국의 철학자 리쩌허우(李澤厚, 1930~)는 이 구절을 놓고, 이는 시간에 대한 콩치우의 인식을 말하며 내감각(內感覺)인 정감(情感)의 표현으로 해석했다. 그는 이를 유가 미학(美學)의 특징의 하나로 해석했다(리쩌허우, 『華夏美學』, 1999).

한편 라오딴(老聃노담)은 다음과 같이 물을 칭송한 일이 있다.

가장 좋은 것은 물과 같다(上善若水). (『도덕경』 제8장)

라오딴의 경우는 물의 존재가 도덕적인 의미로 해석되었다. 그 참뜻이 무엇이든 이야기의 배경에 부드럽고 유장(悠長)하게 흘러가는 물의 존재가 있음을 알 수 있다. 이상의 두 가지 예는 도도(滔滔)하게 흐르는 중국의 황하 — 저자는 두 사람이 모두 황하의 흐름을 직접 경험했다고 믿는다. — 에 대한 풍토적 인식이 시간(콩치우의 경우) 및 도덕관념(라오딴의 경우)과 결합한 경우를 말한다.

유럽 문화의 기반이 되는 그리스 혹은 로마(이탈리아)에서는 황하처럼 질펀하게 흐르는 강물을 볼 수 없다. 그들에게는 처음부터 바다가 존재했고, 강은 중요한 관찰 대상이 아니었다. 유럽의 중부에 위치한 알프스(The Alps) 계곡은 대부분 급류이거나 만년설로 덮여 있으므로, '상선약수'(上善若水)와 같은 사고(思考)를 기대할 수 없다. 알프스 계곡의 급류는 인간을 위협하는 무서움(공포)의 대상으로 보였다.

그리스는 넓은 평야가 없고, 산맥이 곧장 바다를 향하여 내달리고 있으며, 국가의 대부분이 섬을 중심으로 형성된 나라다. 처음부터 농업은 중시되지 못했다. 그리스인은 좌우간 배를 타고 육지인 이탈리아, 터키 혹은 아프리카를 향하여 나아가야 했다. 로마 제국 또한 마찬가지다. 이탈리아 반도는 북부의 포강(The Po) 유역을 제외하고 대부분 산맥으로 구성되어 있다. 제국 로마는 남으로 아프리카 북부에서, 북으로 북유럽 전역과 동으로 터키를 포함하는 광대한 땅을 정복하여 이를 경영함으로써 먹을거리를 확보해야 했다.

이에 반하여 중국은 땅이 무지무지하게 넓다. 중국 민족의 대부분인 한족(漢族)은 애당초 바다로 나아갈 필요성을 느끼지 않았다. 『논어』, 「공야장」 제6장에 보이는 이른바 '부해지탄'(浮海之歎, 콩치우가 바다로 나아가야겠다는 탄식)과, 같은 책 「미자」편 제9장의 '입어해'〔入於海, 상(商)

나라가 망할 때, 악사 가운데 부지휘자인 양(陽)이라는 사람과, 박자를 맞추는 시앙(襄)이라는 사람이 바다로 나아가 섬에 숨었다는 이야기〕를 제외하고는 바다 이야기가 등장하지 않는다.

좌우간 중국인은 씨를 뿌리고 몸을 부지런히 움직이면, 먹을 것을 장만할 수 있었다. — 황하 유역은 40여 만 제곱킬로미터의 황토 고원으로 구성되어 있으며, 50~80미터의 두터운 황토층〔풍적층의 토양으로 '뢰스'(löss)라고 부른다〕으로 구성되어 있다. 세계 어디도 이처럼 두터운 황토층을 형성하고 있는 곳은 없다. 뢰스는 입자(粒子)가 부드러워 농사짓기에 적합한 땅이다.

그러므로 '진취적'이라든가, '개방적'이라든가 혹은 '부지런하다'는 개념이 도덕적으로 바람직한 것(善)으로 자리 잡은 데 환경을 고려해야 한다. 가령 인도(India)의 무더운 기후에 진취적으로 부지런히 달려가다가는 더위에 쓰러져서 죽음을 면하지 못할 것이다. 인도 문명의 산물인 불교가 왜 좌선(坐禪)을 강조했는지 새겨볼 필요가 있다. 나무 그늘에 앉아서 더위를 피하는 것은 게으름이 아니라 생존의 지혜다. 물론 여기에는 인도의 풍부한 농산물이 전제되어 있다.

불교에서 육식을 금하고 채식 위주의 음식 문화가 나타난 점도 기후와 관계가 있다. 높은 온도에서 부패하기 쉬운 육식을 삼가고, 위생적인 채식을 섭취하라고 권장했을 것이다. 고타마 붓다(석가모니)는 '수카라 맛다바(Sukara Maddava)'를 먹은 뒤에 중병(重病)에 걸려서 입적(入寂)한 것으로 알려져 있다. 이 음식은 일반적으로 버섯의 일종으로 알려져 있으나, 돼지고기 요리라는 설도 있다.

라오쯔(老子노자)과 주앙저우(莊周장주, 기원전 369~기원전 286)의 철학사상 또한 이와 같은 자연환경의 산물이다. 그들은 처음부터 먹을거리를 얻기 위하여 사냥을 하거나 혹은 배를 띄워서 바다로 나아갈 필요가 없었다. 곧 정복해야 하는 혹독한 환경이 아니었다. 그들은 온대 기후 사계절 순환의 고리에 자신을 맡겼고, 이를 어기지 않고 잘 적응하는 것을 지혜로 삼았다. ― 중국 문화의 창조물인 『주역』은 온대 기후의 순환 관념을 바탕으로 형성된 사상 체계다. 춘하추동의 순환 개념을 이해하지 않고 『주역』을 이해할 수 없다.

이와 같은 풍토적 연관성에서 중국 고대의 철학을 생각하면, 유가와 더불어 도가의 철학이 중국인의 토생적(土生的)인 것으로 자리 잡은 이유를 알 수 있다. 유가와 도가는 묵가(墨家, 경제 중시), 법가(法家, 법 관념 중시)와는 달리 농업을 근본으로 여기는 투철한 사상 체계다.

서양인이 중국 문화와 철학을 진단함에, 중국인의 성격을 퇴영적(退嬰的) 혹은 보수적인 민족으로 규정하고 비난한 것은 이 같은 풍토적 특성을 고려하지 않은 자만심이거나 이에 따르는 오류일 수 있다.

횡여우란도 이런 풍토적 환경에 주의했다. 해양국의 그리스는 상업을 통하여 부(富)를 축적했으며, 상인이 중요하게 생각하는 수를 통한 수학적 추리를 개발했다. 이에 대하여 대륙국인 중국은 농업 국가였으므로 대부분이 농민이었고, 이로 인하여 근대화의 매개체인 '산업혁명'을 할 수 없었다고 진단한다(횡여우란, 『中國哲學小史』).

한국의 법철학자 이항녕(1915～2008)은 일본의 와쓰지 데쓰로에게서 영향을 받아 법의 풍토성에 주의했다. 와쓰지는 세계의 기후를 몬순(monsoon), 사막(沙漠), 목장(牧場)의 셋으로 크게 나누고, 인간의 생활이 여기에 영향을 받는다고 분석했다(와쓰지 데쓰로, 『풍토—인간학적 고찰』). 이항녕은 와쓰지 교수의 견해를 수용하고, 세계사적 시각에서 계절풍적 풍토 지대를 동방(東方, 중국·인도), 대륙성적 풍토 지대를 중방(中方, 몽골·이란·아라비아), 해양성적 풍토지대를 서방(西方, 서유럽)으로 나누었다. 동방을 농경 사회, 중방을 유목 사회, 서방을 상역(商易) 사회로 분류하여 법의 존재 형태가 이 같은 풍토의 영향을 받는다고 주장했다(이항녕, 『법철학개론』, 2004). 이항녕의 주장은 다른 민족의 다양한 존재를 무시하고 무리하게 3방설(三方說)을 밀고 나가기는 했으나, 법사상이 풍토와 관련 있다는 점을 인정해야 한다.

윤리와 도덕 감정이 풍토와 밀접한 관련을 맺고 있는 예를 티베트 민족의 풍속에서 찾을 수 있다. 티베트의 장례(葬禮)는 세계에서 그 유례를 보기 힘든 독특한 방식이다. 그들은 사람이 죽으면 시신(屍身)을 갈기갈기 찢고, 뼈는 돌절구로 빻아서 '짬빠'(티베트인의 음식)를 섞어 돌 위에 놓아 새들이 쪼아 먹게 한다. 이 같은 장례 방식을 천장(天葬) 혹은 조장(鳥葬)이라고 부른다. 티베트인은 이처럼 시신을 찢고 뼈를 부수는 일을 자선(慈善)이요, 고귀한 행위로 느낀다(김한규, 『티베트와 중국의 역사적 전개』, 2003). 현재 중국의 시짱(티베트) 자치구(西藏自治區) 지역은 평균 고도 3천 미터 이상의 산악 지대로 나무와 흙이 귀한 지질 구조다. 그러므로 그들의 장례 방식은 '천장'으로 치러진다. 다른 문화권에서는 시신의 훼손을 엄청난 부도덕으로 간주하는데, 티베트에서는 시신을 찢고 뼈를 부수는 일이 도덕적인 행위다. 이 같은 사실은 풍토가 인간의 도덕(윤리)에 영향을 주는 요소라는 점을 증명한다.

일련의 사례를 볼 때, 하나의 철학사상을 이해하기 위해서는 반드시 풍토적 특징을 고려해야 한다. 인간은 환경(풍토)의 산물이며, 동서 간의 문명 혹은 문화 또한 이와 같은 환경을 기반으로 창조된 것이다.

1.3.2 농업 사회와 가족 제도

풍토와 관련해 볼 때, 중국은 전통적으로 농업 국가였다. 전통 중국철학은 농업적 사고를 대변한다. 농민은 농사를 위하여 기후, 물 관리, 별자리 등에 신경 썼다. 그들은 먼 지방으로 여행을 가거나 집을 옮기는 경우가 드물었고, 붙박이처럼 한곳에 붙어서 살았다. 『도덕경』 제80장에는 다음과 같은 구절이 보인다.

> 백성으로 하여금 죽음을 중하게 여겨, 멀리 옮겨 다니지 않도록 한다. …… 이웃 나라가 서로 바라보고, 닭 울고 개 짖는 소리가 들릴 정도로 가까워도, 백성은 늙어 죽을 때까지 서로 왕래하지 않는다(使民重死而不遠徙. …… 隣國相望, 鷄犬之聲相聞, 民至老死不相往來).

이는 원시 사회의 단순한 모습을 이상화하고 있는 구절이다. 도가철학에 의하면 농민은 어린아이처럼 순진한 삶을 살아간다. 이 같이 전원(田園) 사회를 이상으로 그리는 것이 농업을 숭상하게 만들었다. 중국 고대의 인물 뤼뿌웨이(呂不韋여불위)와 그 식객(食客)의 편저 『여씨춘추呂氏春秋』 제26권, 「상농上農」편에 다음과 같은 구절이 있다.

> 옛적의 선왕은 백성을 인도함에 먼저 농업에 힘쓰도록 하였다. 농부들이 농사를 지음에 땅에서 얻는 이익(농산물)만이 아니고, 농사짓는 뜻을 귀중하게 여겼다. 농부들은 순박하였고, 순박하므로 다스리기 쉬웠다. 다스리기 쉬웠기 때문에 국경이 안전하였고, 지배자는 존중받았다. …… 농부들의 수입이 늘어나면 옮겨다니기를 즐겨하지 않았다. 그들은 평생을 한 마을에서 살았고, 다른 직업을 생각하지 않았다. 그들이 근본(本)인 농업을 버리고 여타 직업(末)을 추구하면, 명령에 잘 복종하지 않았다. 명령에 복종하지 않으면, 그들을 부리기 어렵고 방어도 어렵고 또한 전쟁에 동원할 수도 없었다.

위의 기록에 의하면, 농업이야말로 근본적인 직업(本)으로 여겨졌다. 다른 지업이 무엇인지 밝혀지지 않았으나, 아마도 상업(商業)이 아닐까 한다. ― 중국 고대에 상업의 발달 및 상업 인구의 비율은 잘 알 수 없다. 다만 근본[本]과 시엽[末]에 관한 기록으로 미루어, 상업에 종사하는 인구가 있었음은 확실하다.

『여씨춘추』의 기록으로 유추하건대, 정권 담당자들은 백성을 농업에 묶어 놓으려고 했다. 다스리기 쉬웠고 전쟁에 동원하기 편하기 때문이다. 옛날부터 이 같은 백성이야말로 위정자의 소망이 아니겠는가? 그러므로 중국철학의 상당 부분이 농민의 사고를 대변하는 것은 이상한 일이 아니다.

농업 사회와 관련하여 고대 중국의 가족 제도를 꼽을 수 있다. 일정한 토지에 붙박이처럼 살아가는 농민에게 가족은 중요한 경제 단위였다. 인구가 많을수록 많은 노동력의 확보가 가능했다. 그러므로 육체적 노동에 효율적인 남아(男兒)를 선호하는 현상은 자연스럽게 나타났다. — 산업혁명 이전의 농업 사회에서 남성의 완력은 하나의 덕목(德目)이었다. 지금도 한국의 농촌에서 '놉'(노동력을 돈을 주고 사는 행위)을 살 때, 여성보다 남성의 품삯이 높은 것이 그 하나의 예가 된다.

중국철학의 중심인 유교의 철학사상은 가족 제도를 잘 유지하는 방향으로 틀이 짜여 있다. 효(孝)의 윤리를 강조함이 가족의 응집력을 높인다. 가족의 단합 또는 응집력은 생산력의 증가를 가져온다. 이를테면 사업(장사)을 위하여 자식이 모두 흩어지면, 늙은 부모는 농사일을 할 수 없다. '효'를 강조하여 자식을 부모 옆에 묶어 두는 것은 결국 노부모의 편안함을 확보하기 위한 장치며, 동시에 생산력을 증가시키려는 의도가 들어 있다.

또한 가족 제도의 유지에 중요한 요소는 조상(祖上) 숭배의 사상이다. 이는 조상이 마련한 땅에서 모든 경제적 산물을 생산하고 공급받는 현실에서 그 조상을 존경해야 한다는 논리다. 윤리적 측면에서 볼 때, 효의 사상과 조상에 대한 숭배는 젊은이의 진취적인 기질을 북돋우지 못했다. 젊은이들은 부모의 편의를 위하여 붙박이처럼 한 고장에서만 살아야 했고, 먼 지방으로 여행도 권장되지 못했다. 『논어』, 「이인」편에 다음과 같은 구절이 있다.

> 부모가 생존하여 계시거든 멀리 유람(여행)하여 가지 말며, 유람하더라도 반드시 장소를 알려야 한다(父母在, 不遠遊, 遊必有方).

위의 내용은 유교 사상이 사람의 여행 혹은 유람(遊覽)에 대하여 부정적인 견해를 취하고 있음을 보여준다. — 상기 구절의 '유'(遊) 자 해석에 문제가 있다. 기존의 번역은 대부분 이 글자를 '놀다'라고 새겼다. '불원유'(不遠遊)의 뜻을 '멀리 놀러가지 말라'라고만 새길 이유가 있는가? '유'(遊) 자는 '놀다'라는 뜻 이외에 '여행하다' 혹은 '유람하다'라는 의미가 있다. 츠엉수떠(程樹德정수덕)의 『논어집석論語集釋』에서 "옛적에 나라는 정치가 서로 달랐고 가족은 풍속이 달라서, 유람하는 자는 공경대부 및 사(士)로부터 서민에 이르기까지 반드시 신분증(節)이 있어야 통하였고, 신임장(傳)이 있어야 왕래할 수 있었다"라고 했는데(『논어집석』, 중화서국, 273쪽), 저자는 츠엉수떠의 설을 따른다. 현대의 학자 양뿨쥔(楊伯峻양백준)은 "문 밖으로 멀리 나서지 않는다"(不出遠門)라고 새겼다. 유(遊)자가 '놀다'는 의미로 번역된 것은 주시의 도덕적 '엄숙주의'에 의한 것으로 보인다.

늙은이는 일정한 장소를 유지하여 살아감이 건강에 좋을 것이다. 그러나 젊은이는 먹을거리를 찾아서 부지런히 움직여야 한다. 동물로 태어난 자는 움직여야 하지 않겠는가? 중국이 한(漢)·당(唐) 시대에 세계 최고 수준의 문명을 이룩하고도, 산업혁명 이후 변화에 발맞추지 못하여, 영국처럼 작은 나라에 창피를 당한 원인 가운데 하나를 유교의 윤리에서 찾을 수 있다.

참고문헌

김경수, 『출토문헌을 통해서 본 중국고대사상』, 심산, 2008.

김한규, 『티베트와 중국의 역사적 전개』, 혜안, 2003.

이기상, 『철학노트』, 까치, 2002.

이항녕, 『법철학개론(제3정판)』, 박영사, 2004.

임형석, 『중국 간독시대, 물질과 사상이 만나다』, 책세상, 2002.

리쉬에친(李學勤), 임형석 옮김, 『잃어버린 고리』, 학연문화사, 1996.

리황(李方), 『돈황〈논어집해〉교증敦煌〈論語集解〉校證』, 지앙쑤(江蘇)고적출판사, 1998.

쉬지엔핑(許建平), 『돈황경적서록敦煌經籍敍錄』, 중화서국, 2006.

왕쑤(王素), 『돈황투루판문헌敦煌吐魯番文獻』, 문물출판사, 2005.

지엔뿨짠(翦伯贊), 『선진사先秦史』, 뻬이징대학출판사, 2001.

츠언라이(陳來), 전병욱 옮김, 『양명철학』, 예문서원, 2004.

훵따원(馮達文)·꾸어지용(郭齊勇) 주편, 『신편중국철학사新編中國哲學史(上冊)』, 인민출판사, 2004.

훵여우란(馮友蘭), 박성규 옮김, 『중국철학사 上』, 까치, 1999.

와쓰지 데쓰로(和辻哲郎), 『風土—人間學的 考察』, 岩波書店, 1981.
(와쓰지 데쓰로, 박건주 옮김, 『풍토와 인간』, 장승, 1993)

벤자민 슈워츠, 나성 옮김, 『중국 고대 사상의 세계』, 살림, 2004.

루트비히 비트겐슈타인, 이영철 옮김, 『논리—철학 논고』, 책세상, 2006.

피터 홉커크, 김영종 옮김, 『실크로드의 악마들』, 사계절, 2000.

뤼뿌웨이(呂不韋), Translation and Study by John Knoblock and Jeffrey Riegel, *The Annals of Lu Buwei* 『呂氏春秋』, Stanford University Press, 2000.

Bertrand Russell, *History of Western Philosophy*, George Allen & Unwin Ltd, 1969.

Fung Yu-Lan, *A Short History of Chinese Philosophy*, The Macmillan Company, 1948.

Julia Ching, *Chinese Religions*, The MacMillan Press, 1993.

Robert Nozick, *Philosophical Explanations*, Harvard University Press, 1983.

제2장
고대 중국인의 종교 관념
— 상(商)·주(周) 시대

2.1 고대 사회의 모습

고대의 일은 지금 알기 어렵다. 종이가 발명되기 전에 인간의 기록은 불완전한 수단에 의존했다. 그러므로 고대 왕국의 일은 대부분 전설을 바탕으로 한 가설의 차원에 머물고 있음을 기억할 필요가 있다.

중국 최초의 왕조는 하(夏)나라라고 전해진다. 이 왕국의 마지막 임금 지에(桀걸)가 음탕하고 무도(無道)하여 탕(湯)이 그를 토벌했다고 한다. 하나라가 멸망하고, 탕이 상(商)나라를 세웠다. 상 왕조는 최후의 임금 저우(紂주)까지 약 5백 년 정도 유지되었다. 이는 기원전 17세기에서 기원전 12세기까지 해당한다. — 하 왕조의 지에와 상 왕조의 저우가 진실로 황음무도한 폭군이었는지는 알 수 없다. 후세에 이 두 사람을 묶어서 '지에저우'(桀紂걸주)라고 부른 이후 지에저우는 폭군을 가리키는 보통명사가 되었다.

상 왕조는 초기에 수도를 자주 옮겼다. 왕조의 중기에 판껑(盤庚반경)이 은(殷) 땅으로 천도한 뒤부터 수도가 고정되었다. 상 왕조는 이 때문에 은(殷) 혹은 은상(殷商)으로 불린다. 1899년 허난 성 인쉬(殷墟은허)에서 갑골문(甲骨文)이 출토됨에 따라서 상 왕조의 실체가 드러났다(갑골문에 대해서는 후술).

상 왕조는 '씨족제'로 기초를 삼았다. 이는 갑골문, 종정문(鐘鼎文) 등의 자료를 통하여 알 수 있다. 씨족제 사회는 통치 계급 전체가 씨족 구성원으로 이루어진 사회다. 상 왕조는 협동에 의한 노동으로 유지되었다. 고고학 팀이 인쉬의 땅굴에서 낫[鎌겸] 4백여 자루를 발굴했는데, 이는 농경이 집합적 협동으로 이루어졌음을 증명해 준다.

기원전 12세기에서 기원전 11세기 사이, 상 왕조는 현재의 산~시 성(陝西省)에 있던 주(周)나라로부터 공격받고 멸망했다. 평왕(平王)이 동쪽으로 수도를 옮기기 이전까지 주 왕조를 서주(西周)라고 부른다.

서주 사회는 씨족을 바탕으로 형성된 '노예제' 사회다. 주나라는 상을 멸망시키고 상 왕조의 씨족을 노예로 자제(子弟)와 공신(功臣)에게 나누어 주었다. 주 왕조는 통치 계급 내부의 가족적인 종법제(宗法制)를 바탕으로 건설되었다 〔꾸어뭐르우어(郭沫若), 『중국고대사회연구中國古代社會研究』, 1976〕.

종법 제도는 중국 고대 사회를 들여다보는 중요한 핵심이다. 이는 가족상의 계승을 정치적으로 확대하여 '천하'를 하나의 가족으로 보는 제도다. 귀족에게 일정한 토지, 즉 봉지(封地)를 나누어 주고 이를 통치하게 한다. 이를 '분봉'(分封)이라고 칭한다. 천자(天子)는 맏아들인 적장자(嫡長子, 본처가 낳은 아들)에게 천자의 지위를 물려주는데, 이를 '대종'(大宗)이라고 부른다. 다른 형제들은 제후(諸侯)로 봉해졌고 이들을 '소종'(小宗)이라 한다. 제후는 주 왕실에는 소종이지만, 자신의 봉국(封國)에서는 대종이다. 그러므로 종법 제도는 적장자가 아버지의 지위를 계승하여 대종이 되고, 다른 아들은 분봉(分封)되어 소종이 되는 제도라고 말할 수 있다.

이와 같은 혈연적인 통일 관계를 정치상 제도화한 것이 봉건제(封建制)다. '봉건'이란 봉지[封]를 세운다[建]는 뜻이다. 이는 주실(周室)을 분읍

(分邑)함을 의미한다. 봉건제는 씨족 단위의 폐쇄성을 기반으로 하는 종족 분할 제도(system of lineage segmentation)라고 할 수 있다. — 종법제 이전의 사회에서 샤먼이 접신(接神) 기술을 행사했다. 그러나 종법 제도가 확립된 뒤, 고대 사회는 이를 집행하는 위정자의 손에서 지배 체제를 갖춘다(임태승, 『유가사유의 기원』, 2004, 113쪽).

이 봉건 제도를 서양의 봉건 제도같이 이해해서는 안 된다. 이는 물리적 힘을 바탕으로 한 것이 아니고, 가족 구성원의 윤리적 정신을 통하여 백성을 지도하고 회유해서 성립한 질서로 보아야 한다(김충열, 『중국철학사 1』, 「원류편」, 1994).

2.2. 상(商) 인민의 '제'(帝)에 대한 숭배

고대 상 왕조의 인민은 생활에서 일어나는 문제를 해결하고자 신명(神明, 천지간의 신령한 존재)의 회답을 기대했다. 신명은 지존(至尊)의 존재로 신앙 대상으로 받아들여졌다. 갑골문의 기록에 의하면, '제'(帝) 혹은 '상제'(上帝)로 표현된다. 상 왕조의 사람들은 점[卜복]을 쳤는데, 수렵 혹은 전쟁 등이 그 대상이다. 예를 들어보자.

> 신사일(辛巳日)에 점을 쳤는데, 훵(豊풍)이 묻습니다. 세 마리 개를 바칠까요? 다섯 마리 개와, 다섯 마리 돼지를 불로 태울까요? 네 마리 소를 죽일까요? 1월에. 〔루어전위(羅振玉), 『은허서계殷墟書契』 VI, 3, 3, 1911년〕

위의 글은 1월 신사일에 점을 쳤는데, 제사의 예물로 세 마리의 개를 묻어 죽일 것인가 아니면 다섯 마리 개와 다섯 마리 돼지 새끼를 불로 태워 죽일 것인가, 네 마리 소를 죽일 것인가를 묻는 내용이다. 훵은 점을 묻는 관리의 이름이다. 복인(卜人) 혹은 정인(貞人)이라고 일컫는다. 갑골학자의 연구에 의하면 상 왕조의 우띵(武丁무정) 때부터 마지막 띠신(帝辛제신)까지 정인의 숫자는 120여 명 정도다.

'제'가 비가 내리도록 명하겠습니까? 〔똥쭈어삔(董作賓), 『은허문자을편殷墟文字乙編』, 1894, 6256, 6666, 1948년〕

'제'가 비가 내리지 않도록 명하겠습니까? (똥쭈어삔, 앞의 책, 2740, 5497, 6406)

다음날 계묘일(癸卯日)에 '제'가 아마도 바람을 불도록 명하겠습니까? 다음날 계묘일에 '제'가 바람을 불지 않도록 명하겠습니까?(똥쭈어삔, 앞의 책, 2452, 3094)

위 갑골문은 점을 쳐서 제(혹은 상제)가 비를 내리도록 하거나 아니면 내리지 않도록 하거나, 바람을 불게 할지 아니면 불지 않게 할 것인지를 묻고 있다. 바람과 비는 수렵 활동에서 사람들이 매우 중요하게 여기는 사항이었다. 이것은 상 왕조의 생활이 농경과 수렵을 중시했음을 말해 주는 증표다.

상 왕조의 인민은 '제'를 믿었고, 제는 최고의 지배자로 간주되었다. 상 왕조의 점을 묻는 방식은 특이했다. 점치는 자가 제를 향하여 기도한 뒤 거북 껍질 혹은 돼지·소 등의 어깨뼈를 불에 구워, 무당으로 하여금 뼈 껍질에 나타난 균열 현상을 판독하고 그 뜻을 해석하게 했다. 이들은 정(正)과 반(反)의 질문 방식을 사용했는데, 말하자면 "비가 올까요?"(正) 아니면 "비가 오지 않을까요?"(反)라고 묻는 방식이다.

상 왕조의 인민들이 점(占)을 친 것으로 미루어 보면, 이들의 종교는 원시적인 단계에 머물러 있었다. 이들의 '상제' 숭배는 체계적이지 못하고 형식을 갖추지 못했다. 나중에 상제 숭배와 조상 숭배가 서로 접근하여 혼합되는 형태가 되었다. 그들의 초보적인 신앙 체계는 갑골학자 츠언멍지아(陳夢家)의 연구에 의하여 많이 밝혀졌다.

2.3. 주(周) 인민의 '천'(天)에 대한 의식

1899년 갑골문의 발견으로 인하여, 상대(商代) 후기의 모습이 자세하게 드러났다. 상 말(商末)의 시기에 인민은 '제'(帝) 혹은 '상제'(上帝)를 지존(至尊)의 존재로 숭상했다. 서주 왕조의 인민들은 상 왕조의 지존 관념을 이어받아 상제를 존경했다. 따라서 상제는 제의 발전된 개념으로 보아야 한다. 이들은 상제를 숭배했을 뿐 아니라, 서주 말엽에 이들에게 조상 숭배의 관념이 생겨났다〔지엔뻐짠翦伯贊, 『선진사先秦史』, 2001〕.

주나라에서 '천'(天)은 지존을 일컬었는데, ― 꾸어뭐르우어(郭沫若)에 의하면, 은 말(殷末)에 '천'이 사용되고 있으나 이는 '신'(神)의 뜻이 아니라고 한다. 츠언멍지아에 의하면, 천의 관념은 주 인민이 만들어 낸 것이다. 이는 천의 개념에 종교적 의미가 부여되었다는 뜻이다. 이것이 후대에 뒤섞여 쓰여 혼란시킨 점이 있다〔주티엔순(朱天順), 『중국고대종교초탐中國古代宗教初探』, 1992〕. ― 지존의 존재에 '상'(上) 혹은 '대'(大) 자를 붙여서 초월적 의미를 부과했다. 상제와 같은 의미로 호천(昊天), 황천(皇天) 또는 창천(蒼天) 등이 사용되었다. '하늘'은 자연을 주재하는 존재다. 상제를 숭배하자 당연히 제사 기능이 강조되었고, 주 왕조의 인민에게 제천(祭天) 행사가 많아졌다. 고대인에게 전쟁과 제사는 두 가지 중요한 행사였다.

중요한 것은 주나라 사람들이 제출한 '덕'(德)의 관념이다. 『시경詩

經』에 다음과 같은 내용이 전한다.

천생증민(天生蒸民)하시니,	하늘이 여러 백성을 내시니
유물유칙(有物有則)이로다.	사물이 있음에 법(法)이 있도다
민지병이(民之秉彝)라,	백성이 떳떳한 성품을 가지고 있는지라
호시의덕(好是懿德)이로다.	아름다운 덕을 좋아하도다

―『시경』 권16, 「대아大雅」, 〈증민蒸民〉

(상기 현토 및 한국어 번역은 朱熹, 성백효 역주, 『시경집전詩經集傳』, 전통문화연구회, 1993을 따른다.)

주나라 사람의 이 같은 '덕'에 대한 관념은 '명덕'(明德) 혹은 '경덕'(敬德)이라는 용어로 표현되는데, 전자는 '덕행을 밝혀라'는 의미로 새겨지고 후자는 '근신하여 덕을 행하라'는 뜻으로 해석된다〔츠언라이(陳來), 『고대종교여윤리古代宗教與倫理』, 1996〕. 이때의 '덕'은 주로 정치도덕(political virtue)과 관계되며, 주 왕조의 업적을 쌓은 문왕(文王)이 '명덕신벌'(明德愼罰)하여, '하늘'(上天)이 이를 알고 상을 멸망하게 했고 국가와 인민을 다스리는 권력을 주었다는 것을 말한다.

덕의 발현 의미는 무엇인가? 이는 주나라 인민이 통치 권력의 도덕적 정당성에 대하여 생각하고 그 근거를 마련했다는 점이다. 주의 지배층은 자신들의 명덕 혹은 경덕으로, 하늘의 은혜를 얻고 탈취한 권력이 획득된다고 믿었다.

그러나 명덕 혹은 경덕의 관념은 소박하고 소략함을 면하지 못한다. 김충렬은 '경'(敬)의 개념이 훗날 송명 리학의 술어인 '주일무적'(主一無適, 정신을 하나로 집중하여 흩어지지 않게 함)의 뜻을 가지고 있다고 말했는데(김충열, 『중국철학사 1』, 「원류편」), 이는 지나친 표현이다. 저자는 경을 '조심한다'는 정도로만 이해한다. 이러한 도덕적 개념은 주 무왕(武

王)이 '천명'(天命)을 받아 상(商)을 무력으로 정벌했다는 사실을 정당화시키는 데 쓰였다. 그러나 무왕이 상제로부터 천명을 받았는지 알 수 없고, 또한 그가 진정한 덕을 갖추었는지도 의심스럽다. 무왕이 잔인한 살육 전쟁을 일으켜 상의 귀족을 무참하게 죽이고, 인민을 노예화했다는 새로운 증거가 발견되고 있다. 시카고 대학의 에드워드 L. 쇼니시(Edward L. Shaughnessy) 교수는 「주의 극상(克商)에 대한 새로운 증거물*New Evidence on the Zhou Conquest*」이라는 글에서 잔인한 살육자로서 무왕의 모습을 서술했다(Shaughnessy, *Before Confucius*, 1997).

참고문헌

김충열, 『중국철학사 1』, 「원류편」, 예문서원, 1994.

배옥영, 『周代의 상제의식과 유학사상』, 다른생각, 2003.

임태승, 『유가사유의 기원』, 학고방, 2004.

황준연, 『실사구시로 읽는 주역』, 서광사, 2009.

꾸어뭐르우어(郭沫若), 『중국고대사회연구中國古代社會硏究』, 삼련서점, 1976.

벤자민 슈워츠, 나성 옮김, 『중국 고대 사상의 세계』, 살림, 2004.

왕위신(王宇信), 이재석 옮김, 『갑골학통론』, 동문선, 1989.

주티엔순(朱天順), 『중국고대종교초탐中國古代宗教初探』, 상하이인민출판사, 1992.

지엔뿨짠(翦伯贊), 『선진사先秦史』, 뻬이징대학출판사, 2001.

츠언라이(陳來), 『고대사상문화적세계古代思想文化的世界』, 삼련서점, 2002.

————, 『고대종교여윤리古代宗教與倫理』, 삼련서점, 1996.

츠언멍지아(陳夢家), 『은허복사종술殷墟卜辭綜述』, 중화서국, 2004.

횡따원(馮達文)·꾸어지용(郭齊勇) 주편, 『신편중국철학사新編中國哲學史(上冊)』, 인민출판사, 2004.

Edward L. Shaughnessy, *Before Confucius*, State University of New York Press, 1997.

Fung Yu-Lan, *A Short History of Chinese Philosophy*, The Macmillan Company, 1948.

제3장
고대 중국인의 세계관
—『주역』의 세계

중국 고대를 이해하는 중요한 자료로 『상서尙書』, 『시경詩經』, 『좌전左傳』, 『국어國語』, 『주역周易』 등이 있다. 이 가운데 『주역』만이 철학서에 속한다. 그러므로 고대 철학을 이해하려면 『주역』을 들여다보아야 한다. 이 책은 후대의 학자에게 지대한 영향력을 미쳤으므로 중국철학사를 이야기하려면 반드시 언급해야 한다.

『주역』을 읽을 때마다 중국 고대인의 창조적 능력에 놀란다. 여기에는 고대인의 원초적 사유 체계가 담겨 있다. 이 책은 점(占)을 치는 수단으로 출발했다. 그러나 점의 행위보다 중요한 것은 그들이 세계를 어떻게 이해했는가라는 점이다. 『주역』을 말하면 사람들은 흔히 그림처럼 보이는 '팔괘(卦)'의 모습을 떠올릴 것이다. 팔괘는 자연 현상을 묘사한 것으로 그 모양은 다음과 같다.

☰ (건乾, 하늘), ☱ (태兌, 연못), ☲ (리離, 불), ☳ (진震, 우뢰),
☴ (손巽, 바람), ☵ (감坎, 물), ☶ (간艮, 산), ☷ (곤坤, 땅)

하나의 '괘'는 이어진 선(—) 혹은 끊어진 선(--)으로 구성되며, 이는 두 개의 대립하는 힘을 뜻한다. 두 개의 대립(對立)이라는 말을 '대대'(對待) 혹은 '이항'(二項) 또는 '대립쌍'(對立雙) 등으로 표현할 수 있다. 그 이름이 무엇이던 『주역』의 '괘'에 나타난 이어진 선(—)과 끊어진 선(--)은 자연 속에 존재하는 서로 대립하는 힘을 말한다. 후대의 학자들이 전자를 '양'(陽)이라고 이름 짓고, 후자를 '음'(陰)이라고 불렀다.

자연 현상에서 나타나는 상호 대립하는 힘은 인간관계에 그대로 적용된다. 남녀의 존재가 가장 대표적이다. 또한 강함과 부드러움(剛柔강유), 높음과 낮음(高低고저), 길고 짧음(長短장단) 등등 헤아릴 수 없이 많은 현상 속에 '대대' 관계가 존재한다. 이 두 가지 힘은 서로 반대되는 점도 있고 동시에 서로 보완해 주는 측면도 있다. 따라서 어느 한쪽도 없어서는 안 되는 이 관계성(relationship)에 대한 인식이 중요하다.

프랑스의 철학자 겸 문화인류학자 레비스트로스(Claude Lévi-Strauss, 1908~1991)는 인간 사회의 문화 현상을 설명함에 전체적인 구조를 놓고, 그 구조를 해석함으로써 인류 사회를 이해하려고 했다. 그의 문화인류학적 방법을 '구조주의'(structuralism)라고 부른다. 그에 의하면 모든 문화는 인간 두뇌의 산물이고, 그 표면 아래에 공통되는 특징이 있는데 이것은 관계성에 대한 인식이라고 한다. 구조는 관계의 조직(organization of relationships)이고, 이항〔혹은 이원(二元)〕 대립(binary opposition)과 매개(媒介, mediation)는 관계를 조직하는 기본 단위라고 말한다. 이와 같은 레비스트로스의 구조주의 철학을 『주역』에 도입하면, 『주역』이야말로 전형적인 이항 대립의 적용물이다. 즉 '음'과 '양'의 이항 대립에 의하여 세계가 구성되고 변화하고 또 소멸한다. 레비스트로스가 말하는 이 같은 '구조주의적'인 사고를 2천 년 전의 고대 중국인이 가지고 있었다고 할 수 있다.

팔괘는 다시 중첩하여 하나의 온전한 괘를 이룬다. 중첩된 모양을 한 가지 예를 들어보자. 진괘(☳)가 아래에 자리 잡고, 감괘(☵)는 위편에 자리 잡는다. 이 괘를 '수뢰둔'(水雷屯, ☵ 상 ☳ 하)이라고 부른다. 우레(震, 구름)와 물(坎)이 교감 작용을 하여 이 괘는 남녀의 혼인에 관한 내용을 다룬다. '운우지정'(雲雨之情)이라는 말이 있다. — 중국인은 남녀간의 성행위를 점잖은 말로 운우지정이라고 표현한다. — 수뢰둔괘는 구름과 물의 이항이 미는 동시에 끌어당기는 힘(대립)으로 작용함을 상징한다. 자세히 관찰하면 남녀의 성행위는 밀고 당기는 동작의 반복이다. 그러므로 이 괘가 고대의 결혼 행진곡을 가리킴은 이상한 일이 아니다(황준연, 『실사구시로 읽는 주역』, 2009, 155쪽). 이와 같은 각 괘의 중첩의 방법(The Method of Doubling)에 의하여 『주역』 전체는 64괘(8×8=64)로 구성된다. 각 괘는 고유의 이름을 가지며 기호 이외에 괘사(卦辭)가 있다.

오스트리아 출신의 철학자 루트비히 비트겐슈타인은 "세계는 사실(事實, facts)의 총체다"(『트락타투스』, 1.1)라고 말했다. 사실은 각 사례(事例, case)로 이루어지는데, "사례는 원자사실(原子事實, atomic facts)의 존재다"(『트락타투스』, 2)라고 했다. 이것은 대체 무슨 뜻인가?

저자는 이 말을 『주역』과 관련하여 다음과 같이 이해했다. 『주역』의 기록은 개개 '원자사실'을 기초로 한 사실과 상징(symbol)의 집합체다. 중국 고대인의 경험 세계였던 '원자사실'은 『주역』 경문(經文, 텍스트)에 기록되어 있다. 현대인의 '원자사실'이 고대인과 별로 차이가 없다는 점에서, 『주역』 텍스트는 통시성(通時性)을 지닌다. 텍스트에 담긴 이야기는 공간과 시간의 차이에도 불구하고, 인류에게 보편성을 제공한다. 그러므로 『주역』의 중력(重力, gravity)이 매우 강하다고 주장할 수 있다. 그렇다면 이와 같은 『주역』의 텍스트(경문)는 어느 시대에 어떤 사람들이 만든 것일까?

3.1 갑골문(甲骨文) 이야기

『주역』의 탄생은 갑골문과 관계를 맺는다. 갑골문은 중국 고대 상(商) 왕조 시대의 고대 문자다. 이 문자는 현대인이 보기에 일종의 부호(符號)처럼 느껴진다. 이는 대략 3천 년 전 상 왕조의 후기(기원전 1400~기원전 1100)에 사용된 문자이며, 형태가 투박하고 고졸(古拙)하다. 그렇지만 오늘의 중국어처럼 기본 문법을 구비했고, 문장의 형태를 갖추고 있다〔이하 왕위신(王宇信), 『갑골학통론』 및 기타 자료를 종합하여 정리〕.

고문헌 속에는 갑골문자에 대한 이야기가 전혀 없다. 기원전 500년대의 인물 콩치우(孔丘)는 갑골문을 접하지 못했고, 12세기 송대(宋代)의 대학자 츠엉이(程頤, 1033~1107)·주시(朱熹, 1130~1200) 등도 갑골문을 만나지 못했다. 이 문자는 오랜 세월 동안 땅속에 잠들어 있다가, 1899년 홀연 지상에 나타났다. 이후 백 년 동안 학자들의 연구로 우리는 고대에 대하여 이전보다 훨씬 더 잘 알게 되었다. 그러므로 중국 고대 철학의 상당 부분이 새롭게 저술되어야 한다.

갑골문의 연구는 왕이르옹(王懿榮왕이롱, 1845~1900)으로부터 시작되었다. 왕은 1899년 뻬이징에 떠돌던 용골(龍骨) 조각에 새겨진 문자를 보고 최초로 감정한 인물이다. 『청사고淸史稿』, 「왕이르옹전王懿榮傳」에 의하면, 왕은 저명한 금석학자로, 용골 기호를 보고 고대 은상(殷商) 시대의 문자라고 판단했다. 다만 왕은 갑골을 수집하는 단계에 그쳤다. 왕이르옹은 1900년 여름 8개국 연합국이 뻬이징을 점령하자, 관료로서 치욕을 느끼고 자살(自殺)했다.

리우어(劉鶚유악, 1857~1909)는 자(字)가 티에윈(鐵雲철운)이다. 갑골을 수집하고 1903년에 『철운장구鐵雲藏龜』를 출판했다. 이는 갑골학 최초의 출판 기록물이다. 리우어는 감추어진 글자를 탁본〔拓本, 갑골 및 금석에 새겨진 글씨 위에 종이를 대고 먹물을 이용하여 박아냄. 묵탁(墨拓)

과 같은 뜻) 형태로 세상에 내놓음으로써 갑골학의 선구자가 되었다.

선구자가 지나간 들판에 '네 사람의 대가'가 출현한다. 갑골학은 '4당'(四堂)을 만남으로써 학문의 궤도에 들어선다. 이들은 쉬에탕(雪堂설당) 루어전위(羅振玉라진옥, 1866~1940), 꾸안탕(觀堂관당) 왕꾸어웨이(王國維왕국유, 1877~1927), 옌탕(彦堂언당) 똥쭈어삔(董作賓동작빈, 1895~1963), 띵탕(鼎堂정당) 꾸어뭐르우어(郭沫若곽말약, 1892~1978)를 말한다.

루어전위는 리우어의 집에서 훈장 노릇을 하면서 갑골문을 접했다. 그는 리우어의 『철운장구』에 손수 갑골을 묵탁하는 작업을 맡았다. 1911년 일본으로 건너간 그는 일본에서 『은허서계殷墟書契』 및 『은허서계고석殷墟書契考釋』을 편찬하여 갑골학의 수준을 한 단계 끌어올렸다. 루어전위의 공로는 갑골의 출토 장소를 허난 성(河南省) 안양(安陽) 샤오툰 촌(小屯村)으로 밝힌 점이다. 이로써 고대 상 왕조의 수도였던 인쉬(殷墟)의 존재가 세상에 드러났다.

왕꾸어웨이는 역사학자, 금석학자다. 1911년 루어전위를 따라서 일본으로 건너갔다. 왕은 일본에서 칸트, 쇼펜하우어, 니체 등 서양철학자의 저술을 탐독한 것으로 알려져 있다. 그가 쓴 「은복사중소견선공선왕고殷卜辭中所見先公先王考」는 갑골학의 학술 가치를 매우 드높인 글이다. 이 글은 『주역』의 견해에서 볼 때 중요한 자료다. — 그는 뇌천대장(大壯, 34괘)의 육5 효사, 화산려(旅, 56괘) 상9 효사에 보이는 나그네[旅人]가 곧 왕해(王亥)라는 사실을 밝혀냄으로써, 『주역』 문헌에 대한 신빙성을 높였다. 그러나 왕은 좋은 세상을 만나지 못했다. 그는 1927년 뻬이징 이허위앤(頤和園이화원)의 연못에 빠져 죽음으로써 자신의 몸을 물고기에게 바쳤다.

똥쭈어삔은 1928년 허난 성 인쉬 지역을 조사한 인물이다. 이때부터 10년에 걸쳐서 대규모의 과학적 발굴 작업이 진행되었고, 이로써 갑골의 '도굴 시기'를 마감하고 국가적 차원에서 연구가 개시되었다. 똥은 자료를 정리하여 『은허문자갑편殷墟文字甲編』과 『은허문자을편殷墟文字乙編』을 세상에 내놓음으로써 갑골학의 문헌 방면에 큰 공헌을 했다.

꾸어뭐르우어는 1914년 일본으로 건너가 처음에는 의학을 전공했으나, 방향을 바꾸어 중국 고대사를 연구했다. 그가 남긴 『갑골문자연구』, 『중국고대사회연구』, 『노예제사회』 및 『복사통찬卜辭通纂』, 『은계수편殷契粹編』 등은 갑골학에서 불굴의 업적이다. 꾸어는 다른 학자와 달리 출세의 길을 달렸다. 1949년 인민공화국의 성립 이후 정무원 부총리, 중국과학원 원장, 역사연구소 소장 등을 역임했다. 꾸어는 상(商)·주(周) 시대를 '노예제 사회'로 규정했는데, 이는 흔들 수 없는 정설이다.

4당의 시대에 이들 외에도 괄목할 만한 갑골학자가 계속 등장했다. 츠언멍지아(陳夢家, 1911~1966), 위싱우(于省吾, 1896~1984), 꾸지에깡(顧詰剛, 1893~1981), 위용리앙(余永梁, 생몰년 미상) 등이 이들이다. 츠언멍지아는 『은허복사종술殷墟卜辭綜述』이라는 불후의 거작을 남겼다. 그의 연구는 상대(商代) 사회 전반에 걸쳐 있지만, 종교 분야에서 특히 참고할 만한 가치가 있다. 제사에 대한 그의 연구는 서주 왕조를 이해하는데 큰 도움이 된다. ― 그에 의하면 은대(殷代)의 '상제'(上帝)는 인간으로 임금을 말한다. 숭배 대상으로서 '천'(天)의 개념은 주대(周代)에 발달한 것이다. '천명'(天命) 혹은 '천자'(天子) 등은 서주 시대의 용어고, 주왕(周王)은 천자로 하늘에 배향(配享)한다. ― 츠언멍지아는 '문화대혁명' 와중에 자살함으로써 생애를 마감했다.

위싱우는 갑골학자 겸 『주역』 연구의 대가다. 한때 은행 및 세무서의 직원이었던 그는 1931년 이후 뻬이징에 칩거하며 갑골학을 연구했다. 갑골 지식을 기반으로 『주역』 연구에 새로운 장(章)을 열었다. 그는 『갑골문자석림甲骨文字釋林』의 서문에서 중국 고대 '형살(刑殺)의 기록'에 대하여 자세히 밝히고 있다. 이는 고대 형정(刑政)을 이해하는 데 반드시 참고해야 하는 자료다. 위싱우의 저서 『역경신증易經新證』은 상수(象數) 분야로 치우쳤으나, 『주역』의 내용을 들여다보는 데 유익하다.

꾸지에깡은 '의고파'(疑古派)의 중심인물이다. 그는 『삼황고三皇考』, 『고사변古史辨』 등의 저술을 통하여 전통 시대의 우상 타파에 힘을 기울였다. 『주역』 연구와 관련하여, 『고사변』 제3책에 발표된 「《주역》 괘효사 중의 고사」라는 글은 매우 혁신적인 내용을 담고 있다.

위용리앙은 갑골학자로 갑골과 『주역』의 관계를 밝혀내는 데 주력했다. 그의 「역괘효사적시대급기작자易卦爻辭的時代及其作者」라는 글에 의하면 『주역』은 거북점에서 출발했고, 문헌의 괘사 및 효사는 상 왕조 시대의 갑골 복사와 닮았다. 또한 『주역』의 점을 묻는 방법인 시초법(蓍草法)은 상대의 거북점을 좇아서 변모하여 나타난 것이다.

갑골문자는 현대 중국어와 마찬가지로 일종의 '로고그램'(logogram)이다. 로고그램이란 글자 한 자가 온 세계를 대표하는 경우로, 고대 이집트의 상형문자(hieroglyph), 마야의 상형문자, 그리고 수메리아의 쐐기문자(cuneiform) 등이 그것이다(제러드 다이아몬드, 김진준 옮김, 『총, 균, 쇠』, 2005).

갑골의 유물은 1899년 이후 약 십만 점에 달한다. 글자의 해독은 겨우 천 자 정도만 합의가 이루어진 상태고, 나머지 3천여 자는 연구자 사이에 견해 차이가 있다. 하지만 우리는 갑골문의 출현으로 『주역』에 대한 이해에 새로운 장이 열렸다는 점을 기억할 필요가 있다.

3.2. 『주역』을 어떻게 볼 것인가?

『주역』은 팔괘를 바탕으로 형성된 경전이다. 『역易』, 『역경易經』 혹은 『역전易傳』 등의 이름이 함께 쓰인다. 『주역』이란 주대의 『역』을 말하는데, 경문만 가리키는 경우와 경문에 『역전易傳』을 보태서 말하는 경우로 나뉜다. 전자는 『주역』의 경문을 가리킨다. 후자는 경문에 『십익十翼』을 보탠 『주역』이다. 텍스트로서 '경문'(classic)은 서주 시대에 탄생했고, 해설서로서 '전문'(傳文, commentaries)은 춘추 전국 시대와 한대(漢代) 이후에 탄생했다.

다음과 같은 예를 들어보자. 『논어』와 『논어집주』는 다르다. 전자는 쿵치우의 언행록으로, 그가 세상을 떠나고 백 년 후 제자들이 편집한 책이다. 이에 비하여 후자는 12세기 주시가 『논어』를 놓고 주해(註解)한 책이다. 주해했으므로 『논어』 원문이 전제된다. 『논어집주』는 시절을 잘 만나서 오랫동안 과거 시험의 정본(定本)이 되었다. 그러나 우리가 『논어』를 읽는데 반드시 집주본을 고집할 필요는 없다.

마찬가지로 『주역』 텍스트(경문)와 『역전』은 다르다. 『역전』이라는 이름의 책은 『주역』 텍스트(경문)를 놓고 주해(footnote)한 책이다. 이를 『십익』이라고도 일컫는다. 이는 『주역』 경문에 주해를 보탠 것이다. 『주역』이라는 호칭에 이 두 가지가 함께 사용되는 현실이다. 『십익』이란 '열 개의 날개'인데 『주역』 경문의 주해를 날개를 붙인 것으로 비유한 것이다. ①「단전彖傳」 상하 ②「상전象傳」 상하 ③「문언전文言傳」 ④「계사전繫辭傳」 상하 ⑤「서괘전序卦傳」 ⑥「설괘전說卦傳」 ⑦「잡괘전雜卦傳」을 가리킨다.

1899년 이후의 연구 결과에 의하면, 『주역』의 텍스트는 기원전 771년 이전 서주 시대에 쓰였고, 주해본 『역전』은 기원전 221년 이후 진(秦)·한(漢) 시대에 저술되었다. 『역전』은 『주역』 경문에 이어서 탄생한 작품이며, 경문에 대한 해설서다. 그러므로 『주역』 연구는 마땅히 텍스트, 즉 경문으로부터 시작해야 한다(以經解經)〔리징츠(李鏡池), 『주역탐원周易探源』, 1978〕.

『주역』은 1899년 갑골문 발굴 이후 고대에 관한 사실이 밝혀지기 전까지 전설로 다루어졌다. 호랑이 담배 피던 시절 후우씨(伏羲氏복희씨)가 팔괘를 그었고, 서주의 문왕(文王)이 64괘 괘사(卦辭)를 지었으며, 주공(周公)이 효사(爻辭)를 지었다고 한다. 이들 세 사람이 『주역』의 저자며, 저술 시기는 후우씨를 기준으로 하는 경우 무한대로 소급되고 문왕의 경우 기원전 1099년까지 3천백 년을 거슬러 올라간다. 콩치우는 『주역』의 해설서인 『십익』의 저자로 인정받아 '삼성'(三聖)의 한 자리를 차지했다. 이 같은 이야기는 쓰마치엔(司馬遷사마천)의 『사기史記』와 반꾸(班固반고)의 『한서』를 신봉하여 굳어진 학설로 실증적인 근거는 없다.

사람들은 시간이 오래된 것에 권위를 부여하는 습관이 있다. 그러므로 후우씨, 문왕, 공자의 작역설(作易說)에 대해서 의심하지 않고 믿었다. 이 설은 진(秦)·한(漢) 시대 유생(儒生)에 의하여 굳어졌고, 송대(宋代) 이후 츠엉이·주시와 같은 대학자도 『십익』을 콩치우의 저술로 믿었다. 그러나 어우양시우(歐陽修구양수)는 『역동자문易童子問』에서 『역전』이 콩치우의 저술이 아니라는 의문을 제기했다. 콩치우의 시대로부터 천오백여 년의 세월이 흐른 뒤의 일이다. 이제는 콩치우를 『십익』의 저자라고 말할 수는 없다. 이는 콩치우가 『주역』을 읽지 않았다는 말이 아니다. — 자세한 내용은 황준연, 「공자는 《주역》의 〈십익〉을 스스로 지었는가?」, 『정신문화연구』 2008년 여름호(통권 111호) 참고.

갑골문과 청동기 유물의 출현 이후 과학적 실사구시적 방법을 응용하여 학자들은 『주역』에 대하여 지금까지 알려진 지식과 전혀 다른 결론에 도달했다. 이를 정리하면 다음과 같다.

- 『주역』의 텍스트, 즉 경문은 서주 시대 만기(晩期, 기원전 900~기원전 771)에 저술되었다.
- 『주역』 경문의 편저자는 서주 시대 점복(占卜)에 종사했던 공무원, 즉 복사(卜史)들이다. 그들은 귀족 계층의 승려 혹은 정치 고문(顧問)을 맡은 지식

인이었다. 『주역』은 한두 사람이 지은 것이 아니다.

- 『주역』의 텍스트는 당시 지식인 계층이 점을 칠 때 활용했던 공구서(工具書)로 일종의 '매뉴얼'(manual)이었다.
- 『주역』은 점치는 데 활용한 매뉴얼이지만, 단순한 점서(占書)가 아니고 당시 지식인의 세계관이 담긴 철학서다.
- 『주역』의 점법(占法)은 상 왕조의 거북점에 영향을 받았다. 그러나 점의 방법은 거북보다 시초(柴草, milfoil)에 의존했다.

이 같은 결론을 놓고 논변이 제기될 수 있다. 하지만 우리는 실증적인 근거가 희박한 전설에 의지하기보다 사실(史實)에 근거한 결론을 믿어야 한다. 중요한 사실은 21세기의 인류는 과학적 지식의 팽창과 그 방법에 의하여 고대 세계에 대하여 이전보다 더욱 잘 알게 되었다는 점이다.

『주역』은 서주 시대 후기 기원전 900년부터 기원전 771년 사이에 창조되었다. 이 작품은 몇 사람의 천재가 영감(靈感)에 의하여 제작한 것이 아니고, 많은 인물이 참가해서 꾸준히 편찬되고 전승되었다. 미국의 학자 리처드 A. 쿤스트(Richard A. Kunst)는 주나라 초기 문왕의 시기는 지적(知的) 수준이 매우 낮았고, 도덕 수준 또한 저급했다고 주장한다. 한편 시카고 대학의 에드워드 L. 쇼니시 교수는 이른바 천명을 받았다는 무왕(武王)도 포악한 살육 전쟁의 주인공이라는 점을 증명했다.

3.3 서주(西周) 시대에 대한 인식

3.3.1 서주는 어떻게 나라를 열었는가?

『주역』 경문(텍스트)은 서주 시대 만기에 저술된 것으로 보인다. 이 시기는 노예제 사회며 청동기 시대다. 『주역』 텍스트에 대한 올바른 해석을 위하여 이 시대를 검토할 필요가 있다. 다음은 양쿠안(楊寬)의 『서주사西周史』를 중심으로 기타 자료를 보충하여 저자가 정리한 것이다.

① 전설의 시대 — 꽁딴후우(公亶父공단보)에서 문왕(文王)까지

서주 시대는 대략 기원전 1066년부터 기원전 771년까지의 시대를 말한다. 이 시기에 『주역』 경문이 저술되었다는 것이 연구자들의 통설이다. 서주를 이해하기 위한 기본 자료로 『서경』, 『시경』, 『주역』, 『사기』 등이 있다. 경전 이외에 서주 청동기(靑銅器)에 새겨진 금문(金文)도 귀중한 자료가 된다. 1930년대 이후 출토된 서주 시대 금문이 새겨진 자료는 대략 2천 기(器) 정도인데, 이들은 꾸어뭐르우어, 츠언멍지아, 시라카와(白川靜), 탕란(唐蘭) 등의 연구로 세상에 밝혀졌다.

서주는 무왕(武王) 4년(기원전 1066)에 상(商)을 정복하면서 시작한다. 무왕의 선조는 『사기』, 「주본기周本紀」에 의하면, 제1대 후직(后稷)으로부터 제15대 문왕(文王)까지다. 이 세계(世系)에 대한 전설이 『서경』과 『시경』 등에 녹아 있으며, 제13대 꾸꽁딴후우(古公亶父)부터 구체화된다. 문왕의 할아버지 꽁딴후우 — 이름에 붙어 있는 '고'(古) 자는 '옛적'의 뜻이므로 필요 없다. — 에 이르러서, 현재 중국의 산~시 성(陝西省) 시안(西安) 서북쪽 기산(岐山)에 자리 잡았다.

꽁딴후우는 큰 아들 타이뿨(太伯태백)를 제쳐 두고, 셋째인 지리(季歷계력, 王季)에게 왕위를 물려준다. — 『논어』, 「태백」편에 콩치우가 타이뿨를 칭찬하는 말이 나온다. — 지리는 곧 문왕의 아버지고, 문왕에 이르러 서주의 기틀이 잡힌다. 꽁딴후우가 첫째 타이뿨와 둘째 종용(仲雍중옹)을 제치고, 셋째를 선택한 데는 이유가 있는 것 같다. 지리는 주나라 초기, 즉 은상(殷商) 말기의 어지러운 세상에 현재 산-시 성(山西省)의

'귀방'(鬼方)과 '융적'(戎狄)을 정벌하는데 큰 공로를 세웠다. 그러나 지리는 융적의 정벌 과정에서 피살되고, 그의 아들인 문왕에게 권력이 넘어간다. 귀방 정벌의 내용이 『주역』 경문, 〈수화기제〉(旣濟, 63괘) 및 〈화수미제〉(未濟, 64괘)에 나온다.

문왕은 서주 최초의 역사적 인물이다. 그는 『주역』의 저자 중 한 사람으로 알려졌지만, 1899년 갑골문의 출토 이후 '근대파'의 학자들은 문왕 작역설을 근거가 약하다고 결론지었다. 문왕은 기산 부근에 머물렀다고 하는데, 『주역』, 〈지풍승〉(升, 46괘) 육4 효사에 "왕이 기산에서 제사를 지냈다"(王用享于岐山)라는 구절이 이를 증명한다.

주나라는 힘이 약할 때, 상의 속국이었다. 한때 문왕은 상왕(商王)을 섬겼으며, 상왕 저우(紂)에게 수천 리의 땅을 하사(下賜)받은 일이 있다. 그가 서백(西伯, 서쪽 제후들의 우두머리)이라고 호칭되는 까닭은 여기에 있다. 그러나 인간만사 새옹지마(塞翁之馬)다. 그는 잠룡(潛龍)으로 시안 서북쪽에 머물다가, 기산을 떠나서 위수(渭水)와 황하를 따라 군대를 끌고 내려가 현재의 산-시 성 중심부와 산똥 성 부근까지 정벌 전쟁을 일으킨다. 그는 오랑캐 숭〔崇, 현재의 허난 성 루어양(洛陽) 부근〕을 멸망시킨 뒤 돌아와서, 풍〔豊, 현재의 시안(西安) 서남쪽〕에 도읍했다. 문왕의 통치 기간은 약 50년 정도로 추산된다.

② 무왕이 상을 치다(武王克商)

『시경』, 「주송周頌」편에 다음과 같은 구절이 있다. "오호라! 위대하다! 무왕이여! 그 공적이 막강하구나. 문왕은 문덕(文德)으로 나라를 창업하였고, 무왕이 이를 물려받아 은(殷)을 멸망시켰도다. 그 공로를 어디에 비할 바 없으리." 이는 무왕이 일대 살육전을 치루고, 상을 멸망시켰음을 말하는 것이다.

이들도 결국은 사람이다. 무왕이 이와 같은 대업(大業)을 이루게 된 배경에는 이른바 '난신'(亂臣) — '난리를 일으키는 신하'라는 뜻이 아니라 반대로 '천하를 다스리는 신하'라는 뜻이다. 어원의 측면에서 본다면, '난'(亂) 자는 일종의 오자(誤字)다. — 열 사람이 있었다. 이들 열 사람 가운데 주공단(周公旦), 소공석(召公奭), 태공망(太公望) 등이 있다(『논어』, 「태백」편에 "무왕에게 난신 열 사람이 있었다"는 기록이 있다).

무왕이 정벌 전쟁을 시작한 것은 기원전 1066년의 일이다. 멍진(孟津 맹진) — 현재의 허난 성 멍 현(孟縣맹현) 남쪽 10리 황하의 북쪽 언덕 — 에서 8백여 명의 제후가 모였다. 『사기』, 「주본기周本紀」에 "9년 무왕이 필(畢) 땅에서 약(禴) 제사를 지내고, 동쪽으로 나아가 멍진에서 군대를 사열하고, 문왕을 목주(木主)로 삼아 수레에 싣고 행군을 계속하였다"라는 기록이 있다. — 약제(禴祭)는 일종의 천신(天神)에 대한 제사인데, 민심을 얻기 위한 방편일 것이다. 『주역』, 〈기제〉(旣濟, 63괘) 구5에 "은왕조 때 소를 잡아 귀신에 제사 지낸 일은, 주왕조의 약제를 지낸 일보다 못하다"라는 말이 있다.

나라가 망하는 것은 반드시 외적의 침입 때문만은 아니다. 상 왕조는 내부적으로 혼란에 처해 있었다. 충신 삐깐(比干비간)은 죽었고, 지쯔(箕子기자)는 감옥에 들어갔고, 웨이쯔(微子미자)는 주나라로 도망쳤다. — 『논어』에 이들 세 사람에 대한 콩치우의 언급이 있다. — 무왕은 이런 상 왕조의 붕괴 조짐을 간파하고, 즉위 4년에 전차 3백 대와 전차에 배치된 병사(虎賁) 3천 명, 무장 병사(甲士) 4만 5천 명을 이끌고 정벌 전쟁을 단행했다.

무예(牧野목야)의 전투는 곧 은·주 교체기를 가름하는 '건곤일척'(乾坤一擲, 승패에 결정적인 영향을 주는 단판걸이의 행동)의 사건이었다. 멍진에서 무예까지는 3백 리의 거리로, 무왕의 군대는 매일 50리의 행군을 감행했다. 『주역』, 〈지수사〉(師, 7괘) 초6의 기록처럼, '군대가 나팔을 불면서'(師出以律) 행군했을 것이다. 『여씨춘추』의 기록에 의하면, 무왕의 전차와 전차에 배치된 병사 3천 명은 단숨에 무예에 뛰어들었고, 단 하루의 전투로 주왕(紂王)은 패배하고 자살했다고 한다. 그는 녹대(鹿臺)에 올라서 주위를 막고 스스로 불을 질러 타죽었다. 때는 무왕 즉위 후 4년, 기원전 1066년 겨울의 일이다.

만사는 명분이 있어야 한다. 뿨이(伯夷백이)·수치(叔齊숙제)가 무왕의 정벌 전쟁을 반대하고, 수양산에 들어가 굶어 죽었다는 전설은 곧 명분에 관한 것이다. 무왕이 상제로부터 천명을 받고 상 왕조의 '한 지아비'[一夫]의 토벌에 나섰다는 기록은 그 자료를 모으면 오늘날 기차 몇 량에도 다 실을 수 없을 정도로 많다. 『상서』, 「목서牧誓」와 『일주서逸周書』, 「극은해克殷解」는 이와 같은 자료다.

세상에는 무왕이 천명을 받고 '도덕적 전쟁'〔현대 용어로 성전(聖戰)이라고 표현할 수 있다〕을 치룬 것으로 알려져 있다. 그러나 이 전쟁은 무자비한 살육전이었을 가능성이 크다. — '천명'의 문제에 대해서는 마샬(S.J. Marshall)의 저술 『The Mandate of Heaven』에 잘 표현되어 있다. — 스페인의 피사로(Francisco Pizarro)가 남미(南美) 잉카 문명의 요충지를 점령하기 위하여 무참하게 잉카의 백성을 학살(虐殺)했듯이, 그렇게 무왕이 상의 백성을 죽였을 것이다.

③ 승리의 결과

전쟁은 승자와 패자를 갈라놓는다. 패자의 운명은 가혹하다. 기원전 1066년 겨울 무예의 전투에서 무왕이 얻은 인적(人的) 재산은 다음과 같다. 『일주서』, 「세부해世俘解」에 인용된 통계에 의하면, 정벌한 제후 99개국, 목을 벤 머리[馘] 17만 7천 명, 포로 31만 명, 기타 항복한 나라 652부족 등이다.

위의 통계는 양쿠안의 저서 『서주사』에서 인용한 것인데, 다소 과장된 느낌이다. 그러나 이를 모두 부정할 수는 없다. 『주역』에 30여 차례 등장하는 '부'(孚) 자, 즉 포로(俘)는 이들 31만 명의 이야기일 것이다. 『일주서』에 의하면, 인적 재산 이외에 물적(物的) 자산으로 무왕이 은(殷)의 교외에서 사냥으로 잡은 동물은 다음과 같다. 호랑이 22마리, 표범 2마리, 큰 사슴 5,235마리, 무소[犀] 12마리, 얼룩소 721마리, 작은 곰 151마리, 큰 곰 118마리, 멧돼지 352마리, 담비 18마리, 큰 사슴[麈] 16마리, 사향노루 50마리, 사슴[鹿] 3,508마리다.

이들 동물이 모두 야생은 아닌 듯하다. 그러나 상 왕조 동물원의 동물이라 할지라도, 전리품인 이상 상관없는 일이다. 위의 기록은 내용이 상세하여 그 신빙성이 높아 보인다. 아울러 고대 중국의 황하 유역(현재의 허난 성 인쉬 일대)에 매우 다양한 동물이 서식했음을 알 수 있다.

3.3.2 의식주와 교통수단

① 모자와 옷

서주 시대 사람은 두발을 묶어서 머리에 얹고, 비녀[笄계]를 질렀으며 모자를 썼다. 모자로 관(冠), 변(弁, 고깔), 면(冕, 면류관) 등이 있었다. 그 가운데 면은 왕족, 제후가 썼고 관은 귀족 계층에서 사용했다.

귀족은 성년이 되면, 관례(冠禮)를 치루고 '자'(字)를 받았다. 남자가 태어나면 3개월 만에 이름을 지어 주었고, 20세에 관례를 치렀다. 이때 세 차례 관(冠) 혹은 변(弁)을 썼다. 처음의 '치포관'(緇布冠, 흑색의 베로 만든 관)은 정치 활동에 참여할 수 있는 권리를 표시한다. 두 번째의 '피변'(皮弁, 가죽으로 만든 고깔)은 사냥과 전투에 참가할 수 있음을 말한다. 세 번째로 '작변'(爵弁)을 썼는데, 이는 제사 등 의례(儀禮) 활동에 참여할 수 있는 자격을 뜻했다.

귀족은 보통 '의'(衣, 순흑색의 상의)와 '상'(裳, 옅은 진홍색의 치마)을 입었다. 의는 오른쪽으로 여몄고(右衽), 흉부에서 어깨까지 둘렀다(圍包). 이는 상 왕조에서부터 전국(戰國) 시대에 이르기까지 유행했던 복장이다.

상은 현대 여성의 치마와 비슷한데, 앞이 가지런하고 양옆으로 치마 주름을 잡았다. 다만 예복(禮服)의 경우 허리 부분에 한 폭을 더하는데, 이를 '필'(韠, 蔽膝) 혹은 '불'(韍, 폐슬), '불'(芾, 膝甲) 등으로 부른다. 1966년 허난 성 루어양 부근에서 출토된 '인형동거할'(人形銅車轄)은 구리로 만들어진 사람이 무릎을 꿇고 앉아 있는 모습인데, 고대인의 복장을 보여준다. 머리를 묶고 관을 썼으며, 의와 상을 입었다. 『시경』, 「소아小雅」, 〈채숙采菽〉편의 기록에 의하면, '불'(芾)은 무릎을 가린 긴 폭의 옷감을 말하며, '사폭'(邪幅)은 현재 군인이 입는 '방퇴'(綁腿, 정강이를 묶어 매는 것)와 비슷하다.

② 음식

주 왕조 시대 사람들은 무엇을 먹었을까? 주요 식량은 기장[稷]이었다. 시조를 '후직'(后稷)이라고 표현한 것도 이 때문일 것이다. 기장은 좁쌀(小米)로, '조'[粟]라고 했다. 그 가운데서 특별히 질이 좋은 것은 양(粱, 우수한 품종의 조)이라고 불렀다. 기장[黍]도 또한 그들이 먹은 음식인데, 직(稷)보다 더욱 귀중하게 여겼고, 손님을 접대하는 데 사용했다. 벼(稻)는 남방에서 많이 재배되었고, 훨씬 귀중했다. 당시 사람들은 '도량'(稻粱)이라 불렀는데, 이는 아주 귀중한 양식을 뜻한다.

옛적에 콩[豆]은 '대두'[菽]라고 불렀다. 삼(麻)은 '마자'(麻子)를 일컫는데, '저'(苴, 삼)라고 불렸고 조악한 양식을 말한다. 『시경』, 「대아大雅」, 〈생민〉편에서 "콩을 심었네. 콩이 무성하구나. 벼가 늘어졌네. 삼과 보리가 무성하구나. 오이와 북치도 열매를 맺고 있네"라고 했다. 또 『시경』, 「빈풍」, 〈칠월〉편에서 "10월에 벼이삭, 기장, 메기장, 옥수수, 올벼, 벼, 삼, 콩, 보리를 거두네"라고 했다.

이들은 곡식을 삶거나 쪄서 먹었다. 삶을 경우에는 '정'(鼎, 세 발과 두 귀가 있는 솥) 혹은 '격'(鬲, 세 발 달린 솥)을 사용했고, 찔 경우에는 '증'(甑, 시루) 혹은 '언'(甗, 밑이 없는 시루)을 사용했다.

이들은 식물만 먹은 것은 아니다. 채소를 먹을 때, 가축의 고기를 귀중하게 여겼다. '육류'는 등급이 달랐으며, 제사 때, '대뢰'(大牢)와 '소뢰'(小牢)를 구별했다. 『국어』, 「초어楚語 下」에 의하면 초(楚)나라 대부 꾸안예후우(觀邪父관야보)는 제사에 등급을 매겼다. "천자는 대뢰(소, 양, 돼지)를 받들고, 회(會)로써 제사를 지낸다. 제후는 '특우'(特牛, 소 한 마리)를 받들고, '태뢰'(太牢)로 제사지낸다. 경(卿)은 소뢰(양, 돼지)를 받들고, 특우(소 한 마리)로 제사 지낸다. 대부는 '특생'(特牲, 수컷 소 한 마리)을 받들고, 소뢰로만 제사를 지낸다. 사(士)는 구운 물고기를 먹고, '특생'으로 제사 지낸다. 서인(庶人)은 푸성귀를 먹고, 물고기로 제사 지낸다"라는 것이 그것이다. 이것은 서주 이래로 전해지는 관습이다.

서주 시대 '정'(鼎)의 제도에 천자 이하 9정(九鼎), 7정, 5정, 3정, 1정 등의 등급이 있었다. 즉 천자가 9정, 제후가 7정, 경은 5정, 대부는 3정, 사는 1정이었다. 서민은 감히 정을 사용할 수 없었다.

생선, 즉 물고기는 제사의 예절에서는 고기에 비하여 한 단계 낮은 것으로 취급되었다. 하지만 실제로 신선한 물고기는 귀한 미식(美食)으로 간주되었다. 왜냐하면 귀족 계층이 술을 마실 때, 생선을 술안주로 삼아서 손님을 초대했기 때문이다. 『시경』, 「소아」, 〈어려魚麗〉편에서 '군자'(귀족)를 찬미했는데, 안주로 삼은 생선의 종류로 자가사리(동자개), 문절이(망둥이), 가물치 혹은 장어, 메기, 잉어 등이 등장한다. 같은 책에 제사용 생선으로 철갑상어, 다랑어, 뱅어, 자가사리, 메기, 잉어 등이 언급되고 있다.

③ 주거지

『시경』, 「대아」, 〈면緜〉에 꽁딴후우가 주원(周原)에 있을 때, "땅을 파서 살았고, 궁실을 짓지 않았다"라고 했다. 이는 사람들이 일종의 반지하 땅굴속에서 살았음을 말한다. 이것은 귀족이 아닌 일반 계층의 집이었다.

고고학자의 업적 가운데 풍(豊) 서쪽 장지아풔(張家坡장가파)에서 발굴된 15채의 반지하형 주거지와 허베이 성 츠 현(磁縣자현)의 5채의 주거지가 이를 증명한다. 인민의 주거는 기껏해야 10제곱미터 정도의 크기로 소략한 것이다.

주택의 건축 방법은 먼저 장방형으로 1미터 혹은 2미터의 깊이로 파고 들어가 원형의 땅 구멍 위에 불을 피울 수 있는 공간을 만들고, 주위에 물이 흘러들어오는 것을 막는 방조 시설을 하는 것이었다. 동시에 벽을 쌓고 기둥을 세웠으며 위에 풀을 덮었다. 또한 중간에 큰 기둥을 세워서 집의 중심을 잡았다. 별도로 귀퉁이에 아궁이를 설치하고 굴뚝을 만들어 불길이 집 밖으로 빠져나가도록 했다.

인민은 이처럼 소략한 주거 시설에서 살았으나, 귀족은 궁실을 지어 살았다. 산~시 성 후훵(扶風부풍) 화먼향(法門鄕법문향)에서 15채의 상당히 큰 규모의 대형 건축인 궁실의 유지(遺地)가 발견되었다. 이것은 귀족의 주거지일 것이다. 주거 시설 이외에 종묘(宗廟)의 건축도 있었다〔이상 츠언취앤황(陳全方)의 『주원여주문화周原與周文化』 참조〕.

④ 교통수단

서주 시대에는 전쟁이 빈번했다. 따라서 전쟁에서 중요한 도구인 마차

(馬車)가 발달했다. 산~시 성 시안 외곽 삥마용(兵馬俑병마용) 구덩이에서 발굴된 마차와 허난 성 싼먼시아(三門峽삼문협)의 괵국(虢國) 묘(墓)에서 발굴된 서주 시대 마차 구덩이가 이를 증명한다.

서주의 마차는 상 왕조 이후 발전했다. 마차는 말[馬]의 목에 거는 '사람[人]' 자 형태의 '멍에', 수레의 나가는 평형 방향으로 곧은 나무로 만든 '끌채', 끌채의 맨 앞에 가로로 거는 '가름대', 장방형의 '차상'(車箱)과 바퀴로 이루어져 있다. 마차는 나무로 제조되었고, 구리를 사용했는데 차축(車軸)에 필요한 '굴대머리' 등이 그것이다. 또 수레는 운행 중에 딸랑거리는 방울 소리를 사람들이 들을 수 있도록 구리로 만든 방울을 달고 다녔다.

고급 수레는 '차상' 위에 덮개를 씌웠다. 『주역』 55괘 〈풍豐〉 육2의 효사 풀이에 원이뚜어(聞一多문일다)의 "수레의 덮개를 크게 덮는다. 대낮에 수레 덮개에 그려진 북두성(北斗星)을 본다"(豐其蔀. 日中見斗)라는 해석은 이 같은 수레 구조와 관계가 있다. 평시에 서주의 귀족은 마차를 타고 왕래했다. 수레를 정성껏 치장했는데, 수레의 장식에 신분 차이를 반영했다. 주왕(周王)이 귀족에게 내린 상(賞)에는 수레 자체 혹은 수레의 장식품이 많았다. 서주 시대 청동기 유물 가운데 모공정(毛公鼎)에 '호멱', 즉 호랑이 가죽으로 만든 수레 덮개가 등장한다.

『주역』, 〈택화혁〉(革, 49괘) 구5의 효사 "대인호변"(大人虎變)의 "대인(君王)의 수레는 무두질한 호랑이 가죽으로 장식한다"라는 해석과, 같은 괘 상6의 "군자표변, 소인혁면"(君子豹變, 小人革面)에서 "군자(大夫)의 수레는 무두질한 표범 가죽으로 장식한다. 소인(士卒)의 수레는 소가죽으로 장식한다"라는 원이뚜어의 해석은 이 같은 수레의 장식을 반영한다.

수레의 바퀴가 빠져 사람이 죽거나 다치는 경우도 있었다. 『주역』 제9괘 〈소축小畜〉의 구3 효사 "수레의 바퀴살이 빠지다"라는 구절, 제26괘 〈대축大畜〉의 구2 효사의 같은 구절과, 제34괘 〈대장大壯〉의 구4 "숫양의 뿔을 묶지 않으면 장차 큰 수레의 복토를 들이받아 상할 것"이라는 구절 등이 이를 말한다.

수레는 사람의 교통수단으로만 사용된 것은 아니다. 말[馬] 대신 소를 이용하여 인간의 노동을 대신한 경우도 있었다. 『주역』 제38괘 〈규睽〉 육3 효사에 등장하는 "수레를 끌려고 하지만 소가 버틴다. 사람이 넘어지고 코를 다친다"라는 내용은 소를 수레에 묶어서 활용했음을 보여준다.

수상(水上) 교통에 뗏목이 이용되었다. 『시경』, 「대아」, 〈곡풍〉편에 "물이 깊거든 방주(方舟)를 이용하고, 물이 얕거든 헤엄쳐서 건너리"라고 했는데, 이때 '방'(方)은 곧 나무 뗏목을 말한다. 인민은 맨몸으로 물(황하)을 건넜다. 『주역』의 〈수需〉괘, 〈동인同人〉괘, 〈대축大畜〉괘, 〈익益〉괘 등에서 보이는 "큰 내를 건너는데 이롭다"(利涉大川)라는 구절은 이들 기층 민중이 맨몸으로 물을 건너는 모습을 그린 것이다. 이 경우 '맨몸'이란 그저 마구잡이로 헤엄쳐 건넌다는 것은 아니다. 『주역』 11괘 태(泰〉괘 구2 효사에서 보이는 "포황, 용빙하"(包荒, 用馮河)의 경우처럼, 큰 바가지(조롱박)를 허리에 차고 황하를 건너는 경우를 말한다.

이렇게 물을 건너다가 빠져 죽는 사람이 생기는 것은, 『주역』 28괘 〈대과大過〉 상6에서 "물을 건너다 머리가 물에 잠긴다. 흉하다"라는 구절에서 알 수 있다. 아무튼 마차와 배의 숫자가 적고 혹은 경제적인 이유 때문이겠지만, 일반 인민은 그저 두 발로 땅을 걷거나 혹은 바가지 정도를 몸에 걸친 채 물을 건너는 조악한 현실이었다.

3.3.3 노예의 나라 — 제사(祭祀)에 대한 소개

① 노예의 종류와 일

서주 시대 노예는 세 종류가 있었다. 첫째로, 단신(單身) 노예다. 이는 전쟁의 포로로 '역'(鬲, 솥 역)으로 부르며, '부'(夫) 혹은 '인'(人)의 단위로 계산했다. 이를테면 우정(盂鼎)에 기재된, "상(賞)으로 주는 노예 659부"라든가, 혹은 "1,050부"가 그 내용이다. 전쟁 포로는 '역'(磿)으로도 불렀는데, 이는 '역'(鬲)과 소리가 같아서 통용되었다. 역(鬲), 인역(人鬲), 역(磿)은 같은 의미로 모두 전쟁 포로를 말한다. 전쟁 포로는 가축과 함께 감옥에 갇혀 있었는데, 평시에는 수갑을 채웠다.

두 번째로 결혼하여 가족을 이룬 노예가 있다. 이들은 '신'(臣)으로 불리며, '가'(家)의 단위로 계산했다. 주왕(周王)과 귀족은 신하에게 '신'을 상으로 나누어 주었다. "신(臣) 5가(家)" 혹은 "신 10가" 등이 그 내용이다. "신 200가"도 있는데, 이 경우는 어떤 부락 전체를 가리키는 것이다.

세 번째로, 씨족 혹은 부족 전부가 노예가 된 경우가 있다. 정우궤(井侯簋)에 이르기를, "하사(下賜)하는 노예(臣) 삼품(三品) : 주인(州人), 동인(東人), 용인(墉人)"이라고 했다. 이른바 '신삼품'(臣三品)은 당시 서주에 의하여 멸망한 3개 부락 전부를 말한다.

위의 3종의 노예가 정복 전쟁으로 약탈한 것임은 의문의 여지가 없다. 서주 시대의 전쟁은 포로를 획득하는 수단으로 매우 중요하게 여겨졌다. 전공(戰功)을 서술하면서 포로를 언급하지 않은 문헌이 없는 것은 그 까닭이다.

소우정(小盂鼎)의 기록에는 명령을 받고 귀방(鬼方)을 정벌할 때, 제1차로 획득한 포로 가운데 두목이 2명, 살상한 포로가 4,812명, 산 채로 잡은 포로가 13,081명, 약탈한 말[馬] 약간, 차량 30량, 소 355마리, 양(羊) 38두(頭) 등이 적혀 있다. 또한 제2차 정벌에는 두목 1인, 살상한 포로 237명, 산 채로 잡은 포로 약간, 말 104필, 차량 약 100량 등이 적혀 있다.

이와 같은 3종의 노예는 춘추 시대까지 존재했던 것으로 보인다. 서술한 바와 같이 귀방의 제1차 정벌 때 산 채로 잡은 포로 13,081명은 당연히 노예로 편입되었다. 이들은 노예가 되기 전에는 적국의 귀족 혹은 서인의 신분이었다.

당시 전쟁 포로(노예)는 상당히 많은 숫자였으며, 그 교환 가치는 형편없이 저렴했다. 흘정(曶鼎)의 기록에 의하면, 당시 7덩어리 '전'(田)은 5명의 노예 가격이었다. 이것은 대략 5명의 노예가 한 마리의 말 혹은 한 묶음의 비단에 해당하는 가격으로 거래되었음을 뜻한다. 노예 1명이 말[馬]의 4분의 1 혹은 5분의 1의 가격에 불과했다.

노예는 주로 농업 생산에 종사했다. 당시 국왕이 신하에게 토지를 나누어 줄 때, 대략 '토'(土, 토지), '채'(采, 채지), '읍'(邑, 식읍)과 '이'(里, 주거지) 등으로 나누었다. 토와 채는 매우 넓었고, 읍과 이를 포함한다. 서주 금문에는 토지의 단위를 '전'(田)으로 기재하고 있다. 즉 1전, 10전, 50전 등이 그것이다. 왕 혹은 귀족이 신하에게 상을 줄 때, 토지 전에 거민(居民)을 포함하지 않거나 혹은 노예를 연대하여 주기도 했다. 이들 토지는 양도, 교환 혹은 배상이 가능했다.

서주의 노예가 수공업의 생산 노동에 종사했음은 분명한 일이다. '목'(牧)이란 목축에 종사하는 노예이며, '백공'(百工)은 수공업 노예를 말한다. 이 같은 칭호가 있는 것은 어떤 지방 혹은 어떤 직관이 집중 관리하는 목축 혹은 수공업이 존재했음을 말한다. 이들 노예는 구리를 녹이는 일, 뼈 기구를 만드는 일 혹은 옥기(玉器)를 만드는 일과 방적(紡績) 일에 종사했다.

당시 수공업 노예 가운데는 결혼하여 가정을 이루는 경우도 있었다. 이들 노예는 대량으로 산림천택(山林川澤)의 개발에 투입되었다. 서주 후기에 이르면 노동 공구(工具)의 개발과 함께 노예의 생산 기능이 높아졌으며, 산림과 천택의 개간 또한 많이 이루어져 국왕과 귀족이 소유하는 임장(林場) 혹은 목장(牧場) 등이 많이 나타났다. 이 같은 산림천택의 개간은 춘추 시대까지 이어졌다.

② 제사에 대한 소개

서주 시대 노예제의 사회에서 제사는 매우 중요한 행사였다. 대풍궤(大豐簋)에 기재되기를, "왕이 천실(天室)에서 제사를 지내니 [신명(神明)이] 강림하였다. 하늘이 왕을 도우니, 은(殷)이 현고(顯考) 문왕(文王)에게 제사를 지내고, 상제를 기뻐 섬겼다"라고 했다. 천실은 명당(明堂) 혹은 숭산(嵩山)의 두 가지로 해석된다.

『사기』, 「봉선서封禪書」에서 이르기를, "주공(周公)이 성왕(成王)을 도왔고, 교사(郊祀)의 예를 후직(后稷)에게 베풀어 하늘에 배향하였고, 명당에 문왕을 종사(宗祀)함으로써 상제에게 배향하였다"라고 했다. 대풍궤의 기록과 서로 합하고, 천실이 곧 명당임을 알 수 있다.

또 같은 책에 이르기를, "옛적에 삼대(三代)가 하수(河水), 낙수(洛水) 사이에 거주할 때, 숭산을 중악(中岳)이라 하였다"라고 했다. 태실(太室)은 숭산을 말한다. 숭산은 중원의 최고봉으로 동쪽 산봉우리를 태실이라고 부르며, 해발 1,440미터의 높이다. 이처럼 태실의 명칭이 서주 시대부터 있었다.

『국어』, 「주어周語 上」에서 말하기를, "옛적에 하(夏)나라가 흥할 때, 축융(祝融)이 숭산에 강림하였다"라고 했다. 숭산의 최고봉을 태실이라고 일컬은 것은 하늘의 길이 이곳으로 통한다고 여겼기 때문이다. 이곳이야말로 상제에게 제사 지내는 데 가장 적합한 장소다. 태실은 원래 종묘와 궁전의 대예당(大禮堂)을 칭한다. 숭산을 태실이라고 칭한 것은 이곳이 상제에게 제사 지내는 장소이기 때문이다. 그러므로 천실을 가리켜 숭산이라고도 한다.

중요 제사의 하나로 '교제'(郊祭)가 있다. 교제는 도성(都城)의 교외에서 하늘에 지내는 제사다. 『상서』, 「소고召誥」에는 소공(召公)과 주공(周公)의 낙읍(洛邑) 건설에 관한 기록이 있다. 즉 주공이 정사일(丁巳日)에 희생 두 마리를 잡아서 교외에서 제사 지냈고, 또 무오일(戊午日)에 신읍(新邑)에서 소, 양, 돼지 한 마리씩을 잡아서 제사 지냈으며, 7일이 지난 갑자일(甲子日)에 제후들을 불러 모아서 건설을 독려했다. 이 기록은 곧 교제와 사제 의식을 거행했음을 말한다.

『일주서』, 「작낙해作雒解」에는 더욱 자세한 기록이 있다. "대읍(大邑)이 건설되자, 남교에 언덕을 쌓아 올리고 상제에게 제사 지냄으로써 후직, 일월성신, 선왕(先王)에게 배향하여 음식을 올렸다." 이른바 "남교에 언덕을 설치하여, 상제에게 제사 지냈다"라고 함은 곧 "붉은색 수소를 사용하여 교제를 지냈음"을 말한다. 말하자면 교제를 지내기 위하여 남교에 원구(圓丘, 둥근 언덕)를 건설한 것이다.

『예기禮記』, 「교특생郊特牲」에서는 "교제를 지내어 동지를 맞이한다" 혹은 "남교에서 점을 치는 것은 양위(陽位)에 나아가고자 함이다"라고 했다. 교외에서 붉은색 동물을 잡아서, 하(夏)나라 역법으로 동짓날에 정기적으로 제사를 지냈음을 말한다.

이처럼 교제는 중요한 제사인데, 선조에게 보고하기 전에 거북이 껍질을 불에 굽는 '복교'(卜郊)를 해야 했다. 『예기』, 「교특생」에서 말하기를, "복교는 조상 사당으로부터 명(命)을 받는 것으로 거북이를 불에 굽는다. 이는 어버이를 존중하는 의미가 있다. 복일(卜日)에 왕은 연못[澤]에 서 있어야 한다." 여기서 '택'(澤)은 벽옹(辟雍)의 큰 연못 언덕을 말한다. 거북이 껍질을 불에 굽는 제사가 행해졌다는 『예기』의 기록은 중요하다. 이는 상 왕조의 관습이 서주 시절까지 전승되었음을 뜻한다. 이후 거북이를 이용한 점법은 서서히 서법(筮法)으로 바뀌어 갔다.

교제에 버금가는 중요한 제사로 사제(社祭)가 있다. 사제는 상 왕조 시대에 매우 유행했고, 인쉬에서 발굴된 복사(卜辭)에 보인다. 『시경』, 「대아」편에는 꾸딴후우가 치산으로 옮긴 뒤, 집과 성벽을 짓는 이야기가 나온다. 성문을 지은 다음에, "이에 사직단을 세운다. 융축(戎丑)을 행한 바 있다"라고 했다. 『이아爾雅』, 「석천釋天」에서 이르기를, "이에 사직단을 세운다. 융축을 행한 바 있다. 군사 행동을 시작함에 대중을 동원한다. 반드시 먼저 '사제'를 지낸 뒤 출행한다"라고 했다. '대사'(大事)란 군사 행동을, '유사'(有事)란 제사의 전례를 뜻한다.

고대인은 토지신과 국가 건설이 밀접한 관계가 있다고 생각했다. 『묵자墨子』, 「명귀明鬼 下」에서 이르기를, "삼대의 성왕(聖王)이 건국하고 도읍을 정할 때, 반드시 국가의 사직단을 선택하여 종묘로 삼았고, 나무를 깎아 세워서 '총사'(叢社)라고 하였다"라고 했다. 이어서 "그리하여 성왕이 조상의 사당에서 상(賞)을 주고, 사(社)에서 형벌을 집행하였다"라고 했다. 이는 전쟁 포로를 죽였다는 뜻이다.

교제와 사제 이외에 '체제'(禘祭)가 있다. 『이아』, 「석천釋天」에서 이르기를, "체(禘)는 큰 제사다"라고 했다. 이는 선왕(先王)에 대한 큰 제사다. 제사에서 사용되는 희생에 '용생'(用牲)과 '용모'(用牡)가 있는데, 서로 같지 않다.

또 다른 제사로 '증제'(蒸祭)가 있다. 『국어』, 「초어 下」에서 초나라 소왕(昭王) 때 대부 꾸안예후우가 말하기를, "교제는 충률(茧栗, 풀이름)에 불과하고, 증제(蒸祭)는 한 주먹에 불과하다"라고 했다. '증'(烝) 자는 갑골문에서는 '그릇에 담긴 쌀을 바치는' 형상이다. 『이아』, 「석천」에서 이르기를, "봄 제사를 '사'(祠)라 하고, 여름 제사를 '약'(禴)이라 하고, 가을 제사를 '상'(嘗)이라 하고, 겨울 제사를 '증'(烝)이라 한다"라고 했다.

『사기』, 「주본기」에서 "9년 무왕이 필(畢)에서 제사를 지냈다"라고 했다. 마르옹(馬融미융)은, "필은 문왕의 묘지 이름이다"라고 주해했다. 그러나 색은(索隱)에서는, "필은 하늘의 별 이름이다. 필성이 전쟁을 주관함으로, 군대를 출병하며 필성에게 제사를 지낸 것이다"라고 했다.

『주역』, 〈기제旣濟〉에 이르기를, "동쪽 이웃(상 왕조)에서 소를 잡아 제사를 지내는 일이 서쪽 이웃(주 왕조)에서 약제(禴祭)를 지내어 실제로

복(福)을 받는 일보다 못하다"라고 했다. 『한서漢書』, 「교사지郊祠志」에서도, "'동쪽 이웃에서 소를 잡는 일이 서쪽 이웃에서 약제를 지내는 일보다 못하다'는 것은 하늘을 받는 도리를 말한 것이다. 정성을 다함으로써 민심을 얻고자 한다"라고 했다. 그러므로 약제는 천신에게 제사를 지내는 것이다.

이에 '증제'는 겨울에 소, 양, 돼지 등을 잡아서 군신의 사기를 북돋우는 제사다. 서주 왕조가 필 땅에서 천신에게 제사를 지내고, 겨울에도 수시로 제사를 지냈음을 알 수 있다.

현대인의 안목으로 상상하기 힘든 일이지만, 노예의 나라 서주에서는 제사 의식(儀式)의 상당 부분이 인신(人身)을 희생함으로써 거행되었다. 또한 권력자가 죽을 때 살아 있는 사람을 함께 묻는 순장(殉葬) 제도가 행해졌다. 순장 제도는 콩치우의 시대까지 이어졌는데, 그가 창립한 유가학파가 인신 공여를 극력 반대함으로써 순장 제도가 사라지는 데 상당한 성공을 거두었다고 말하는 사람도 있다.

죽지 않는 개인이 없듯이 멸망하지 않는 나라 또한 없다. 서주의 마지막 군주 유왕(幽王)과 그가 사랑했던 여인 빠오쓰(褒姒포사)에 대한 이야기가 전한다. 쓰마치엔의 『사기』, 「주본기」 기록에 따르면, 유왕은 기원전 781년부터 11년간 재위에 있었다. 그는 기원전 771년 초, 서신(西申), 견융(犬戎)과 증(繒)의 3개국 연합군에 의하여 죽임을 당했고, 이에 서주는 멸망했다. 유왕을 죽인 장본인 신후(申侯)는 유왕의 아들을 평왕(平王)에 봉했고, 평왕은 융적(戎狄)을 피하여 동쪽인 낙읍(洛邑, 현재의 루어양)으로 수도를 옮겼다. 역사에서는 이 시기 이후를 동주(東周)라고 부르며, 동주는 기원전 221년 진왕(秦王) 정(政)에 의하여 멸망했다. — 이상 서주에 대한 설명은 『주역』 경문의 배경을 이해하기 위한 작업이다. 『주역』의 철학사상은 제10장으로 연결된다.

참고문헌

곽신한, 『주역의 이해』, 서광사, 1991.

김상섭, 『내 눈으로 읽은 주역(역경편)』, 지호, 2006.

문용직, 『주역의 발견』, 부키, 2007.

황준연, 『실사구시로 읽는 주역』, 서광사, 2009.

가오형(高亨), 『주역고경금주周易古經今注』, 중화서국, 1985.

————, 『주역대전금주周易大傳今注』, 제로서사, 1998.

(고형高亨, 김상섭 옮김, 『고형의 주역』, 예문서원, 1996)

꾸지에깡(顧頡剛), 『고사변古史辨』, 상하이고적출판사, 1982.

리슈에친(李學勤), 『주역소원周易溯源』, 파촉서사, 2006.

리징츠(李鏡池), 『주역탐원周易探源』, 중화서국, 1978.

양쿠안(楊寬), 『서주사西周史』, 상하이인민출판사, 2003.

왕위신(王宇信), 『갑골학통론甲骨學通論』, 중국사회과학출판사, 1989.

(왕위신, 이재석 옮김, 『갑골학통론』, 동문선, 2004)

원이뚜어(聞一多), 『주역의증류찬周易義證類纂』, 상하이개명서점, 1947.

진징황(金景芳)·뤼사오깡(呂紹綱), 『주역전해周易全解』, 지린(吉林)대학출판사, 1991.

H.G. 크릴, 이성규 옮김, 『공자—인간과 신화』, 지식산업사, 1994.

Edward Louis Shaughnessy, *The Composition of the Zhouyi*, Ph.D. Dissertation, Stanford University, 1983.

Iulian K. Shchutskii, Trans. by William L. MacDonald and Tsuyoshi Hasegawa, *Researches on the I Ching*, Princeton University Press, 1979.

(슈츠스키, 오진탁 옮김, 『주역연구』, 한겨레 비평총서 27, 한겨레, 1989)

James Legge, *The I Ching (Book of Changes)*, Causeway Books, 1973.

Jared Diamond, *Guns, Germs, and Steel*, W.W. Norton & Company, 1999.

(제레드 다이아몬드, 김진준 옮김, 『총, 균, 쇠』, 문학사상사, 2005)

Richard Alan Kunst, *The Original Yijing: A Text, Phonetic Transcription, Translation, and Indexes, with Sample Glosses*, Ph.D. Dissertation, University of California, Berkeley, 1985.

Wilhelm/Baynes, *The I Ching (Book of Changes)*, Princeton University Press, 1971.

제4장
콩치우(孔丘)와 유교의 창설

4.1 콩치우 이전의 세계 — 제자백가(諸子百家)

중국 고대는 역사와 전설이 혼합되어 혼란스럽다. 픽션이 논픽션을 무력화시킨 시대가 곧 중국 고대다. 사람들은 후앙띠(黄帝황제)와 야오·순(堯舜요순)을 읊어 대지만, 이들은 모두 전설상의 인물이다.

1899년 갑골(甲骨)에 새겨진 글자의 발견으로 인하여 전설로만 전해지던 상대(商代) 후기의 모습이 자세하게 드러났다. 이후 서주(西周, 기원전 1066~기원전 771)와 동주(東周, 기원전 770~기원전 221)가 등장하는데, 후자는 춘추(春秋) 전국(戰國) 시대와 겹친다. 중국에 통일국가가 처음 나타난 것은 기원전 221년 진시황에 의해서고, 콩치우는 기원전 500년경의 인물이므로 이 시기 전반의 분위기를 살펴볼 필요가 있다.

춘추 전국 시기의 중국에는 별처럼 많은 사상가가 나타난다. 왜 이 시기에 특별히 많은 사상가가 출현했는지 알 수 없다. 중국철학사에서는 이 시기를 '제자백가(諸子百家)'의 시대라고 부른다. 제자백가의 '제'(諸)는 복수의 뜻이고 '자'(子)는 일가(一家)를 이룬 사람을 말하며, 그들이 백여 명에 달한다는 말이다. 여기서는 백여 명에 달하는 사상가를 모두 훑어볼

여유가 없고, 대표적인 6가(家)만 살핀다.

한(漢)의 역사가 쓰마치엔(司馬遷사마천)의 『사기史記』 권130에 다음과 같은 기록이 전한다.

> 태사공(쓰마치엔의 부친 —저자 주)은 탕뚜(唐都당도)로부터 『천관서天官書』를 배웠다. 양허(楊何양하)로부터 『주역』을 전수받았고, (황로학에 밝은) 후앙성(黃生황생)으로부터 도가(道家)의 이론을 익혔다. 태사공이 벼슬한 것은 건원(建元, 기원전 140~기원전 135)과 원봉(元封, 기원전 110~기원전 105) 사이인데, 배우는 자들이 (학파의) 뜻을 알지 못하고 스승의 뜻에 위배될 것을 근심하여, 이에 6가의 요지를 밝혔다. 『주역』, 「대전大傳」(「계사전」을 말함 — 저자 주)에서 말한다. "천하의 진리는 하나인데, 사고 방법은 가지각색이며, 목적지는 모두 같으면서 가는 길은 서로 다르다"라고 했다. 무릇 음양가, 유가, 묵가, 명가, 법가, 도가는 모두 세상을 잘 다스리려는 것이다. 다만 그들이 말하는 견해가 다르기 때문에, 살펴볼 만한 것이 있거나 혹은 그렇지 않은 것이 있다. — 이하 쓰마치엔의 글은 계속되지만, 설명의 편의를 위하여 줄을 달리하고 본문으로 처리한다.

1) 음양가(陰陽家)의 학술을 살펴보건대, 월령(月令) 혹은 별자리[星官]는 지엽적이지만 꺼리는 것이 많다. 사람들로 하여금 구애받고 날짜와 시간(日時)에 구속되어 두려워하게 한다. 그렇지만 춘하추동 사계절을 배치한 순서는 놓쳐서는 안 된다.

2) 유가(儒家)는 넓은 것을 추구하면서 요점을 파악하지 못한다. 힘을 들이지만 공로[功]는 적다. 그들의 학설을 추종하기 곤란하다. 그러나 군주와 신하, 아버지와 아들의 예절[禮] 그리고 남편과 아내, 어른과 어린이를 구별[別]했다. 이것은 바꿀 수 없다.

3) 묵가(墨家)는 지나치게 검소한 생활을 주장하여 (사람들이) 좇을 수

없다. 그들이 하는 일을 두루 따라갈 수는 없으나, 근본(산업)을 강조하고 절약을 실천했다. 비용을 절약[節用]하자는 이야기는 폐기할 수 없다.

4) 법가(法家)는 가혹할 정도로 엄격하고 은정(恩情)이 없다. 군주와 신하, 윗사람과 아랫사람의 직분을 바로잡았다. 이것은 고칠 수 없다.

5) 명가(名家)는 사람들로 하여금 예(禮)를 알게 하고 또한 명칭에 구속되어 진실[眞]을 잃게 한다. 그러나 그들은 명(名)과 실(實)의 관계를 바로잡았으니, 살펴볼 필요가 있다.

6) 도가(道家)는 사람으로 하여금 정기[精]와 정신[神]을 전일(專一)하게 하고, 행동을 무형의 도(道)에 합치하게 했다. 또한 만물을 풍성하게 한다. 그들의 학술은 음양가의 사시(四時) 운행의 순서에 의거하고, 유가와 묵가의 장점을 선택하고, 명가와 법가의 요점을 취했다. 시대와 더불어 발전하고, 사물에 응하여 변화한다. 풍속을 세우고 일을 처리함에 마땅하지 않음이 없다. 요지(要旨)가 간단하여 시행하기 쉽다. 힘을 덜 들이고 공로는 크다. 유가는 그렇지 않으니 군주를 세상의 의표(儀表, 법도)로 생각한다. 군주가 위에서 제창하면 신하는 화답하고, 군주가 앞서가면 신하는 뒤를 따른다. 이렇게 하면 군주는 수고스럽지만 신하는 편안하다. 도가에서 말하는 대도(大道)는 수컷을 알고 암컷을 지키라는 것(『도덕경』 제28장, 「지웅수자知雄守雌」, "수컷을 알고 암컷을 지키면 세상의 골짜기가 된다" 참조 — 저자 주)과 현명함(혹은 보물)을 숭상하지 말라는 것(『도덕경』 제3장, 「불상현不尙賢」 참조 — 저자 주)이다. 유가는 이러한 것에 유의하지 않고 다만 지혜에 의지하여 세상을 다스리고자 한다. 무릇 인간의 정신은 지나치게 사용하면 쇠(衰)하여 다하고, 육체는 크게 피로하면 피폐해진다. 몸과 정신이 모두 망가지면서 천지와 더불어 장구(長久)하기를 바란다는 말을 나는 들어본 적이 없다.

위는 쓰마치엔 『사기』의 인용문이다. 6가 중에서 도가에 대한 설명이 가장 길다는 점에 주의해야 한다. 저자는 쓰마치엔이 개인적으로 도가에 흥미를 느꼈다고 믿는다. 이는 쓰마치엔이 황로학(黃老學)을 배웠다는 점과 도가의 영향력이 소멸되지 않았음을 말해 준다. 도가를 설명하면서 유가를 빗대어 설명한 것은 그의 시대가 유가가 득세하던 때임을 암시한다.

이상의 6가 중에서 오직 '유가'만 정통을 확보하고 홀로 존중받게 된 것은 한 무제(武帝) 때 똥종수(董仲舒)에 의해서라고 알려져 있다(이에 대하여는 후술).

4.2 콩치우의 철학·종교 및 정치 사상

4.2.1 철학·종교

세간에서 콩쯔(孔子공자)라고 부르는 인물 콩치우(孔丘, 기원전 551~기원전 479)는 노(魯)나라의 조그만 마을에서 태어났다. 현재 산똥 성 취후우(曲阜곡부)가 그곳이다. 서양인은 그를 가리켜 Confucius라고 일컫는다. 중국인이 그를 존경하여 부르는 공부자(孔夫子)의 한어(중국어) 발음이 '콩후우쯔'인데, 여기에 라틴어 발음 'cius'가 합성된 것이다. 콩치우가 라오딴(老聃, 노담)을 찾아가서 예(禮)를 물었다는 기록에 의하면, 라오딴이 선배다. — 이 점이 중국철학사의 기술에서 라오딴을 먼저 언급하는 기준이 될 수 있다. 후스(胡適, 1891~1962), 까오링인(高令印, 1935~), 잔스츠우왕(詹石窗, 1954~) 등은 이와 같은 기준을 적용하여 라오딴을 먼저 기술했다. 저자는 일반적인 관례를 따라서 콩치우를 라오딴보다 먼저 서술한다.

콩치우에 대한 평가는 극과 극을 달린다. 어떤 사람은 그를 전통을 지키려는 보수주의자로 보고, 어떤 사람은 그를 전통에서 벗어나려는 개혁

가로 판단한다. 한 사람이 이토록 다른 평가를 받을 수 있는 점이 신기하기만 하다. 어떻게 이해하든 콩치우는 중국 고대의 위대한 인문주의자였고, 그가 이룩한 업적은 중국문명의 중요한 부분을 차지함을 부정할 수 없다. 그를 오늘의 개념으로 '철학자'라고 말할 수는 없으나, 그가 없었으면 중국 고대 철학은 성립하지 않았을 것이다. 그를 중국 고대 인문주의(Humanism)의 창시자라고 부를 수 있을 것이다.

콩치우의 인생을 가장 잘 들여다 볼 수 있는 자료는 『논어論語』다. 『논어』는 콩치우가 생전에 직접 저술한 책이 아니고, 그가 세상을 떠난 뒤 제자들에 의하여 쓰였다. 곧 신빙성이 매우 높은 자료다. 이제 『논어』를 중심으로 콩치우의 철학 종교 사상을 들여다보자.

① 천(天), 천명(天命)

어떤 서양 학자는 콩치우가 전통적인 종교에서 중시한 요소, 예컨대 인신(人身) 희생을 배격한 점을 높이 평가한다(H.G. 크릴, 『공자—인간과 신화』, 1994). 상·주 시대에는 인간의 목숨이 개의 목숨과 다를 바 없었다. 인간을 제사의 희생물로 바쳤을 뿐 아니라, 권력자가 죽으면 살아 있는 사람을 함께 묻어 죽이는 순장(殉葬)의 풍습이 계속되었다. 콩치우가 이 점에 대하여 극도로 분노한 사실이 『맹자孟子』에 전한다. "중니(仲尼, 콩치우의 字 — 저자 주)가 말하기를, '처음으로 용(俑)을 만든 자는 그 후손이 없을 것이다'라고 하였다"(『맹자』, 「양혜왕 上」). '용'은 장례에 쓰이는 나무(혹은 진흙)로 만든 사람 모양의 허수아비다. — 시대의 변화로 인하여 언어 감각에 차이가 있다. '후손이 없을 놈!'(無後乎!)은 고대의 지독한 욕이었다. 이 감각이 루쉰(魯迅)의 시대까지 살아남아 있었음을 볼 수 있다. 『아Q정전』에 여승(女僧, 비구니)이 아Q를 향하여 내뱉은 '씨도 못 받을 놈!'이라는 욕설이 등장한다.

『예기禮記』에 있는 다음과 같은 구절로 순장의 악습이 콩치우의 시대에도 남아 있었음을 알 수 있다.

츠언쯔츠어(陳子車진자거)가 위(衛)나라에서 죽었다. 그의 아내와 가신(家臣)의 우두머리가 상의하여 누군가를 순장하기로 하였다. (죽일) 사람이 내정된 뒤에, 츠언쯔캉(陳子亢진자강)이 왔다. (츠언쯔츠어의 아내와 가신이) 말하기를, "부자(夫子, 츠언쯔츠어)가 병들었을 때 그 밑에서 부양하지를 못하였으니, 청컨대 순장을 하고자 합니다"라고 하였다. 츠언쯔캉이 말하기를, "순장은 예(禮)가 아니요. 그러나 죽은 뒷일을 꼭 돌보아야 하겠다면, 아내 혹은 가신의 우두머리만 한 사람이 어디 있겠소? 가능하다면 (순장을) 그만두는 것이 좋을 것이오. 부득이하다면 나는 이 두 사람을 순장해야 한다고 생각하오"라고 하였다. 그리하여 (마침내) 순장을 그만두게 되었다(陳子車, 死於衛. 其妻, 與其家大夫, 謀以殉葬. 定而后, 陳子亢至. 以告曰, 夫子疾, 莫養於下, 請以殉葬. 子亢曰, 以殉葬, 非禮也. 雖然, 則彼疾當養者, 孰若妻與宰. 得已則, 吾欲已. 不得已則, 吾欲以二子之爲之也. 於是弗果用). (『예기집설대전禮記集說大全』 권4, 「단궁檀弓 下」; 학민문화사 영인본 『예기一元』, 492~493쪽)

여기서 등장한 츠언쯔캉은 츠언쯔츠어의 동생인데, 콩치우의 제자였다. 자(字)가 쯔친(子禽자금, 기원전 511~?)인 그는 콩치우의 문하에서 산 사람을 함께 묻는 순장이 예가 아니라고 배웠던 것이다. 콩치우는 순장을 반대함은 물론 한 걸음 더 나아가 허수아비의 사용을 금해야 한다고 주장한다. 콩치우가 이처럼 순장을 반대하고 인간의 생명을 존중해야 한다고 주장한 이면에는 '하늘'[天]의 관념이 공헌했다.

중국 고전에서 하늘[天]을 가리키는 표현은 대체로 두 가지 의미를 지닌다. 첫째로 눈에 보이는 물리적인 하늘이다. 이를 '자연지천'(自然之天)이라고 표현하며, 영어로 'sky'를 말한다. 둘째로 눈에 보이지 않는, 무엇을 움직이는 힘을 가리킨다. 민간에서 쓰는 "하늘이 무섭지 않느냐?"는 말은 여기에 해당하며, 이를 '주재지천'(主宰之天)이라고 표현한다. 영어로는 'heaven'을 말한다. 서양 속담에도 "하늘은 스스로 돕는 자를 돕는다"(Heaven helps those who help themselves)라는 표현이 있다. 『논어』를 중심으로 콩치우가 '천' 혹은 '천명'에 대하여 언급한 구절 몇 가지를 나열하면 다음과 같다.

- 하늘을 원망하지 않고, 남을 탓하지 않는다(不怨天, 不尤人). (「헌문」)
- 하늘에 죄를 얻으면, 빌 곳이 없다(獲罪於天, 無所禱也). (「팔일」)
- 하늘이 나에게 덕을 주었다(天生德於予). (「술이」)
- 하늘이 무엇을 말하는가? 사시(四時)가 운행되고 있다(天何言哉 四時行焉). (「양화」)
- 나이 쉰에 천명(天命)을 알았다(五十而知天命). (「위정」)
- 군자는 세 가지 두려할 점이 있다. 천명을 두려워해야 한다(君子有三畏畏天命). (「계씨」)
- 소인은 천명을 알지 못하면서도 두려워하지 않는다(小人不知天命而不畏也). (「계씨」)

위의 예를 보건데, 콩치우가 말한 '천' 또는 '천명'이란 자연의 물리적 하늘이 아니라 주재지천임을 알 수 있다. 상·주 시대의 '상제'의 관념은 콩치우를 만나, '천명'의 관념으로 진화하게 된다. 그에 의하면, 천명이란 우주에 가득한 신비한 힘[力量]이며, 쉬지 않고 존재하는 어떤 생명력을 말한다〔츠엉환(程帆), 『나는 횡여우란의 중국철학을 이렇게 들었다』, 2002〕. 그러나 콩치우의 '하늘'은 철학적 의의가 아니라 종교적 의의가 있을 뿐이라고 말하는 학자도 있다〔가노 나오키(狩野直喜), 오이환 옮김, 『중국철학사』, 1986〕. — '천'이 종교적 의의를 지닌다는 말은 천이 숭배의 대상이 된다는 뜻이다. 반면 철학적 의의가 있다는 뜻은 천이 숭배의 대상이 아니라 법칙으로 작용한다는 의미다. 주시(朱熹)는 천을 '리'(理)라고 말했는데, 이는 인격적 요소가 배제된 법칙으로서 천을 가리킨다.

② 정명(正名)

콩치우가 생존했던 시기는 춘추 전국 시대의 혼란기다. 그는 질서 있고 안정된 사회를 소망했고, 이러한 사회를 이룩하고자 노력했다. 그에 의하면 질서 있는 사회란 명분(名)이 바로잡힌 사회다. 『논어』에 다음과 같은 대화가 보인다.

> 쯔루(子路자로)가 말하였다. "위나라 군주가 선생님을 기다려 정치를 하려고 합니다. 선생님은 무엇을 먼저 하시렵니까?" 콩치우가 말하였다. "반드시 명분을 바로잡아야 하겠다!"(必也正名乎) 쯔루가 말하였다. "답답하십니다. 어떻게 (명분을) 바로잡겠단 말씀이십니까?" 콩치우가 말하였다. "촌스럽다. 쯔루야! 모르면 가만히 있을 일이야. 명분이 바로잡히지 못하면, 언어가 순(順)하지 못하고, 언어가 순하지 못하면 되는 일이 없는 법이다. 그러면 예악(禮樂)이 일어나지 못하고, 예악이 일어나지 못하면 형벌로 해도 안 되는 것이다. 형벌로 해도 안 되면 백성이란 손발[手足]조차 둘 곳이 없어진다." (『논어』, 「자로」)

위의 이야기는 콩치우의 정명(正名)에 대한 강렬한 욕망을 보여준다. 제자백가 가운데 명가(名家)의 철학에 의하면, 실제 사물에 붙인 이름(名)은 그 내부의 실(實)과 일치해야 한다. 사슴은 사슴이어야 하고, 사슴을 말이라고 불러서는 안 되는 법이다. — 사슴을 가리켜 말이라고 한 '지록위마'(指鹿爲馬)의 고사가 있다(쓰마치엔, 정범진 외 옮김, 『사기』 권6, 「진시황본기」, 까치, 188쪽 참조). — 콩치우에 의하면 명실(名實)이 흐트러진 사회가 난세다.

콩치우의 시대는 인간관계가 무너져서 군신, 부자의 질서가 흐트러진 상태였다. 그러므로 그는 "임금은 임금답고, 신하는 신하답고, 아버지는 아버지답고, 아들은 아들다워야 한다"("君君, 臣臣, 父父, 子子" — 『논어』, 「안연」)고 주장한다. 이 이야기도 명분을 세워야 함을 의미한다.

콩치우가 남긴 저술에 노(魯)나라의 역사책 『춘추春秋』가 있다. 그가 이 책을 저술한 까닭이 '정명'을 실천하고자 하는 욕망에 있다. 그러므로 멍커(孟軻)는 "콩치우가 『춘추』를 완성하자 난신적자(亂臣賊子)들이 두려워하였다"(孔子成春秋, 而亂臣賊子懼, 『맹자』, 「등문공 下」)라고 말했다. 멍커의 말은 그렇지만, 실제로 콩치우 시절에 반란을 일으킨 신하(난신)와 불효자(적자)들이 이를 두려워했는지 사실 여부는 알 수 없다.

4.2.2 윤리

① 인(仁), 효(孝), 덕(德)

알려진 바와 같이 콩치우의 대표적인 사상은 '인'(仁) 한 글자로 표현된다. 이 개념을 한글로 '어질다'라고 번역하지만 그 의미 전달은 불충분하다. 영어로는 일반적으로 'humanity', 'benevolence', 'goodness' 등으로 번역된다. '인'을 한어(중국어) 발음대로 '*Ren*'으로 표기하고, '권위 있는 행위' 혹은 '신뢰할 만한 행위'의 뜻이 담긴 "authoritative conduct"라고 번역하는 서양 학자도 있다(Roger T. Ames·Henry Rosemont, Jr., *The Analects of Confucius*, 1998).

인은 '덕'(德)의 한 표현이다. 이것은 콩치우가 생각했던 완전한 '덕목'(德目)을 모두 총괄한다. 『논어』에 셀 수 없이 등장하는 이 개념은 하나의 추상명사다. 현대 학자 양뿨쥔(楊伯峻)의 조사에 의하면, 인(仁)자는

『논어』 전편을 통하여 109차례 등장한다.

콩치우는 인을 인간 최상의 미덕(美德)으로 삼아, 학문의 목적까지도 인을 구현하는 데 두었다. 인은 멍커에 이르러서 인의(仁義)와 같이 두 글자로 사용되기도 한다. 그러나 '의'(義)는 인에 붙어 있는 종속 개념이고, 중요한 것은 '인' 한 글자다. 인은 한마디로 설명이 불가능하다. 인의 올바른 이해는 각종 사례를 종합하여 판단할 수밖에 없다. 『논어』에 등장하는 대표적인 구절을 들면 다음과 같다.

- '인'(仁)에 처하는 것은 아름다운 일이다. 만일 인에 머물지 않는다면, 어떻게 지혜롭다고 하겠느냐?(里仁爲美, 擇不處仁, 焉得知) (「이인」)
- 오직 어진 사람이라야 능히 사람을 좋아하며, 능히 사람을 미워할 수 있다(惟仁者, 能好人, 能惡人). (「이인」)
- 지혜로운 사람은 물을 좋아하고, 어진 사람(仁者)은 산을 좋아한다. 지혜로운 사람은 움직이고, 어진 사람은 고요하다. 지혜로운 사람은 낙천적이고, 어진 사람은 장수(長壽)한다(知者樂水, 仁者樂山. 知者動, 仁者靜. 知者樂, 仁者壽). (「옹야」)
- 어진 사람은 자기가 서고자 함에 남을 내세우고, 자기가 통달하고 함에 남도 통달하게 한다(夫仁者, 己欲立而立人, 己欲達而達人). (「옹야」)
- 콩치우는 이로운 일[利]에 대해서 드물게 이야기하였다. 천명(天命)과 더불어 하고, 어진 일[仁]도 함께 하였다(罕言利. 與命與仁). (「자한」)
- 옌위앤이 '어짐'[仁]에 대하여 물었다. 콩치우가 말하였다. "자기의 사욕을 극복하고 예로 돌아감이 '어짐'을 실천하는 것이다"(顔淵問仁. 子曰. 克己復禮爲仁). (「안연」)
- 종꽁이 '어짐'[仁]에 대하여 물었다. 콩치우가 말하였다. "문을 나갈 때 귀한 손님을 뵌 듯이 하며, 백성에게 일을 시킬 때 큰 제사를 받들 듯이 하며, 자기가 하고 싶지 않은 일을 남에게 시키지 말라"(仲弓問仁. 子曰. 出門如見大

賓, 使民如承大祭. 己所不欲, 勿施於人). (「안연」)

콩치우의 인은 이와 같이 포괄적인 개념으로, 윤리의 영역에 속한다. 인의 범주는 효(孝)와 충(忠)을 포함하며, 어떤 의미에서 여타의 가치 개념 즉, 공손함[悌], 지혜로움[智], 믿음[信] 등을 모두 포괄하는 그 무엇이다.

효는 인의 개념에 내포되지만, 효(孝)에 대한 콩치우의 관심은 남다르다. 이 글자는 『논어』 전편을 통하여 19차례 등장한다. 효는 앞에서 이야기한 바와 같이 농업 사회에서 가족의 경제적 생산력과 관계가 있다. 콩치우의 효에 대한 윤리는 개체의 영속성(永續性)을 가족의 범주 안에서 찾는 논리로 해석된다. 그러나 오늘날에는 효의 본질은 나두고 그 실천적 측면에서 문제가 많다. ― 1920년대 빼이징에 1년간 머물렀던 버트런드 러셀은 '효'에 대한 문제가 유교 윤리의 약점이라고 지적했다(Bertrand Russell, *The Problem of China*). 우리의 시대는 폐쇄적인 가족주의를 극복하고, 성숙한 시민 사회를 조성해야 할 때다. 가족주의적 규범인 '효'의 실천을 새로운 방법으로 개선할 필요가 있다. 조상을 모신다는 명분으로 산야(山野)를 파헤쳐 무덤을 크게 쓰는 행위는 바람직한 일이 아니다.

② 군자(君子) ― 바람직한 인간의 모습

콩치우가 생각한 바람직한 인간의 모습은 한마디로 인(仁)을 실천하는 자다. 이는 『논어』에서 군자(君子)라는 개념으로 정리된다. ― 문자의 측면에서 '군자'는 원래 귀족 계층인 사대부를 가리키는 말이었다. 콩치우에 와서 이 단어는 '도덕적인 인간'으로 바뀌었다. 『논어』에는 이 글자를 모럴(moral)의 뜻이 아니라, 귀족층(사대부)으로 새겨야 마땅한 곳이 많다.

우리는 과연 어떻게 살아야 하는가? 콩치우에 의하면 우리는 덕(德)을 쌓는 인간이 되어야 한다. 군자는 "먹음에 배부름만 구하지 않고, 거처함에 편안함만 찾는 자가 아니다"("君子食無求飽, 居無求安", 「학이」). 그는 널리 교양을 갖춘 자이며, 한 방면에 쓰는 "그릇처럼 국한된 자가 아니다"("君子不器", 「학이」). 그는 언제나 "덕을 생각하는 자"("君子懷德", 「이인」)이며, 동시에 "의리에 밝은 자다"("君子喩於義", 「이인」).

군자는 "한 그릇의 밥과 한 표주박의 마실 것으로 누추한 곳에 살아도 기쁨을 지닌 자다"("一簞食, 一瓢飮, 在陋巷. …… 不改其樂", 「옹야」) 군자는 "화합을 찾는 자며 부화뇌동하는 자는 아니다"("君子和而不同", 「자로」). 그는 "일의 잘잘못을 자신에게서 찾는 자다"("君子求諸已", 「위령공」). 위와 같이 행동하는 자가 콩치우가 바람직하다고 생각한 인간의 모습일 것이다. 그와 같은 인간이 한마디로 어진 사람, 곧 '인자'(仁者)라고 말할 수 있다.

인을 실천할 능력을 지닌 자가 군자라면, 이는 개인적 차원의 도덕성을 넘어서 사회에서도 필요한 인재를 뜻한다. 군자에 의한 정치 — 이것은 콩치우가 생각한 이상적인 정치였을 것이다.

4.2.3 정치

콩치우는 행정 조직(시스템)보다 정치를 담당하는 관리의 인격이 올바른 경우에 바른 정치를 하는 데 공헌하는 점이 많다고 생각했다. 그는 품행이 올바른 자(군자)가 정치를 맡아야, 바른 정치의 실현이 가능하다고 믿었다. 콩치우에 의하면, 정치란 '올바름'[正]의 실현이며, 이것은 덕에 의한 정치를 뜻한다. 『논어』에 다음과 같은 구절이 보인다.

• 지캉쯔(季康子계강자)가 콩치우에게 정치에 대하여 물었다. 콩치우는 대답하였다. "정치란 바로잡는다(政者, 正也)라는 뜻입니다. 그대가 솔선수범하여 바로잡으면 누가 바르지 않겠습니까?" (「안연」)

• 제경공(齊景公)이 콩치우에게 정치에 대하여 물었다. 콩치우는 대답하였다. "임금은 임금답고, 신하는 신하답고, 아버지는 아버지답고, 아들은 아들다워야 한다"는 것입니다. (「안연」)

• 정치를 덕으로써 함(爲政以德)은 비유하건대 북극성이 제자리에 있거든 많은 별이 북극성을 향하는 것과 같다. (「위정」)

지캉쯔의 물음에 대한 콩치우의 답변은 지나치게 낙관적이다. 현실 세계에서는 위정자가 바르다고 해서 다른 사람들이 모두 그를 따르는 것은 아니다. 아마도 바보처럼 선량한 사람들만 모여 사는 세상에서 그 실천이 가능할 것이다. 콩치우는 동시에 정치의 요체는 인민에 대한 믿음[信]을 확보하는 것으로 인식했다. 『논어』에 다음 같은 이야기가 전한다.

쯔꽁(子貢자공, 이름은 賜)이 정치에 대하여 물었다. 콩치우가 대답하였다. "양식을 풍족하게 하고(足食), 군대를 기르며(足兵), 인민으로 하여금 믿음을 가지게 할 것이다(民信之矣)." 쯔꽁이 말하였다. "만일 부득이 해서 버려야 한다면 이 세 가지 가운데 무엇을 먼저 버려야 합니까?" "군대를 버려야 한다." "만일 부득이 또 버려야 한다면 두 가지 가운데 무엇을 먼저 버려야 합니까?" "양식을 버려야 한다. 차라리 죽을지언정 인민의 믿음이 없으면 국가가 존립할 수 없다(民無信不立). (「안연」)

콩치우가 인간의 믿음을 먹는 것[食]보다 중시한 것은 실용주의적인 정치보다 도덕(모럴)에 의한 정치를 주장한 것이다. 그렇지만 콩치우가 정치의 기능주의적 성격을 완전히 배제하지는 않는다. 덕이 조금 부족한 인물이라 할지라도 몇 가지 기능(character)을 소지하면 정치를 할 수 있다고 믿었다.

지캉쯔가 물었다. "종여우(仲由중유, 子路)를 정치에 종사하게 할 만합니까?" 콩치우가 대답하였다. "종여우는 과단성[果]이 있어서 정치를 하는 데 어려움은 없을 것입니다." "츠(賜, 子貢쯔꽁)를 정치에 종사하게 할 만합니까?" "츠는 사리(事理)에 통달하였으니[達] 정치를 하는 데 어려움은 없을 것입니다." "르안치우(冉求염구, 冉有)를 정치에 종사하게 할 만합니까?" "르안치우는 재주가 많아서[藝] 정치를 하는 데 어려움은 없을 것입니다." (「옹야」)

위의 내용은 당시의 권력자 지캉쯔(季康子)에게 취직자리를 부탁하는 스승 콩치우의 견해를 대변한다. 오늘날 제자의 취업을 위하여 추천서를 작성하는 교수처럼, 콩치우는 제자의 장점을 들어서 취업 담당자인 지캉쯔에게 간곡하게 등용을 부탁하고 있다.

4.3 콩치우 사상에 나타난 '락'(樂)의 정신

춘추 전국의 동탕(動蕩)의 시대를 살았지만, 콩치우는 이맛살을 찌푸리고 비관하지 않았다. 그는 오히려 인생을 즐기면서 살았다. 우리는 『논어』에서 콩치우의 인생에 대한 긍정과 즐거움[樂]의 태도를 찾을 수 있다. 이 경우의 '즐거움'이란 감각적 쾌락이 아니라 중국인의 미적(美的) 감각을 말한다. 콩치우의 '락'의 정신은 중화 미학(美學)의 일부분을 구성한다.

4.3.1 일상생활에서 즐거움

① 안빈(安貧)하며 도를 즐겁게 여김

난세라고 하여 일상생활에서 느끼는 즐거움이 없는 것은 아니다. 콩치우는 도(道)를 추구하는 정신으로 일관하여 쉰(50)에 천명을 깨닫고, 예순(60)에 이순(耳順)하며, 일흔(70)에는 법도를 넘지 않는[不踰矩] 경지에 이르렀는데(『논어』, 「위정」), 그 바탕에 락(樂)의 정신이 놓여 있다.

『논어』 전편을 통하여, 안빈낙도(安貧樂道, 가난해도 분수에 만족하고 도를 즐거워함)에 대한 콩치우의 태도를 곳곳에서 볼 수 있다. 어느 날 콩치우는 제자인 쯔꽁과 더불어 이야기를 나눴다.

> 쯔꽁이 말하였다. "가난하지만 아첨함이 없으며, 부자인데도 교만함이 없으면 어떻습니까?" 콩치우가 말하였다. "괜찮다. (그러나) 가난하면서도 즐거워하며, 부자이면서 예(禮)를 좋아하는 것만 못하다." (「학이」)

이는 콩치우가 일상생활에서 물질적으로 가난해도 즐거움을 잊지 않고 살아가는 태도를 보여준다. '가난' 자체를 즐기는 것이 아니다. 그의 정신은 가난을 잊어버릴 수 있는 경지에 있는 것이다. 이것은 허세가 아니라, 일종의 자존심으로 해석할 수 있다. 또 다른 예를 들어보자.

> 나물밥 먹고 찬물을 마시며 팔 베고 누웠어도 즐거움이 그 가운데 있다. (「술이」)

콩치우의 말은 현대 자본주의 시대에 거리감이 있다. 또 그가 끼니 때마다 나물밥[疏食]을 먹고 어떻게 장수(長壽)했는지도 의문이다. 현대는 팔 베고 누워 있을 한가로운 시간이 별로 없는 세상이다. 그렇다고 별 의미도 없는 일에 다람쥐 쳇바퀴 도는 인생이 그렇게 좋아 보이지도 않는다. 거친 밥을 먹고도 마음에 걸림이 없고, 잡다한 사건 속에서 벗어나 가끔 팔 베고 누워서 휘파람이라도 불 수 있는 여유가 있어야 하지 않을까? 콩치우가 즐거워하는 까닭은 도에 있다. 다른 예를 들어보자.

어질구나, 옌후에이(顏回안회)는. 한 그릇의 밥과 한 표주박의 마실 것으로 가난한 거리에 사는 것을 다른 사람은 견디지 못하려마는, 옌후에이는 즐거운 모습에 변함이 없다. 어질구나, 옌후에이야말로. (「옹야」)

제자 옌후에이가 가난하지만 만족감을 잃지 않고 살아가는 생활 태도를 칭찬함으로써 콩치우 자신의 안빈낙도의 정신을 표현하고 있다. “즐거운 태도에 변화가 없다”(不改其樂)라는 표현은 당위(sollen)를 가리킨다. 윗문장은 어떤 점에서 콩치우가 제자 옌후에이의 경지를 부러워하는 인상을 준다. 그러므로 옌후에이가 젊어서 세상을 떠나자 콩치우가 몸을 주체할 수 없이 통곡하는 모습이 그렇게 이상하게 느껴지지 않는다(『논어』, 「선진」 참조).

② 도덕의 세계에서 떳떳함

콩치우의 인(仁)에 대한 사상은 몇 마디 말로 그 전체적인 의미를 드러낼 수 없다. 여기서는 콩치우가 인에 대하여서 느끼는 락(樂)의 정신에 초점을 맞춘다.

어질지 못한 사람은 오래 견디지 못하고, 즐거움도 오랫동안 간직하지 못한다. 어진이는 ‘인’(仁)에 처함을 편안하게 여기고, 지혜로운 자는 ‘어짐’[仁]을 이롭게 여긴다(仁者安仁, 知者利仁). (「이인」)

어진 사람이야말로 떳떳하게 락의 경지에 들어설 수 있다. 이는 내면적인 도덕의 세계에서 즐거움을 느낀다는 말이다. 앞에서 인용한 바와 같이, “지혜로운 사람은 물을 좋아하고, 어진 사람은 산을 좋아한다. 지혜로운 사람은 움직이고, 어진 사람은 고요하다”(「옹야」)라고 말하는 경우에도 즐거움이 있다. 어진 사람은 고요하게 즐긴다. 그는 요란하지 않다.

훗날 멍커가 콩치우의 이러한 정신을 물려받았다. "우러러보아 하늘에 부끄러울 것이 없고, 엎드려 보아 사람에게 부끄러울 일이 없는 것이 두 번째의 즐거움이다"("君子有三樂. …… 仰不愧於天, 俯不怍於人, 二樂也", 『맹자』, 「진심盡心 上」)라는 표현이 그것이다. 이 또한 도덕의 세계에서 떳떳함을 말하며, 그 경지가 즐거움에 이른 것이다.

③ 자연의 이상

일상생활에서 즐거움을 찾는 이상적인 상태는 '영귀'(詠歸)의 경지다. 영귀란 '시(詩)를 읊으며 돌아온다'라는 뜻으로 자연 속에서 즐김을 말한다. 『논어』에 다음 같은 구절이 있다.

> 쯔루(子路자로), 쩡시(曾皙증석), 르안여우(冉有염유), 꽁시후아(公西華공서화) 등이 콩치우를 모시고 앉았다. 콩치우가 "내가 나이가 조금 많다고 꺼리지 말아라. 너희들이 평소에 자신을 몰라준다고 하니 만일 알아준다면 어떻게들 하겠느냐?"라고 말하였다. 쯔루가 먼저 "국방의 일을 맡아보고 싶습니다"라고 대답하였다. …… 다음에 르안여우는 "국가 재정의 일을 맡아 보겠습니다."라고 하였다. …… 꽁시후아는 "예의 절차, 즉 의전(儀典)에 관한 일을 맡아보고 싶습니다"라고 하였다. …… 그러나 쩡시는 가만히 거문고를 뜯고 있다가, "늦은 봄날 봄옷이 다 되거든 친구 대여섯 명과 시중 드는 어린애 일고여덟 명을 데리고 기수(沂水)에서 목욕하고 무우(舞雩)에서 바람을 쐬고 시를 읊으면서 돌아오겠습니다"라고 대답하였다. 콩치우는 감탄하여, "나도 쩡띠엔(曾點증점, 쩡시)과 뜻을 같이한다"라고 말하였다. (「선진」)

학자들은 이 구절을 콩치우의 '영귀'의 이상(理想)이라고 설명한다. 대체 시냇물에 목욕하고 (술 한잔 걸치고) 돌아오며 흥얼거리는 일이 이상이란 말인가? 쩡시(쩡띠엔)와 콩치우가 정신적으로 조금 이상한 사람이 아닌가?

천오백 년의 세월이 흐른 훗날 주시는 이 구절을 놓고 난해한 철학적 해석을 내렸다. "쩡띠엔의 학문은 독특한 견해를 가지고 있다. 무릇 사람의 사욕(人欲)이 다한 곳에 하늘의 '리'(天理)가 유행(流行)하니 곳곳에 충만하여 빠지거나 모자람이 없다. …… 그는 자신이 있는 그 자리에서 일상생활의 상도(常道)를 즐겼다"〔주시, 『논어집주』, 주(注)〕.

요체는 목욕 자체 혹은 시(혹은 노래)를 읊조리는 데 있는 것이 아니고, '천리'가 유행하는 곳에 즐거움이 있다는 내용이다. 그 즐거움의 경지를 언어로 전달할 수 있는가? 주시의 해석은 지나치게 철학적이다.

— 순전히 일반 논리의 측면에서 본다면, 윗글에서 쩡시의 태도는 문제가 있다. 처음부터 콩치우는 제자들에게 등용되었을 경우 하고 싶은 일이 무엇이냐고 물었다. 그러므로 쩡시는 다른 친구들처럼 등용의 기회에 마음에 담은 일에 대하여 말해야 했다. 콩치우가 쩡시의 태도(등용 밖의 일)를 칭찬한 것은 스스로의 발언을 무시한 발언이다. 콩치우는 마땅히 쩡시를 꾸짖고, "평소에 자신을 몰라준다고 하니, 만일 알아준다면 어떻게 하겠느냐?"라고 다시 말해야 했다. 논리를 무시하고 엉뚱한 데로 빠진 쩡시는 나머지 친구들에게 왕따당할 만하다.

4.3.2 학문과 예술에서 즐거움

『논어』는 "배우고 때때로 익히니 또한 기쁘지 아니하냐?"라는 말로 시작한다. 학문의 세계는 콩치우에게 즐거움이다. 그는 자신이 사는 마을에 자기보다 학문을 좋아하는 사람이 있으면 나와보라(「공야장」)고 큰소리 친 사람이다. 곧 다른 분야는 양보해도 배움(학문)에 대해서는 양보를 못한다고 자부했다. 그는 이렇게 말한다.

굳은 신념으로 학문을 좋아하며, 죽기로써 도를 지킨다(篤信好學, 守死善道). (「술이」)

굳은 믿음이 없는 학문은 공허하기 쉽고 관념적으로 흐를 위험이 많다. 그런데 학문은 락의 경지에 이르러야 그 효과에서 지극한 도(善道)를 지킬 수 있다. 말을 바꾸면, 즐거움이 없는 학문은 공허하고(vacant) 학문이 없는 즐거움은 맹목적이다(blind). 콩치우에게 학문은 모든 것을 걸고 단행하는 인생 사업이다. 그러다 때로는 먹는 일도 또한 잠도 잊어버린 경우가 있다.

내가 일찍이 하루 종일 먹지도 않고, 온밤을 지새워 가며 생각해 보아도 유익함이 없었으니, 배우는 일만 같지 않았다(吾嘗終日不食, 終夜不寢, 以思無益, 不如學也). (「위영공」)

콩치우에게 학문이란 문자를 통한 지식의 증대의 행위다. 그러나 동시에 이보다 넓은 의미를 담고 있다. 그는 어진이(賢人)를 존경하고, 부모를 위해 정성을 다하며, 임금을 위해서 몸을 바치고, 친구를 사귈 때 믿음을 내세우는 등의 일도 학문과 연관시켰다. 그는 "노여움을 아무 데나 옮기는 일이 없고, 잘못을 두 번 되풀이하지 않는"(「옹야」) 경지도 학문을 즐기는 행위라고 말한다 그리고 "먹음에 배부름을 구하지 않고, 거처함에 편안하기만 바라지 않는 것"(「학이」)도 학문을 좋아하는 경지라고 정의한다. 또 콩치우는 말한다.

'도'(진리)에 뜻을 두고, '덕'에 의거하며, '인'(仁)에 의지하며, '예'(6예 혹은

> 예술)에서 자적(自適)한다(志於道, 據於德, 依於仁, 游於藝). (「술이」)

현대 중국의 철학자 리쩌허우(李澤厚, 1930~)는 '유어예'(游於藝)의 구절을 놓고 '예'(藝)를 '6예'(六藝)의 의미로 새겼다. 그리고 '유'(游) 자를 '자유의 감정'으로 해석했다. 그는 이 자유감이 예술 창작 및 창조적 느낌과 직접 관련이 있다고 보았다(리쩌허우, 『華夏美學』, 1999). '6예'란 예절(禮예), 음악(樂악), 활쏘기(射사), 말타기(御어), 글씨 쓰기(書서), 셈하기(數수) 등의 여섯 가지 기예를 가리킨다. 『논어』를 놓고 보면 콩치우는 6예 가운데 앞의 세 가지(예절, 음악, 활쏘기)에 대하여 이야기했으나, 나중의 세 가지(말타기, 글씨 쓰기, 셈하기)는 별로 말하지 않았다. — 이는 콩치우가 예술적 감각에는 관심이 많았지만, 몸을 격렬하게 움직이는 체육 및 자연과학 분야는 소솔히 했다는 해석이 가능하다.

윗문장의 유어예(游於藝)의 '예'를 현대용어의 '예술'로 번역할 수도 있다. 그렇다면 이는 예술 세계의 '락'을 말한다. 오늘날 예술 장르는 매우 폭이 넓다. 문학, 음악, 연극, 그림, 만화 등 헤아릴 수 없다. 하지만 여기서는 시와 음악만 그 대상으로 다룬다. — 유어예에서 '유' 자는 헤엄치다 혹은 놀다[遊]라는 뜻이다. 저자는 이를 스스로 즐긴다는 뜻의 '자적'(自適)으로 번역한다.

『논어』에 의하면 콩치우는 여러 차례 시를 강조했다. 락의 정신과 관련하여 몇 가지 예를 소개한다.

> 〈관저〉는 즐겁되 음란하지 않고, 슬프되 상심(傷心)에 흐르지는 않는다(關雎, 樂而不淫, 哀而不傷). (「팔일」)

〈관저關雎〉는 『시경詩經』, 「국풍」, 〈주남〉의 첫머리에 나오는 시다. "요조숙녀 군자호구"(窈窕淑女 君子好逑, 아름다운 아가씨는 군자의 좋은 짝)라는 구절을 담고 있다. 콩치우는 이 시를 즐겁되 음란하지 않다고 하여 조화를 갖춘 '락'의 경지로 보았다. 그에 의하면 시와 음악은 서로 관계가 있다.

시로써 감흥을 일깨우고, 예로써 행동을 바로잡고, 음악으로써 인격을 완성한다(興於詩, 立於禮, 成於樂). (「태백」)

위의 글은 시에서 즐거움이 시작하여, 예로써 이것을 절제하며, 음악으로 그 즐거움이 최고조에 달한다는 사실을 말한다. — 리쩌허우는 '성어악'(成於樂)을 개체 인격의 완성으로, 생사·불후(不朽)와 관련이 있다고 주장했다. 그는 이 구절이 시간의 문제를 담고 있다고 말한다(리쩌허우, 『華夏美學』, 78쪽). — 콩치우는 문인에게 시를 공부할 것을 독촉했다.

너희들은 어찌 시를 배우지 않느냐? 시는 감흥을 일으키고, 인정을 관찰하게 하며, 사람과 어울리게 하고, 비정(非情)을 원망할 줄 알게 한다(小子, 何莫學夫時? 詩, 可以興, 可以觀, 可以群, 可以怨). (「양화」)

이 글은 시를 배우는 효용성을 말한 것인데, 락의 정신이 그곳에 있다는 뜻이다. 시는 그 자체로는 부족하고 음악을 기다려서 완성의 단계로 나아간다. 음악이야말로 중국 문화에서 미적 감각에 가장 접근한다. 이는 쾌락을 말하고, 인간 감정의 보편성에 호소한다. 콩치우가 살았던 노나라는 음악이 매우 발달했고, 악단(樂團, 오케스트라)이 구성되어 있었다.

콩치우는 소(韶, 순 임금의 음악 — 저자 주) 음악에 대하여 말했다. "지극히 아름답고 또한 지극히 선하다." 또 무(武, 무왕의 음악 — 저자 주) 음악에 대하여 말했다. "지극히 아름답기는 하지만 지극히 선하지는 못하다"(子謂韶,

盡美矣, 又盡善也. 謂武, 盡美矣, 未盡善也). (「팔일」)

콩치우가 제(齊)나라에 머물 때, 소 음악을 듣고, 석 달 동안 고기 맛을 잊었다. 그가 말하기를, "이 음악이 이 나라에까지 이를 줄은 미처 생각하지 못하였다"라고 하였다(子在齊, 聞韶. 三月, 不知肉味. 曰不圖爲樂之至於斯也). (「술이」)

콩치우는 음악 감상에 심취했을 뿐 아니라 이를 배우기까지 했다. ㅡ『논어』, 「술이」편의 윗구절에는 '배우다'(學之)라는 글자가 없으나, 『사기』, 「공자세가」편에 "그것을 석 달 동안 배웠다"(學之三月)라는 내용이 있다. 만일 이 구절을 취한다면, 콩치우가 음악을 직접 학습했음을 알 수 있다. 또한 「술이」편의 후반 구절은 "(소) 음악이 이러한 경지에 이른 줄은 생각지 못하였다"라는 번역도 가능하다. ㅡ "음악으로써 인격을 완성한다"(成於樂)라고 했으니 이렇게 볼 때 콩치우는 음악을 '락'(樂)의 가장 높은 단계로 인식했다.

'모차르트 효과'(Mozart effect)라는 말이 쓰이듯이 현재 음악 치료 행위가 개발되고 있다. 음악은 인간 정신의 독소(毒素)를 정화(淨化)시키는 기능이 있다. 콩치우는 이 점에 착안했을 것이다. 그에게 음악은 예술 장르를 넘어서 '도덕 교육'의 하나로 작용했다.

ㅡ『예기』에 다음과 같은 구절이 있다. "무릇 음(音)이란 사람의 마음에서 생기는 것이다. 악(樂)이란 윤리와 통한다. 그러므로 소리(聲, 음향)만 알고 음(音, 가락)을 모르는 자는 동물과 같다. '음'을 알고 '악'을 모르는 사람이 대부분이다. 오직 군자라야 능히 악을 알 수 있다"("凡音者, 生於人心者也. 樂者, 通倫理者也. …… 唯君子爲能知樂", 『예기집설대전禮記集說大全』 권16, 「악기樂記」; 학민문화사, 『예기—利』, 342쪽). 음악이란 이처럼 유가의 도덕 교육과 연결되며, 동시에 심미(審美)적인 것이다.

뭐자이(墨翟묵적)는 유교가 음악을 중시함을 생산성이 없고 쓸모없는 일로 간주하여 비난했다. 그는 음악이 지니는 도덕 교육의 효과를 무시했거나 알지 못했다(자세한 내용은 후술).

콩치우는 음악을 즐기고 감상하는 차원을 넘어서 고대 음악의 일부를 정리하는 전문가 구실을 했다. "내가 위나라에서 노나라로 돌아온 뒤로, 음악이 바루어졌다. 아(雅)와 송(頌)이 각기 제자리를 찾게 되었다"("吾自衛反魯然後, 樂正. 雅頌各得其所", 「자한」)라는 구절이 이것이다. '아'는 궁정 음악이요, '송'은 종묘 음악을 가리킨다. 이 구절의 주시 주(注)에 의하면, 콩치우가 몸소 음악을 바로잡았다고 한다.

참고문헌

성백효 역주, 『논어집주』, 전통문화연구회, 1990.

동양고전연구회, 『논어』, 지식산업사, 2002.

까오링인(高令印), 『간명중국철학통사』, 시아먼(厦門)대학출판사, 2003.

리쩌허우(李澤厚), 권호 옮김, 『화하미학華夏美學』, 동문선, 1999.

리치치엔(李啓謙), 『공문제자연구孔門弟子硏究』, 제로서사, 1987.

양뿨쥔(楊伯峻), 『논어역주論語譯註』, 중화서국, 1980.

잔스츠우왕(詹石窗), 『신편 중국철학사』, 중국서점, 2007.

장화(張法), 『중국미학사中國美學史』, 상하이인민출판사, 2002.

츠엉수떠(程樹德), 『논어집석論語集釋』 1~4, 중화서국, 1997.

츠엉환(程帆), 『나는 훵여우란의 철학강의를 들었다我聽馮友蘭講中國哲學』, 중국치공(致公)출판사, 2002.

훵여우란(馮友蘭), 박성규 옮김, 『중국철학사 上』, 까치, 1999.

가노 나오키(狩野直喜), 오이환 옮김, 『중국철학사』, 을유문화사, 1986.

미야자키 이치사다(宮岐市定), 박영철 옮김, 『논어』, 이산, 2001.

H.G. 크릴, 이성규 옮김, 『공자—인간과 신화』, 지식산업사, 1994.

Simon Leys, *The Analects of Confucius*, W.W. Norton&Company, 1997.

Roger T. Ames·Henry Rosement, Jr., *The Analects of Confucius*, Ballantine Books, 1998.

제5장
라오딴(老聃)의 철학사상

세간에서 라오쯔(老子노자)라고 부르는 인물 라오딴(老聃노담, 기원전 570?)은 초(楚)나라 쿠 현(苦縣고현) 리향(厲鄕여향) 취르언리(曲仁里곡인리) 사람으로 알려져 있다. 현재 허난 성 저우커우 시(周口市) 루이(鹿邑녹읍)가 그곳이다. 서양인은 그를 가리켜 한어 발음을 따라 'Lao Tze'라고 부른다. 사마천의 기록에 의하면, 그의 이름은 리얼(李耳이이)이고, 자(字)가 라오딴(老聃)이다. 현대의 라오쯔 연구가 츠언꾸잉(陳鼓應진고응)에 의하면, 라오쯔의 원래 성(姓)이 라오(老)이고, 이름은 딴(聃)일 가능성이 있다. 따라서 라오쯔의 성명(姓名)에 관한 한, 하나의 설을 고집할 수 없다. 저자는 츠언꾸잉의 견해를 좇아 라오쯔를 라오딴으로 표기한다. — 한가지 일치된 견해는 라오딴이라는 인물이 은자(隱者, hermit)라는 사실이다. 그러므로 그의 이름이 무엇이던 그다지 중요한 사항은 아니다.

라오딴은 주(周)나라 말기의 장서실 관리였다고 한다. 그는 도덕(道德)을 수련했으며 주나라가 쇠미할 것을 알고, 숨어 살기 위해 서쪽으로 여행을 떠났는데 도중에 『도덕경』을 남겼다. 저자는 라오딴이 『도덕경』을 저술한 장소를 현재의 산~시 성 시안(西安) 부근의 종남산(終南山종남산)으로 추정한다. — 허난 성 링빠오 시(靈寶市영보시) 북쪽 15킬로미터 지점에 있는 한꾸꾸안(函谷關함곡관)에서 『도덕경』을 지었다는 주장도 있다 〔자오라이쿤(趙來坤), 『노자여함곡관老子與函谷關』, 2002〕. 라오딴의 고택(古宅)이 이곳에 있었다고 전한다.

시안 서쪽 70킬로미터 거리 종남산 북녘에 누관대(樓觀臺)라는 도교(道敎) 사원이 있다. 이 돈대(墩臺)는 서쪽으로 향하는 라오딴을 붙잡았다는 윈시(尹喜)의 집이었다. 따라서 이곳의 설경대(說經台)를 『도덕경』의 저술 장소로 추정한다. 누관대는 동(東)누관과 서(西)누관으로 나뉘는 데, 동편에 설경대가 있고 서편에 라오딴의 묘(墓)가 남아 있다.

어떤 사람인지도 잘 모르는 라오딴이 유명해진 이유는 저술 『도덕경』 때문이다. 이 책의 다른 이름은 『노자』다. 어떤 학자는 이 책이 그리스도 『성경』 다음으로 세계에서 가장 많은 언어로 번역된 책이라고 한다(Russell Kirkland, *Taoism*, 2004, 53쪽).

『도덕경』의 해설은 삼국 시대 위(魏)나라 인물 왕삐(王弼왕필, 226~249)와, 누구인지 알려져 있지 않은 인물 허상꽁(河上公하상공)의 것이 대표적이다. 전자가 남긴 주석을 왕삐본 『노자』라고 부르고, 후자가 남긴 주석을 허상꽁본 『노자』라고 부른다. 보통 '통행본'이라고 호칭되는 것은 왕삐본을 말한다.

통행본 이외에 1973년 후난 성 츠앙사(長沙) 부근의 마왕뛔이(馬王堆) 한묘(漢墓)에서 종류가 다른 『노자』가 발견되었다. 이 자료는 비단에 새겨져 있기 때문에 보통 『백서노자帛書老子』라고 일컫는다. 이는 한(漢) 고조(高祖, 재위 기원전 206~기원전 196) 이전에 발행된 것으로 추정한다.

1993년 후뻬이 성 징먼 시(荊門市형문시) 꾸어띠엔(郭店村곽점촌)에서 전국(戰國) 시대 초나라 무덤이 발굴되었다. 무덤 속에 대나무 조각에 새겨진 『노자』의 잔본(殘本)이 있었다. 이를 『죽간노자竹簡老子』라고 칭한다. 꾸어띠엔『죽간노자』는 기원전 300년경의 것으로 추정되고 현재까지 남아 있는『도덕경』가운데 가장 오래된 자료다. — 서지학의 측면에서 위의 판본들은 서로 다른 구조를 지니고 있다. 특히 마왕뛔이『백서노자』는 편제가 아주 다르다. 철학의 측면에서는 모두 라오딴의 사상을 담고 있으므로 편제에 대한 설명은 생략한다.

5.1. 철학사상 — '도'란 무엇인가?

라오딴 철학사상의 기본 범주(카테고리)는 '도'(道)다. 원래는 사람이 통행하는 길 혹은 도로의 뜻으로 사용되었던 이 글자는 라오딴에 의하여 고도의 철학적 개념으로 정립되었다.『주역』,「계사전 上」에서 "한번 음하고 한번 양함을 도라고 이른다"(一陰一陽之, 謂道)라거나,『논어』에서 "나의 도는 하나로 관통한다"("吾道, 一以貫之",「이인」) 혹은 "도가 행해지지 않는다. 뗏목을 타고 바다로 나갈까 한다"(道不行, 乘桴浮于海,「공야장」) 혹은 "선생의 성과 천도에 대해서 말씀하는 것을 들을 수 없다"("夫子之言性與天道, 不可得而聞也",「공야장」) 등의 표현에서 이미 '도'가 형이상학적 의미를 내포하고 있음을 알 수 있다. —「계사전 上」의 "一陰一陽, 謂道"는 음양이 도라는 뜻이 아니고, '한번 음하고 한번 양함'이 도라는 뜻이다. 이는 사물이 모순 대립하고 상호 변함이 우주만물의 법칙(도)이라는 말이다〔진진황(金景苦),『주역전해周易全解』, 지린(吉林)대학출판사, 1996〕.

그러나 인간 존재의 규범을 인간 자체가 아니라 우주적 차원으로 승화시킨 인물은 라오딴이다〔미조구치 유조(溝口雄三) 외,『중국사상문화사전』, 2003〕. 라오딴의『도덕경』은 도(道)와 덕(德)에 관한 저술로 이해되지만, 실제로는 도에 관한 저술이다.『도덕경』의 핵심 내용은 제1장에 담겨 있다.

원문

① 도가도(道可道)는 비상도(非常道)다.

② 명가명(名可名)은 비상명(非常名)이다.

③ 무명(無名)은 천지지시(天地之始)요,

④ 유명(有名)은 만물지모(萬物之母)다.

⑤ 고(故)로 상무욕(常無欲)으로 이관기묘(以觀其妙)하고,

⑥ 상유욕(常有欲)으로 이관기요〔以觀其邀(徼)〕한다.

⑦ 차양자(此兩者)는 동출이이명(同出而異名)하니, 동위지현(同謂之玄)이다.

⑧ 현지우현(玄之又玄)하니 중묘지문(衆妙之門)이다.

(『도덕경』 제1장)

번역

'도'가 말해질 수 있으면, 영구 항존(恒存)하는 도가 아니다.

'명'(이름)을 이름 붙이면, 영구 항존하는 명(이름)이 아니다.

이름 없음은 천지의 시작이요,

이름 있음은 만물의 어머니다.

그러므로 선천(先天)의 근본 성품으로 그 오묘함[妙]을 보고,

후천(後天)의 욕심으로 그 끝[邀, 가장자리]을 본다.

이 둘은 함께 나왔으나 이름을 달리하니, 이를 현묘하다고 말한다.

현묘하고 또 현묘하니 온갖 오묘함이 출입하는 문이다.

『도덕경』 제1장은 산문이 아니라 한 편의 시다. 이 한 편의 시에 라오딴 철학의 핵심인 도의 내용이 담겨 있다. — 철학사상과 별개의 문제지만 『도덕경』을 이해하는 데 음운(音韻)에 관심을 기울일 필요가 있다. 국

내에서는 이 음운에 관심을 표시한 연구서가 아직 나오지 않았다. 현재의 한어(중국어) 발음을 참고할 때, 상기 제1장 첫째 줄은 4·4·4, 둘째 줄은 2·2·2, 셋째 줄은 2·3, 넷째 줄은 2·3, 다섯째 줄은 4·4, 여섯째 줄은 4·4, 일곱째 줄은 3·2·2, 여덟째 줄은 2·2·2와 같은 운율을 따라서 서술되었다.

— 참고로 제1장의 음운(音韻)을 분석하면 다음과 같다.

1줄	道dao — 道dao⁴— — 道dao⁴	4 4 4
2줄	名ming² — 名ming² — — 名ming²	2 2 2
3줄	— 名ming² — — — 始shi³	2 3
4줄	— 名ming² — — — 母mu³	2 3
5줄	— — — 欲yu⁴ — — — 妙miao⁴	4 4
6줄	— — 欲yu⁴ — — — 激jiao⁴	4 4
7줄	— — 者zhe³ — — — — 名ming² — — — 玄xuan²	3 2 2
8줄	玄xuan² — — 玄xuan² — — — 門men²	2 2 2

라오딴에 의하면 도는 이름 붙일 수 없는 그 무엇이다("道常無名", 『도덕경』 제32장). 그것은 이름 속에 담겨 있는 그 무엇이 아니다. 그것은 보려고 해도 볼 수 없고(夷, invisible), 들으려 해도 들을 수 없으며(希, inaudible), 잡으려 해도 잡히지 않는다(微, imperceptible)(『도덕경』, 제14장).

도는 인간의 오감(五感) 능력으로 파악되는 것이 아니다. 우리는 그것을 경험 속에서 알 수 없고, 오로지 선천적인(a priori) 인식 능력으로 파악할 수 있다. 도는 하나의 자연법칙이며 영원한 존재다. 동시에 그것은 만물의 본질이며, 물질세계에서 파멸하지 않는 필연성이다. 우주발생론의 견해에서 보면 도는 존재의 근원이다. 라오딴은 다음과 같이 말한다.

> 도는 하나를 낳고 하나는 둘을 낳고 둘은 셋을 낳는다. 셋은 만물을 낳는다(道生一, 一生二, 二生三, 三生萬物). (『도덕경』 제42장)

라오딴의 이 구절을 놓고 잡다한 해석이 존재한다. '일'(一) 이하가 '유'(有)의 세계라면, '도'는 '무'(無)를 가리킨다. 그렇다면 제42장은 무에서 유가 나왔다는 해석이 가능하다. 이는 논리의 세계며 선험적인 사유로 가능한 것이지, 경험의 세계를 말하는 것이 아니다. 그러므로 우리는 도를 창조의 주체(주인공)로 받아들일 수 없다. 자연스럽게 그러한 것이지(自然而然), 어떤 의지가 개입되는 것이 아니다. 그러므로 도는 작용이 없고 본질적으로 '무위'(無爲)다. 또 라오딴은 말한다.

> 도는 항상 아무 일도 하지 않는다. 그렇지만 안 되는 일도 없다(道常無爲, 而無不爲). (『도덕경』 제37장)

"아무것도 하지 않지만 안 되는 일도 없다"라는 지극히 묘한 표현은 도의 속성을 잘 말해 준다. '무위'의 원칙에서 여러 가지가 파생된다(이에 대하여 후술).

누관대의 도사 르언화르옹(任法融임법융)의 해석에 의하면, 라오딴이 말하는 '도'는 열 가지 특징을 가진다. 이를 나열하면 다음과 같다. 허무(虛無), 자연(自然), 청정(清靜), 무위(無爲), 순수(純粹), 소박(素樸), 평이(平易), 염담(恬淡), 유약(柔弱), 부쟁(不爭)이 그것이다(르언화르옹, 『도덕경석의』, 1999).

도의 주체적 또는 본체적 성격이 사람에게 나타날 때, 이를 '덕'(德)이라고 부른다. 덕은 곧 도의 인격화 혹은 윤리화다. 다시 말하면 도가 사람에게 나타난 것을 가리켜 덕이라고 부른다. 덕은 도에 근원한다. 도가 주체라면, 덕은 곧 작용이다. 라오딴은 이렇게 말한다.

높은 덕은 덕스럽지 않으니, 그러므로 덕이 있다. 낮은 덕은 덕을 잃지 않으려고 하니, 그러므로 덕이 없다. 높은 덕을 지닌 사람은 무위하여 억지로 작위하지 않는다. 낮은 덕을 지닌 사람은 작위하되 억지로 한다(上德不德, 是以有德. 下德不失德, 是以無德. 上德無爲而無以爲, 下德爲之而有以爲). (『도덕경』 제38장)

중국 안후이 성 출신으로 타이완에서 활동한 황똥메이(方東美, 1899~1977)에 의하면, 『도덕경』은 제1장, 제2장과 제38장이 총론이라고 한다(김충렬, 『노장철학강의』, 1995, 56쪽). 제38장은 실제로 덕의 총론이라고 말할 수 있다. 그러나 철학적 의미 분석을 따르면, 덕은 결국 도의 속성(attribute)이다. 라오딴 철학의 중심은 도에 놓여 있다. — 앞에서 1973년 후난 성 츠앙사 마왕뛔이 한나라 묘에서 종류가 다른 『노자』가 발견되었다고 말했다. 마왕뛔이 『백서노자』는 갑본과 을본의 두 종류가 있는데, 이들 판본은 모두 통행본의 제38장이 서두(序頭)에 등장한다. 이 때문에 학자들 가운데는 마왕뛔이본을 『덕도경德道經』이라고 부르는 사람도 있다(Robert G. Henricks, 『老子德道經』 *Lao-Tze Te-Tao Ching*, 1992). 서지학의 측면에서 이와 같은 편제는 흥분할 만한 사건이지만, 철학사상의 측면에서는 여전히 '도'가 중심이라고 생각한다.

5.2 되돌아감은 '도'의 움직임이다(反者道之動)

『주역』(『역전』), 「계사전 下」에 "추위가 가면 더위가 오고, 더위가 가면 추위가 온다"라는 말이 있다. 이와 비슷한 말이 『도덕경』에도 보인다. 라오딴은 말한다.

> 되돌아감은 도의 움직임이다. 유약(柔弱)한 것은 도의 쓰임이다. 천하 만물은 유(有)에서 나오고 무(無)에서 생겨난다(反者, 道之動. 弱者, 道之用. 天下萬物生於有, 有生於無). (『도덕경』 제40장)

이 같은 구절에서 우리는 『주역』과 『도덕경』이 사계절이 순환하는 기후 풍토에서 탄생했음을 알 수 있다. 『주역』, 「지뢰복」(地雷復, 상 ☷ 하 ☳, 24괘)도 같은 논리를 표현이다. '복'괘에서는 "출입자가 도중에 돌아갔다가, 7일 이내에 다시 온다"(反復其道, 七日來復)라고 표현하고 있다(황준연, 『실사구시로 읽는 주역』, 2009, 334쪽). 이들은 모두 순환 원리의 보편성을 언급한 것이다. "되돌아감은 도의 움직임이다"(反者, 道之動 ; Reversal is the movement of Tao)라는 말은 『도덕경』의 일관된 논리로 제28장, 제52장 등에도 같은 내용이 보인다.

되돌아감(혹은 되돌아옴)의 주체는 무엇인가? 여기서 주체가 있는 것이 아니다. 그것은 '무위'(無爲, Wu-wei)의 일반 원칙에서 파생되었다. 무위란 아무것도 하지 않는 상태를 가리키는 것이 아니고, 행위에 억지(곧 의지)가 개입되지 않는 자연스러운 상태를 말한다.

비유하면 무위란 브라질의 삼바 축구와 같다. 힘 안 들이고 춤추듯이 하는 방법으로 최소의 힘으로 최대의 효과를 노린다. 무위란 또한 유도에서 '낙법'을 적절하게 이용하여 상대방을 무너뜨리는 것과 같다. 말하자면 상대방의 공격을 끌어당겨 상대방을 제압하는 것이며, 나의 힘을 억지로 사용하지 않음이다.

무위란 흐르는 물과 같다. 라오딴은 "최고의 선(善)은 물과 같다"("上善若水", 『도덕경』 제8장)고 말한다. 물은 그냥 높은 데서 낮은 데로 흘러간다. 도중에 장애물을 만나면 비켜갈 뿐이다. 유약한 것은 도의 쓰임이라는 말이 곧 이를 뜻한다(『도덕경』 제40장).

횡여우란은 "되돌아감은 도의 움직임이다"라는 이 구절이 중국인의 사유에 커다란 영향을 주었고, 이것이 유가와 도가가 다 같이 '중용'(中庸)을 중시하는 밑바탕이 되었다고 서술한다. 눈에 보이지 않는 이 원리가 과도한 소유나 작위를 지양하도록 했다는 것이다(훵여우란, 『中國哲學小史』, 1948).

한편 '반자, 도지동'의 구절이 다른 방향에서 해석될 수 있는 점에 주의해야 한다. '반'(反)이라는 글자는 '되돌아감'(返, reversal)이라는 뜻 이외에, '상반(相反, opposite, conflict)의 뜻도 있다. 후자는 대립 혹은 투쟁(war)의 의미를 담고 있다. 학계에서 이런 해석은 소수설에 속하지만, 이 견해를 따르면 "상반되는 것(대립)이 도의 움직임이다"라는 풀이가 가능하다. 서로 대립하고 반대되는 것이 도의 작용이라는 말이다.

고대 그리스의 철학자 헤라클레이토스(Heraclitus)는 대립을 사물의 본질로 보았다. 그는 "우리는 전쟁이야말로 모두에게 일반적인 것임을 알아야 한다. 투쟁은 정의로운 것이다"(We must know that war is common to all, and strife is justice)라고 말했다(버트런드 러셀, 『서양철학사』, 1969). 이 풀이를 주의 깊게 관찰하면, 뉴턴의 운동법칙(Newton's three laws of motion) 가운데 제3법칙 즉 '작용·반작용의 법칙'이 연상된다. 말하자면 '반자, 도지동'은 "(작용이 있으면) 반작용이 있다. 이것이 도의 움직임이다"라고 번역할 수 있다. 그렇다고 라오딴의 주장이 서양인의 사고와 일치하는 것처럼 보이지는 않는다. 그러나 '반자, 도지동'을 이 같은 관점에서도 풀이가 가능하다는 점을 고려할 필요는 있다.

5.3 처세론

'처세론'이라는 제목으로 라오딴의 철학을 이야기하는 것은 부담스럽다. 여기서 저자가 사용하는 '처세'(處世)는 현대인이 주로 사용하는 '약삭

빠르고 영리한 방법 또는 행동에 의한 세상살이'의 뜻이 아니라, 세상을 살아갈 때 필요한 고도의 지혜를 말한다. 이는 존재 혹은 인식의 문제가 아니라, 가치(윤리)의 범주에 속한다. 춘추 전국 시대의 제자백가는 대략 두 가지 경향을 띠었다.

- 구세(救世)주의 : 유가, 묵가 → 사회 참여(사회 제도에 대한 관심)
- 피세(避世)주의 : 양주(楊朱), 라오딴, 주앙저우(莊周) → 은둔(개인의 중요성 강조)

이 같은 경향을 놓고 볼 때 콩치우·멍커 혹은 쉰쿠앙의 무리가 처세에 적극적인 반면, 양주·라오딴·주앙저우는 소극적인 편이다. 그러나 소극적이라는 것이 만사에 기백이 부족하다는 뜻은 아니다. 세상을 피하려고(避世) 하는 경향이 강하지만, 그들에게도 처세는 있었다.

5.3.1 경물중생(輕物重生) — 절욕(節慾)주의

라오딴은 생명을 중시하고 물욕을 가볍게 여긴다. 그는 인간의 욕망을 절제하자고 주장하는데, 그 바탕에 생명 중시 사상이 담겨 있다.

> 총애를 받거나 치욕을 당할 때 놀란 듯이 하라(寵辱若驚). 제 몸 귀하게 여기기를 큰 환난처럼 하라. 무슨 총애를 받고 어떤 치욕을 당하는데 놀란 듯이 하라는 것인가? 총애가 변하여 비하(卑下)가 될 수 있으니, 얻어도 놀란 듯이 잃어도 놀란 듯이 하라는 것이다. 이것을 일러 '총욕약경'이라고 한다. (『도덕경』 제13장)

군주 혹은 정치 담당자의 총애를 받으면 놀란 듯이 새겨 보아야 한다.

총애란 금시에 변하여 저주가 될 수 있기 때문이다. 그러므로 총애(영화)와 환란은 동일한 것이다. 총애와 같은 하찮은 것(輕物) 때문에 정작 중요한 생명(重生)을 잃어서는 안 된다. 라오딴의 윗구절은 '몸을 귀하게 여기라'는 교훈을 담고 있는데, 이는 결국 욕망을 억제하는 것이다.

> 죄(罪)는 욕심보다 큰 것이 없고, 화(禍)는 만족할 줄 모르는 것보다 더한 것이 없고, 재앙[咎]은 탐욕이 그칠 줄 모르는 것보다 큰 것이 없다. 그러므로 만족할 줄 알아서 얻은 만족이 진실로 만족스러운 것이다(禍莫大於不知足, 咎莫大於欲得, 故知足之足, 常足矣). (『도덕경』 제46장)

> 사람을 다스리고 하늘을 섬기는 것으로, 검약만큼 중요한 것은 없다(治人事天, 莫若嗇). (『도덕경』 제59장)

라오딴의 주장은 이와 같지만, 현실의 세계에서는 '만족할 줄 모름'(不知足)과 '욕망함'(欲得)의 정신 상태에서 문명의 진보가 이루어진다. 호미로 땅을 파는 농부가 여기에 만족하지 않고, 땅을 파는 기계(경운기, 굴삭기 등)를 욕망하면서 생산량의 증대가 일어나는 것이다. 인간의 욕망을 억제하는 라오딴의 사상은 전원의 농업 사회에 한정해야 하는 것인가?

라오딴 사상에서는 탐욕 자체가 부도덕하다고 인식할 수 있지만, 그의 기본 관념은 탐욕이 생명을 해칠 수 있다고 보는 점이다. 그러므로 탐욕(물욕)을 가벼이 여기고 생명을 중시하는 것, 즉 경물중생(輕物重生)이야말로 진정한 가치라고 주장한다. ― 위의 인용 구절에서 제59장의 원문 중 '색'(嗇, 아낄 색) 자는 왕삐(王弼)의 주석에 의하면, 농사짓는 행위를 가리킨다. "사람을 다스리고 하늘을 섬기는 것으로 농사짓는 일만 한 것이 없다"라는 번역도 가능하다. 여기서는 왕삐의 설을 채택하지 않는다.

5.3.2 부드러움을 강조

라오딴은 강한 것이 강한 것이 아니고 약한 것이 강하다는 역설의 논리를 펼친다. 약한 자는 부드러움 때문에 오래가며 부러지지 않는데, 강한 자는 뻣뻣하기 때문에 쉽게 부러지고 오래가지 못한다. 『도덕경』에서 몇 가지 구절을 인용하면 다음과 같다.

> 최고의 선(善)은 물과 같다. 물은 만물을 이롭게 해 주면서도 다투지 않고, 여러 사람이 싫어하는 곳에 머문다(上善若水. 水善利萬物而不爭, 處衆人之所惡). (『도덕경』 제8장)

> 살아 있는 것은 부드럽고, 죽은 것은 딱딱하다(人之生也柔弱, 其死也堅强). (『도덕경』 제76장)

라오딴에게는 부드러움이 선에 속한다. 물이야말로 부드러움의 모범이다. 따라서 물은 가장 좋은 것이다. 모든 존재는 살아 있을 때는 부드럽고, 죽었을 때는 굳어져 딱딱해진다. 라오딴이 물을 보고 "최고의 선은 물과 같다"라고 모럴의 개념을 적용한 것은, 제1장 「중국철학의 배경」에서 고찰한 바와 같이, 황하(黃河) 유역에서 가능한 일이다. 지상의 물은 중력(重力, gravity)의 작용에 의하여 안정된 표면을 유지하고, 위에서 아래로 흐른다. 황하의 풍토에서는 물이 유유자적(悠悠自適)하게 흐른다. 이는 겸손하고 부드럽게 느껴진다. 만일 라오딴이 무섭게 쏟아지는 알프스 지역의 격류(激流)를 보았다면, 그는 결코 '상선약수'라고 말하지 않았을 것이다. 이와 같이 진리에는 절대적 기준이 존재하지 않는다.

라오딴의 사상을 기본으로 하는 도교 수행에서는 부드러움이 강조된다. 도인술(導引術)의 방법으로 민간에 유행한 태극권(太極拳)의 기본 동작은 부드러움을 바탕으로 한다. 이와 같은 철학은 병법(兵法)에도 적용된다. 정면 공격을 피하고 신축성 있는 작전을 펼치는 마오쩌똥(毛澤東)의 유격전술도 부드러움을 중시한 것이다. 즉 부드러운 방법을 활용하여 강한 적을 물리친다. 이는 일종의 처세술이다.

부드러움을 강조하는 라오딴의 사유는 여성적인 것에 가치를 둔다. 여성은 부드러운 동시에 생명을 낳는 존재다.

> 골짜기의 신은 죽지 않으니, 이를 현묘한 암컷이라고 한다. 현묘한 암컷의 문은 천지의 뿌리라고 일컫는다. 겨우겨우 이어지는 듯하며 쓰는 데 힘들지 않다(谷神不死, 是謂玄牝. 玄牝之門, 是謂天地根. 綿綿若存, 用之不勤). (『도덕경』 제6장)

위에서 보이는 '현묘한 암컷'이란 생명을 낳는 자궁(子宮)을 말한다. 이는 모성적인 힘을 가리킨다. 라오딴에 의하면 우주는 현묘한 암컷이 끊임없이 작용한 결과이며, 이것은 남성적인 힘에 비하여 위태롭게 보여도 결코 끊어지는 법이 없다. 또 그 사용에 별로 힘들지 않다.

생명을 낳는 여성적인 에너지(性)는 하나의 '덕'이다. 『도덕경』 제51장에서 "도는 낳고 덕은 기른다. 키워서 길러 주고, 성숙시켜 여물게 한다. 보살피고 덮어 준다. 낳되 소유하지는 않고, 작위하되 억지로 하지 않는다. 길러 주되 주재하지 않으니, 이를 현묘한 덕이라고 한다"(長而不宰, 是謂玄德)라고 했다. 참다운 모성애는 자식을 지배하는 것이 아니다. 그저 면면히 생명을 길러 주는 일에 동참할 뿐이다. 그러므로 현묘한 덕이다.

라오딴은 문명에 의해서 오염되지 않는 상태를 삶의 이상적인 모습으로 본다. 이는 사람으로 비유하면 부드럽고 유순(柔順)한 갓난아기와 같다. 갓난아이의 부드러움과 순수성은 하나의 덕으로 인식된다.

> 정기(精氣)를 전일(專一)하게 하여 유순에 이른다면, 갓난아이의 상태와 같지 않을까(專氣致柔, 能如嬰兒乎)? (『도덕경』 제10장)

> 덕이 두터운 사람은 갓난아이에 비유할 수 있다(含德之厚, 比於赤子). (『도덕경』 제55장)

위의 문장에서 '전기치유'(專氣致柔)는 기(氣, vital force)를 모으는(concentrate) 행위인데, 그 목표는 부드러움[柔]의 성취다. 츠언꾸잉(陳鼓應)은 이 구절을 "정기를 결집하여 유순에 이른다"(結聚精氣以致柔順)라고 번역했다. 부드러움의 모범은 갓난아이〔영아(嬰兒) 혹은 적자(赤子)〕다.

성인(聖人)의 마음가짐은 서로 통하는 바가 있다. 멍커가 말했다. "대인이란 어린애의 마음을 잃지 않는 자다"("大人者, 不失其赤子之心也", 『맹자』, 「이루離婁 下」). 또한 서양의 성인 예수 그리스도는 자신을 향하여 오는 어린이들을 제자들이 나무라자, 이렇게 말한 일이 있다. "어린이들이 나에게 오는 것을 막지 말고 그대로 두어라. 하늘나라는 이런 어린이와 같은 사람의 것이다"("Let the children come to me and do not stop them, because the kingdom of heaven belongs to such as these", 「마테오복음서」 19 : 14) — 『성경』, 「마르코의 복음서」 10 : 14 ~15와 「루가의 복음서」 18 : 16~17 참조. 이 책에서 성서의 한국어 번역은 국제가톨릭성서공회 편찬, 『해설판 공동번역 성서』, 일과놀이, 1996을 참조함.

5.3.3 실속 있게 처신하라

라오딴이 지향하는 세계는 번지르르한 겉모양이 아니고, 실속 있는 세계다. 그가 말하는 실속은 감각적 물욕의 세계가 아니라 덕성(德性)의 생활이다. 라오딴은 이를 사람의 신체에 비유하면, 실속의 세계는 배〔복(腹), belly〕에 해당하고, 겉모양의 세계는 눈〔목(目), eye〕에 해당한다고 보았다.

> 다섯 가지 색깔(五色)이 눈을 멀게 하고, 다섯 가지 소리(五音)가 귀를 먹게 한다. 다섯 가지 맛깔(五味)이 입을 맛 들인다. 말 달리며 사냥질하는 것은 사람의 마음을 미치게 하고, 얻기 어려운 보물은 사람의 행실을 헤살 놓는다. 그래서 성인(聖人)은 배를 채우되, 눈을 즐겁게 하지 않는다. 그러므로 저것(目, 감각의 세계)을 버리고 이것(腹, 실속의 세계)을 취한다(五色令人目盲, 五音令人耳聾, 五味令人口爽, 馳騁畋獵令人心(發)狂. 難得之貨令人行妨. 是以聖人爲腹, 不爲目. 故去彼取此). (『도덕경』 제12장)

다시 말하면 배는 근본적으로 실속 있는 세계로, 덕성의 확보며 물질에 초연해 만족한 생활을 말한다. 한편 눈은 지말(支末, 겉모양)의 세계로, 외부 세계의 유혹을 벗어나지 못하는 상태를 가리킨다. 이 장은 인간의 물욕에 대한 경계(警戒)를 담고 있으며 소박한 문명을 지향한다.

우리들 현대인은 얼마나 많은 감각의 세계에 노출되어 있는가? 우리들은 문명의 이기(利器)라는 TV나 PC 또는 자동차에 지나치게 중독되어 있지 않은가? 혹은 휴대 전화(cellular mobile phone)를 과도하게 남용하고 있지 않은가? 그리하여 참다운 지식이라고 볼 수 없는 '조각난 지식'이 이브의 사과처럼 유혹하고 있지 않은가? 우리는 럭비공처럼 제멋대로 뛰며, 무분별하고 방향성을 상실한 인간이 아닌가? 라오딴에 의하면 이러한 감각적인 것은 눈(eye)과 귀(ear)를 즐겁게 할지 모르나, 배(belly)를 채우는 것은 아니다. 곧 실속이 없는 것이다. — 라오딴은 결코 TV, PC, 휴대 전화 혹은 자동차(vehicle)의 출현을 이야기하지 않았다. 여기에는 모순이 존재한다. 라오딴이 이 시대에 태어났다면 TV, PC, 휴대 전화, 자동차 혹은 세탁기 등을 거부할 수 있었을까? 우리는 현대 문명의 이기를 거부할 수 없다. 환경 보존과 문명의 지속 가능한 발전을 놓고 현대의 인간은 모순에 처할 수밖에 없는 운명을 타고 났다.

5.4 정치철학

인간은 모순적인 동물이다. 주나라가 무너질 것을 예견하고 숨어 살려고 푸른 색깔의 소(靑牛)를 타고 종남산맥(終南山脈)을 넘어갔다는 라오딴은 『도덕경』을 남김으로써 참다운 은자(隱者, hermit)가 되지 못했다. 그에게는 세상을 향한 열정이 남아 있었다. 이 같은 열정의 산물이 곧 『도덕경』이며, 여기에 그의 정치적 소망이 담겨 있다. 김충렬에 의하면, "정치적 관심은 노자 철학의 출발점이자 귀결점이다"(김충렬, 『노장철학강의』, 1995). 그렇다면 라오딴이 생각한 이상적인 정치란 무엇이었을까?

> 현명한 사람을 숭상하지 않음은 인민으로 하여금 다투지 않게 하고, 구하기 어려운 재화를 귀하게 여기지 않음은 인민으로 하여금 도적질하지 않게 하며, 욕심낼 만한 것을 보지 않음은 인민의 마음을 어지럽지 않게 함이다. …… 항상 인민으로 하여금 무지(無知)하고 무욕(無欲)하게 하고, 저 꾀있는 자로 하여금 감히 행동하지 못하게 한다. '무위'를 하면 다스리지 못함이 없다(不尙賢, 使民不爭. 不貴難得之貨, 使民不爲盜 …… 爲無爲, 則無不治). (『도덕경』 제3장)

라오딴에 의하면 정치 담당자는 '무위이무불위'("無爲而無不爲", 『도덕경』 제37장)의 정치를 해야 한다. 그리고 백성을 무지의 상태로 놓아 두어야 한다. 현대 용어로 우중(愚衆)정치와 흡사하지만, 이것을 억지로 하지 않는 점에서 권모술수의 정치는 아니다. 백성이 진정으로 소박하다면 이와 같은 정치가 가능할 것이다. 엄밀하게 말하면, 라오딴이 생각한 정치는 만사를 방관하고 자연의 질서에 따라서 흘러가기를 바라는 무치주의(無治主義)에 가깝다.

> 천하에 꺼리고 가리는 것(禁忌)이 많으면 인민의 배반(背叛)함이 많아진다. 인민이 예리한 무기를 많이 가지게 되면 국가는 혼란에 빠진다. 사람들이 기교가 많으면 사특한 일이 일어나고, 법령이 삼엄할수록 도적은 더욱 증가한다(天下多忌諱, 而民彌貧. 民多利器, 國家滋昏. 人多伎巧, 奇物滋起. 法令滋彰, 盜賊多有). (『도덕경』 제57장)

위의 해석은 원문에 있는 '빈'(貧) 자를 꾸어띠엔 『죽간노자』에 있는 글자 '반'(畔, 叛의 뜻)의 가차자로 보고 해석한 것이다. 논리적으로 '백성이 더욱 가난해진다'(民彌貧)라고 풀이하기보다 '백성의 배반이 많아진다'(民爾畔)라고 함이 타당하다. — 이에 대해 츠언꾸잉 및 최재목의 한국어 역주본(『노자』, 을유문화사, 2006)을 참고하길 바란다.

정치 담당자는 금기를 많이 만들지 말고 법령을 많이 만들지 않고 정치를 해야 한다. 이는 도의 본질이 무위이무불위하기 때문이다. 이러한 정치는 인민이 갓난아이처럼 순박할 때 가능하다. 라오딴이 생각한 이상적인 정치의 단위는 아주 작은 나라고 인구 또한 적은 나라다. 그는 다음과 같이 말한다.

> 나라를 작은 나라로 만들고 인민의 인구를 적게 한다. 편리한 기계가 많이 있어도 사용하지 않게 하고, 백성으로 하여금 죽음을 중하게 여겨, 멀리 옮겨 다니지 않도록 한다. …… 이웃 나라가 서로 바라보고, 닭 울고 개 짖는 소리가 들릴 정도로 가까워도, 백성들은 늙어 죽을 때까지 서로 왕래하지 않는다(小國寡民. 使有什佰之器而不用, 使民重死而不遠徙. …… 隣國相望, 鷄犬之聲

相聞, 民至老死不相往來). (『도덕경』 제80장)

이 같은 정치 단위의 규모는 그리스 철학자 플라톤이 『이상국가*The Republic*』에서 말한 폴리스보다 작은 규모다. "닭 울고 개 짖는 소리가 서로 들릴 정도로 가깝다"라는 표현을 보면, 하나의 소박한 산골 동네를 말한다. 이 정도의 규모라면 『도덕경』 제3장에서 말하는 "무위를 하면 다스리지 못함이 없다"라는 말이 가능할 듯싶다. 라오딴이 작은 나라를 소망한 것은 당시 천하를 쟁취하고자 전쟁을 통하여 국가의 크기를 확대하는 일이 계속되었기 때문일 것이다.

라오딴의 『도덕경』에 담긴 주장은 매우 역설적이다. 그가 말한 '무위'(無爲)가 보통 사람이 실천 가능한 것인가? 과연 무위이무불위를 받아들일 수 있는가? 우리는 현대 문명에 병리(病理) 현상이 존재함을 잘 알고 있다. 따라서 생태계를 있는 그대로 보존하자고 주장하는 환경운동가의 꿈을 이해한다. 그러나 문명(civilization)이란 결국 자연에 손을 대는 인위적 행위다. 인간은 무위보다 유위(有爲)를 통하여 변화하고 발전해 왔다.

우리는 닭 울음소리가 들리는 좁은 마을에서 살아갈 수 없다. 그렇다면 문제는 '중용'(中庸)일 것이다. 이른바 '지속 가능한 개발'의 명제 아래 환경 및 생태(生態)의 문제를 해결해야 한다. 다시 말하거니와 라오딴의 이상을 따른다고 해서, 자동차를 버리고 TV를 내던지고 PC를 부수고 휴대전화를 사용하지 않을 수는 없는 일이다. — 여기서 말하는 '지속 가능'이란 자원의 이용에서 환경(Umwelt)을 파괴하지 않고 계속될 수 있는 상태를 말한다. 이와 같은 문제는 자연과학의 관심 영역인 동시에, 도덕적 또는 정신적인 문제를 포함한다. 이는 종교가 혹은 철학자들이 비켜갈 수 없는 문제다.

참고문헌

김충렬, 『노장철학강의』, 예문서원, 1995.
이강수, 『노자와 장자』, 길, 1997.
최재목 역주, 『노자』, 을유문화사, 2006.
왕삐(王弼), 임채우 옮김, 『왕필의 노자』, 예문서원, 1998.
르언화르옹(任法融), 『도덕경석의道德經釋義』, 삼진출판사, 1997.
(르언화르옹, 금선학회 옮김, 『도덕경석의』, 여강출판사, 1999)
까오링인(高令印), 『간명중국철학통사』, 시아먼(厦門)대학출판사, 2003.
자오라이쿤(趙來坤), 『노자여함곡관老子與函谷關』, 중주고적출판사, 2002.
잔스츠우왕(詹石窗), 『신편 중국철학사』, 중국서점, 2007.
츠언꾸잉(陳鼓應), 『노자금주금역老子今注今譯(수정본)』, 상무인서관, 2004.
미조구치 유조(溝口雄三) 외, 『중국사상문화사전』, 민족문화문고, 2003.
막스 칼텐마르크, 장원철 옮김, 『노자와 도교』, 까치, 1993.
Livia Kohn and Michael Lafargue, *Lao-tze and the Tao-te-ching*, State University of New York Press, 1998.
Russell Kirkland, *Taoism*, Routledge, 2004.

제6장
뭐자이(墨翟)의 보편주의

세간에서 뭐쯔(墨子묵자)라고 부르는 인물 뭐자이(墨翟, 기원전 475?~기원전 396?)의 생애는 충분히 밝혀지지 않았다. 고대 송(宋)나라 사람이라는 이야기와 노(魯)나라 사람이라는 주장이 공존한다. 서양인은 그를 가리켜 라틴어 'cius'를 합성하지 않고, 중국인들의 발음인 '뭐쯔'(墨子)를 존중하여 Mo Tze라고 부른다. — 한어 '적'(翟) 자의 발음 표기는 'zhai'와 'di'의 두 가지가 있다. 여기서는 'zhai'를 취한다.

쓰마치엔 『사기』, 「열전」편에 뭐자이의 전기가 등장하지 않는다. 다만 멍커와 쉰쿠앙을 언급한 「맹자순경열전」 끝 부분에 "뭐자이는 송나라의 대부로 방어의 전술에 능했고, 비용을 절약할 것을 주장했다. 어떤 사람은 쿵치우의 시기에 살았다고 하고, 어떤 사람은 그 이후에 살았다고 한다"라는 짧은 구절이 전부다. 이 같은 부실한 기록은 당시 학계에서 그가 소외되었음을 뜻한다.

뭐자이를 대표로 하는 묵가는 전기(前期)와 후기(後期)로 구분된다. '전기 묵가'는 뭐자이가 살아있을 때 조성된 학파요, '후기 묵가'는 뭐자이가 세상을 떠난 뒤 제자들에 의해 조성된 학파다.

현존하는 『묵자墨子』는 묵가학파의 저작으로 믿어지며, 그 가운데 일부는 후기 묵가의 저술로 추정된다. 뭐자이가 세상에 알려지게 된 것은 멍커의 독설(毒舌) 때문인데, 그가 한때 대단한 바람을 일으켰던 것이 확실하다. 『맹자』의 구절이 이를 말한다.

> 성왕이 나오지 아니하여 제후들이 방자하며 재야(在野)의 선비들이 제멋대로 떠들어댄다. 양주(楊朱)와 뭐자이의 말이 세상에 가득하니, 세상에 떠도는 말이 양주 아니면 뭐자이에게 돌아간다. 양 씨는 자신만 위하니 이는 군주가 없음이요, 뭐 씨는 온 세상 사람을 사랑하라고 하니, 이는 아비 없는 놈이다. 아비도 군주도 없는 놈은 짐승과 다를 바 없다(聖王不作, 諸侯放恣, 處士橫議. 楊朱墨翟之言, 盈天下. 天下之言, 不歸楊則歸墨. 楊氏爲我, 是無君也. 墨氏兼愛, 是無父也. 無父無君, 是禽獸也). (『맹자』, 「등문공 下」)

6.1 뭐자이의 종교 관념 : 천의(天意)와 명귀설(明鬼說) — 상하이박물관 죽간(竹簡) 『귀신지명鬼神之明』과 관련하여

뭐자이는 하늘의 뜻을 존중하고, 신(神)에 제사 지냄을 존중했다. 전자는 '천의'(天意)라는 개념이, 후자는 '명귀'(明鬼)라는 개념이 대변한다. 그는 '천명'을 말하지 않고 천의라고 말했다. 뭐자이가 말한 천의, 곧 '하늘의 뜻'은 무엇인가? 이는 철학적 개념이 아니라 종교적 관념이다. 하늘이 욕망하는 바가 있는데, 이것이 곧 천의다. — 뭐자이가 사용한 용어 가운데 천의는 '천지'(天志)와 통한다. 여기서는 천의로 통일하여 사용한다.

> 하늘은 큰 나라가 작은 나라를 공격하거나, 큰 집안이 작은 집안을 어지럽

게 함을 원하지 않는다. 강한 자가 약한 자를 포악하게 대하거나, 영리한 자가 어리석은 자를 사기치거나, 귀한 자가 천한 사람을 멸시함을 원하지 않는다. 이것은 하늘이 욕망하는 바가 아니다. 그렇다고 여기에 그칠 뿐이 아니다. 하늘은 힘 있는 자가 (힘없는 자를) 보호하고, 도(道) 있는 사람이 서로 가르치고, 재산 있는 자가 (없는 자와) 서로 나누기를 욕망한다(天之意不欲大國之攻小國也, 大家之亂小家也. …… 有道相教, 有財相分也). 〔쑨이르앙(孫詒讓), 『묵자한고墨子閒詁 上』 권7, 「천지天志 中」, 중화서국, 2001, 199쪽〕. — 이후 쪽수는 모두 중화서국본을 가리킨다.

뭐자이에 의하면 하늘은 또 상(賞)과 벌(罰)을 내리는 자다. 그는 다음과 같이 말한다.

천의를 따르는 자는 겸하여 서로 사랑하고 서로 이익을 취하니 반드시 상을 받는다. 천의에 반하는 자는 구별하여 서로 미워하고 서로 해치니 반드시 벌을 받는다. …… 위(禹)임금, 탕(湯)임금, 문왕, 무왕이 상을 받은 까닭은 무엇이냐? 그들은 위로 하늘을 존중하고, 귀신을 섬기고, 아래로 사람을 사랑하였다. 그러므로 천의는 말하기를, "내가 사랑하는 바를 겸하여 사랑하였고, 내가 이롭게 여기는 것을 겸하여 이롭게 하였다. 사랑하기를 널리 하고, 이롭게 하기를 두텁게 하였다"라고 하였다. 그러므로 귀(貴)하게 하여 천자(天子)가 되도록 하였고, 부(富)하게 하여 천하를 가지게 하였다. 그 업무를 자손만대에 내려서 선(善)함을 전하게 하였다. 그들을 칭찬하여 성왕(聖王)이라고 한다. 지에(桀), 저우(紂), 유왕(幽王), 여왕(厲王)이 벌을 받은 까닭은 무엇이냐? 그들은 위로 하늘을 욕보이고, 귀신을 책망하고, 아래로 사람을 해쳤다. 그러므로 천의는 말하기를, "내가 사랑하는 바를 구별하여 미워하였고, 내가 이롭게 여기는 바를 해쳤다. 미워하기를 널리 하고, 사람 해치기를 두텁게 하였다"라고 하였다. 그러므로 그 목숨을 도중에 마치게 하였고, 세상에서 잊지 않도록 하였다. 그들을 비방하여 폭군이라고 한다(順天意者, 兼相愛, 交相理, 必得賞. 反天意者, 別相惡, 交相賊, 必得罰. …… 至今毁之, 謂之暴王). (쑨이르앙, 『묵자한고 上』 권7, 「천지 上」, 195~196쪽)

뭐자이에 의하면 하늘은 욕망(의지)이 있고, 상벌을 내리는 존재다. 뭐자이의 천의가 콩치우의 천명과 어떻게 다른지는 알 수 없고 모호하기만 하다. 또 뭐자이는 천의와 함께 '귀신'의 존재를 믿는다. — 용어에서 귀신과 '명귀'(明鬼)가 혼용된다. '명'(明) 자는 동사의 용법으로 사용되었고, 귀신이 존재함을 밝힌다는 뜻이다. 또 명귀를 합성어로 번역해도 무리가 없을 것이다.

옛적 삼대(三代)의 성왕이 죽음에 이르러, 세상은 의리를 잃었고 제후들은 정벌(征伐)에 힘썼다. …… 이로부터 세상이 어지러워졌다. 왜 그렇게 되었을까? 이는 귀신의 있고 없음의 구별을 의심하였기 때문이요, 귀신이 능히 현명한 이를 상 주고 포악한 놈을 벌주는 것을 밝히지 못하였기 때문이다(逮至昔三代聖王旣沒, 天下失義, 諸侯力征. …… 是以天下亂. 此其故何以然也? 則皆以疑惑鬼神之有與無之別, 不明乎鬼神之能賞賢而罰暴也). (『묵자한고 上』 권8, 「명귀明鬼 下」, 221~222쪽)

이제 만일 세상 사람들로 하여금 모두 귀신이 능히 현명한 이를 상 주고, 포악한 놈을 벌준다는 일을 믿게 한다면, 즉 천하가 어찌 어지럽게 되겠는가? …… 이제 세상의 왕공(王公), 대인(大人), 사군자(士君子)가 천하의 이익을 소망하고 천하의 해(害)를 제거하려 한다면 마땅히 귀신이 존재하는지 아닌지를 밝혀야 하니, 이는 진실로 살피지 않을 수 없는 일이다(今若使天下之人, 偕若信鬼神之能賞賢而罰暴也, 則夫天下豈亂哉! ……). (『묵자한고 上』 권8, 「명귀 下」, 222~223쪽)

이와 같이 뭐자이는 명귀(귀신)의 존재를 주장하고, 그 실재함에 대하여 주(周)·연(燕)·송(宋)·제(齊) 나라 『춘추』의 기록에 나타난 사례를 들어서 강조했다. 그러나 뭐자이의 종교 관념은 모호하다. 하늘도 상벌을 주고 또한 귀신도 상벌을 준다고 말하니, 뭐자이 천의는 불분명한 개념이고 귀신의 관념 또한 그렇다.

1994년 상하이박물관이 홍콩 문물시장에서 입수한 새로운 출토 자료, 이른바 '상하이박물관전국초죽서'〔'상박'(上博)〕 다섯 번째 책에 『귀신지명鬼神之明』이 있다. 연구자들에 의하면 여기에 『묵자』, 「명귀」 혹은 「천지」편에 결락된 부분이 실려 있다. 원문과 함께 번역문을 소개한다. ─ 원문은 아사노 유이치(淺野裕一)의 『상박초간여선진사상上博楚簡與先秦思想』(2008), 84쪽에서 취한다.

원문

今夫鬼神有所明, 有所不明. 則以其賞善罰暴也. 昔者堯舜禹湯, 仁義聖智, 天下法之. 此以貴爲天子, 富有天下, 長年有譽. 後世述之, 則鬼神之賞, 此明矣. 及桀受幽厲, 焚(僨)聖人, 殺諫者, 賊百姓, 亂邦家. [此以桀折於鬲山, 而受首於岐社], 身不沒爲天下笑, 則鬼[神之罰, 此明]矣. …… 鬼神不明, 則必有故. 其力能至焉而弗爲乎. 吾弗知也. 意其力故不能至焉乎. 吾或弗知也. 此兩者歧. 吾故[曰, 鬼神有]所明, 有所不明. 此之謂乎.

번역

대개 '귀신이 인지하는 것(明)도 있고, 인지하지 못한 것(不明)도 있다'라고 한 것은 (귀신은) 선한 사람에게는 상을 내리고, 포악한 사람에게는 벌을 내린다는 관점에서 말한 것이다. 옛날 야오(堯)·순(舜)·위(禹)·탕(湯)은 어질고 의로우며 성(聖)스럽고 지혜로웠기 때문에 세상 사람이 이들을 모범으로 삼았다.

> 그렇기 때문에 (귀신이 성인을) 귀(貴)하기로는 천자(天子)가 되도록 하였고, 부(富)하게 하여 천하를 소유하게 하였으며, 또한 수명을 오래가게 하고 명예를 얻도록 하였다. 후세의 사람이 이들을 따랐다. 이것을 보면 귀신이 상을 내리는 일은 분명하다. 그러나 지에(桀)·서우(受, 紂王)·여우(幽)·리(厲)등에 이르러서는 성인을 화형에 처하고, 간언(諫言)하는 자를 살해하였으며, 백관(百官)을 잔혹하게 학대하여, 국가를 화란(禍亂)에 빠트렸다. 그 때문에 지에는 격산(鬲山)에서 허리가 잘려 죽었고, 서우(紂)는 기사(岐社)에서 목이 잘렸으며, 몸은 천수(天壽)를 누리지 못하고 세상 사람의 웃음거리가 되고 말았다. 이것을 보면 귀신이 포악한 자에 대하여 벌을 내리는 것이 분명하다. …… 그렇기 때문에 내가 '귀신이 인지하지 못한 것이 있다'라는 설을 덧붙인 것은 반드시 그만한 까닭이 있다. 그 능력이 미칠 수 있지만 일부러 상벌을 주지 않는 것인가? 나는 잘 모르겠다. 그렇지 않으면 혹시 귀신의 능력이 본래 부족한 것은 아닐까? 그것도 잘 모르겠다. 이 두 가지 사항〔명지력의 '능지'(能至)와 '불능지'(不能至)〕은 그 뜻하는 바가 전혀 다르다. 그러므로 내가 '귀신이 인지하는 것도 있고, 인지하지 못하는 것도 있다'라고 말하는 것은 바로 이러한 점을 말한 것이다. 〔마츠엉위앤(馬承源) 주편, 『상하이박물관장전국초죽서上海博物館藏戰國楚竹書(五)』, 「귀신지명」〕 — 상기 한국어 번역은 이승률의 발표문, 「상박초간 『귀신지명』의 귀신론과 묵가의 세계관 연구」(한·중 철학 문화 국제학술회의, 《새로운 자료와 새로운 시각》, 성균관대학교 유교문화연구소, 2009. 2.)를 참조했음.

이 상하이박물관장전국초죽서('上博') 다섯 번째 책의 내용은 위에서 소개한 『묵자』, 「천지 上」의 일부 구절, "그러므로 귀하게 하여 천자가 되도록 하였고, 부하게 하여 천하를 가지게 하였다"(故使貴爲天子, 富有天下)라는 구절과 중복된다. 상박 자료는 이처럼 원래의 『묵자』를 보충하는 의미가 있다〔시산상즈(西山尙志), 「上博楚簡〈鬼神之明〉的貴爲天子, 富有

天下」 참고〕. 상하이박물관 자료는 현재 연구가 진행 중이다. 아사노 유이치의 연구 이외에, 리아오밍춘(廖名春)의 글이 있다〔리아오밍춘, 「독〈상박오·귀신지명〉편찰기讀〈上博五·鬼神之明〉篇札記」, 우한대학(武漢大學) 간백연구중심(www.bsm.org.cn), 2006. 2. 참고〕.

6.2 겸애설(兼愛說)

6.2.1 협사(俠士)의 존재

뭐자이로 대표되는 묵가학파는 신분의 측면에서 독특한 사람으로 구성되었다. 춘추 전국 시대의 왕과 제후는 사병(私兵)을 소유했고, 군사 전문가가 필요했다. 오늘날에 '컨설턴트'라는 직업이 있듯이, 이들 군사 전문가는 일정 부분 군사적 자문에 응하고 이에 따라 수당을 받으며 생계를 유지했다. 이러한 부류의 인물을 '협'(俠) 혹은 '유협'(游俠)이라고 불렀다.

협 혹은 협사는 협객 혹은 검객의 의미로 현재의 조폭 혹은 마피아와 같은 집단으로 볼 수 있다. 쓰마치엔의 『사기』 권124, 「유협열전」에 의하면, "유협은 그 행위가 정의(正義)에 맞지 않는다 하더라도, 그 말에는 반드시 신용이 있었다. 그 행동은 과감했으며, 이미 승낙한 일은 반드시 성의를 다했다. 또한 자신의 몸을 버리고 남의 고난에 뛰어들 때는 (자신의) 생사를 돌보지 않았다"라는 기록이 있다.

이와 같은 협사 혹은 유협의 대표적인 인물로 꾸어지에(郭解곽해)라는 사람이 있었다. 그는 체구는 작았지만 용맹했고, 술을 마시지 않았으며, 친구를 위하여 사람을 죽이고, 가짜 돈을 만들어서 유통시키고, 남의 무덤을 파헤쳐 부장품을 훔치기도 했다. 그는 결국 어사대부 꽁쑨홍(公孫弘 공손홍)에 의하여 죽임을 당했지만, 그 전까지는 의협심이 강한 인물로 한동안 관리조차 그를 두려워했다는 기록이 있다.

뭐자이 조직의 지도자를 '거자'(鉅子)라고 불렀는데, 이는 마피아의 두목을 '카포'(Capo)라고 부르는 것과 비슷하다. 뭐자이가 이 집단의 카포였다는 기록을 보면 한때 꾸어지에와 같은 일을 저지른 인물로 보인다. — 그 일로 형벌을 받았는지 사실 여부는 불확실하지만, 얼굴에 묵형(墨刑)을 받은 자국이 있었다고 전한다.

6.2.2 겸애설 — 차별을 두지 말고 사랑하라

조폭 두목과 같은 사람인 뭐자이가 어떻게 온 세상 사람에게 "차별을 두지 말고 사랑하라!"라고 주장했는지는 하나의 신비에 속한다. 그의 주장을 학자들은 '겸애설'(兼愛說)이라고 부른다. 겸애는 뭐자이 철학(윤리)의 중심 사상이며, 협사 그룹의 직업 윤리였다(횡여우란, 『中國哲學小史』). 뭐자이는 다음 같이 말한다.

> 성인(聖人)이 세상을 다스리는 일을 일로 삼을 때는, 반드시 혼란(난리)이 일어나는 근원을 알아야 능히 다스릴 수 있다. 혼란의 근원지를 알지 못하면 다스릴 수 없다. 비유하자면 의사가 환자의 병을 치료하려면 반드시 병의 근원을 알아야 하는 것과 같다. …… 마땅히 혼란의 근원을 알아야 함은 어디에서 시작하는가? 그것은 서로 사랑하지 않기 때문에 일어난다(起不相愛). …… 만일 세상 사람으로 하여금 서로 사랑하고 다른 사람을 내 몸처럼 사랑하게 한다면, 불효자가 있겠는가?. …… 만일 세상 사람이 서로 사랑하게 한다면, 국가와 국가는 서로 공격할 리 없고, 가족과 가족이 서로 혼란할 수 없고, 도적이 있을 수 없고, 군신 부자 간에 능히 효도하고 자애로울 것이다. 이와 같으면 세상은 다스려지는 법이다. 그러므로 성인이 세상을 다스리는 일을 일로 삼을 때, 어찌 악을 금하고 사랑을 권장할 필요가 있겠는가? 그러므로 세상은 겸하여 서로 사

랑하면 다스려지고, 서로 미워하면 혼란해지는 법이다(聖人以治天下爲事者也, 必知亂之所自起, 焉能治之. 不知亂之所自起, 則不能治. …… 故天下兼相愛則治, 交相惡則亂). (『묵자한고 上』 권4, 「겸애兼愛 上」, 99~101쪽)

이제 제후가 오직 자기 나라만 사랑하고 다른 나라를 사랑하지 않으니, 이 때문에 다른 나라를 공격함을 꺼리지 않는다. 이제 어떤 가장(家長)이 오직 자기 집안만 사랑하고 다른 집안을 사랑하지 않으니, 이 때문에 다른 집안을 빼앗기를 꺼리지 않는다. …… 그러므로 제후가 서로 사랑하지 않은 즉 반드시 전쟁이 있고, 가장이 서로 사랑하지 않은즉 반드시 쟁탈이 있다. …… 사람과 사람이 서로 사랑하지 않으니 반드시 도적질하게 된다. 세상 사람이 서로 사랑하지 않으니 강한 자가 약한 자를 핍박하고, 부자가 가난뱅이를 모욕하고, 귀족이 서민에게 오만하고, 영리한 놈이 우둔한 놈을 사기친다. 무릇 세상이 화(禍)와 빼앗음, 원망이 일어나는 것은 서로 사랑하지 않기 때문이다. 그러므로 어진 사람은 이를 옳지 않다고 여긴다. 옳지 않다고 여기면 어떻게 바꾸어야 하는가? 뭐자이는 말한다. "겸하여 서로 사랑하고, 서로 이익을 취하는 법을 바꾸어야 한다"(今諸侯獨知愛其國, 不愛人之國, 是以不憚擧其國以攻人之國. …… 子墨子言, 以兼相愛, 交相利之法易之). (『묵자한고 上』 권4, 「겸애 中」, 102~103쪽)

이상과 같은 뭐자이의 말을 종합 정리하면 아래 두 가지 개념으로 나눌 수 있다.

ⓐ 겸상애(兼相愛) = "겸하여 서로 사랑한다"

ⓑ 교상리(交相利) 혹은 교상오(交相惡) = "서로 (상호) 이익을 취한다" 혹은 "서로 (상호) 미워한다"

'겸애'란 '겸상애'의 준말임을 알 수 있다. 이때 '겸'(兼) 자는 보통 '겸하여'라는 부사 용법으로 사용되고, '애'(愛)는 동사로 사용된다. 겸 자는 넓은 의미에서 다할 '진'(盡) 혹은 함께 '구'(俱) 또는 두루 '주'(周)와 같은 뜻을 내포하고 있다〔쑨종위앤(孫中原), 『묵학통론墨學通論』, 1995〕.

'교상리' 혹은 '교상오'의 주장 이외에, 뭐자이는 겸애와 대비하여 또 '별애'(別愛)의 개념을 말했다.

> 그러므로 '별사'(別士)는 말한다. "내가 어찌 능히 내 몸 생각하듯이 친구를 생각할 수 있으며, 내 아버지를 생각하듯이 친구의 아버지를 생각할 수 있을까?" 그런 사람은 (친구가) 굶주려도 먹을 것을 주지 않고, 추워도 옷을 입히지 않고, 병들어도 간호해 주지 않고, 죽어도 묻어 주지 않는다. 별사의 말과 행동이 이와 같은 것이다. '겸사'(兼士)는 말과 행동이 이와 다르다. "나는 천하에 고결한 선비(高士)가 될 수 있음은 자신의 몸과 같이 친구를 돌보며, 자기 어버이처럼 친구의 어버이를 대한 연후에 고결한 선비가 된다고 들었다. 그런 사람은 (친구가) 굶주리면 먹을 것을 주고, 추우면 옷을 입히고, 병들면 간호해 주고, 죽으면 묻어 준다. 겸사의 말과 행동은 이와 같다. 이 두 사람을 놓고 볼 때, 말이 서로 다르고 행동이 반대가 아닌가(是故別士之言曰, 吾豈能爲吾友之身若爲吾身, 爲 吾友之親若爲吾親. …… 兼士之言若此, 行若此. 若之二士者, 言相非而行相反與)? (『묵자한고 上』 권4, 「겸애 下」, 117쪽)

여기서 뭐자이는 '겸사'와 '별사'의 개념을 사용하는데, 이 경우의 겸과 별은 형용사로 쓰이고, 사는 명사로 사용된다. 지금까지 말한 바가 뭐자이의 '겸애설'의 대강이다.

뭐자이의 겸애설은 현실을 모르는 몽상 또는 허황된 공상(空想)과 같은 것임을 쉽게 알 수 있다. 차별이 아닌 보편적 사랑에 대한 주장은 말은 쉽지만, 인간의 생리적 측면을 무시한 유치한 주장에 불과하다. — 유교의 '인'(仁)도 사랑을 말한다. 그러나 유가는 인간 사회의 현실을 중시했고, 그 실천에서 방법적인 차별을 주장했다. '친친인민'(親親仁民, 먼저 친척을 사랑하고 백성을 어질게 한다는 뜻. 『맹자』, 「진심 上」 참고)과 '추기급물'〔推己及物, 자기 마음을 미루어 남에게 미친다는 뜻. 『논어』, 「위영공」, 주시(朱熹) 주(注) 참고〕의 방법이 그것이다.

6.3 정치 및 경제 사상

6.3.1 정치사상

① 상현(尙賢) — 현명한 사람을 숭상하라

왕공, 제후 등 정치 담당자가 올바른 정치를 숭상하는데 이것이 잘 안 되는 이유는 어디 있을까? 이 평범한 질문의 대답이 어렵지 않다. 이는 인재의 등용에 관한 문제다. 뭐자이도 다른 사상가처럼 현명한 사람을 숭상해야 한다고 주장했다. 이 경우의 '상'(尙) 자는 동사로 사용되며, '숭상하다'라고 번역한다.

왕공, 대인이 국가에서 정치를 함에 국가의 부(富), 인구의 많아짐, 형정(刑政)의 다스려짐을 소망한다. 그럼에도 부를 얻지 못하여 가난하며, 인구가 늘어나지 않고, 다스려지지 않으니 욕망하는 바를 잃고 싫어하는 바를 얻게 되는 것은 무슨 까닭이냐? 이것은 왕공, 대인이 국가에서 정치를 함에 현명한 사람을 숭상하지 않고 유능한 사람을 등용하지 않은 때문이다. 그러므로 나라에 현명한 선비가 많으면 국가의 정치가 두터워지고[厚], 현명한 선비가 적으면 정치는 각박해진다[薄]. 그러므로 대인이 힘써야 할 것은 장차 현명한 사람을 많

> 이 등용함이다(今者王公大人爲政於國家者, 皆欲國家之富, 人民之衆, 刑政之治. …… 是故國有賢良之士衆, 則國家之治厚, 賢良之士寡, 則國家之治薄. 故大人之務, 將在於衆賢而已). (『묵자한고 上』 권2, 「상현尙賢 上」, 43~44쪽)

뭐자이에게 현명한 선비, 즉 '현량지사'(賢良之士)란 누구를 말하는가? 유가에서 현명한 선비는 귀족 내부의 도덕적 인격을 갖춘 인물이지만, 뭐자이에게는 그 같은 사람을 포함하여 재주가 있는 사람도 해당한다.

> 그러므로 옛적에 성왕이 정치를 함에 덕 있는 자를 열거하고, 현명한 자를 숭상하였다. 비록 농사를 짓거나 공장 가게에서 일하는 자라고 할지라도 유능하면 등용하였다. …… 그러므로 관료라고 해서 영원히 귀(貴)한 존재일 수 없고, 기층민이라고 해서 끝까지 천(賤)할 수 없다. 유능하면 등용하고 무능하면 끌어내리며, 공의는 들어 쓰고 사사로운 원망은 배척한다(故古者聖王之爲政, 列德而尙賢. 雖 在農與工肆之人, 有能則擧之. …… 故官無常貴, 而民無終賤. 有能則擧之, 無能則下之, 擧公義, 辟私怨). (『묵자한고 上』 권2, 「상현 上」, 46쪽)

뭐자이의 이야기는 매우 혁신적인 내용을 담고 있다. 사람의 내부적 인격(moral)도 필요하지만, 외부적인 기능(function)이 더욱 중요하다. 그러므로 무능한 귀족을 끌어내리고 유능한 평민을 뽑아 쓰자고 주장한다. 이는 신분을 타파하자는 것으로 해석할 수 있다. 즉, 혁명적인 주장이 아닐 수 없다.

② 상동(尙同) — 전제(專制)주의

'상현'의 연장선에 '상동'(尙同)의 논리가 있다. 효과적인 통치를 위해 정치 지도자는 사람들의 의견을 모아야 한다. 혼란을 피해야 하기 때문이다. 뭐자이는 「상동」편에서 지도자의 견해에 동의(同議)해야 한다고 진술했다. 이 경우의 상동은 아랫사람이 윗사람에 동의해야 한다는 의미를 담고 있다. 직역하면 "같아지기(同)를 숭상한다"라고 새길 수 있는데, 말을 바꾸면 의견 '일치' 혹은 '통일'을 숭상한다는 해석도 가능하다. 상(尙) 자는 '바라다' 혹은 '숭상하다'의 뜻의 동사로 사용된다.

> 옛적에 사람들이 처음 생기고 형정(刑政)이 없을 때, 대개 그들의 말이 사람마다 기준이 달랐다. 그리하여 한 사람이면 한 가지 기준, 두 사람이면 두 가지 기준, 열 사람이면 열 가지 기준이 있었다. 사람이 많을수록 그 기준 또한 많아졌다. 그리하여 사람들은 자기 기준은 옳고 다른 사람의 기준은 그르다고 하여, 서로가 서로를 그르다고 하였다. …… 온 세상의 혼란함이 마치 짐승의 세상과 같았다. 무릇 천하가 혼란해지는 까닭이 두목(政長)이 없는 데서 생김을 알았다. 그리하여 천하의 현명한 자를 선발하여 두목(天子)으로 세웠다. …… 천자는 천하의 백성에게 정령을 발표하여, "좋은 것과 나쁜 것을 들으면, 모두 윗사람에게 고해야 한다. 윗사람이 옳다고 하면 반드시 옳다고 해야 하고, 윗사람이 그르다고 하면 반드시 그르다고 해야 한다"라고 하였다(古者民始生未有刑政之時, 蓋其語'人異義'. 是以一人則一義, 二人則二義, 十人則十義. …… 正長旣已具, 天子發政於天下之百姓, 言曰, 聞善而不善, 皆以告其上. 上之所是必皆是之, 所非必皆非之). (『묵자한고 上』 권3, 「상동尙同 上」, 74~75쪽)

> 그렇다면 집안이 다스려지는 까닭은 무엇인가? 그것은 오직 가장(家長)의 견해에 동의하여(尙同) 기준을 통일하여 다스렸기 때문이다. 가정이 다스려지면 국가의 도리 또한 이와 같지 않을까?. …… 이처럼 선행자를 상 주고, 포악한 자를 벌주면 국가는 반드시 다스려질 것이다. …… 국가가 다스려지면 천하의 도리 또한 이와 같지 않을까?. …… 천자가 선행자를 얻어 상을 주고, 포악한 자를 벌주면 천하는 반드시 다스려질 것이다. 천하가 다스려지는 까닭은

어디에 있는가? 그것은 오직 (천자의 견해에) 동의하여 기준을 통일하여 다스렸기 때문이다(然計若 家之所以治者, 何也? 唯以尙同一義爲政故也. …… 然計若國之所以治者, 何也? 唯能 以尙同一義爲政故也). (『묵자한고 上』 권3, 「상동 下」, 93~94쪽)

이 같은 뭐자이의 이야기는 서양 철학자 토마스 홉스(Thomas Hobbes, 1588~1679)의 이야기를 생각나게 한다. 그는 '만인의 만인에 대한 투쟁'(*Bellum omnium contra omnes*)을 주장했다. 통치자는 전제적(專制的, despotic)이어야 하며 가장 최악의 전제주의라 할지라도 무정부상태(anarchy)보다 낫다(버트런드 러셀, 『서양철학사』, 1969).

뭐자이의 상동설에 의하면, 개인의 의견은 무시되며 정치 지도자에 절대 복종해야 한다. 집단의 윤리는 집단을 유지하기 위해서 기능을 다해야 한다. 조직을 위하여 인간성을 해치는 사례가 얼마나 많았던가? 뭐자이의 시대는 사람 죽이기를 밥 먹듯이 하는 난세였다. 뭐자이가 오늘날 조폭과 비슷한 유협 집단의 두목(카포)이었다는 점을 고려하면 이런 주장이 별로 이상할 것이 없다.

③ 비공(非攻) — 침략 전쟁을 반대함

전쟁이 계속되는 시기에 생애를 보낸 사람의 운명은 비참할 것이다. 제자백가의 시대에 법가를 제외하고 모두 전쟁 자체를 반대한다. 뭐자이는 전쟁이야말로 천하의 해로운 것임을 인식하고 이를 반대한다. 그러나 그가 반대하는 것은 침략 전쟁이다. '비공'(非攻)이란 말 그대로 공격(攻)을 비난하다 혹은 반대하다라는 뜻이다.

한 사람을 죽임을 의(義)롭지 못하다 말하는데, 한 번 죽을죄를 지은 것이다. 이 이야기로 미루어 본다면, 열 사람을 죽이면 열 번 죽을죄를 지은 것이며, 백 사람을 죽이면 백 번 죽을죄를 지은 것이다. 천하의 군자는 이것이 비난받을 것을 알아서, 의롭지 못하다고 하는 것이다(殺一人謂之不義, 必有一死罪矣. 若以此說往, 殺十人十重不義, 必有十死罪矣. 殺百人百重不義, 必有百死罪矣. 當此, 天下之君子皆知而非之, 謂之不義). (『묵자한고 上』 권5, 「비공非攻 上」, 129쪽)

뭐자이는 전쟁이 의롭지 못하므로 반대한다. 그러나 도덕(모럴)의 측면 이외에 그가 전쟁을 반대하는 이유에는 전쟁이 이(利)롭지 못하다는 점도 있다.

군사를 결코 일으키지 말 일이다. 겨울에 (군사를) 동원하면 추위가 두렵고, 여름에 동원하면 더위가 문제니 겨울과 여름에는 안 된다. 봄에 동원하면 백성의 밭갈이와 파종을 망치고, 가을에는 수확을 망친다. 한 철이라도 농사를 돌보지 못하면 백성은 배고픔과 추위에 얼어 죽는 자가 셀 수 없이 많을 것이다. …… 국가의 정치를 행하면서 백성의 재용을 박탈하고 백성의 이익을 망치는 정도가 이처 럼 엄청난데도, 왜 전쟁을 한다는 말인가(今師徒唯毋興起. 冬行恐寒, 夏行恐暑. …… 國家發政, 奪民之用, 廢民之利, 若此甚衆, 然而何爲爲之)? (『묵자한고 上』 권5, 「비공 中」, 130쪽)

뭐자이는 전쟁을 반대했으나, 그를 평화주의자라고 부를 수는 없다. 반대한 것은 침략(공격) 전쟁이지 방어 전쟁이 아니다. 그 자신이 유협의 집단에 소속되어 있었고, 칼잡이를 부리는 위치에 있었지 않은가? 그는 군사 전문가였으며, 초(楚)나라로부터 위협을 받던 송나라를 구할 방책을 가지고 있었다.

꽁수판(公輸盤공수반, 전국시대 기계 제작자 — 저자 주)이 초나라를 위하여 (공격 무기) 구름사다리(雲梯)를 만들어, 장차 송나라를 공격할 예정이었다. 뭐자이는 이 소식을 듣고 제(齊)나라로부터 열흘 낮 열흘 밤을 달려서 (초의 수도) 영(郢)에 도착하였다. …… (초나라) 왕이 말하기를, "좋소! 꽁수판이 나를 위하여 구름사다리를 만들었으니, 내가 반드시 송을 집어먹을 것이오!"라고 하였다. 꽁수판을 보고 뭐자이는 허리띠를 풀어서 성(城) 모양을 만들고 조그만 막대기로 기계(무기)로 삼았다. 꽁수판이 아홉 차례 공격무기를 설치하고 공격하였다. 뭐자이는 이를 모두 막아냈고, 꽁수판은 공격무기를 모두 사용하여 버렸다. 그러나 뭐자이의 방어술은 아직 여유가 있었다. 결국 꽁수판이 굴복하고 말하였다. "나는 그대를 물리치는 방법을 알고 있소. 그러나 나는 그것을 말하지 않겠소!"라고 하였다. 뭐자이가 말하기를, "나는 그대가 나를 물리치는 법이 무엇인지를 알고 있소! 나도 그것을 말하지 않겠소"라고 하였다. 초왕(楚王)이 그 까닭을 물으니, 뭐자이가 대답하였다. "꽁수판의 뜻은 신(臣)을 죽이는 데 지나지 않습니다. 신이 죽으면 송나라는 능히 지킬 수 없으니 공격을 하겠지요. 그러나 신의 제자 친후아리(禽滑釐금활리) 등 3백 명이 신이 만든 방어 무기로 무장하고 송의 성 위에서 초나라가 쳐들어오기를 기다리고 있지요! 비록 신을 죽인다 해도 그들을 전멸시킬 수는 없습니다"라고 말하였다. 초나라 왕은 "좋소! 내가 송나라를 공격하지 말라고 할 것이오!"라고 말하였다(公輸 盤爲楚造雲梯之械成, 將以攻宋. 子墨子聞之, 起於齊, 行十日十夜而至於郢. …… 楚王曰, "善哉! 吾請無攻宋矣"). (『묵자한고 下』 권13, 「공수公輸」, 483~488쪽)

이 같은 이야기는 뭐자이가 대단한 군사 전략가임을 말해 준다. 그는 탁상에서 꽁수판의 공격을 막아낼 수 있는 전법(戰法)을 펼침으로써, 초나라 왕으로 하여금 송나라를 공격하지 못하도록 설득하는 데 성공했다. 이는 전쟁(war) 당사국이 전장(戰場, field)에서 싸우지 않고, 공격과 방어의 실험을 통해 전쟁을 막을 수 있다는 사례를 보여준 것이다(훵여우란, 『中國哲學小史』, 1948).

6.3.2 경제사상

① 절용(節用) ― 물자를 절약하라

오늘날 경제 제일주의(第一主義)의 시각에서 보면, 뭐자이 사상의 장점은 경제에 있는 듯하다. 학자들은 이 방면에 주의하여 뭐자이를 공리주의(功利主義)의 실천자로 본다. 그는 오로지 성과[功]를 중시하고 또한 이익[利]을 중시했다. '절용'이란 물자의 사용[用]을 절약한다는 뜻이다.

백성의 재물이 부족하여 굶거나 얼어 죽는 자를 모두 셀 수 없다(民財不足, 凍餓死者, 不可勝數). (『묵자한고 上』 권6, 「절용節用 上」, 162쪽)

옛적에 성왕이 음식의 법을 제정함에 말하기를, "족히 허기를 달래고, 넓적다리와 팔을 강하게 하고, 귀와 눈을 총명하게 하는 것으로 족하다"라고 하였다. 다섯 가지 맛의 조화와 향기를 극도로 원하지 않고, 먼 나라로부터 진귀한 보물을 구하지 않았다(是故聖王制爲飮食之法曰, "足以充虛繼氣, 强股肱, 耳目聰明, 則止." 不極五味之調, 芬香之和, 不致遠國珍怪異物). (『묵자한고 上』 권6, 「절용 中」, 164쪽)

궁실을 건축함에 어떻게 하는가? 겨울에는 추위를 막고, 여름에는 더위와 비를 막으면 된다(其爲宮室何? 以爲冬以圉風寒, 夏以圉暑雨). (『묵자한고 上』 권6, 「절용 上」, 160쪽)

이 같은 뭐자이의 이야기는 경제에서 물자의 사용을 간소히 하라는 뜻이다. 이는 하층 인민의 이익을 대변하는 사상으로 의식주의 모든 방면에서 소비를 절약하라는 말이다.

② 절장(節葬) — 장례식을 간략하게 하라

절용의 연장선에 '절장'이 있다. 이는 장례에서 물자의 사용을 절약하고, 장례 기간을 단축하라는 뜻이다.

> 그러므로 옛 성왕이 매장(埋葬)의 법을 제정함에, "관(棺)이 세 치(三寸) 의 길이면 족히 시체를 썩힐 수 있고, 옷이 세 벌이면 족히 시체의 냄새를 덮을 수 있으니, 장례에 미쳐서는 (땅을 파서) 아래로 물에 이르지 않고, (흙을 덮어서) 위로 냄새를 풍기지 않고, 무덤은 3경(三耕)의 이랑이면 그쳤다"라고 하였다. 죽은 자를 이미 땅에 묻으면 살아 있는 자는 오랫동안 곡(哭)을 할 필요는 없다. …… 이것이 성왕의 법이다(故古聖王, 制爲葬埋之法, 棺三寸, 足以朽體, 衣衾三領, 足以覆惡. …… 此聖王之法也). (『묵자한고 上』 권6, 「절장節葬下」, 180～181쪽)

위와 거의 같은 내용의 문장이 『묵자』. 「절용 中」편에도 보이는데, 이 두 주장이 모두 장례의 절차를 간소하게 하라는 말이다. 더욱 구체적인 내용을 들어보자.

> 두텁게 장사 지내고(厚喪) 오랜 기간 상례(久喪)를 갖추라고 고집하는 사람들은 "'후장구상'이 비록 가난한 이를 부자로, 작은 인구를 많은 인구로, 위험을 가라앉히고, 혼란을 다스리지는 못하더라도 이는 성왕의 도리다"라고 말한다. 그러나 그렇지 않다. 옛적에 야오(堯)임금이 북방 오랑캐 '팔적'(八狄)을 교화시킬 때, 당신이 죽으면 공산(蛩山)의 땅 북쪽에 묻으라고 하였다. 옷은 세

벌이요, 닥나무로 관(棺)을 만들고, 칡 덩쿨로 관을 묶도록 하였다. 하관(下官)하고 곡을 한 뒤, 구덩이를 채우고 봉분(封墳)을 만들지 않았다. 장례가 끝나자 소와 말이 그 위를 지나다녔다. 순(舜) 임금이 서방 오랑캐 '칠융'(七戎)을 교화시킬 때, 당신이 죽으면 남기(南己)의 저자[市]에 묻으라고 하였다. 옷은 세 벌이요, 닥나무로 관(棺)을 만들고, 칡 덩쿨로 관을 묶도록 하였다. 장례가 끝나자 동네 사람들이 그 위를 지나다녔다. 우(禹) 임금이 동방 오랑캐 '구이'(九夷)를 교화시킬 때, 당신(道)이 죽으면 회계산(會稽山))에 묻으라고 하였다. 옷은 세 벌이요, 오동나무로 만든 세 치의 관(棺)을 칡 덩쿨로 묶도록 하였다. 그 묶음이 잘 맞지 않았고, 구덩이도 깊지 않았다. 무덤의 깊이는 아래로 물에 이르지 않고, 위로 냄새를 풍기지 않게 하였다. 무덤이 3경(三耕)의 이랑에 그쳤다. 만일 이와 같은 세 사람의 성왕을 관찰하면, '후장구상'은 성왕의 도리가 아니다. 그러므로 세 사람이 모두 천자(天子)가 되고, 천하는 부유해졌으니, 재물의 부족을 걱정하였겠는가? 이것이 곧 매장의 법이 되는 것이다(今執厚葬久喪者之言曰, "厚葬久喪使不可 以富貧衆寡, 定危治亂, 然此聖王之道也." …… 以爲如此葬埋之法). (『묵자한고 上』 권6, 「절장 下」, 181～185쪽)

이제 천하의 군자가 장차 인의를 구하고, 어진 선비(上士)를 구하여 위로 성왕의 도리를 욕망하고 아래로 국가와 백성의 이익을 욕구한다면, 마땅히 장례를 절약하는 것을 정치로 삼아야 한다. 이 점을 잘 살펴야 한다(今天下之士君子, 中請將欲爲仁義, 求爲上士, 上欲中聖王之道, 下欲中國家百姓之利, 故當若節喪之爲政, 而不可不察此者也). (『묵자한고 上』 권6, 「절장 下」, 190쪽)

뭐자이의 주장대로 고대는 세상이 부유하고, 재물 부족을 걱정하지 않았는지 알 수 없다. 인구가 적어서 물자를 놓고 다투는 일은 적었을 것이다. 혹은 물자가 적더라도 사람들의 마음이 물질 만능에 빠지지 않아서 싸움이 적었을 가능성도 있다. 그는 장례에 사용하는 의복과 관곽(棺槨)

을 절약하고, 오랜 기간(3년상) 복상함을 문제 삼아서 기간을 단축하는 단상(短喪)을 주장했다.

두텁게 장사 지낸다는 뜻의 후상을 반대함은 경제와 관련이 있다. 오랜 기간에 걸친 상례라는 뜻의 구상을 반대함은 인구 증가와 관련이 있다. 즉 뭐자이는 구상이 인구 증가에 장애가 된다고 보았다. 왜 그런가? 상중(喪中)에는 성생활(sex)을 자유롭게 할 수 없었다. 따라서 인구 증가에 도움이 안 되는 구상을 반대한 것이다. 뭐자이가 절용과 절장을 주장함은 유가에 대한 비판의 한 가지다.

③ 비악(非樂) — 음악을 배척하라

어떤 사상가가 음악을 배격하는 일은 동서고금에 드문 일이다. 그런데 뭐자이는 음악을 비난하고 이를 배격한다. 이는 공리주의 실천자로서 경제 제일주의 사고에서 유래한 것이다. '비악'이란 음악의 연주를 비난한다(非)라는 뜻이다. 여기서 '비'(非) 자는 동사로 쓰이고 있다.

> 인민에게는 세 가지 근심(三患)이 있다. 굶주린 자가 먹을 것을 얻지 못함, 추위에 떠는 자가 입을 옷을 찾지 못함, 노동에 지친 자가 휴식을 얻지 못함의 세 가지가 큰 근심거리다. 그렇다면 큰 종을 치는 일, 명고(鳴鼓)를 두드리는 일, 거문고를 켜는 일, 피리를 부는 일과 방패와 도끼를 쳐올리는 일〔예컨대, 검무(劍舞)〕 등을 하면서 어떻게 백성의 먹거리와 옷 등의 재물을 얻을 수 있겠는가? 불가능한 일이라고 본다. 그러니 이 문제는 덮어 두자. 지금 큰 나라가 작은 나라를 공격하고, 큰 집안이 작은 집안을 치고, 강자가 약자를 강탈하고, 다수가 소수를 학대하고, 머리 좋은 놈이 우둔한 놈을 사기치고, 신분이 귀한 자가 천한 자를 업신여긴다. 왜구, 난리를 일으키는 자, 도적 떼가 일어나도 이를 제압할 수 없다. 이러한 때 큰 종을 치고, 명고를 두드리고, 거문고

를 켜고, 피리를 불며, 방패와 도끼를 쳐올리는 일은 천하의 혼란을 가져오는 일이다. 장차 어떻게 백성을 다스릴 수 있겠는가? 불가능한 일이다. 묵자는 말한다. "백성에게 무거운 세금을 거두어들이고, 큰 종, 북, 거문고, 피리를 연주하는 행위는 세상의 이익을 조성하고 해악을 제거하는 데 아무런 도움이 되지 못한다." 그러므로 묵자는 "음악을 연주하는 일은 잘못된 것이다"라고 말한다(民有三患, 飢者不得食, 寒者不得衣, 勞者不得息, 三者民之巨患也. …… 是故子墨子曰, 姑嘗厚措斂乎萬民, 以爲大鐘鳴鼓, 琴瑟竽笙之聲, 以求興天下之利, 除天下之害, 而無補也. 是故子墨子曰, 爲樂非也). (『묵자한고 上』 권8, 「비악非樂上」, 253~254쪽)

이와 같이 뭐자이는 음악을 반대했다. 그는 음악이 경제에 도움이 되지 못할 뿐 아니라, 불필요하고 쓸모없는 행위로 진단했다. 하지만 우리는 오로지 '경제적 동물'(economic animal)로서 살아갈 수는 없다. 콩치우와 멍커 일행이 음악을 중시한 데는 그만한 이유가 있었다. 음악이 인간 심성의 도야(陶冶)를 통하여 도덕 교육의 기능을 훌륭하게 수행했던 것이다. 뭐자이의 극단적인 공리주의가 현실 생활에서 채택되지 못한 데는 그만한 이유가 있다.

6.4 유가에 대한 비판

앞에서 언급했듯이 『맹자』에 다음 같은 구절이 있다.

성왕이 나오지 아니하여 제후들이 방자하며 재야(在野)의 선비들이 제멋대로 떠들어댄다. 양주(楊朱)와 뭐자이의 말이 세상에 가득하니, 세상에 떠도는 말이 양주 아니면 뭐자이에게 돌아간다. 양 씨는 자신만 위하니 이는 군주가 없음이요, 뭐 씨는 온 세상 사람을 사랑하라고 하니, 이는 아비 없는 놈이다. 아비도 군주도 없는 놈은 짐승과 다를 바 없다. (『맹자』, 「등문공 下」)

멍커의 말에서, 뭐자이의 학설이 한때 굉장한 인기를 얻고 세상에 퍼졌음을 짐작할 수 있다. 멍커가 유가의 한 사람으로 뭐자이를 비난하듯이, 뭐자이는 협사의 한 사람으로 유가를 비난했다. 그의 유가에 대한 비판을 요약하면 다음과 같다.

유가에서 말하는 덕(德)이란 하나의 허세요, 그 예절이란 허례다. 직접 생산 노동에 종사하지 않은 유가는 공격받아 마땅하다. 유가는 법고(法古, 옛것을 본받는 것)의 폐단이 있다. 콩치우가 추구한 주(周)의 제도는 귀족의 문화다. 뭐자이는 이러한 귀족을 반대하고, 평민을 지지했다.

뭐자이는 '절용'(節用)의 측면에서 유가에 동조하지만 — 콩치우도 일찍이 절용을 주장했다. 『논어』, 「학이」편에 "천 대의 수레를 가진 나라를 다스리되, 일을 경건하게 처리하고 미덥게 하며, 비용을 절감하고 사람을 사랑하며(節用而愛人) 백성을 부리되 때에 알맞게 한다"라는 말이 있다. — 기타의 측면에서 유가를 반대했다. 장례를 간소하게 치르는 일(절장) 혹은 음악의 연주를 반대하는 일(비악) 등은 모두 유가에 대한 비판의 결과물이다.

뭐자이의 유가 비판은 결국 무엇을 소망했기 때문일까? 그것은 인민의 큰 이익을 지향했기 때문이다. 인민은 결국 부(富)를 원한다. 나라에는 인구가 많은 것이 바람직하다. — 학자들은 기원후 1세기 시절의 고대 중국 인구를 대략 6천만 명 정도로 추산한다. 중국의 땅 넓이로 보았을 때, 이는 작은 인구에 속한다. — 그러므로 3년상을 치루며 성생활을 하지 못함은 인구 증가에 장애가 된다. 그가 유가 도덕 교육의 한 수단으로 활용된 음악을 반대한 까닭도 음악이 경제적 생산성이 없는 쓸모없는 사치스러운 행위로 인식했기 때문이다.

참고문헌

이강수, 『중국 고대철학의 이해』, 지식산업사, 2000.

강효백, 『협객의 나라 중국』, 한길사, 2002.

마티엔시앙(麻天祥), 『중국종교철학사』, 인민출판사, 2006.

쑨이르랑(孫詒讓), 『묵자한고墨子閒詁』 上下, 중화서국, 2001.

쑨종위앤(孫中原), 『묵학통론墨學通論』, 리아오닝(遼寧)교육출판사, 1995.

쓰마치엔(司馬遷), 정범진 외 옮김, 『사기史記』, 까치, 1994.

양준꾸앙(楊俊光), 『묵자신론墨子新論』, 지앙쑤(江蘇)교육출판사, 1995.

왕시엔치엔(王先謙), 『순자집해荀子集解』 上下, 중화서국, 1997.

훵여우란(馮友蘭), 박성규 옮김, 『중국철학사 上』, 까치, 1999.

H.G. 크릴, 이성규 옮김, 『공자—인간과 신화』, 지식산업사, 1994.

가노 나오키(狩野直喜), 오이환 옮김, 『중국철학사』, 을유문화사, 1986.

아사노 유이치(淺野裕一), 『상박초간여선진사상上博楚簡與先秦思想』, 타이완(臺灣) 만권루도서유한공사, 2008.

한·중 철학 문화 국제학술회의, 《새로운 자료와 새로운 시각》, 성균관대학교 유교문화연구소, 2009, 2.

제7장
멍커(孟軻)와 쉰쿠앙(荀況)에 의한 유교의 발전

7.1 꾸어띠엔(郭店) 죽간 『성자명출性自命出』의 사상 맥락

콩치우의 제자 쯔꽁(子貢자공)은 콩치우 선생이 인간의 본성[性]과 천도(天道)에 대하여 구체적으로 말하지 않았다고 불만을 터트린 일이 있다. "쯔꽁이 말하였다. '선생님이 사람의 몸가짐과 말씀에 대해서 이야기하신 것을 들을 수 있으나, 사람의 본성과 천도에 대하여 이야기하는 것을 들을 수 없었다'"("子貢曰. 夫子之文章, 可得而聞也, 夫子之言性與天道, 不可得而聞也", 『논어』, 「공야장」)라는 내용이 그것이다.

『논어』의 이 구절은 콩치우가 인생의 자잘한 것에 대해서는 이야기했으나, 성명론(性命論) 혹은 우주론(宇宙論)의 철학에 대해서 말하지 않았다는 점을 암시한다. 콩치우는 현학적인 이론을 나열하며 왈가왈부하는 것을 싫어했을 것이다. 그러나 만일 지식의 추구가 인간 본능 가운데 하나라는 점을 인정한다면, 우리는 어떤 문제를 놓고 질문을 던지는 데 주저해서는 안 된다. 원래 철학자란 여러 가지 질문을 자주 던지는 사나. 이제 우리는 인간의 심(心)·성(性)이 무엇인지 또한 정(情)이 무엇인지를 물을 때가 왔다.

1993년 후뻬이 성 징먼 시 꾸어띠엔(郭店곽점)의 발굴 자료 가운데 『노자』 3조, 『태일생수太一生水』 이외에 『성자명출性自命出』이라 이름 붙인 죽간이 있다. 같은 내용의 죽간이 1994년 상하이박물관에서 입수한 자료에도 나타나 많은 관심을 끌었다. 상하이박물관 죽간〔보통 '상박간'(上博簡)으로 줄여 부름〕 자료는 연구자에 따라서 『성정性情』 혹은 『성정론性情論』이라고 부르기도 하는데, 꾸어띠엔의 『성자명출』과 내용은 같고 판본만 다를 뿐이다. 편제도 다른데, 전자(상박간)는 6장으로 나누어져 있고 후자(꾸어띠엔)는 장을 나누지 않았다.

그 동안의 연구에 의하면 『성자명출』(『성정』)은 유가학파에 속하며, 콩치우의 손자인 콩지(孔伋공급)와 그 제자 멍커와 관련을 맺고 있다. 아마도 이 책의 저자는 콩지(孔伋, 子思)가 아니면, 당대에 세자(世子)라고 높여 부르던 스수어(世碩세석)일 가능성이 크다〔띵쓰신(丁四新), 『곽점초묘죽간사상연구』, 2000〕.

사상사의 측면에서 볼 때, 『성자명출』은 다른 어떤 자료보다 소개할 가치가 크다. 왜냐하면 이는 철학사상 중요 개념인 심·성·정의 문제를 다루고 있기 때문이다. 원문에 이어서 번역문을 소개한다.

원문

凡人唯(雖)有眚(性). 心亡(無)奠(定)志. 待勿(物)而句(后)作. 待兌(悅)而句(后)行. 待習而句(后)奠(定). 喜怒哀悲之氣, 眚(性)也. 及其見於外, 則勿(物)取之也. 眚(性)自命出, 命自天降. 道司(始)於靑(情), 靑(情)生於眚(性). 司(始)者近靑(情), 終者近義. 知[情者能]出之, 智(知)宜(義)者能內(入)之. 好亞(惡), 眚(性)也. 所好所亞(惡), 勿(物)也. 善不[善, □也]. 所善所不善, 埶(勢)也.

번역

무릇 사람에게는 본성[性]이 있다. 마음[心]이 지향하는 의지[志]를 가지는 것이 아니다. 사물[物]을 기다린 연후에 작용하고, 기쁨[悅]을 느낀 뒤에 행동하고, 습관[習]이 된 이후에 방향이 정해진다. 기쁨, 노함, 슬픔[哀], 비탄[悲]의 기운[氣]이 본성이다. 밖으로 나타난 데 미쳐서 사물이 취한다. 본성은 '명'으로부터 나오고, '명'은 하늘이 내리는 것이다(性自命出, 命自天降). 도(道)는 감정[情]에서 시작하고, 감정은 본성에서 태어난다. 시작은 감정에 가깝고, 끝은 의리[義]에 가깝다. 감정을 아는 자는 능히 나오고[出], 의리를 아는 자는 능히 들어간다[入]. 좋아하고 미워함은 본성이다(好惡, 性也). 좋아하는 바와 미워하는 바는 사물이다. 선하고 선하지 않음은 본성이다(善不善, 性也). 선한 바와 선하지 않은 바는 세력이다.

이상이 꾸어띠엔 출토본 『성자명출』 20장 가운데 제1장의 원문과 한국어 번역이다. 원문은 리티엔홍(李天虹)의 『성자명출연구』와, 리링(李零)의 『곽점초간교독기』를 합하여 취했다. 문장이 난삽하고 개념 또한 불완전하지만, 중국철학의 중요한 범주가 거의 등장하고 있다. 이를 내용의 측면에서 개략적으로 정리하면 다음과 같다.

• 성(性)은 사람의 본성으로 사람의 마음[心] 가운데 숨어 있다.

• 정(情)은 사람의 감정이다. 감정은 본성이 드러날 때 밖으로 나타난다.

• 심(心)은 사람의 정신 활동이다.

• 지(志)는 사람의 주관(主觀) 의지다.

• 습(習)은 사람의 후천적인 습관이다.

• 사람의 본성은 천명(天命)에 의해서 만들어진다.

• 사람은 선천적으로 좋아함과 미워함(好惡)의 감정을 가진는데, '호오' 그 자체는 본성이고, 이것이 밖으로 사물[物]에 접촉하여 나타난다. 나타날 때는 사물에 접촉하므로 정(情)이 촉발된다.

• 선하고[善] 선하지 않음[不善]은 본성이다.

7.1.1 『성자명출』의 심성론(心性論)

본문의 처음에 등장하는 '본성'(性, 원문 眚)은 모든 인간이 소유한 것으로 보편 개념이다. 이는 하늘이 부여했다고 해석된다. 즉, 소[牛]나 거위[雁] 등의 동물도 타고나는 것이다(『성자명출』 제7장). 그러므로 성인(聖人)의 본성이나 보통 사람의 본성이 다른 것이 아니다. — 이 구절은 『성자명출』과 함께 출토된 꾸어띠엔 죽간 『성지문지成之聞之』 제6장의 이야기다.

중요한 점은 "본성은 '명'으로부터 나오고, 명은 하늘이 내린다"(性自命出, 命自天降)라는 문장이다. 명(命)은 고대 갑골문에는 보이지 않고, 서주 시대 이후에 나타난 개념이다. 대개는 천명(天命)처럼 합성어로 쓰인다. 『논어』, 「계씨」편에 "군자는 세 가지 두려움이 있다. 천명을 두려워하고, 대인(大人)을 두려워하고, 성인의 말을 두려워한다"라는 말이 있다. 『맹자』, 「진심 上」장에 다음 같은 기록이 있다.

> 마음[心]을 다하는 자는 본성[性]을 안다. 본성을 알면, 즉 하늘[天]을 알게 된다. 그 마음을 잘 지키고, 본성을 잘 기르면 곧 하늘을 섬기는 것(事天)이다. 요절하거나 장수함을 마음에 담아 두지 않아, 몸을 닦고 죽음을 기다림은 '명'(命)을 세우는 것이다(孟子曰. 盡其心者, 知其性也, 知其性, 則知天矣. 存其心, 養其性), 所以事天也. 殀壽不貳, 修身以俟之, 所以立命也).

『성자명출』보다 나중에 탄생했다고 믿어지는 『맹자』, 「진심」장에서 우리는 심·성·천·명의 네 가지 중요한 추상명사가 등장함을 본다. 이 구절에 대한 주시(朱熹)의 해석에 의하면, '입명'(立命)이란 하늘이 부여해 준 것(본성)을 온전히 보존하여 해치지 않음을 말한다.

"본성은 '명'으로부터 나오고, 명은 하늘이 내린다"라는 이 구절은 콩지의 저술인 『중용』 제1장 "하늘이 명한 것을 본성[性]이라 이른다. 본성을 따름(혹은 통솔하는 것)을 도(道)라 이르고, 도를 닦음을 교(敎)라고 이른다"(天命之謂性, 率性之謂道, 修道之謂敎)라는 첫 구절과 통한다. 이 구절에 대한 연구자의 해석이 엇갈리고 있으나, 아무튼 『성자명출』의 위의 문장이 『중용』 제1장의 이 구절과 관계가 있음을 부정할 수는 없다.

또한 『성자명출』 제6장에 "본성을 이끄는 것은 도다"(長性者, 道也)라는 구절이 있는데, 이는 『중용』 제1장의 두 번째 구절 "率性之謂道"와 서로 통한다. '솔성지위도'에서 '솔'(率) 자는 전통적으로 '따르다'(to follow)라고 번역한다. 그러나 이 글자는 '통솔하다'(to control)라는 뜻도 있다. 『성자명출』의 '장성자'에서 '장'(長) 자는 형용사로는 '길다'(long)의 뜻이지만, 여기서는 동사로 쓰였고 그 뜻은 '자라다' 혹은 '이끌다'(to control)의 의미로 해석한다. 이 같은 점에서 두 구절이 서로 통한다.

『성자명출』 제1장에 보이는 '물'(物)의 개념 또한 분석 대상이다. 이는 대체적으로 사물, 일 혹은 외부의 환경 등으로 해석된다. 외계의 사물이 심성을 촉발시키고, 이렇게 하여 나타난 것이 곧 정감 혹은 감정(情)이다. 앞으로 『성자명출』의 철학사상에 대하여 관련 학자들의 심도 있는 연구를 기대해 본다.

7.1.2 『성자명출』의 정론(情論)

정(情)은 사람의 감정이다. 감정은 본성이 드러날 때에 밖으로 나타난다. 『성자명출』 제1장에서, "기쁨, 노함, 슬픔, 비탄의 기운[氣]이 본성이다. 밖으로 나타난 데 미쳐서 사물이 취한다"라고 했는데, 이 같이 본성이 외계의 사물에 부딪쳐서(촉발하여) 나타나는 것이 '정'이다.

『성자명출』에 보이는 정에 관한 내용을 정리하면 다음과 같다.

- 도(道)는 '정'(情)에서 시작하고, 정은 본성에서 생긴다. (제1장)
- 예(禮)는 정에서 생겨나고 혹은 홍(興)한다. (제8장)
- 군자는 정을 아름답게 여기고, '의'(義)를 귀하게 여긴다. (제8장)
- 믿음(信)이란 정의 방향[方]이요, 정은 본성에서 생긴다. (제13장)
- 무릇 사람의 정은 가히 기뻐함이다. …… 말없이 믿음을 가지면 아름다운 정을 지님이요, 가르침이 없이도 백성이 항심(恒心)을 지님은 본성이 착한 것이다. (제16장)

위에서 보는 바와 같이, 정이란 밖으로 노출되어 나타나는 인간 감정이다. 『중용』 제1장에서 "희·로·애·락의 밖으로 노출되지 않은 상태를 가리켜 '중'(中)이라 하고, 밖으로 노출되어 모두 절도에 알맞으면 '화'(和)라고 이른다"라고 했다. 여기에서 '희·로·애·락'은 '정'을 말한다.

『맹자』에서는 정의 문제를 크게 다루지 않았다. 정에 대하여 참고할 만한 구절은 두 군데만 보인다. 그 첫째는 「등문공 上」편의 "대저 사물의 같지 않음은 사물의 '정'이다"(夫物之不齊, 物之情也)인데, 이 경우는 실정 혹은 형편을 말할 뿐이므로 전혀 고찰할 가치가 없다. 둘째는 「고자장 上」편에 보이는, "그 '정'으로 말한다면, 가히 선하다고 할 수 있으니, 이것이 내가 말하는 선하다는 것이다"(孟子曰. 乃若其情, 則可以爲善矣, 乃所謂善也)라는 구절이다. 후자만 철학적으로 고찰할 가치가 있는데, 주시의 주에서는 "정은 본성이 움직인 것이다"(情者, 性之動也)라고 간단히 설명하는 데 그쳤다. — 정의 문제는 12세기 송대(宋代)에 이르러 철학 문제로 본격적으로 논의되었다. 그러나 송대의 학자들은 '심·성'을 중요하게 여겼고, '정'을 경시하는 경향이 강했다.

이 같은 점을 놓고 볼 때, 『성자명출』은 중국철학의 중요한 개념인 심·성·정의 문제를 취급한 점에서 가치가 크다. 또한 『성자명출』은 『중용』의 사상과 매우 가깝다는 점이 증명되었다. 그러므로 학자들은 이 자료가 '사맹학파'〔思孟學派, 콩지, 즉 쯔쓰(子思)와 멍커(孟軻)를 중심으로 이루어진 학파〕에서 나온 것으로 유추하며, 『중용』이 나타나기 이전의 사상의 징검다리로 이해한다. 어떤 학자는 『성자명출』의 사상이 진화하여 멍커의 '성선설'을 낳았다고 보기도 한다〔띵쓰신(丁四新), 『곽점초묘죽간사상연구』, 2000〕.

7.2 멍커의 철학사상

멍커(孟軻, 기원전 371?~기원전 289?)는 추(鄒 혹은 騶) 땅에서 태어났다. 현재의 산똥 성 쩌우 현(鄒縣)이 그곳이다. 세간에서는 보통 멍쯔(孟子맹자)라고 부른다. 서양인은 그를 가리켜 Mencius라고 호칭한다. '멍쯔'(孟子)의 중국어 발음에 라틴어 'cius'가 합성된 것이다.

쓰마치엔의 『사기』에 의하면, 그의 학문은 콩치우의 손자인 콩지(孔伋 공급, 子思쯔쓰라고 부름)에게서 전수받았다고 한다. 멍커는 여러 나라를 순방하며 국왕들에게 자신의 이상을 설명했으나, 받아들여지지 않았다. 그의 견해는 당시 현실에 알맞지 않은 지나치게 이상적인 것이었다. 당시의 학자들은 멍커를 가리켜 '우활(迂闊)하다'는 표현을 사용했다.

멍커는 결국 큰 뜻을 접고, 고향으로 돌아와서 제자인 완장(萬章만장) 등과 더불어 직접 『맹자』를 저술했다고 한다. 이 저서는 훗날 주시에 의하여 사서(四書) 가운데 하나로 편입되고, 관료 선발을 위한 고시과목이 됨으로써 만인이 읽어야 하는 필독서가 되었다.

7.2.1 인간의 본성은 착한가?

콩치우는 '어짐'[仁]이라는 추상명사에 의미를 부여했지만, 이를 왜 실천해야 하는지에 대해서는 설명하지 못했다. 이 같은 질문에 대하여 해답을 찾기 위하여 멍커는 '성선설'(性善說)을 들고 나왔다. 멍커는 다음과 같이 말한다.

> 사람은 누구나 '남의 고통을 그냥 지나치지 못하는 마음'(不忍人之心)이 있다. …… 이제 어떤 사람이 어린아이가 우물가로 기어가 빠지려는 것을 보았다고 하자. 누구나 깜짝 놀라서 측은(惻隱)한 마음을 가질 것이다. 이 마음은 어린아이의 부모와 교제를 트기 위한 것도 아니요, (어린애를 구하여) 동네에서 이름을 얻고자 하는 것도 아니요 또 (가만히 있어서 당하는) 소문을 싫어해서도 아니다. 이렇게 본다면, 측은하게 여기는 마음이 없으면 사람도 아니다. (또) 부끄럽고 미워하는(羞惡) 마음이 없으면 사람도 아니다. 사양(辭讓)하는 마음이 없으면 사람도 아니다. 시비(是非)를 가리는 마음이 없으면 사람도 아니다. 측은지심은 어짐[仁]의 단서(端緖, 싹, 묘맥)다. 수오지심은 의로움[義]의 단서다. 사양지심은 예(禮)의 단서다. 시비지심은 지혜[智]의 단서다(孟子曰. 人皆有不忍人之心. …… 今人乍見孺子將入於井, 皆有怵惕惻隱之心. 非所以納交於孺子之父母也, 非所以要譽於鄉黨朋友也, 非惡其聲而然也. …… 惻隱之心, 仁之端也. 羞惡之心, 禮之端也. 是非之心, 知之端也). (『맹자』, 「公孫丑 上」)

멍커는 이와 같은 사례를 들어서 — 어린아이가 우물로 빠지는 것을 보고 구해 주지 않을 사람이 없다는 것을 전제로 — 인간의 본성은 본래 착하다고 주장했다. 그리고 인간 행동의 이면에 누구나 인·의·예·지라는 네 가지 덕(德)이 자리 잡고 있다고 했다. 이와 같은 멍커의 소박한 이야기는 그리스도교 『성경』의 '착한 사마리아 사람'(the Good Samaritan)을 생각나게 한다.

> 29 그러나 율법교사는 짐짓 제가 옳다는 것을 드러내려고 "그러면 누가 저

의 이웃입니까?" 하고 물었다. 30 예수께서는 이렇게 말씀하셨다. 어떤 사람이
예루살렘에서 예리고로 내려가다가 강도들을 만났다. 강도들은 그 사람이 가
진 것을 모조리 빼앗고 마구 두들겨서 반쯤 죽여 놓고 갔다. 31 마침 한 사제
가 바로 그 길로 내려가다가 그 사람을 보고는 피해서 지나가 버렸다. 32 또
레위 사람도 거기까지 왔다가 그 사람을 보고 피해서 지나가 버렸다. 33 그런
데 길을 가던 어떤 사마리아 사람은 그의 옆을 지나다가 그를 보고 가엾은 마
음이 들어 34 가까이 가서 상처에 기름과 포도주를 붓고 싸매어 주고는 자기
나귀에 태워 여관으로 데려가서 간호해 주었다. 35 다음날 자기 주머니에서
돈 두 데나리온을 꺼내어 여관 주인에게 주면서 '저 사람을 잘 돌보아 주시오.
비용이 더 들면 돌아오는 길에 갚아 드리겠소' 하며 부탁하고 떠났다. 36 자.
그러면 이 세 사람 중에서 강도를 만난 사람의 이웃이 되어 준 사람은 누구였
다고 생각하느냐?" 37 율법교사가 "그 사람에게 사랑을 베푼 사람입니다" 하고
대답하자 예수께서는 "너도 가서 그렇게 하여라" 하고 말씀하셨다. (『성경』,
「루가의 복음서」 10장) — 위의 한국어 번역은 국제가톨릭성서공회 편찬, 『해
설판 공동번역 성서』, 일과놀이, 1996을 참조함.

이상의 두 가지 사례는 어려움에 처한 인간을 보고 사람의 마음이 서로 다르며 그 대처하는 법도 다름을 말해 준다. 멍커는 누구나(all) '측은지심'을 느낀다고 말했으나, 『성경』에서는 오직(only) 사마리아 사람만이 '가엾은 마음'(33절 참조)을 가지고 선한 행동을 한 것으로 되어 있다. 어떤 사제(a priest)와 레위 사람(a Levite)이 도둑맞고 반쯤 죽은 사람에게 가엾은 마음을 가졌는지는 알 수 없다.

현재 프랑스 형법에 이른바 '착한 사마리아인 조항'(La non-assistance à personne en danger)이 있다. 어려움에 처한 이웃을 구조하지 않는 행위를 형사 처벌의 대상으로 삼는 것이다. 이는 어떤 사제 혹은 레위 사람처럼 강도를 만난 사람을 구제하지 않고 도망치면, 이들을 처벌한다는

내용이다. 일종의 윤리적 강제 규정으로 해석된다. 프랑스 신형법 제 223-6조에는 "자기 또는 제3자의 위험을 초래하지 않고 위험에 처한 타인을 구조할 수 있음에도 불구하고 고의로 구조하지 아니한 자는 5년 이하의 구금형 및 75,000유로의 벌금형에 처한다"라고 규정하고 있다. 프랑스만 아니라 독일, 스위스, 네덜란드, 이탈리아, 노르웨이, 덴마크, 벨기에 등 대부분의 유럽 국가가 이러한 규정을 가지고 있다. — 1905년에 제정된 한국 최초의 형법대전(刑法大典)에는 '착한 사마리아인 조항'에 해당하는 '견급불구율'(見急不救律) 조항이 있었다. 즉 형법대전 제4편 법률 제7절 제675조에 "동행(同行)이나 동거한 사람이 타인을 모해(謀害)함을 지(知)하고 조당(阻當)치 않거나 수화(水火)나 도적의 급(急)이 유(有)한데 구호치 아니한 자는 태일백(笞一百)에 처한다"라는 규정이 그것이다. 그러나 이 규정은 1953년 부산 피난지의 국회심의 과정에서 삭제되었다. 세상이 때로는 뒤로 간다는 느낌이 든다. 이러한 현실을 증명하듯이 오늘날 뺑소니 교통사고의 증인을 찾고자 "목격자를 찾습니다"라는 현수막이 내걸려 있다.

멍커와 같은 시대에 까오쯔(告子고자)라고 알려진 인물이 멍커와 토론을 벌여 "사람의 본성은 선하지도 악하지도 않다"(無善無不善)라고 주장했다는 기록이 『맹자』에 보인다. 그가 이렇게 주장하는 까닭은 사람의 본성을 급하게 흐르는 물과 같다고 생각했기 때문이다.

> 까오쯔가 말하기를, "본성[性]은 마치 급하게 흐르는 물과 같다. 물을 동방으로 터놓으면 동쪽으로 흐르고, 서방으로 터놓으면 서쪽으로 흐른다. 사람의 본성이 선(善)과 불선(不善)에 구분이 없음은 마치 물이 동서에 구별이 없음과 같다"라고 하였다(告子曰. 性猶湍水也. 決諸東方則東流, 決諸西方則西流. 性之無分於善不善也, 猶水之無分於東西也). (『맹자』, 「고자告子 上」)

우리는 까오쯔의 사적이 전해지지 않아 그에 대해 자세히 알지 못하고, 그의 말을 충분히 듣지 못해 아쉬움을 느낀다. 다만 남아 있는 자료에서 당시 '성선설'을 중심으로 지식인 사이에 치열한 담론이 전개된 증거를 볼 수 있을 뿐이다. 왕츠옹(王充왕충, 기원전 27～기원후 100)의 저술 『논형論衡』에는 다음과 같은 구절이 있다.

> 주(周, 楚의 잘못으로 보임 – 저자 주)나라 사람 스수어(世碩)는 사람의 본성에 선함도 있고 악함도 있다(有善有惡)고 생각하였다. 선한 본성을 들어서 잘 기르고 다하면[致] 선이 자라나는 것이요(善長), 악한 본성을 길러서 다하면 악이 자라나는 것이다(惡長). 이 같은 본성에는 각기 음양이 있으니, 선악은 그 기르는 바에 따른다. 그러므로 스수어는 『양서養書』 한 편을 지었다. 미쯔지엔(宓子賤복자천), 치띠아오카이(漆雕開칠조개), 꽁쑨니쯔(公孫尼子공손니자)의 무리가 스수어와 더불어 본성[性]과 감정[情]에 관하여 논하였는데, 모두 사람의 본성에 선함도 있고 악함도 있다고 주장하였다. …… 무릇 까오쯔가 말하기를, "사람의 본성과 물은 같다"라고 하였다. 바야흐로 본성이 물과 같다는 것은 쇠[金]가 쇠고, 나무[木]가 나무인 것과 같음을 말한다(周人世碩, 以爲人性有 善有惡. …… 告子之言, 謂人之性與水同也, 便性若水, 可以水猶性, 猶金之爲金, 木之爲木也). 〔『논형』 권3, 「본성」, 『한위총서漢魏叢書』 坤, 명각본(明刻本), 1,688～1,689쪽〕

이와 같은 기록을 통해서 멍커가 주장한 성선설의 문제가 당대 지식인의 화두였음을 알 수 있다. 그러나 멍커의 성선설은 약점(弱點)이 있으며, 그렇게 타당한 이론은 아니다. 그는 인간이 타고난 본성(本然之性)에만 관심을 기울였고, 후천적으로 발생하는 기질(氣質)에 대해서는 말하지 않았다.

7.2.2 정치철학

남의 고통을 보고 그냥 지나치지 못하는 마음, 즉 '불인인지심'(不忍人之心)으로 인하여 백성의 고통을 보고 그냥 지나치지 못하는 군주의 정치가 있게 된다. 멍커에 의하면 이렇게 '불인인지정'(不忍人之政)을 바탕으로 하는 정치가 곧 인정(仁政)이다. 그리고 국가는 인정을 통한 도덕의 실현을 목적으로 한다.

사람의 본성에 관한 불완전한 이론보다 국가를 하나의 도덕적인 조직으로 생각한 점에서 멍커의 사상은 철학적인 면에 공헌한 바가 크다. 멍커에 의하면 국가의 정권을 아들에게 세습하지 않고 현명한 자를 후계자로 삼았던 때가 있었다. 야오(堯)임금이 순(舜)을 선발하는 것이나, 순임금이 위(禹)를 선발한 것이 그것인데, 학자들은 이를 '선양'(禪讓)이라고 이름한다. — 이와 같은 전설상의 이야기는 권력의 속성을 간과하고 인간의 본성을 지나치게 미화(美化)한 느낌이다. 실제로 선양에 의한 방법으로 정권이 전수되었다고 믿기 어렵다.

현명한 사람이 군주가 되어야 한다는 주장은 나무랄 데가 없다. 그러나 현실은 그렇지 못한 경우가 많다. 그렇다면 어떻게 해야 하는가? 만일 군주가 도덕적 조건 — 덕(德)을 말함 — 을 갖추고 있지 못하면, 그 군주를 쫓아내야 하지 않겠는가? 멍커는 현대의 '탄핵'(impeachment) 제도에 버금가는 것을 주장한다.

> 제(齊) 선왕이 물었다. "탕왕이 지에(桀)을 내치고, 무왕이 저우(紂)를 정벌하였다고 하니 그런 일이 있습니까?" 멍커가 대답하였다. "책에 있습니다." "신하가 군주를 시해함이 가능한 일이요?" "어짐[仁]을 해친 자를 '적'(賊)이라 하고, 의로움[義]을 해친 자를 '잔'(殘)이라고 말하는데, '잔·적'의 인물은 곧 한 지아비(一夫)라고 할 만하지요, 한 지아비인 저우를 베었다는 말은 들었어도, 군

주를 죽였다는 말은 듣지 못하였소(齊宣王問曰. 湯放桀, 武王伐紂, 有諸? 孟子對曰. 於傳有之. 曰臣弑其君, 可乎? 曰賊仁者, 謂之賊. 賊義者, 謂之殘, 殘賊之人, 謂之一夫, 聞誅一夫紂矣, 未聞弑君也). (『맹자』, 「양혜왕 下」)

이 이야기에 의하면, 멍커가 현대 용어로 '혁명'의 사상을 품고 있었다고 할 수 있다. 고대 용어로는 '방벌'(放伐)이라고 부른다. 이 같은 파격적인 주장으로 인하여 중국의 역대 황제들은 멍커를 눈에 가시처럼 여겼다.

콩치우의 사상을 그대로 물려받은 멍커에 의하면 정치란 마땅히 성인(聖人)이 할 일이다. 다시 말하여 성인이 천자(혹은 왕)가 되는 일이 가장 바람직하다. 이는 고대 그리스의 철학자 플라톤(Plato)이 주장한 '철인군주'(Philosopher King) 이론을 연상시킨다. 성인이 하는 정치가 곧 왕도정치(王道政治)이며, 그 반대의 경우는 패도정치(覇道政治)다.

무력[力]으로 어짐[仁]을 가장하는 것을 패도(覇道)라고 한다. 패도는 반드시 큰 나라를 소유하려 한다. 덕으로 어짐을 실천하는 것을 왕도(王道)라고 한다. 왕도는 큰 나라를 필요로 하지 않는다. …… 힘으로 사람을 복종시키는 것은 마음을 복종시키는 것이 아니고 힘이 부족해서다. 덕으로 사람을 복종시키는 것은 마음이 진심으로 기뻐서 복종하는 것이다(孟子曰. 以力假仁者, 覇. 覇必有大國. 以德行仁者, 王. 王不待大. …… 以力服人者, 非心服也, 力不贍也. 以德服人者, 中心悅而誠服也). (『맹자』, 「공손추 上」)

멍커의 왕도정치는 곧 민의(民意)를 중시하는 민주주의 정치와 통하며, 패도정치는 민의를 무시한 파시스트 정치와 같다. 멍커의 말이 현실을 무시한 이상적인 주장이라고 할지라도, 정치란 무엇이며 어떻게 해야 하는지를 보여준 점에서 의미가 있다.

7.2.3 호연지기(浩然之氣)

콩치우의 나이 마흔(40)에 "의혹되지 아니하였다"(不惑)라고 했는데, 멍커도 같은 나이에 마음이 흔들리지 않는 마음 즉, '부동심'(不動心)을 얻었다고 전한다(『맹자』, 「공손추 上」). 그러나 그의 부동심이 무엇인지 알기 어렵다. 다만 같은 구절에 "나는 나의 '호연지기'를 잘 기른다"(我善養吾浩然之氣)라는 말이 보인다. 이는 일종의 양기설(養氣說)이다. 멍커의 제자 꽁쑨츠어우(公孫丑)가 묻고 멍커가 대답했다.

> "감히 묻겠습니다. 선생님은 어디에 장점이 있습니까?" (멍커가) 대답하기를, "나는 말을 잘 안다. 그리고 나는 나의 '호연지기'를 잘 기른다." "감히 묻겠습니다. 무엇을 호연지기라고 합니까?" 대답하기를, "말하기 어렵다. 그 '기'(氣) 됨이 지극히 크고 강하니, '곧음'(直)으로 잘 기르고 해침이 없으면, (호연지기가) 천지에 가득 차게 된다. 그 기 됨이 의리와 도에 짝하니, 이것이 없으면 굶주리게 된다"(敢問. 夫子惡乎長? 曰. 我知言. 我善養吾浩然之氣. 敢問. 何謂浩然之氣? 曰. 難言也. 其爲氣也, 至大至剛, 以直, 養而無害, 則塞于天地之間. 其爲氣也, 配義與道, 無是餒也). (『맹자』, 「공손추 上」)

여기서 말하는 기(氣)는 훗날 송학에서 말하는 '리기'(理氣)와 성격이 다르고, 사람의 뜻[志]을 북돋우는 정도로 보아야 한다. 호연지기는 의리와 도에 합당한 기운을 말하고, 이것이 결여되면 몸이 충만하지 못하다는 뜻이다. — 하나의 비유지만 그리스도교 신자에게 '성령'(Holy Spirit)이 충만하다는 표현이 있다. 멍커의 호연지기는 의리와 도에 짝하는 충만한 기운으로 해석해도 될 것이다.

아무튼 멍커 자신이 (호연지기가) 무엇인지를 "말하기 어렵다"(難言也)라고 했으니, 자세한 내용을 알 수 없다. 훵여우란 교수는 호연지기를 영문으로 'the Great Morale'이라고 번역하고, 이를 멍커의 특수한 용어라고 말했다. 그리고 이를 '신비주의'(Mysticism)로 처리했다. 여기서는 한 편의 시(詩)를 소개하고 이에 담긴 내용이 호연지기의 경지가 아닌지 유추해 본다.

피갈출창합(被褐出閶闔)	베옷 입고 궁궐 문을 나서니
고보추허유(高步追許由)	발걸음은 쉬여우(許由허유)를 좇는다
진의천인강(振衣千仞岡)	천 길 벼랑 위에 옷깃을 휘날리고
탁족만리류(濯足萬里流)	만 리 흐르는 물에 발을 씻는다
해활종어약(海闊從魚躍)	끝없이 넓은 바다, 물고기 뛰놀고
천공임조비(天空任鳥飛)	텅 빈 하늘, 새 날아가는 대로 맡겨 둔다

— 이 시는 서진(西晉) 시대 제나라 린쯔(臨淄임치) 사람 쭈어쓰(左思좌사)라는 인물이 남긴 것이다. 보통 '영사시'(詠史詩)라고 부른다. 쭈어쓰에 대해서는 『진서晉書』 권92, 「열전」 제62 참고. 시는 열전에 소개되지 않았다. 『사고전서四庫全書』, 「자부子部」에서 원문을 가져왔다.

7.3 쉰쿠앙의 철학사상

세간에서 순쯔(荀子순자)라고 부르는 인물 쉰쿠앙(荀況, 기원전 298~기원전 238)은 조(趙)나라에서 태어났다. 조나라는 현재의 산-시 성에 있었던 나라다. 서양인은 그를 가리켜 라틴어 'cius'를 합성하지 않고, 쉰쿠앙을 가리키는 '순쯔'(荀子)의 중국어 발음대로 Hsun Tze라고 부른다. 사람들은 그에 대한 존경의 표시로 '순경'(荀卿)이라고 불렀다.

사마천의 『사기』에 의하면, 쉰쿠앙은 쉰(50)에 산똥 지역의 제(齊)나라에 갔고, 그곳에서 꽤 인정받았던 것으로 보인다. 나중에 그를 비난하는 자가 있어서 다시 남쪽의 초(楚)나라로 갔다는 이야기가 전한다. 지금 남아있는 책 『순자荀子』는 대부분이 쉰쿠앙이 직접 저술한 것으로 추정한다. 그러나 『순자』는 주시의 사서에 들어가지 않아 『맹자』보다 덜 읽혔고, 그 결과 멍커에 비하여 영향력이 떨어졌다.

7.3.1 인간의 본성은 악한가?

쉰쿠앙의 학문은 유학의 범주에 분명히 속하는 것이지만, 멍커의 학문을 반대했다. 저자의 판단으로 쉰쿠앙의 학문은 3분의 2는 유학이고, 3분의 1은 법가의 학설과 비슷하다. 그는 드러내 놓고 멍커의 성선설을 공격했다. 그가 주장한 '성악설'(性惡說)의 요지는 다음과 같다.

> 사람의 본성은 악(惡)하다. 선한 점이 있는 것은 노력의 결과(僞)다. 사람의 본성은 태어나면서부터 이익을 좋아하니, 본성을 좇아서 다툼(쟁탈)이 생겨나며 사양하는 마음이 없어진다. 사람은 태어나면서부터 시기하고 미워하는 마음이 있으니 본성을 좇아서 남을 해치는 놈이 생겨나고 정성과 믿음은 망한다. 태어나면서부터 이목(耳目)의 욕심이 있으니 성색(聲色)을 좋아함이 있다. 본성을 좇아서 음란이 생기고 예의 법도는 망한다. 그러한즉 사람의 본성을 좇고 정(情)을 따르면 반드시 다툼(쟁탈)이 생겨 범죄가 발생하고 예의 법도가 무너져서 마침내 폭란(暴亂)으로 돌아간다. 그런 까닭에 스승의 교화와 예의 도리가 있은 연후에, 사양하는 마음이 생겨나고 예의 법도에 합하여 마침내 잘 다스려지는 경지(治)로 돌아간다. 이와 같은 점을 놓고 보면, 사람의 본성이 악하다는 것은 분명하다. 그 선함은 노력의 결과다(人之性惡. 其善者僞也. 今人之性, 生而有好利焉, 順是, 故爭奪生而辭讓亡焉. 生而有疾惡焉, 順是, 故殘賊生而忠信亡焉. …… 用此觀之, 然則人之性惡明矣. 其善者僞也) 〔왕시엔치엔(王先謙), 『순자집해荀子集解』 권17, 「성악」, 중화서국, 434~435쪽〕 ― 이하 쪽수

는 중화서국본 『순자집해』를 가리킨다.

이와 같이 인간이 본래부터 이익을 좋아하고 감각적 쾌락을 지니고 있다는 쉰쿠앙의 이야기는 서양 철학자 토마스 홉스의 주장과 닮은 데가 있다. 쉰쿠앙의 이야기는 현실 세계를 놓고 보면 설득력이 있지만, 그렇다고 전적으로 옳다고 말할 수는 없다. 쉰쿠앙의 성악설에도 약점이 있으니, 그는 인간의 타고난 본성이 아니라 — 말로는 그렇다고 하며 이를 증명하려고 했지만 — 사실은 후천적으로 발생하는 기질(氣質)에 대하여만 말한 것이다. 훗날 주시는 쉰쿠앙이 인간 기질의 탁한 부분에 중점을 두고 말했다고 설명했다.

앞에서 말한 바와 같이 맹자와 같은 시대에 까오쯔(告子)라는 인물이 있어서 "사람의 본성은 선하지도 악하지도 않다"라고 주장했다는 기록이 있다. 우리는 까오쯔의 저술을 보지 못함이 아쉽다. 무릇 모든 주장은 양편의 견해를 함께 들어보아야 하지 않는가?

"인간의 본성이 선한 것인가? 혹은 악한 것인가?"라는 물음은 인류 정신사의 발달에서 하나의 초보적이고 유치한 물음이다. 중요한 것은 "인간의 본성이 무엇인가?"라는 근원적인 물음이다.

인간이 '생물학적 존재'라는 점에 비중을 두고, 이를 연구한 학자는 하버드 대학의 에드워드 윌슨(Edward O. Wilson) 교수다. 그는 자신의 저술 『*On Human Nature*』 — 한국어 번역본 『인간본성에 대하여』, 이한음 옮김, 2002 — 에서 인간 행동의 카테고리를 네 가지로 구분하여, 공격성(Aggression), 성(Sex), 이타주의(Altruism), 종교(Religion) 등의 측면에서 분석했다.

윌슨에 의하면 인간의 공격성은 타고난 것이며, 유전적 성향을 가진다. 텃세(territoriality)는 공간에 대한 방어며, 먹이의 확보와 관련이 있다. 전쟁은 공격성의 확실한 징표다. 여성의 난자는 평생 4백여 개 인데, 남성은 한 번 사정(射精)에 약 1억 마리의 정자를 방출한다. '이타주의'도 유전자의 작용일 수 있다. 제인 구달은 침팬지의 형제자매가 고아가 된 아기를 떠맡는 사례를 관찰했다. 아프리카 흰개미의 일종은 위험에 처하면, 노란 분비액을 뿜어내 자신과 적(敵) 모두를 옭아매어 죽음에 이르게 한다. 종교는 인간 정신 가운데 가장 복잡하고 강력한 힘이다. 그러나 이 또한 유전자의 활동일 수 있다.

철학의 측면에서도 인간 본성에 대한 연구는 끊임없이 이루어졌다. 옥스포드 대학의 철학 박사 로저 트리그(Loger Trigg)는 『*Ideas of Human Nature*』 — 한국어 번역본 『인간본성에 대한 철학적 논쟁』, 최용철 옮김, 2003 — 에서 인간 본성을 다음과 같이 분석했다.

- 플라톤 — 육체의 감옥에 갇힌 인간
- 아리스토텔레스 — 이성적 동물로서의 인간
- T. 아퀴나스 — 원죄(原罪)에 시달리는 인간
- T. 홉스 — 이기심으로 살아가는 인간
- D. 흄 — 욕구와 감정에 지배되는 인간
- C. 다윈 — 자연 선택으로 살아남은 호모 사피엔스
- K. 마르크스 — 사회적 존재로서 인간
- F. 니체 — 진리와 가치를 창조하는 인간
- S. 프로이트 — 성적(性的) 본능 앞에 무력한 인간
- L. 비트겐슈타인 — 언어적 존재로서 인간

어떻게 분석하든 인간이 '도덕적 동물'이라는 점은 틀림없다. 진화(進化) 생물학에서는 도덕(moral) 자체의 발생을 유전자와 관련해 본다. 로버트 라이트(Robert Wright), 『*The Moral Animal*』 — 한국어 번역본

『도덕적 동물』, 박영준 옮김, 2003 — 은 이 분야의 저술이다.

생물학 혹은 동물학 분야의 발전에도 불구하고, 철학자들의 주장은 여전히 유효하다고 할 수 있다. 인간 본성에 대한 이와 같은 연구 업적을 놓고 생각할 때, 멍커의 성선설 혹은 쉰쿠앙의 성악설은 (오늘의 시점에서) 무의미해 보인다. 왜냐하면 인간이란 선이야 악이냐라는 이분법만으로 설명할 수 없는 복잡한 동물이기 때문이다.

중국철학사에서 이 문제를 이론적으로 정리한 인물은 주시(朱熹, 1130~1200)다. 그는 인간의 본성을 선천적인 본연의 성(本然之性)과 후천적인 기질의 성(氣質之性)으로 구분했다. 그리고 멍커의 성선설은 오로지 '본연의 성' 만을, 쉰쿠앙의 성악설은 '기질의 성' 가운데 탁(濁)한 부분만 말한다고 해석했다. 주시에 의하면 기질에는 맑고 흐림(淸濁)이 있는데, 맑은 부분은 악하다고 말할 수 없다(자세한 내용은 후술).

7.3.2 예악론

사람의 본성이 태어나면서부터 이익을 좋아하니 그 본성을 좇다 보면 다툼이 생겨나고 사양하는 마음이 없어진다는 성악설을 따른다면, 사회적 혼란을 피할 수 없다. 그런데 이 혼란을 방치할 수 없다는 데 문제가 있다. 쉰쿠앙은 다툼(쟁탈)을 통한 혼란의 발생을 막기 위하여 어떤 장치가 필요하다고 생각했다. 그것이 곧 예(禮)다. 법가는 이 장치를 법으로 생각한다. 여기에 유가와 법가의 갈림길이 있다. 쉰쿠앙의 사상에 법가적 요소가 있지만, 예를 강조한 점에서 그는 유가에 속한다.

이러한 예는 어디서 기원하는가? 쉰쿠앙은 먼저 인간의 욕구에 비하여 욕구를 충족시키는 물질이 적음을 지적한다.

사람들은 (음식과 성생활처럼) 욕망하는 것과, (죽음과 가난처럼) 싫어하는 것에서 모두 같다. 욕구는 많은데 물건은 적다. (욕망에 비하여 물건이 적기 때문에) 반드시 투쟁이 생길 수밖에 없다(欲惡同物, 欲多而物寡, 寡則必爭矣). (왕시엔치엔, 『순자집해』 권6, 「부국편富國篇」, 176쪽)

예는 어디서 기원하는가? 사람은 태어날 때부터 욕망이 있다. 욕망이 충족되지 않는다고 해서 구하지 않을 수 없다. 그런데 구하는 기준과 구분이 없으면 다투게 된다. 옛 임금들은 혼란을 싫어해서 예의(禮義)를 제정하여 한계를 분명히 하였다. 그렇게 함으로써 사람들의 욕망을 길러 주고 사람들의 구하는 것을 채워 주어, 욕망으로 하여금 반드시 물건에 궁하지 않게 하고, 물건도 반드시 욕망에 모자라지 않게 하였다. 욕망과 물건이 서로 의지하여 자라나게 된다. 이것이 예가 기원하는 곳이다(禮起於何也? 曰. 人生而有欲, 欲而不得, 則不能無求. 求而無度量分界, 則不能不爭. …… 兩者相持而長, 是禮之所起也). (『순자집해』 권13, 「예론편禮論篇」, 346쪽)

쉰쿠앙에 의하면 예는 이 같이 다툼에 대하여 조절 기능을 가진다. 그는 다음과 같이 말한다.

예가 나라의 질서를 바르게 하는 것은 저울[權衡]로 가벼움과 무거움을 재는 것과 같고, 먹줄[繩墨]로 굽은 것과 곧은 것을 구별하는 것과 같다. 그러므로 사람은 예가 없으면 살아갈 수 없고, 일이란 예가 없으면 이루어지는 것이 없다. 국가는 예가 없으면 편안할 수 없다(禮之於正國家也, 如權衡之輕重也. …… 國家無禮不寧). (『순자집해』 권19, 「대략편大略篇」, 495쪽)

이것은 물건의 가볍고 무거움을 재는 데 저울이 필요하며 곡선과 직선을 구별하는데 먹줄이 필요하듯이, 나라에는 혼란을 방지하기 위하여 예가 필요하다는 말이다. 그러므로 "군주는 예를 융숭하게 하고 어진 선비를 존중해야 왕도를 실현할 수 있고, 법을 중시하고 백성을 편애하면 패도가 된다"(『순자집해』 권19, 「대략편」, 485쪽).

쉰쿠앙의 예에 대한 주장이 인간의 윤리가 있기 때문에 가능하다. 그는 다음과 같이 말한다.

> 사람이 사람이 되는 까닭은 무엇 때문인가? 그것은 분별[辨]이 있기 때문이다. 배고플 때 음식을 찾고, 추울 때 따뜻함을 구하고, 수고로울 때 쉬고자 하고, 이익을 좋아하고 해로움을 싫어함은 사람이 태어날 때부터 타고 난다. 이것은 배우지 않아도 알 수 있다. 이것은 (현군인) 위임금이나 (폭군인) 지에나 똑같다. 그러므로 사람이 사람 노릇을 하는 것은 오직 두 다리를 가지고 털이 없는 것 때문이 아니라, (인륜의) 분별이 있기 때문이다. 이제 원숭이[猩猩]는 말도 하고 웃을 줄 알며, 두 다리에 털이 있는 놈이다. 그런데 군자는 국물을 마시며 고기 조각을 먹는다. (예컨대, 동물은 분별이 없지만 사람은 분별이 있다.) 그러므로 사람이 사람 노릇을 하는 것은 오직 두 다리를 가지고 털이 없어서가 아니고 분별이 있기 때문이다. 동물은 부자(父子)는 있으나 부자간에 친함[親]은 없고, 암수는 있으나 남녀의 분별은 없다. 따라서 사람의 도리는 분별보다 더 큰 것이 없고, 분별은 또한 (친하고 소략함의) 구분[分]보다 더 큰 것이 없다. 구분은 예(禮)보다 더 큰 것이 없으니(구분이 생기면 예가 있게 된다), 예란 성왕(聖王)이 만드는 것이다(人之所以爲人者, 何已也? 曰. 以其有辨也. …… 故人道莫不有辨. 辨莫大於分. 分莫大於禮, 禮莫大於聖王). (『순자집해』 권3, 「비상편非相篇」, 78~79쪽)

쉰쿠앙에 의하면 예란 동물과 사람을 가르는 기준이며, 예에 의지하는 방법으로 만인에 대한 만인의 투쟁이 발생하는 약육강식의 동물 사회를 벗어날 수 있다.

예는 정신적인 질서만이 아니고, 어떤 의식(儀式, ceremony)을 필요로 한다. 그 가운데서도 가장 중요한 의식이 상례(喪禮)와 제사(祭祀)다. 유교는 상례와 제사의 의식을 강조함으로써 독특한 문명을 구축했고, 이 문명 체계는 동아시아 전반에 깊은 영향을 끼쳤다.

콩치우가 음악에 조예가 깊었듯이 쉰쿠앙 또한 음악을 좋아했다. 콩치우와 마찬가지로 쉰쿠앙은 음악이 인간의 정신을 맑게 하는 도덕 교육의 하나라고 생각했다. 그는 음악에 대하여 다음과 같이 말했다.

> 무릇 음악이란 즐거운 것이다. 사람의 감정으로 면할 수 없는 것이다. 그러므로 사람에게 음악이 없을 수 없다. 즐거우면 반드시 소리가 있고, 동정(動靜)이 있게 된다. 사람의 일체 작위(作爲) 곧 소리, 거동 및 감정 등은 모두 음악으로 표현된다. 즐거움이 없을 수 없는 것이 사람인데, 즐거우면 겉으로 나타나고, 나타남이 지나치면 혼란이 생긴다. 옛 임금들이 혼란을 싫어하여, '아'(雅, 정악 — 저자 주)와 '송'(頌, 조상의 덕을 찬미한 노래 — 저자 주)을 만들어서 사람들을 이끌었다. 그리하여 그 음악이 즐거우면서도 퇴폐적인 데로 흐르지 않도록 하였고, 악장(樂章, 가사)은 충분히 맑으면서 기교에 치우치지 않도록 하였다. 그 소리의 굽음과 곧음, 번잡함과 간단함, 날카로움과 부드러움, 절도와 풍부함이 사람의 착한 마음을 감동케 하여 사악함과 더러운 기운이 접근할 수 없도록 하였다. 이것이 옛 임금이 음악을 만든 까닭이다. 그런데 뭐자이(墨翟)가 음악을 비난하고 있으니 어쩌란 말인가(夫樂者, 樂也, 人情之所必不免也. 故人不能無樂. …… 使夫 邪汚之氣, 無由得接焉. 是先王立樂之方也, 而墨子非之, 奈何)! (『순자집해』 권14, 「악론편樂論篇」, 379쪽)

이 인용문의 첫 구절은 "夫樂者, 樂也"(부악자 락야)라고 읽어야 하겠다. 쉰쿠앙은 음악을 연주하면 인간의 사악함과 더러운 기운(邪汚之氣사오지기)을 막을 수 있다고 보았다. 이는 곧 음악이 가지는 정화(purification) 기능을 말한다. 음악이 지닌 정화 기능을 잘 활용함으로써 인간 품성의 도야(陶冶)를 도모한다는 것이다. 이것이 도덕 교육의 일환이 되며, 유가는 이를 매우 효과적으로 이용했다.

참고문헌

『한위총서漢魏叢書』 乾·坤, 명각본(明刻本), 신흥서국, 1970.

이강수, 『중국 고대철학의 이해』, 지식산업사, 2000.

임형석, 『중국 간독시대, 물질과 사상이 만나다』, 책세상, 2002.

띵쓰신(丁四新), 『곽점초묘죽간사상연구郭店楚墓竹簡思想研究』, 동방출판사, 2008.

리링(李零), 『곽점초간교독기郭店楚簡校讀記』, 뻬이징대학출판사, 2002.

리앙타오(梁濤), 『곽점죽간여사맹학파郭店竹簡與思孟學派』, 인민대학출판사, 2008.

리티엔홍(李天虹), 『곽점죽간〈성자명출〉연구郭店竹簡〈性自命出〉研究』, 후뻬이(湖北)교육출판사, 2003.

마티엔시앙(麻天祥), 『중국종교철학사』, 인민출판사, 2006.

쓰마치엔(司馬遷), 정범진 외 옮김, 『사기史記』, 까치, 1994.

왕시엔치엔(王先謙), 『순자집해荀子集解』 上下, 중화서국, 1997.

훵여우란(馮友蘭), 박성규 옮김, 『중국철학사 上』, 까치, 1999.

가노 나오키(狩野直喜), 오이환 옮김, 『중국철학사』, 을유문화사, 1986.

에드워드 윌슨, 이한음 옮김, 『인간본성에 대하여』, 사이언스북스, 2002.

로저 트리그, 최용철 옮김, 『인간본성에 대한 철학적 논쟁』, 간디서원, 2003.

로버트 라이트, 박영준 옮김, 『도덕적 동물』, 사이언스북스, 2003.

제8장
도가사상의 발전과 주앙저우(莊周)의 철학사상

8.1 꾸어띠엔(郭店) 죽간 『태일생수太一生水』의 사상

8.1.1 『태일생수』의 내용 — '태일'이 물을 낳는다

앞에서 이야기한 바와 같이, 1993년 후뻬이 성 징먼 시(荊門市) 꾸어띠엔(郭店)에서 전국(戰國) 시대 초(楚)나라 무덤이 발굴되었다. 무덤 속 대나무 조각에는 『노자老子』(『도덕경』) 갑·을·병의 3조 이외에, 『태일생수太一生水』라고 이름 붙인 자료가 있었다. 『태일생수』의 짧은 글에는 『도덕경』과 흡사한 내용도 있고, 다른 내용도 있다. 이 자료는 『도덕경』과 『논어』 다음에, 『장자』 앞에 나타난 자료로 추정한다. 그러므로 이를 라오딴에서 주앙저우로 건너가는 징검다리로 보고 여기에 소개한다. 『태일생수』는 기원전 350년 앞뒤의 작품으로 본다〔띵쓰신(丁四新), 『곽점초묘죽간사상연구』, 2000〕.

원문

太一生水, 水反輔太一, 是以成天。天反輔太一, 是以成地。天地[復相輔]也, 是以成神明。神明復相輔也, 是以成陰陽。陰陽復相輔也, 是以成四時。四時復[相]輔也, 是以成寒熱。寒熱復相輔也, 是以成濕燥, 濕燥復相輔也, 成歲而止。故歲者, 濕燥之所生也。濕燥者, 寒熱之所生也。寒熱者, [四時之所生也。] 四時者, 陰陽之所生也。陰陽者, 神明之所生也。神明者, 天地之所生也。天地者, 太一之所生也。是故太一藏于水, 行于時, 周而或[始, 以己爲]萬物母 ; 一缺一盈, 以己爲萬物經。此天之所不能殺, 地之所不能埋, 陰陽之所不能成, 君子知此之謂[□, 不知者謂□。■]

번역

'태일'이 물을 낳는다(太一生水). 물은 반대로 태일을 돕는다. 그리하여 하늘을 이룬다(成天). 하늘은 반대로 태일을 돕는다. 그리하여 땅을 이룬다(成地). 하늘과 땅은 다시 서로 돕는다. 그리하여 신명(神明)을 이룬다. 신명은 다시 서로 돕는다. 그리하여 음양을 이룬다. 음양은 다시 서로 돕는다. 그리하여 네 계절(四時)을 이룬다. 네 계절은 다시 서로 돕는다. 그리하여 춥고 뜨거움(寒熱)을 이룬다. 춥고 뜨거움은 다시 서로 돕는다. 그리하여 습기와 건조(濕燥)를 이룬다. 습기와 건조가 다시 서로 도와서, 세월[歲]을 이루고 그친다. 그러므로 세월은 습기와 건조의 낳는 바(所生)다. 습기와 건조는 춥고 뜨거움의 낳는 바다. 춥고 뜨거움은 네 계절의 낳는 바다. 네 계절은 음양의 낳는 바다. 음양은 신명의 낳는 바다. 신명은 하늘과 땅의 낳는 바다. 하늘과 땅은 '태일'의 낳는 바다(天地者, 太一之所生也). 그러므로 태일이 물속에 숨어 있고, 적절한 때[時]에 (맞추어) 규칙적으로 운동하며 순환을 거듭하여 시작한다. 태일은 자신을 만물의 어미[母]로 여긴다. 한번 이지러지고, 한번 가득 차니 자신을 만물의 날줄(經, 규율)로 여긴다. 이는 하늘이 죽이지[殺] 못하는 바요, 땅이 메우지[埋] 못하는 바요, 음양이 이루지 못하는 바다. 군자는 이를 알아서 □라고 부른다. (『태일생수』)

— 위의 자료는 리링(李零)의 저술 『곽점초간교독기郭店楚簡校讀記』(2002)를

참고하여 저자가 한글로 번역한 것이다. 본문 중의 □ ■은 글자가 빠진 부분을 가리킨다.

위에서 말하는 바와 같이 '지극한 하나' 즉 태일은 천지만물의 본원이며, 태초에 물을 낳는다. 천지란 결국 태일의 낳는 바다. 태일은 만물의 어미가 되고 또한 만물이 의지하는 규율이 된다. 앞에서 "태일이 적절한 때에 규칙적으로 운동하며 순환을 거듭하여 시작한다. 태일은 자신을 만물의 어미로 여긴다"(周而或[始, 以己爲] 萬物母)라는 구절은 『도덕경』 제25장 "(도가) 두루 행하지만 위태롭지 않으므로, 천하의 어미가 된다"(周行而不殆, 可以爲天下母)라는 구절과 통한다.

8.1.2 『태일생수』의 중요 개념

『태일생수』 가운데 중요 개념은 '태일', '물', '신명', '천지', '음양' 등이다. 여기서는 앞의 세 가지에 비중을 두고 살펴보도록 한다.

먼저 '태일'이란 무엇을 말하는가? 태일은 우주 발생의 문제를 포함하는 것으로 중국철학에서 '태극'(太極)에 준할 정도로 중요한 개념이다. 태일의 개념은 『도덕경』에서는 보이지 않지만, 『장자莊子』에는 다섯 차례 등장한다. 그러나 "태일이 물을 낳는다"(태일생수)라는 표현은 『도덕경』 제42장에 보이는 "도는 하나를 낳고 하나는 둘을 낳고 둘은 셋을 낳는다. 셋은 만물을 낳는다"(道生一, 一生二, 二生三, 三生萬物)라는 표현과 유사하다.

태일을 별자리로 보는 견해가 있다. 이는 『한서漢書』, 「천문지」에 보이는 "중궁(中宮) 천극성(天極星)은 태일이 상주하는 곳이다"라는 구절에서 근거를 찾을 수 있다. 태일은 아마도 고대인의 숭배 대상이었을 것이다.

한편 태일을 '도'(道) 자체로 보는 견해가 있다. 『여씨춘추』에 "음악의 근원은 멀리 과거로 소급한다. 도량(度量)에서 생기고, 태일에 근본한다. …… 도는 지극한 정인데(至精), 형체가 없고 이름을 붙일 수 없다. 억지로 이름하여 태일이라는 것이다"(『여씨춘추』 권5, 「대악大樂」).

『태일생수』에서 '물'을 강조한 것은 확실히 라오딴의 영향으로 보인다. 『도덕경』 제8장에 보이는, "최고의 선은 물과 같다"(上善若水)라는 표현이 도의 성질을 말해 주는데, 이는 "태일이 물을 낳는다"라는 명제와 통한다. "태일이 물속에 숨어 있다"(太一藏於水)라는 표현은 태일에 신비함을 더해 준다.

끝으로 '신명'이란 무엇을 말하는가? 이 개념은 『예기禮記』, 『순자荀子』, 『할관자鶡冠子』 등에 보인다. 이것은 사람의 신령함의 실체 혹은 생명력 또는 영성(靈性)의 근원 혹은 신묘한 작용 등을 가리킨다. 또한 신명은 고대 중국 종교에서 인간의 운명을 주관하는 초월자의 뜻으로 사용되기도 했다.

『태일생수』는 도가 계통의 서적임이 분명하다. 그 작가를 잘 알 수 없으나, 꾸안인(關尹관윤)의 제자라고 추정하는 학자도 있다(띵쓰신). 『장자』, 「천하」편에 꾸안인과 라오딴의 예를 들어서 이들이 언제나 무유(無有)인 허무를 내세우고 태일을 주로 삼았다(主之以太一)는 구절이 있음을 볼 때, 그 가능성을 점칠 수 있다. 현대 중국학자 리슈에친(李學勤)는, 『태일생수』의 사상은 『도덕경』 이후에 발전한 사상으로 판단한다(리슈에친, 『중국문물보中國文物報』, 1998년 4월 제3판) — 리슈에친과 싱원(邢文)은 『태일생수』를 술수(術數) 및 『주역건착도周易乾鑿道』와의 관련성에서 연구하고 있다. 이는 참위(讖緯)의 영역을 다루는 것으로 '태일생수'의 사상을 더욱 난해하게 만든다.

『태일생수』에 담긴 사상은 현재 연구가 진행 중이다. 윗문장 가운데 저자가 "그러므로 태일이 물속에 숨어 있고, 적절한 때에 (맞추어) 규칙적으로 운동하며 순환을 거듭하기 시작한다. 태일은 자신을 만물의 어미로 여긴다"라고 번역한 "太一藏於水, 行於時" 이하는 글자 일부가 빠져 있는 느낌이다. — 여기서는 새로운 출토 자료로 『태일생수』의 일부를 소개하는 차원에서 그친다. 이 같은 신출토 자료로 말미암아 중국 고대 철학의 상당 부분이 다시 쓰일 필요가 있다고 생각한다.

8.2 주앙저우의 철학사상

세간에서 주앙쯔(莊子장자)라고 부르는 인물 주앙저우(莊周, 기원전 369?~기원전 286?)는 송(宋)나라 몽(蒙) 사람으로 알려져 있다. 현재의 허난 성 상치우 시(商丘市)가 그곳이다. 서양인은 그를 가리켜 라틴어 발음 'cius'를 사용하지 않고, 중국어 발음을 따라서 Chuang Tze라고 부른다. 쓰마치엔의 기록에 의하면 그의 사상은 라오딴에게 귀착한다.

주앙저우는 한때 칠원(漆園, 중국 고대 옻나무를 기르는 농원)의 공무원으로 근무하며 옻나무를 관리한 듯싶은데, 나중에 벼슬을 그만두고 은둔자의 한사람으로 남았다. 초나라 위왕(威王)이 그에 관한 소문을 듣고 재상을 시켜 준다고 유혹했으나, 그는 비단옷을 입고 사당으로 끌려가는 소를 예로 들며, "나는 차라리 더러운 진흙탕 속에서 놀면서 스스로 자유를 즐길지언정, 위정자의 굴레에 매어 있기는 싫다"(쓰마치엔, 정범진 외 옮김, 『사기』, 「노장신한열전」)라고 말했다. 이러한 사람을 가리켜 '방외지사'〔方外之士, 세속의 일을 벗어난 사람 혹은 세상의 예법(禮法)을 무시하고 사는 사람〕라고 말한다.

오늘날 전하고 있는 『장자』라는 책은 3세기경 위진(魏晉) 시대 꾸어시앙(郭象곽상, ?~312)이 편집한 것으로 알려져 있다. 학계에서는 『장자』가 과연 주앙저우의 저술인지 아니면 꾸어시앙의 저술인지 알 수 없다고 본다. 따라서 현존하는 『장자』 33편 가운데 어느 편을 주앙저우가 저술했는지도 알 수 없다. — 꾸어시앙은 '죽림칠현'(竹林七賢)의 한 사람인 시앙시우(向秀상수)가 편집한 『장자』의 주석 일부를 훔쳤다는 의심을 받는다 〔황쉬앤링(房玄齡), 『진서晉書』 권50, 「곽상열전」〕. 이렇게 보면 우리는 꾸어시앙·시앙시우의 주석본 『장자』를 읽는 셈이다.

8.2.1 소요유(逍遙遊) — 자유를 찾는 길

『장자』의 문장은 난해하기 이를 데 없다. 그러나 그 웅혼(雄渾)함은 독서인의 혼(魂)을 빼놓기에 충분하다. 그 중에서도 처음 등장하는 「소요유逍遙遊」편은 절대의 자유를 소망하는 주앙저우의 의지가 담겨 있다.

라오딴과 마찬가지로 주앙저우 철학사상의 기본 범주는 도다. 그런데 주앙저우의 도는 라오딴처럼 분석의 대상이라기보다는 행복을 얻는 수단이다. 그에 의하면 도의 세계에서 노니는 자만이 참된 행복을 얻을 수 있다. 「소요유」의 '소요'란 느릿느릿 걷는 것을 말하며, '유'(遊, 游)란 즐겁게 지냄 혹은 자적을 뜻한다. 한자어 '유유자적'(悠悠自適)이란 이러한 상태를 말한다.

> 북녘 바다에 물고기가 있다. 그 이름을 쿤(鯤)이라 한다. 쿤의 크기는 몇천 리나 되는지 알 수 없다. (물고기가) 변하여 새가 되면 그 이름을 펑(鵬)이라 한다. 펑의 등 넓이는 몇천 리나 되는지 알 수 없다. 힘차게 날아오르면 그 날개는 하늘을 드리운 구름과 같다. …… 펑이 남녘 바다로 날아갈 때, 파도를 일으킴은 3천 리, 회오리바람을 일으킴은 9만 리까지 올라간다. 그리하여 북쪽 바다 상공을 떠나서 6개월을 계속 날아간 뒤에 비로소 한 번 크게 숨을 내쉰다(北冥有魚, 其名爲鯤. 鯤之大, 不知其千里也. 化而爲鳥, 其名爲鵬. 鵬之背, 不知其千里也. …… 鵬之徙於南冥也, 水擊三千里, 搏扶搖而上者九萬里, 去以六月

息者也). (『장자』, 「소요유逍遙遊」; 『역주 장자 1』, 안병주·전호근 공역, 26~29쪽)

주앙저우의 세계는 우화(寓話)와 비유로 가득 차 있어, 그 어마어마한 규모는 상상할 수 없을 정도다. 그가 소망한 것은 자잘한 인간 세계로부터의 해탈(解脫)이며, 이는 절대적 자유의 추구를 말한다. 곧, 자유를 통하여 행복을 얻고자 함이다. 자유를 얻고자 하는 곳은 인위적 세계가 아니라 자연의 세계다. 인위적 세계가 '인'(人)의 세계라면, 자연의 세계는 '천'(天)의 세계다. 전자는 '문명'의 범주에 속하고, 후자는 '자연'의 범주에 속한다.

> 허뿨(河伯하백)가 물었다. "무엇을 자연적인 것(天)이라고 하는가? 무엇을 인위적인 것(人)이라고 하는가?" 뻬이하이르우어(北海若북해약)이 대답하였다. "소와 말은 각기 네 다리를 가지고 있다. 이것이 자연적인 것이다. 말머리에 멍에를 얹고 소의 코에 고삐를 꿰는 것, 이것이 인위적인 것이다"(河伯曰. 何謂天, 何謂人? 北海若曰. 牛馬四足, 是謂天. 落馬首, 穿牛鼻, 是爲人). (『장자』, 「추수秋水」; 『역주 장자 3』, 89쪽)

주앙저우는 이처럼 인위적 문명을 거부하고, 자연적 본성의 세계를 희망한다. 그는 때 묻지 않은 본성에 의지할 때, 행복이 보장된다고 믿는다.

> 그러므로 물오리의 다리가 비록 짧지만, 그것을 (길게) 이어 주면 괴로워할 것이요, 두루미의 다리는 길지만, 그것을 (짧게) 잘라 주면 슬퍼할 것이다(是故, 鳧脛雖短, 續之則憂. 鶴脛雖長, 斷之則悲). (『장자』, 「변무騈拇」; 『역주 장자 2』, 20쪽)

주앙저우의 이야기는 이 같이 우화로 가득하다. 그가 우화에서 말하고자 함은 각자의 본성에 의지하여 소요를 즐기는 상태다. 소요 속에서 유유자적함으로써 자유를 얻는다는 뜻이다. 그에게 유토피아는 소요, 느림, 느긋함 등의 세계에서 찾을 수 있는 그 무엇이다. 그는 이를 '무하유지향'(無何有之鄕)이란 말로 표현했다.

> 후이쯔(惠子혜자)가 주앙저우에게 말하였다. "내게 큰 나무가 있는데, 사람들이 이를 가죽나무[樗]라고 합니다. …… 길에 서 있지만 목수가 거들떠보지도 않아요. 그런데 그대의 말은 (나무가) 크기만 했지 쓸모가 없어 모두 외면한다고 하는군요." 주앙저우가 말하였다. "그대는 너구리나 살쾡이를 보지 않았소? 몸을 낮추고 엎드리고 이리저리 뛰고 높고 낮음을 가리지 않다가 (결국은) 덫에 걸려 죽고 말아요. …… 지금 그대에게 큰 나무가 있는데, 쓸모없음을 걱정하고 있소. 그렇다면 그것을 '아무것도 없는 허무(虛無)의 고을'(無何有之鄕), 끝없이 펼쳐진 광막(廣漠)한 들판에 그 나무를 심어 놓고, 그 옆에서 아무 일도 하는 일이 없이 방황하거나 그 그늘 아래 유유히 누워서 잠을 자지 못하는 것이요? 도끼에 찍히는 일이나 누가 해치는 일이 결코 없을 것이오. 어찌 쓸모가 없다고 괴로워한단 말이오!" (『장자』, 「소요유」; 『역주 장자 1』, 62쪽)

윗글에서 말하는 '아무것도 없는 허무의 고을' 즉, '무하유지향'이 주앙저우가 소망하는 유토피아다. 이는 물리적 공간(space)을 말하는 것이 아니라, 일종의 심리적 공간(여백)으로 볼 일이다. 사실 물리적으로 아무것도 없는 허무의 고을을 만나는 일은 불가능하다. — 여기서 주앙저우가 말하는 허무란 현대인의 심리적인 허무의 감정이라기보다 순수한 세계라고 보아야 한다. — 그러므로 무하유지향이란 소요, 느림, 느긋함이 보장되는 세계를 가리킨다. "그 옆에서 아무 일도 하는 일이 없이 방황하거나 그 그늘 아래 유유히 누워서 잠을 자지 못하는 것이요?"(彷徨乎無爲其側,

逍遙乎寢臥其下)라고 그려 볼 수 있는 상태를 말한다. 이는 생활의 여백이 보장되는 현대의 웰빙(well being) 생활일지 모른다. — 주앙저우가 말하는 무하유지향을 물리적 공간의 상태로 보면, 캘리포니아 바닷가에 수영장이 달린 저택을 가진 사람들이 사는 곳일 듯싶다. 그러나 그들에게 정신적인 소요, 느림, 느긋함이 보장되는 것인지는 별개의 문제다.

8.2.2 제물론(齊物論) — 기준의 문제

주앙저우는 라오딴처럼 도를 중시한다. 세상에는 선악(善惡), 시비(是非), 영욕(榮辱), 미추(美醜), 길흉(吉凶), 생사(生死) 등의 경계가 존재한다. 이들은 서로 대립하고 갈등하는데, 이 같은 대립을 타파하고 하나로 고르게 돌아감 즉, 제일(齊一) 혹은 만물제동(萬物齊同)의 세계가 『장자』, 「제물론」편의 이상이다. '제물'(齊物)이라고 말할 때, '물'(物)은 사물 또는 만물의 의미인 명사로 쓰이고 있으며, '제'(齊)는 가지런하게 하다 혹은 균일하게 하다라는 뜻의 동사로 사용되고 있다. 제물의 이면에 도가 자리 잡고 있다. 그러므로 제물론이란 '사물을 균일하게 함을 논한다'라는 뜻이다. 이는 기준의 문제다.

「소요유」편이 절대의 자유를 소망하고 인간 행복의 문제를 다룬다면, 「제물론」편은 인간의 지식에 대하여 서술한다. 주앙저우에 의하면 지식에는 낮은 단계와 높은 단계가 있다. 이 두 가지 경향을 나누어서 설명한다.

① 낮은 단계의 지식 — 지식의 상대성, 유한성(有限性)

사람이 안다는 것은 무엇을 말하는가? 철학에서는 이를 '인식'의 문제라고 보는데, 지식은 인간의 언어를 통하여 전달된다. 주앙저우는 먼저 지식의 대소(大小)와 언어의 대소를 언급한다.

큰 지식(지혜)은 한가하고 너그럽다. 작은 지식(지혜)은 자잘한 것을 분별한다. 훌륭한 말(大言)은 담담하다. 잔말(小言)은 이러쿵저러쿵 시끄럽다(大知閑閑. 小知間間. 大言炎炎. 小言詹詹). (『장자』, 「제물론」; 『역주 장자 1』, 73쪽)

이와 같이 지식은 언어를 통하여 습득되며, 언어는 어떤 뜻을 지닌다. 그리하여 선악, 시비, 영욕, 미추, 길흉 및 생사까지도 언어를 통하여 판단되고 설명되며 상대방에게 전달된다. 소통되지 않는 언어는 무의미하다. 그런데 위의 개념을 놓고 우리가 핏대를 올리며 논쟁을 벌이는 까닭은 무엇인가?

만일 나와 그대가 변론을 한다고 하자. 그대가 나를 이기고 내가 진다면, 그대가 과연 옳고 내가 과연 그른가? 내가 그대를 이기고 그대가 진다면, 내가 과연 옳고 그대가 과연 그른가? 우리들 중에 한 사람은 옳고 한 사람은 그른가? 아니면 우리 둘이 모두 옳거나 모두 다 그른가? 나와 그대는 서로 알 수 없다. 사람들도 어두움에 가리어 알지 못하거늘 우리는 누구에게 시비를 가려 달라고 할 것인가? 만일 그대와 의견이 같은 자에게 가려 달라고 하면, 이미 그대와 (견해가) 같은데 어떻게 공정한 판단을 할 수 있겠는가? 만일 나와 의견이 같은 자에게 가려 달라고 하면, 이미 나와 (견해가) 같은데 어떻게 공정한 판단을 할 수 있겠는가? …… 그렇다면 나도 그대도 남도 할 것 없이 모두 서로 (누가 옳은지 누가 그른지) 알 수 없다. 누구에게 (시비를) 가려 달라고 할 것인가(旣使我與若辯矣. 若勝我, 我不勝若, 若果是也, 我果非也邪? 我勝若, 若不勝吾, 我果是也, 而果非也邪? 其或是也, 其或非也邪? 其俱是也, 其俱非也邪? 我與若, 不能相知也. 則人固受其黮闇, 吾誰使正之? 使同乎若者正之, 旣與若同矣, 惡能正之? 使同我者正之, 旣同乎我矣, 惡能正之? …… 然則我與若與人, 俱不能相知也. 而待彼也邪)? (『장자』, 「제물론」; 『역주 장자 1』, 120～121쪽)

이처럼 주앙저우는 인간 지식의 상대성과 유한(有限)함에 대하여 웅변적으로 말했다. 그는 인간의 지식이란 유한한 관점에 근거하므로, 모든 관점 자체가 상대적일 수밖에 없다고 주장한다. 일상생활에서 나타나는 시비 판단은 대개 권력자의 견해로 기울기 마련임을 생각할 때, 주앙저우의 이야기는 현재도 타당하다.

② 높은 단계의 지식 — 고차원의 관점

그렇다면 인간의 지식이 어차피 유한한 관점에 근거하고 있다고 해서 절망하고 말 것인가? 주앙저우는 아니라고 말한다. 그는 인위적인(人) 관점이 아닌 자연(天)의 관점에 비추어 판단해야 한다고 한다.

> 사물은 저것(彼) 아닌 것이 없고 또 이것(是) 아닌 것이 없다. 스스로 자기를 저것이라면 알 수 없지만, 자기가 자기에 대해서만 알 뿐이다. …… 이것도 저것이고, 저것도 이것이다(是亦彼也, 彼亦是也). 저것은 저것의 시비가 있고, 이것은 이것의 시비가 있다. 과연 이것과 저것의 구별이 있는가? 과연 이것과 저것의 구별은 없는가? 이것과 저것의 상호 대립을 없애는 경지를 가리켜 '도추'(道樞, 道의 지도리)라고 말한다. 도추를 얻는 것은 마치 원의 중심을 붙잡는 것과 같아서 무궁한 변화에 대응할 수 있다. 옳음[是]도 무궁한 변화의 하나이요, 그름[非]도 무궁한 변화의 하나다. 그러므로 (옳고 그름을 넘어서 꿰뚫어 보는) "명석한 인식(認識)으로 판단하는 것보다 더 나은 방법은 없다"(莫若以明)라고 말하는 것이다(物無非彼, 物無非是. 自彼則不見, 自知則知之. …… 彼是莫得其偶, 謂之道樞. 樞始得其環中, 以應無窮. 是亦一無窮, 非亦一無窮, 故曰. 莫若以明). (『장자』, 「제물론」; 『역주 상사 1』, 83~86쪽)

위의 문장에서 중요한 개념은 '도추'다. '추'(樞)란 문 지도리를 말하며,

사물의 가장 중요한 부분을 가리킨다. 자동차에 비유하면 핸들(steering wheel)이다. — 로마 교황청 소속의 사제를 '추기경'(樞機卿)이라고 부르는 것은 이들이 천주교 교단의 가장 중요한 중심인물이기 때문이다.

사람의 시비는 끝이 없고, 판단은 결코 쉬운 일이 아니다. 그러나 할 수 있다면, (그렇게 해야 하는 일이지만) 도의 관점에서 만물을 관찰하도록 훈련을 쌓는 일이 중요하다. 도의 관점에서 만물을 관찰하는 일은 유한을 넘어서 '고차원'(高次元)의 관점에서 만물을 관찰한다는 뜻이다. 이것이 주앙저우가 말하는 높은 단계의 지식(고차원의 지식)이다. — 서양 철학자 바루흐 데 스피노자(Baruch de Spinoza, 1632~1677)는 사물을 '영원의 상(相) 아래에서'(under a certain species of eternity) 인식해야 한다고 주장했다. 이는 사물을 우연적이거나 고립적인 것으로 보지 않고 필연적인 연관성에서 관찰하는 것으로 해석된다. 이것이 주앙저우의 고차원의 지식과 흡사하다고 생각한다(자세한 내용은 후술).

> 사물은 본래 그러한 까닭(所然)이 있고, 또 본래 그럴 수 있는 것(所可)이 있다. 어떤 사물이든 그렇지 않은 것이 없고, 어떤 사물이든지 가(可)하지 않은 것은 없다. 그러므로 작은 풀[莛]과 나무 기둥[楹], 문둥병 환자와 시스(西施 서시)라는 미녀를 예로 든다면 괴이한 대조이지만, '도'의 입장에서는 모두 통하여 하나가 된다(道通爲一). (한쪽에서의) 나뉨(分)은 (다른 쪽에서는) 이루어짐(成)이며, (한쪽에서의) 이루어짐은 (다른 쪽에서는) 허물어짐(毁)이다. 무릇 모든 사물이 이루어지든지 혹은 허물어지든지 간에 다 같이 하나이다(物固有所然, 物固有所可. 無物不然, 無物不可. …… 其分也成也, 其成也毁也. 凡物無成與毁, 復通爲一). (『장자』, 「제물론」; 『역주 장자 1』, 87~88쪽)

주앙저우의 사고에 의하면, 세상에서 발생하는 나뉨과 이루어짐 혹은 건설과 파괴 등은 모두 상대적이다. 도의 관점에서는 모든 것이 통하여 하나가 된다. 그러므로 도추(도의 지도리)의 관점에서 보면, 하늘과 땅도 하나의 손가락이고 만물도 한 마리의 말[馬]이다("天地一指也, 萬物一馬也", 『장자』, 「제물론」). 주앙저우는 이렇게 도의 관점에서 통일적으로 보는 사람을 가리켜 '진인'(眞人)이라고 한다.

이와 같은 주앙저우의 고차원의 지식은 스피노자의 경우에는 '직관지'(直觀知)라고 표현된다. 직관지란 사물을 통일적으로 보는 지식이다. 우리는 여기서 스피노자의 신(神, 自然)과 직관지, 주앙저우의 사고와의 관계를 살펴보도록 한다.

스피노자에 의하면, 우주(존재)는 광막한 대자연의 체계다. 이 '대자연'은 곧 실체(實體, substance)이며 동시에 신이다. 신은 자기원인(自己原因, causa sui)이며 또한 내재(內在)하는 존재(causa immanens)다. 철학에서는 이를 범신론(汎神論, Pantheism)이라고 부른다. 그의 대표적인 저서는 『윤리학*Ethica*』이다.

아리스토텔레스에 의하면 세계는 신의 의지가 개입된 목적론적인 체계다. 그러나 스피노자에게 자연(神)은 목적이 있는 것이 아니다. 아리스토텔레스의 철학을 기반으로 하는 그리스도교는 창조자의 의지를 중시하는데, 스피노자가 말하는 신(deus)은 인격신이 아니다. — 아리스토텔레스는 신을 창조자로 언급하지 않았다.

스피노자에 의하면 세계는 실현해야 할 목적이 없으며 신성한 의무도 없다. '완전'이니 '불완전'이니 혹은 '좋다'느니 '나쁘다'느니 하는 근거도 없다. 세계는 신 혹은 자연이라고 부르는 영원한 필연성에 따라서 움직인다. 이 같은 자연의 필연성에 대한 사고는 곧 주앙저우의 「제물론」의 사고와 매우 유사하다.

스피노자는 '자아의 본질'을 잘 지켜 감을 보람 있는 삶으로 여겼다. 자아를 지키는 사람이 곧 자유인이다. 자유인은 곧 지자(知者)이며, 지자는 바로 자유인이다. 그에 의하면 지식에는 속견(俗見), 과학적 지식, 직관지

등 세 가지가 있다. 직관지(scientia intuitiva)는 자연 전체를 통일체로 파악하는 종합적인 지식을 말한다. 인생의 불행이란 무지(無知)에서 오는데, 부분을 독립된 실체로 오인하는 무지, 만물의 필연성을 간과하는 무지가 그것이다.

주앙저우가 말하는 고차원의 지식은 스피노자에게 직관지와 유사하다. 이는 『윤리학』 제5부 명제 6의 "마음은 사물이 필연적이라는 사실을 이해하는 한, 감정보다 더욱 강한 힘을 가지며 감정에 덜 속박된다"라는 글과 명제 42의 "은총은 덕(德)의 보상이 아니다. 은총은 덕 그 자체다. 우리가 욕망을 극복한다고 해서 그것을 즐기거나, 반대로 우리가 욕망을 극복할 수 있다는 점에 대하여 기뻐하거나 하는 그 두 가지가 모두 아니다"라는 이야기와 같다.

즉 고차원의 지식이란 사물의 필연성을 인식하는 지식이며, 세상의 고통을 벗어나는 지식이다. 말[言]의 의미에서 이런 경지에 들어선 인간이 주앙저우가 말하는 진인(眞人)이라고 생각한다.

8.2.3 물화(物化) — 나비의 꿈

「제물론」의 끝 부분에 『장자』 전반을 통하여 가장 유명한 구절이 등장한다. 이 이야기는 '나비의 꿈'(胡蝶之夢호접지몽)으로 알려져 있다.

> 옛날에 주앙저우는 꿈속에서 나비가 되었다. 훨훨 날아다니는 나비였는데 스스로 유유자적하며 즐기면서도 자기가 주앙저우라는 것을 깨닫지 못했다. 문득 깨어 보니 갑자기 주앙저우가 되어 있었다. 알지 못하겠다. 주앙저우의 꿈에 나비가 된 것일까? 아니면 나비의 꿈에 (나비가) 주앙저우가 된 것일까? 주앙저우와 나비 사이에는 반드시 구별이 있(어야 할 것이)다. 이것을 일러 '물화'(物化)라고 한다(昔者, 莊周夢爲胡蝶. 栩栩然蝶胡也. 自喩適志與, 不知周也.

俄然覺, 則蘧蘧然周也. 不知. 周之夢爲胡蝶與. 胡蝶之夢爲周與. 則必有分矣, 此之謂物化). (『장자』, 「제물론」; 『역주 장자 1』, 126쪽)

이 이야기는 한 편의 시(詩) 혹은 그림 같은 인상을 준다. 예술적인 내용이지만 동시에 철학을 담고 있다. '물화'의 개념이 그것이다. 「제물론」의 맨 끝 구절을 물화로 한 것은 의미가 깊다. 『장자』를 영역한 버튼 왓슨(B. Watson)은 이 개념을 "Transformation of Things"라고 번역했다.

물화란 현존하는 세계의 개개 사물이 제각기 독립하여 하나의 독특한 존재를 구성하면서도, 동시에 하나의 전체적인 정체(整體)를 이루고 있음을 말한다. 이는 주앙저우 제물론 철학의 마지막 이상이다. 그것은 주앙저우와 나비가 꿈과 현실을 넘나들며 공존하는 세계다. 주앙저우와 나비 사이에는 "어떤 구별이 있어야 하지만"(must be some distinction) 동시에 주앙저우가 나비가 되고 나비가 주앙저우가 되는 그러한 세계다. 훵여우란은 말한다. "만물이 비록 서로 동일하지 않지만, 통일하여 하나의 정체를 이루고 있으니 곧 '통하여 하나가 됨'(通爲一)을 말하는 것이다"〔츠엉환(程帆), 『나는 훵여우란의 철학강의를 들었다』, 2002〕. 이것이 곧 물화의 세계다.

8.3 상하이박물관 죽간『항선恒先』의 우주생성론

오랫동안 도가철학에서 우주생성 이론을 갖춘 것은 『도덕경』뿐이라고 알려져 있었다. 그러나 1993년 꾸어띠엔에서 발견된 죽간 『태일생수』와 1994년 상하이박물관이 입수한 죽간 『항선恒先』으로, 이미 전국 시대에 『도덕경』 이외에 우주생성론을 갖춘 도가 사상이 여러 가지가 존재했다는 사실이 밝혀졌다. — 『태일생수』는 기원전 350년 앞뒤의 작품으로 여겨지고, 『항선』은 기원전 373년~기원전 243년 사이에 성립된 것으로 추정한다.

상하이박물관(上博) 초간(楚簡) 『항선』은 도가 계통으로 확인되었고, 전국 시대 후기 주앙쯔학파(莊子學派)에 의해서 저술된 것으로 여겨진다 〔띵쓰신(丁四新), 「초간《항선》장구석의楚簡《恒先》章句釋義」, 2008〕. 그러므로 여기서는 주앙저우에 이어서 『항선』을 소개한다. 상편(上篇)의 제1장과 제2장을 묶어서 번역하면 다음과 같다. — 자료 해독의 문제가 있으므로, 여기서는 먼저 원문을 제시하고, 두 사람의 번역을 동시에 소개한다.

원문

恆先無有, 樸, 靜, 虛。

朴, 大樸, 靜, 大靜, 虛, 大虛。

自厭, 不自忍 ; 或作。

有或焉有氣, 有氣焉有有, 有有焉有始, 有始焉有往者。

未有天地, 未有作行, 出生虛靜。

爲一若寂, 夢夢靜同, 而未或明, 未或滋生。

氣是自生, 恒莫生氣。

氣是自生自作。恒氣之生, 不獨, 有與也。

或, 恒焉。生或者同焉。

— 원문의 출처는 롱쥐(龍樸)의 《簡帛硏究》網(www.bamboosilk.org/ www.jianbo.org), 「恒先試讀」, 2004. 4. 26.

A 띵쓰신(丁四新, 2008)의 번역

'항'〔恒, 불변의 도체(道體)〕의 이전에는 '유'(有)가 없었다(恒先無有). 그것은 일종의 질박함[質], 고요함[靜], 허무[虛]의 상태였다. 질박함은 아주 특별한 질박함(大質)이었고, 고요함은 아주 특별한 고요함(大靜)이었고, 허무는 아주 특별한 허무(大虛)였다. (도의 본체로서) 항은 스스로 만족하지만, 다만 자신을 억제하지 않아서 여기에 '혹'(或)이 생겨났다. 혹이 있고 나서 '기'(氣, 천지 만물의 근원)가 있게 되었고, 기가 있고 나서 '유'(有, 존재 상태)가 있게 되었고, 유가 있고 나서 '시'(始, 기의 나타남)가 있게 되었고, 시가 있고 나서 '왕'(往, 기의 사라짐)이 있게 되었다. 천지가 아직 출현하기 전에 또 어떤 동작이 있기 전에, 허무와 고요함이 태어났다. (허무와 고요함은) 고요하고(寂寥), 혼란하여 어둡고(不明) (도와) 분리되지 않은 모습이다. 그러나 아직 밝아지지 않았고, 만물이 번성하지 않았다. 기는 실질상 자생(自生, 化生의 뜻)하고, 항이 기를 생겨나게 하는 것은 아니다. 기는 스스로 생겨나고 동작한다. '항기'(恒氣)가 생겨남에 홀로 있는 존재가 아니고, 사물[物]과 더불어 존재한다(恒氣之生, 不獨, 有與也). 혹(或)은 또한 항(恒)이다. 혹을 탄생시키는 자는 '도'(道)와 분리되지 않는다.

B 차오훵(曹峰, 2006)의 번역

'항'(恒)의 이전에는 어떠한 존재물도 없었다(恒先無有). 그것은 일종의 순수함[樸], 고요함[靜], 허무[虛]의 상태였다. 순수함은 (보통의 순수함이 아니라) 아주 큰 순수함(大樸)이었고, 고요함은 (보통의 고요함이 아니라) 아주 큰 고요함(大靜)이었고, 허무는 (보통의 허무가 아니라) 아주 큰 허무(大虛)였다. (도의 본체가) 스스로 만족하고 또 스스로 억압한 결과, '혹'(或, 모종의 불확실한 물건)이 생겨났다. 혹이 있고 나서 '기'(氣)가 있게 되었고, 기가 있고 나서 '유'(有, 확정적인 물건)가 있게 되었고, 유가 있고 나서 '시'(始)가 있게 되었고, 시가 있고 나서 '왕'(往, 시간의 왕복)이 있게 되었다. 〔항선유무(恒先無有)의 상태에서〕 천지가 아직 출현하지 않았으며, 어떤 동작[作], 실행[行], 나아감

[出], 태어남[生]의 행위도 없었다. 허무, 정적이 혼연하여 나뉘지 않은 것이 마치 고요하고(寂寂), 어둡고(冥冥), 혼돈한 모습과 같았다. 정적(靜寂)이 혼동하여, 낮과 밤이 출현하지 않았고 만물이 번성하지 않았다. 기는 스스로 태어나는 존재고, 항이 기를 생겨나게 하는 것은 아니다. 기는 스스로 생겨나고 동작한다. 항과 기가 생성됨에 홀로가 아니고 더불어 생성되었다(恒氣之生, 不獨有與也). (불확정한 존재인) 혹(或)은 불변의 종극적이다. 불변의 종극적인 혹의 태어남과 불변의 종극적인 기의 태어남은 서로 같다.

위의 저자의 한국어 번역 가운데 후반부의 "'항기'(恒氣)가 생겨남에 홀로 있는 존재가 아니고, 사물[物]과 더불어 존재한다"(恒氣之生, 不獨, 有與也)라는 번역에는 이설(異說)이 있다. 리아오밍춘(廖名春)은 항기를 각기 독립된 글자로 보고, "'항'과 '기'는 태어남에 홀로가 아니고, 더불어 생성되었다"(恒·氣之生, 不獨有與也)라고 해석한다. 리루이(李銳)는 항기를 연사(連詞)로 인정하지 않는 점에서 리아오밍춘과 의견을 같이하지만, 이 구절을 "恒·氣之生(性)"으로 보아서, "'항'과 '기'의 본성이 홀로가 아니고 함께(共) 있다"라고 번역했다.

리링을 포함한 다른 연구자들의 이 구절에 대한 해석은 《간백연구망》(www.bamboosilk.org) 혹은 '우한대학(武漢大學) 간백연구중심'(www.bsm.org.cn)의 사이트를 참고하면 도움이 된다.

『항선』에는 일종의 우주생성론에 관한 형이상학적 의미가 담겨 있다. 자료의 불완전성에도 불구하고, 이는 철학 방면에서 중요성을 지닌다. 여기에서 말하는 항(恒)은 도(道)의 본체를 가리킨다고 본다. 이는 훗날 성리학의 중요한 개념으로 자리 잡은 '태극'과 유사하다. 항은 문자 그대로 불변의 그 무엇(a something unchangeable)이다.

항은 용어상 그 무엇이므로 '혹'(或)으로도 표현된다. 그런데 중요한 것은 '기'(氣)다. 기는 천지 만물의 근원으로 이것이 있고 나서 일종의 존재

상태인 '유'(有)가 있게 되고, 유가 있고 나서 '시'(始)가 있고, 시가 있고 나서 '왕'(往)이 생겼다. 펑쓰신은 시를 기가 나타나는 것으로, 왕을 기의 사라짐으로 해석했다.

중요한 것은 기는 스스로 있는 어떤 에너지고, 항이 태어나게 하는 것이 아니라는 점이다. 항 또는 혹이란 인간의 오감(五感) 능력으로 파악할 수 없는 그 무엇이다. 우리는 이 추상 개념을 인간의 선험적인 인식 능력에 호소할 수밖에 없다.

『항선』은 자료가 불완전한데도 불구하고, 중국 고대인의 우주 생성론에 관한 초보적인 철학적 사유의 전개가 보인다. 이 점에서 기존의 자료인 『노자』(『도덕경』) 혹은 『장자』 등과 함께 의미를 지닌다고 연구자들이 주장한다.

타이완(臺灣)대학의 린이정(林義正) 교수가 정리한 『항선』에 담긴 우주 생성론에 대한 술어를 다른 자료와 비교하면 다음과 같다(린이정, 「논《항선》적우주사유論《恒先》的宇宙思維」, 한·중 철학 문화 국제학술회의, 《새로운 자료와 새로운 시각》, 성균관대학교 유교문화연구소, 2009. 2.).

- 『역전易傳』 : 천지(天地) ← 태극(太極)
- 『노자』 : 천지 ← 도(道)
- 『문자文子』 : 천지 ← 기(氣)
- 『관윤자關尹子』 : 천지 ← 물[水] ↔ 태일(太一)
- 『열자列子』 : 천지 ← 역(易) ← 태극
- 『회남자淮南子』 : 천지 ← 기 ← 우주 ← 허확(虛霩)
- 『항선』 : 천지 ← 유(有) ← 기 ← 혹(或) ↔ 항(恒)

참고문헌

안동림 역주, 『장자』, 현암사, 1993.

안병주·전호근 공역, 『역주 장자』 1·2·3, 전통문화연구회, 2002~2005.

왕삐(王弼), 임채우 옮김, 『왕필의 노자』, 예문서원, 1997.

이강수, 『중국 고대철학의 이해』, 지식산업사, 2000.

임형석, 『중국 간독시대, 물질과 사상이 만나다』, 책세상, 2002.

최재목 역주, 『노자』, 을유문화사, 2006.

쓰마치엔(司馬遷), 정범진 외 옮김, 『사기史記』, 까치, 1995.

잔스추앙(詹石窗), 『신편중국철학사』, 중국서점, 2007.

자오라이쿤(趙來坤), 『노자여함곡관老子與函谷關』, 중주고적출판사, 2002.

저우리성(周立升), 『노자적지혜老子的知慧』, 허뻬이(河北)인민출판사, 1997.

츠언꾸잉(陳鼓應), 『노자금주금역老子今注今譯』, 상무인서관, 2004.

지앙시츠앙(蔣錫昌), 『노자교고老子校詁』, 츠엉뚜(成都)고적서점, 1988.

르언화르옹(任法融), 『도덕경석의』, 여강출판사, 1999.

츠엉환(程帆), 『나는 훵여우란의 철학강의를 들었다我聽馮友蘭講中國哲學』, 중국치공(致公)출판사, 2002.

리링(李零), 『곽점초간교독기郭店楚簡校讀記』, 뻬이징대학출판사, 2002.

징원(邢文), 『곽점노자여태일생수郭店老子與太一生水』, 학원출판사, 2005.

띵쓰신(丁四新), 『곽점초묘죽간사상연구郭店楚墓竹簡思想研究』, 동방출판사, 2000.

차오훵(曹峰), 『상박초간사상연구上博楚簡思想研究』, 만권루도서유한공사, 2006.

띵쓰신(丁四新), 「초간《항선》장구석의楚簡《恒先》章句釋義」, 《간백연구》망(www.bamboosilk.org), 2004. 7. 25.

리아오밍춘(廖名春), 「상박장초죽서《항선》간석上博藏楚竹書《恒先》簡釋」, 《간백연구》망(www.bamboosilk.org), 2004. 4. 19.

리루이(李銳), 「독《항선》찰기讀《恒先》札記」, Confucius2000(www.confucius2000.com), 2006. 8. 13.

한 · 중 철학 문화 국제학술회의, 《새로운 자료와 새로운 시각》, 성균관대학교 유교문화연구소, 2009. 2.

미조구치 유조(溝口雄三) 외, 『중국사상문화사전』, 민족문화문고, 2003.

질 들뢰즈, 박기순 옮김, 『스피노자의 철학』, 민음사, 2004.

제9장
상양(商鞅) 및 한훼이(韓非)와 법가의 발전

9.1 상양의 세계관

9.1.1. 철학사적 위치

역사학자의 분석에 의하면, 중국 고대 춘추 전국 시대는 혼란과 무질서, 급격한 변화의 시기였다. 변화의 시기에는 사회 윤리(기강)가 무너지고 개인의 행동 기준이 흔들리며, 약육강식(弱肉强食)의 질서가 나타난다. 이것을 가리켜 '무질서 속의 질서'라고 말할 수 있다.

쓰마치엔의 『사기』에 의하면, 상양의 성은 꽁쑨씨(公孫氏공손씨)고 이름은 양(鞅)이며, 위(衛)나라의 왕손 출신이다. 그의 생몰년은 학자들 사이에서 일치되지 않고 있다. 대략 기원전 390년에 태어나서, 기원전 338년에 세상을 떠났다고 추정한다. 츠언치티엔(陳啓天)은 『상양평전商鞅評傳』에서 "그의 출생은 알 수 없다"라고 말하고 있으나, 여기서는 샤오꽁취앤(蕭公權)의 견해를 취한다〔샤오꽁취앤(蕭公權), 최명 옮김, 『중국정치사상사中國政治思想史』, 1998〕.

꽁쑨양(公孫鞅공손앙)의 시기 앞뒤로 멍커(孟軻), 주앙저우(莊周), 양주

(楊朱) 등이 살았으며, 진(秦) 효공(재위 기원전 361~기원전 338) 때 등용되어 자신의 뜻을 펼쳤으나, 효공이 죽자 혜왕(惠王)에 의하여 모반을 꾀했다는 죄목으로 비참한 죽음을 당했다.

쓰마치엔의 『사기』 권68, 「상군열전」에 의하면, 꿍쑨양, 즉 상양은 젊어서 '형명지학'(刑名之學)을 좋아했다고 한다. 형명지학이란 법가의 학문을 말한다. 제자백가를 놓고 볼 때, 그의 학문적 연원은 법가 계통이다.

일반적으로 유가가 정면(正面) 철학으로 예(禮)를 숭상한 데 비하여, 법가는 반면(反面) 철학으로서 법(法)을 존중했다. ― 김충렬은 유가를 중국 문화의 정면으로 간주할 때 이와 대비되는 반면 사상으로 법가·병가·음양가·황로 사상 등을 들었다(김충렬, 『중국철학사 1』, 1994).

법가 철학이란 꾸안종(管仲관중, ?~기원전 645)에서 근원한다. ― 김충렬은 꾸안종을 법가가 아니라고 하나, 저자는 『중국대백과전서中國大百科全書』, 〈철학 1〉(1987), 후앙꿍웨이(黃公偉)의 『법가철학체계지귀法家哲學體系指歸』(1982), 가노 나오키(狩野直喜) 『중국철학사』(1986) 등의 설명에 의거하여, 그를 조기(早期) 법가 사상의 선구로 본다. ― 그러나 상양이 형명지학을 좋아했다고 하여, 시기가 앞선 꾸안종에게서 직접적 영향을 받았다는 증거는 발견되지 않았다.

상양은 법가의 태두로 지목되는 리쿠이(李悝이회, 李克)의 영향을 받았다고 본다. 이춘식은 상양이 "어려서부터 형명학을 좋아하여 리쿠이에게 사사하였다"라고 말하고 있다. 이춘식, 『황원구 교수 정년기념논총―동아시아의 인간상』, 1995). 그러나 상양은 리쿠이의 『법경法經』을 배운 것이지 직접 그에게 사사한 것은 아니다. 『법경』은 곧 형명지학의 속하는 책이다. ― 리쿠이, 즉 리커(李克)는 누구인가? 『한서漢書』 권30, 「예문지」, 〈유가〉편에, 리커의 저서 7편이 기술되어 있다. 빤꾸(班固반고)에 의하면, 그는 콩치우의 제자인 쯔시아(子夏자하, 卜商)의 제자였다.

상양은 또 우치(吳起오기)의 영향을 받았다. 쉬카이(徐凱)는 상양이 위나라에 도착했을 때, 이미 리커와 우치는 세상을 떠나고 없었고 상양은 이들의 변법 경험을 연구하여 법가학설을 실천하려고 마음먹었다고 말한다. 『사기』 권65, 「손자오기열전」에 의하면, 우치는 출세를 위하여 아내를 죽인 인물이다. 다른 한편으로 그는 병사의 독창(毒瘡)을 빨아 주어 군대의 사기(士氣)를 높인 인물이다.

이 같은 내용을 볼 때, 상양은 '유가'의 분파인 리쿠이 및 우치의 법가사상에 영향을 받았으며, 선뿌하이(申不害신불해) 및 선따오(愼到신도)와 함께 전기(前期) 법가에 속한다. — 법가를 전기와 후기로 나누는 것은 편의상의 구별이다. 중국 학계는 한훼이(韓非, 기원전 280?~기원전 233?) 이전의 시기를 전기로 본다. 예를 들어 쩡전위(曾振宇)는 『전기법가연구前期法家硏究』에서 상양, 선뿌하이, 선따오만 연구하고 있다. — 상양은 법가의 대표자인 한훼이에게 직접적인 영향을 준 점에서 법가 철학의 형성에 크게 기여했다.

9.1.2 상양의 세계관

훵여우란에 의하면, 철학적 사유는 하나의 이론적 사유다. 이 활동 가운데 이해, 보는 방법(看法) 또는 태도 등이 나타나는데, 인간의 세계관은 그와 같은 이론 사유의 연장에서 가능하다(훵여우란, 『중국철학사신편』 제1책). 철학자의 모든 저술은 자신의 세계관을 반영한다. 헤겔의 『정신현상학』이 그 자신의 세계관을 반영한다면, 스피노자는 『윤리학』으로 자신의 세계관을 설명한다.

상양의 세계관을 탐색하는 작업은 그의 철학 또는 변법 사상을 이해하려는 기본적인 연구다. 상양의 저서로 알려진 『상군서商君書』(혹은 『상자商子』)는 그의 세계관을 들여다볼 수 있는 기본 자료다. — 현존하는 『상군서』 24편의 작자가 누구인지에 대해서 학계의 의견이 일치하지 않는다.

다만 쓰마치엔이 『사기』에서, "상군(商君)이 저술한 「개색開塞」, 「경전耕戰」 등을 읽었다"라고 기술했으므로, 그의 저작설을 부정할 수는 없다.

상양의 시대는 무질서한 시기였다. 이때의 무질서란 먹거리의 확보를 위하여 인간관계의 갈등이 첨예했다는 뜻이다. 상양이 보기에 이 같은 시대에 야오(堯)·순(舜)·위(禹) 임금이 사용했던 방식은 시대에 뒤떨어진 폐물(obsolete)이었다(Benjamin I. Schwartz, *The World of Thought in Ancient China*, 1985). 따라서 가혹한 쟁취만이 생존경쟁에서 살아 남을 수 있는 길로 파악되었다.

상양의 세계관을 이해하기 위하여, 그가 인간의 본성을 어떻게 이해했는가라는 점과 그의 시기에 따른 사회 상황을 들여다볼 필요가 있다. 여기서 상양의 인성론(人性論)을 검토하도록 한다. 알려진 바와 같이 중국 고대의 성론(性論)은 맹자를 중심으로 하는 성선설과 순자로 대표되는 성악설의 2대 학설이 주류를 이루었다. 상양은 사람의 본성에 대해서 다음과 같이 말한다.

> 사람의 본성은 굶주리면 음식을 찾고, 수고로우면 편안하려고 하고, 고통스러우면 쾌락을 찾으며, 굴욕을 느낄 때는 영광을 희구한다. 이것이 인간의 보통 감정이다. 사람이 이익을 추구할 때는 예의를 고려하지 않으며, 명예를 따를 때는 규율을 무시한다. 왜 그럴까? 지금 도적이 위로는 군주가 금하는 바를 범하고, 아래로는 천자(天子)의 예(禮)를 무시한다. 그리하여 명성이 욕되고, 생명이 위태로워도 오히려 그만두지 못하는 까닭은 오직 이익[利]을 좇기 때문이다. 옛날의 선비들이 의복이 피부를 따뜻하게 하지 못하고, 먹거리가 위장을 채우지 못하더라도, 그 고통을 참고 견디며, 온몸(四肢)을 수고롭게 하고, 오장(五臟)을 손상시킨 것은 본성의 규칙이 그래서가 아니고, 오로지 명예(名)만 좇았기 때문이다. 그러므로 명예와 이익이 모이는 곳을 사람들이 감싸고도는 것이다(民之性, 饑而求食, 勞而求佚, 苦則索樂, 辱則求榮. 此百姓之情也 ……).

(『상자商子』 권2, 『산지算地』 제6 ; 『사고전서四庫全書』, 「자부子部」, 《법가류》 참고)

부끄럽고, 욕되고, 수고롭고, 괴로운 일은 사람들이 싫어하는 바(惡)며, 드러나고, 영달하고, 편하고, 즐거운 일은 사람들이 힘쓰는 바(務)다. (앞의 글)

이처럼 상양은 인간을 '이익을 좋아하는 존재'(人性好利)로 파악했다. 그 이익[利]이란 두 가지로 정리된다. 하나는 물질적인 것으로 땅, 벼슬자리, 재물 등이며, 다른 하나는 정신적인 것으로 사회적인 명성, 지위 등을 말한다〔쩡전위(曾振宇), 『전기법가연구』〕.

상양의 인성론은 맹자의 성선설보다, 순자의 성악설에 가깝다. 인간의 본성은 본래부터 이익을 좋아하는 까닭에 이익의 추구가 물질적 혹은 정신적으로 제한되는 상황에서 모순이 발생한다. 그러므로 정치가는 사회 질서를 위하여 인성을 제한하거나 억압하는 방향으로 가게 된다. 상양의 말을 인용하면 다음과 같다.

힘으로 천하를 제압하는 자는, 먼저 그 백성을 제압했어야 했다. 강한 적(敵)을 이기는 자는 반드시 그 백성을 이겨야 했다. 그러므로 백성을 제압하는 근본은 민중을 제압하는 데 있는바, 그것은 마치 금속을 만드는 자가 야금(冶金)을 하는 것과 같고, 도기(陶器)를 만드는 자가 흙을 빚는 것과 같다(以力之能制天下者, 必先制其民者也. …… 故因民之本性在制民, 若冶於金, 陶於土也). (『상자』 권4, 「획책劃策」 제18)

위의 구절에서, 우리는 상양이 인민(백성)을 존중의 대상이 아니라, 지배의 대상으로 삼고 있음을 본다. 상양에게 백성은 영리해서는 안 되며, 이익을 마음대로 추구하도록 백성을 방임해서도 안 된다. 백성은 어리석을수록 다스리기에 편하다.

> 나라를 잘 다스리는 자는, 쌀 창고가 가득 차 있더라도 농업을 게을리해서는 안 된다. 국가가 크더라도 민중이 유언비어에 어지럽혀지지 않으면, 백성이 어리석게 될 것이다. 백성이 어리석게 되면, 관직과 벼슬을 교묘한 방법으로 취할 수 없다. 관작(官爵)을 교사한 방법으로 취하지 않으면, 간사한 무리가 생기지 않을 것이다. 간사한 무리가 생기지 않으면, 군주는 미혹되지 않을 것이다(善爲國者, 倉廩雖滿, 不偸於農. 國大民衆不淫於言, 則民樸壹. 民樸壹, 則官爵不可巧而 取也. …… 姦不生則主不惑). (『상자』 권1, 「농전農戰」 제3)

여기서 주의할 용어는 '어리석다'(樸壹박일)이다. '박'(樸)은 산에서 막 자른 가공하지 않은 통나무를 말한다. 이는 『노자』 제19장에 등장하는 "소박함을 간직하고, 사사로운 욕심을 줄이게 한다"(見素抱樸, 少私寡欲)라는 구절의 박(樸)과 서로 통한다. 박이란 '도'(道)의 원시 상태를 말하며, 순진하고 질박한 상태로 문명의 때에 물들지 않은 소박한 경지 혹은 그 인간성을 말한다. 그러나 상양이 말한 박일은 도덕적 순수 상태가 아니라, 백성들의 어리석은 인격이다. 이는 우중(愚衆)정치의 표현이며, 상양은 백성이 어리석어야 군주가 미혹되지 않는다고 했다.

상양은 인간의 본성이 이익만 추구하는 악한 존재라고 보았다. 상양이 청운의 꿈을 품고 진(秦)나라에 왔을 때, 진은 전국칠웅(戰國七雄) 가운데 동방 6국에 비하여 낙후된 국가였다. 그가 보기에 진에서 유세(遊說)하는 선비, 장사치 혹은 방술(方術)의 무리들이 기교를 최대한 동원하여 재산을 늘리고, 벼슬자리를 탐하고 있었다. 이들은 국가의 진정한 발전에는 관심이 없고, 그저 이익을 탐하는 무리에 불과했다.

> 성인과 영명한 군주는 세상의 만물을 모두 통달한 사람이 아니라, 각종 사

물의 요령을 아는 사람이다. 그러므로 나라를 다스리는 것은 그 요령을 살피는 일이다. 지금의 정치가는 요령을 얻지 못한 자가 태반이다. 조정에서 치국을 논할 때, 세객(說客)은 난잡하게 개혁을 주장한다. 이런 까닭에 군주는 각종의 주장 때문에 어지럽고, 관리는 분분히 떠들기만 하고, 백성은 농사일에 전업하지 못하고 있다. 그러므로 나라 안의 사람들이 공담을 좋아하고, 비현실적인 유가의 학설을 좋아하고, 상업에 종사하며, 기예(技藝)에 빠지고, 농전(農戰)을 기피하고 있다. 이래 가지고야 망국이 멀지 않을 것이다. 국가가 위급한 때 배웠다는 자들이 법질서를 싫어하고, 상인들이 유행에만 급급하고, 기술자가 쓰이지 못하니 이러한 국가는 적국에 쉽게 공격당할 수 있다. …… 현재 한 사람이 농사지어 백 명이 먹을 양식을 생산한다면, 이것은 마치 배추벌레·메뚜기 등이 농작물을 먹어 치우는 것보다 그 폐해가 더욱 클 것이다. 이렇게 보면 『시경詩經』, 『서경書經』 등이 향촌마다 한 묶음씩 있고 집집마다 한 권씩을 가지고 있으면서, 오히려 치국에 도움이 되지 않는 것은 가난을 부(富)로 위태로움을 편안함으로 바꾸는 방법을 쓰지 않기 때문이다(故聖人明君者, 非盡能其萬物也, 知萬物 之要也. …… 雖有詩書鄕一束, 家一員, 獨無益於治也, 非所以反之術也). (『상자』 권 1, 「농전農戰」 제3)

9.1.3 상양 변법(變法) 사상

① 변법의 근거

상양은 어떻게 하면 낙후한 나라의 현실을 타파하고, 부강한 나라로 바꿀 수 있다고 생각했을까? 그것은 변법, 즉 개혁의 길밖에 없었다. 변법은 진의 정치를 개혁하는 차원이 아니라, 사상을 개혁하여 보수 귀족적 종법(宗法) 질서에서 군주적 군국(軍國) 국가로 진입하는 것을 뜻했다. 동시에 그것은 사회 진화론적 역사 추론을 근거로 삼은 것이었다.

천지가 개벽한 이래 사람이 태어난 것은 이때다. 그 당시에 인민은 어미는 알았으나 아비는 몰랐으며, 그들의 도덕 원칙은 친척만 친애하였고, 사리(私利)만 탐혹하였다. …… 그런즉 상세(上世)에는 친척만을 친애하고 이익만을 탐혹하였으며, 중세(中世)에는 현명한 사람을 존중하고 인애를 즐거워하였으며, 하세(下世)에는 귀족을 숭배하고 관리를 존경하였다. 현인을 존중한 때는 도를 위해서 타인에게 양보하지만, 군주를 옹립할 때는 현인을 존중하는 원칙이 소용없다. 친척만 친애하는 때는 인민은 사리(私利)를 도덕 원칙의 기준으로 삼지만, 공정한 원칙을 받드는 때는 사리의 원칙이 통행될 수가 없다. 이와 같은 세 가지 시대적 원칙은 상반되는 것은 아니며, 오히려 인민이 준수하는 원칙에 해가 있을 수 있으니, 사회 상황이 변하면 받드는 원칙 또한 변할 수 있다. 그러므로 말하기를, '천하를 다스리는 원칙에는 규율(법도)이 있다'라는 것이다(天地設而民生之, 當此之時也. 民知其母, 而不知其父. …… 世事變而行道異也. 故曰. 王者有繩). (『상자』 권2, 「개색開塞」 제7)

위의 내용 가운데 "사회 상황이 변하면 인민이 받드는 원칙 또한 변할 수 있다"(世事變而行道異也)라는 표현은 상앙의 진화론적 역사관을 보여준다. 사회 상황의 변화에 따라서 도가 변할 수 있다는 논리가 그의 변법 이론의 근거다. 상앙의 변법 질서는 덕치(德治)의 방법이 아니라 법치(法治)에 의한 것이다. 그는 이렇게 말했다.

옛적의 인민은 순박함으로써 도리에 두터웠지만, 지금의 인민은 교활함으로써 속임수에 능하다. 그러므로 옛적의 방법을 본받아 도를 이룩하려는 자는 덕교(德教)에 의하여 다스려야 하겠지만, 지금에 도를 실천하려는 자는 먼저 형벌(刑罰)로써 모범을 보여야 한다(古之民樸以厚, 今時民巧以僞. 故效於古者, 先得而防. 治於今者, 前刑而法). (『상자』 권2, 「개색」 제7)

여기서도 상양은 현실을 인식하고 이에 따른 변법의 필요성이 주장하고 있다. 이와 같은 법치(法治) — 이때의 '법'이란 현대의 법이 아니라 넓은 의미의 모델(model), 표준(standard) 혹은 규준(law)과 같은 뜻이다. Herrlee G. Creel, 『*Shen Pu-hai*』, 1974 참고 — 의 주장은 유가가 말하는 비현실적인 덕치와 충돌할 뿐 아니라, 일체의 보수주의적 사상과 서로 용납할 수 없는 것이다. 그러므로 깐롱(甘龍감룡), 뚜즈(杜摯두지)와 같은 보수주의자는 상양을 반박했다. 그러나 상양은 효공의 신임을 받고, 기원전 359년 좌서장〔左庶長, 진(秦)·한(漢) 시대의 관직 이름으로 군공(軍功)을 장려하는 제10급에 해당함〕이 되어 변법을 시행했다.

② 변법의 내용

상양의 변법은 내용 면에서 군국주의(軍國主義) 및 중농주의(重農主義)의 실행과 관계있으며, 두 차례에 걸쳐서 시행되었다. 제1차 변법과 제2차 변법이 그것이다.

ⓐ 제1차 변법

상양의 변법은 효공 3년(기원전 359)에 처음으로 실시되었다. — 상양 변법의 연대는 학자들 간에 일치되지 않는다. 효공 6년에 제1차 변법이 시행되었다고 보는 견해도 있다〔뚜정성(杜正勝), 『편호제민編戶齊民』, 1990)〕. — 군국주의를 강조하는 자는 무엇보다 인원의 편제(編制)에 관심을 두는 법이다. 상양은 "열 집을 십(什)으로, 다섯 집을 오(伍)로 짜서 서로 감시하고 적발하여 연좌(連坐)케 하였다. 고발하지 않는 자는 허리를 자르는 형벌에 처하였고, 나쁜 짓을 한 자를 고발하는 자는 적(敵)의 머리를 벤 자와 같은 상(償)을 주었다. …… 군공(軍功)이 있는 자는 그 공의 대소에 따라서 윗자리의 벼슬을 받았고, 사사로이 다투는 자는 그

경중에 따라서 형벌을 받았다. …… 군공이 있는 자는 영예를 누리지만, 군공이 없는 자는 부유하더라고 영예를 누릴 수는 없었다"(쓰마치엔, 정범진 외 옮김, 『사기』 권68, 「상군열전」, 1995).

이것이 '연좌제'의 시초다. 즉, 5가를 '오'(伍)라 하여 각 호구(戶口)가 서로 고발하도록 한 제도다. 연좌제를 실시한 취지는 사회 질서를 안정시켜서 변법에 용이한 환경을 창출하기 위한 것이었다.

상앙은 연좌제를 바탕으로 중농억상(重農抑商)의 정책을 실시했다. 농업은 본업으로 나라의 부강을 위해서 그 생산의 확대가 필요했다. 이것이 중농정책을 펼친 주요한 이유다.

> 이로써 영명한 군주는 정치를 함에 오직 농전(農戰)에 주력한다. 실제적 효용이 없는 것을 제거하며, 허황되고 절실하지 못한 학문을 방지한다. 떠도는 인민을 오로지 전심으로 농사에 종사하게 한다. 그러한 연후에야 나라는 가히 부(富)를 충족시킬 수 있고, 인민의 역량을 가히 집중시킬 수 있다. …… 그런 까닭에 농경에 종사하는 자는 적고 놀고먹는 자가 많을 때 농민은 위태롭고, 농민이 위태로우면 곧 토지는 황폐하게 된다. …… 이것이 가난한 나라, 약한 군대가 보여주는 교훈이다(以是, 明君修政作壹. 去無用, 止浮學. 淫民壹之農. 然後國家可富而民力加摶也. …… 此貧國弱兵之敎也). (『상자』 권1, 「농전」 제3)

여기서 "오직 농전에 주력한다"(作壹)든가 혹은 "오로지 전심으로 농경에 종사하게 한다"(農之壹)라는 표현은 중농주의를 말한다. 그는 상업에 종사하거나 기예에 종사하는 무리를 농전을 회피하는 자로 규정한다. 그러므로 상앙의 부국강병론은 당시의 생산 방식과 관련하여 이해해야 한다.

법가의 이론에 의하면, 개인으로서 인민이란 일개 생산 노동력의 단위이며 동시에 일개 전투력(兵力)의 단위다(훵여우란, 『중국철학사신편』 제2책). 이는 유가가 개인을 한낱 종법(宗法)의 한 사람으로 보는 것과 현

저한 차이가 있다. 상양은 연좌제를 기반으로 한 농전이 부유한 국가 및 강한 군대(즉 군국주의)를 만드는 지름길이라고 보았다.

ⓑ 제2차 변법

제1차 개혁(변법)은 기득권 세력의 반발을 샀으나, 효공의 결단과 상양의 추진력으로 상당한 성과를 거두었다. 물론 충분한 것은 아니었다. 효공 12년(기원전 350)에 제2차 변법을 실시했다. 이때는 진이 수도를 시엔양(咸陽함양)으로 천도한 이후다.

상양은 부자(父子) 형제가 같은 집에 거주하는 일을 금지했다. 이는 유가의 가족 제도에 반한 것으로, 목적은 분가(分家)를 시킴으로써 인구를 증식시키고 세금을 증대하기 위한 것이었다. 그는 정전제(井田制)를 폐지하고, 두렁과 길을 개간했으며(開阡陌), 토지의 사유제를 승인하고 그 매매를 허가했다. 이것은 토지 제도를 개혁함으로써 경제적 힘을 증진시키고자 함이었다. 개천맥의 시행은 『상군서』에는 보이지 않고, 『사기』와 『한서』 등에 보인다. 『한서』, 「식화지食貨志」에 다음과 같은 글이 있다.

> 진 효공이 상군을 등용함에 이르러, 정전(井田)을 폐지하고, 천맥(阡陌)을 열었다(『한서』 권24, 「식화지」)

이것이 상양 변법에서 중요한 내용이다. 옌스꾸(顔師古안사고)의 설명에 의하면 "천맥이란 밭 사이의 길을 말한다. 남북으로 뻗은 것을 천(阡)이라 하고, 동서로 뻗은 길을 맥(陌)이라 한다." 이 같은 개천맥의 실행은 생산력을 증대하여 국부(國富)의 증진에 큰 진보를 가져왔다. — 훗날 똥종수(董仲舒)가 "부자들의 땅은 끝없이 연결되었으나, 가난뱅이들은 송곳을 꽂을 만한 한 치의 땅조차 없었다"라고 비판했듯이, 이것이 빈부의 차이를 가져온 점은 부정할 수 없다. 그러나 상양의 조치가 부국강병의 길을 촉진시켰음을 분명하다.

제2차 변법의 다른 조치로 도량형(度量衡)의 통일을 들 수 있다. 변법 시행 전의 진은 부세(賦稅)의 기준이 일정하지 못했으며, 이에 국가 재정의 수입을 보증할 수 없었다. 그러나 상양이 두(斗), 용(桶), 권(權), 형(衡), 장(丈), 척(尺), 승(升) 등 도량형의 단위를 모두 통일했다. 통일된 도량형의 시행 이후, 전국의 경제적 교류와 발전이 눈부실 정도로 이루어졌다.

ⓒ 변법의 영향

이 같은 제1차와 제2차에 걸친 상양의 변법(개혁)은 진의 정치와 사회를 괄목할 만한 상태로 변화시켰다. 변볍의 역사적 성격과 영향에 대해서는 이견(異見)이 없는 것은 아니다. 역사학자들은 변법에 대해서 대략 세 가지 견해로 나뉘고 있다. 첫째는 변법이 봉건 영주에게 타격을 주고 신흥 지주를 등장시켰다는 견해다. 둘째는 변법이 노예제 사회로부터 봉건제를 지향했다는 주장이다. 셋째는 설득력이 적은데, 상양 변법 이후 씨족 사회에서 노예제 사회로 진입했다는 것이다(뚜정성, 『편호제민』, 1990).

변법이 미친 사회적 변화에 대한 학자들의 이론(異論)에도 불구하고, 변법이야말로 후진국 진나라를 일약 선진국의 대열에 진입시키는 데 결정적인 구실을 했다는 점을 부인할 수 없다. 변법 시행 이후 사회 분위기의 변화에 대하여 쓰마치엔은 『사기』에서 말하고 있다.

> 법령이 시행된 지 10년이 되자, 진나라 백성들은 매우 만족하였고, 길에 떨어진 물건을 줍지 않았고, 산에 도적이 없었으며, 집집마다 풍족하고, 사람마다 넉넉하였다. 백성들은 국가를 위한 전쟁에는 용감하였고, 개인적인 싸움에는 겁을 먹었다. 그래서 도시나 시골이나 잘 다스려졌다. (쓰마치엔, 정범진 외

옮김, 『사기』 권68, 「상군열전」).

이것은 놀라운 지적이다. 변법의 시행 과정을 보면 상앙의 정책이 공포정치와 별로 다를 바 없음에도 불구하고, 인민들은 그 결과에 대해서 흡족해 함을 보여준다. "길에 떨어진 물건을 줍지 않았다"(道不拾遺)라는 표현은 인민들의 도덕적 자부심이 높았음을 말한다. ― 『사기』, 「공자세가」에도 같은 표현이 있다. 다만 상양이 10년에 걸쳐서 이룩한 일을 콩치우(孔丘)는 불과 3개월에 달성하였다는 점에서 차이가 있다. 그러나 이는 콩치우를 미화한 점이 있다(『사기』 권47, 「공자세가孔子世家」).

일반 인민은 그렇다 치더라도, 기득권층은 변법에 대하여 이를 갈았음이 틀림없다. 진의 자오리앙(趙良조량)이 상양에게 충고를 했지만, 그는 자오리앙의 말을 따르지 않았다. 그 결과 진 효공이 세상을 떠나자 상양은 지지 기반을 상실했고, 마침내 일족이 멸하고 자신은 차열형(車裂刑)을 당하여 비극적인 죽음을 맞게 된다.

9.1.4 상양 변법에 대한 평가

세상의 모든 일이 그러하듯이 상양의 변법 또한 긍정과 부정의 측면을 지닌다. 후세 역사가의 상양에 대한 평가는(평가자 대부분이 유가에 속하는 인물임을 고려한다면 이상한 일이 아니다) 부정적인 견해가 지배적이다. 사마천의 이야기를 들어보도록 하자.

> 상군은 천성이 각박한 사람이다. …… 자오리앙의 충고를 따르지 않은 것은 역시 상군이 은혜로운 정(情)이 적음을 충분히 증명해 준다. …… 그가 진나라에서 악명을 얻게 된 것은 그만한 이유가 있다.

사마천의 평가는 사회적 측면을 고려하지 않고, 한갓 인품 평가에 그친 평면적인 것이다. 상양이 차가운 '철인'(鐵人, iron man) — 이 말은 저자가 아니라 슈워츠의 표현이다(Benjamin I. Schwartz, *The World of Thought in Ancient China*; 나성 옮김, 『중국 고대사상의 세계』, 1996). — 으로 행동하지 않을 수 없었던 것은 본성(천성) 때문이라기보다 시대 상황이 만들어 낸 후천적인 인성으로 보아야 한다.

이렇게 보면 이춘식의 평가는 다른 방향에서 이해해야 한다. 즉 상양은 각박하고 냉혈한 천성(天性) 때문에 비참한 최후를 마쳤지만, 그가 이룩한 변법은 실로 위대했고 후진국이었던 진이 단시간에 군사 강국으로 변모 성장하게 했다(이춘식, 「상양의 인물과 그 평가」, 『동아시아의 인간상』, 1995).

똥종수는 상양이 유교의 교화로써 교훈을 펼치지 못했다고 하여 법가 전체를 비난했다.

> 진나라는 그렇지 않았다. 신(申, 선뿌하이)·상(商, 상양)의 법을 따르고, 한훼이의 말을 행했으며, 제왕의 도를 미워하고, 이리처럼 속(俗)되었으며, 교화로써 천하에 교훈을 펼친 것이 아니다. …… 선한 일을 하는 사람도 결국에는 (법을) 면할 수 없었고, 악한 일을 하는 자는 형을 모면하지 못하였다. 이 까닭에 백관(百官)이 모두 헛된 말을 하고 실제[實]를 고려하지 못하였으며, 겉으로는 군주를 섬기는 예절이 있었지만 속으로는 배반의 심리가 있었다. …… (결국) 재력은 다하고 백성은 흩어져서 농사와 길쌈의 업무에 종사하지 못하였고, 도적들이 일어나기에 이른 것이다. (『한서』 권56, 「똥종수전」 제26)

그렇지만 법가의 대표자인 한훼이의 상양에 대한 평가는 매우 다르다. 그는 다음과 같이 말하면서, 진의 국부(國富)와 강병(强兵)의 공로를 상양에게 돌렸다.

꽁쑨양은 진을 다스림에 고발자를 포상하였지만, 무고자(誣告者)도 역시 죄를 벌하는 법을 제정하고, 10과 5로써 연좌하여 그 죄를 벌하였으며, 포상은 후(厚)하고도 믿음성 있게, 징벌은 엄중하고도 분명하게 했다. 그래서 백성은 힘을 다해 일하며 힘들어도 쉬지 않았고, 적을 추격하다 위험이 닥쳐도 물러서지 않았다. 그런 까닭에 나라가 부(富)해졌고 군대는 강해졌다. …… 효공과 상군이 죽고 혜왕이 즉위하였으나, 진나라의 법은 패하지 않았다(公孫鞅之治秦也, 設告相坐而責其實. …… 及孝公商君死, 惠王卽位, 秦法未敗也). (『한비자韓非子』 권17, 「정법定法」; 『한비자집해韓非子集解』, 중화서국, 2007, 398쪽) — 이후 언급하는 쪽수는 왕시엔선(王先愼), 『한비자집해』, 중화서국, 2007을 가리킨다.

평자들은 자신의 관점에 의하여 상양의 사람됨과 변법을 평가했다. 상양의 사람됨이 어떠했든지 간에, 간과해서는 안 되는 것은 그가 실시한 변법이 살아남았다는 점이다. 그 후 백여 년간 상양의 법이 변하지 않은 채 전해졌으며, 이를 통해 사회적 안정과 경제적 발전이 이루어졌다. 그리하여 기원전 221년 진왕(秦王) 정(政, 시황제)이 제후들을 멸하고 제왕의 업무를 성취했으며, 천하통일을 이루었다. 상양 변법의 철학이 고대 중국 통일의 기초가 되었음은 과소평가할 수 없는 업적이다.

9.2 한훼이에 의한 법가의 완성

세간에서 한훼이쯔(韓非子)라고 부르는 인물 한훼이(韓非, 기원전 280~기원전 233)는 한(韓)나라의 귀족으로 태어났다. 현재 산~시 성 한츠엉 시(韓城市)가 그곳이다. 서양인은 그를 가리켜 라틴어 발음 'cius'를 사용하지 않고, 중국어 발음을 따라서 Han Fei Tze라고 부른다.

쓰마치엔에 의하면 그는 형명(刑名)과 법술(法術)의 학문을 좋아했으나 근본은 황로학(黃老學, 후앙띠와 라오딴의 학문)이었다고 말한다. 한훼이는 리쓰(李斯이사)와 함께 쉰쿠앙에게서 공부했다. 그는 뛰어난 재능을 가졌으나, 말더듬이였던 까닭에 '지체부자유한 인물'(disabled person)이었다. 신체적 결함은 잠재적인 열등감으로 작용하여 보상 심리로 강한 권력 의지를 추구하게 했다.

진시황이 한훼이의 저술 가운데 일부를 읽고, 그를 등용하고자 했다. 그러나 동문 수학을 했던 리쓰와 간신 야오까오(姚賈요고)가 함께 한훼이를 시기하여 비방하고, 죽여야 한다고 건의했다. 이 때문에 한훼이는 감옥에서 사약을 마시고 죽었다.

한훼이는 비록 질투와 시기에 불탄 친구에게 죽임을 당했으나, 십만자에 달하는 명작 『한비자韓非子』를 남겼다. 다만 저술 중 상당 부분이 그의 이야기가 아니라고 생각한다. 그를 죽음으로 몰아넣은 이사는 잔머리를 굴릴 줄 알았으나, 저술을 남기지 못했다. 후인의 관점에서 보면 한훼이가 진정한 승리자다.

한훼이는 유가(쉰쿠앙의 학문)와 도가(황로학)를 섭렵하고, 법가의 학설을 집대성한 점에서 중국철학사에 불멸의 공로가 있다. 한훼이 이전의 법가는 세 가지 경향을 띠는데, 선따오(愼到)라는 인물이 주관한 '세'(勢, power 혹은 authority의 뜻)의 이론, 선뿌하이가 주도한 '술'〔術, 치국책(治國策), art of conducting affaires 즉 statecraft의 뜻〕의 논리와 상양이 주도한 '법'(法, law 혹은 regulation의 뜻)의 이론이 그것이다. 한훼이는 이 세 가지를 종합 집대성했다.

9.2.1 철학사상

『한비자』에 「주도主道」편이 있다. 한웨이는 이 글에서 '도'의 문제를 다루는데 대체로 라오딴의 사상을 부연했다.

도는 만물의 시원(始源)이며, 시비의 기준이다. 그러므로 명군(明君)은 만물의 시원을 탐구함으로써 만물의 근원을 알며, 시비의 기준을 연구하여 선악의 단서를 안다. 그러므로 허정(虛靜)의 태도로 만사를 대하면, 명분(名)은 자연히 형성되고, 사물(事)은 자연히 건립된다. (내심이) 허(虛)하면 실정(實情)을 알고, (몸이) 청정(淸靜)하면 행동의 올바름을 안다(道者, 萬物之始, 是非之紀也. 是以明君守 始以知萬物之源, 治紀以知善敗之端. 故虛靜以待令, 令名自命也, 令事自定也. 虛則知實之情, 靜則知動者正). (『한비자』 권1, 『주도主道』; 『한비자집해韓非子集解』, 26쪽)

또한 「해로解老」편에는 다음과 같은 글이 전한다.

도는 만물의 생성 원리(所然)요, 만 가지 이치가 의지하는 바다. 이치(理)란 사물을 이루는 문채(文)다. 도란 만물이 이루어지는 까닭이다. 그러므로 말하기를, "도가 곧 '리'라고 한다"(道者, 萬物之所然也, 萬理之所稽也. 理者, 成物之文也. 道者, 物之所以成也. 故曰. '道, 理之者也'). (『한비자』 권6, 「해로」; 『한비자집해』, 146~147쪽)

이와 같이 한훼이 철학에서 도는 최고의 범주다. 도는 만물의 시원인 동시에 생성의 원리다. — 윗글의 「해로」편에서 한훼이가 언급한 '리'(理)자는 다소 불투명한 개념이다. 송학(宋學)에서 말하는 리(理) 자와는 거리가 있다. 저자는 이 개념에 특별한 철학적 의미를 부여하지 않고, '이치'라고 번역했다. '조리'(條理) 혹은 '규율'로 번역한 중국학자도 있다. — 한훼이의 도 개념은 라오딴의 사상과 '황로학'의 연장선상에 있다.

한훼이에 의하면 자연계의 본질은 도로 표현되지만, 도로 말미암아 내재적으로 형성되는 성질은 '덕'(德)이다.

> 덕은 내부적인 것이요, 득(得)은 외부적인 것이다. '상덕부덕'(上德不德)이라고 말하는 것은 그 정신(神)이 밖으로 어지럽지[淫] 않다는 말이다. 정신이 밖으로 어지럽지 않으니, 몸[身]이 온전하다. 몸이 온전함[全]을 일러 '덕'이라는 것이다. 덕은 몸을 얻은 것이다(德者, 內也, 得者, 外也. 上德不德, 言其神不淫於外也. 神不淫於外則身全. 全身之謂得. 得者, 得身也). (『한비자』 권6, 「해로」; 『한비자집해』, 130쪽)

왕시엔선(王先愼)은 윗문장의 끝부분에 보이는 "全身之謂得. 得者, 得身也"에서 앞의 '得' 두 글자는 원래 '德' 자여야 옳다고 주장했다. 그러므로 "全身之謂德. 德者, 得身也"(몸이 온전함을 일러 '덕'이라는 것이다. '덕'은 몸을 얻은 것이다)라고 새겨야 한다.

윗글에서 한훼이가 언급한 말 '상덕부덕'은 라오딴의 『도덕경』 제38장의 말이다. 한훼이에 의하면 덕은 이처럼 내재적인 성질을 지닌다. 그러나 이것은 몸을 통해서 드러날 수밖에 없다. 라오딴의 사상에서 설명하듯이, 도의 주체적 성격이 사람에게 나타날 때 이를 덕이라고 부른다. 덕은 곧 도의 인격화 또는 윤리화다. 그러므로 덕은 도에 근원한다. 도가 주체라면, 덕은 곧 작용이다. ― 『한비자』, 「해로解老」편은 문자 그대로 '라오쯔(老)의 글을 해석한다(解)'라는 뜻이다.

9.2.2 법치사상

"세상에서 행세하는 학문은 유학(儒學)과 묵학(墨學)이다"(世之顯學, 儒墨也)(『한비자』 권19, 「현학顯學」; 『한비자집해』, 456쪽)라는 한훼이의 말에서 알 수 있듯이, 그의 시대는 콩치우의 유가와 뭐자이의 묵가 사상의 세상이었다. 한훼이는 비록 유가인 쉰쿠앙에게서 공부했지만, 유가의 이상주의적 경향과 묵가의 비현실적 경향을 동시에 비판했다. 그에게는 라오딴의 도가만이 참고할 만한 사상이었다. 그러므로 법가 사상의 상당 부분은 도가와 중첩된다.

말더듬으로 인하여 '지체 부자유한 인물'이 되어 사람 행세를 제대로 하지 못한 한훼이에게 세상은 그렇게 친절한 곳이 아니었다. 그는 잠재적인 열등의식에 괴로워했다. 그는 세상에서 쓸어버려야 할 놈을 다섯 종류로 나누었다. 이들은 책이나 의복을 갉아먹는 좀[蠹]과 다를 바 없는 존재다.

> 그러므로 혼란스러운 나라의 풍속은 다음과 같다. '먹물'(學者)은 선왕의 도를 칭송함으로써 인의를 말하고, 용모와 복장으로 치장하고 변설을 꾸민다. 당대의 법에 의문을 가지고, 군주에게 두 마음을 품는다. '옛날 일을 떠들어대는 놈'〔고언자(古言者), 즉 세객(說客)〕은 거짓말을 늘어놓고, 외부의 힘을 빌려 그 사사로운 욕심을 채우고, 나라의 이익을 저버린다. '칼잡이'〔대검자(帶劍者), 조폭〕는 무리를 모아서 절개를 지킨다고 이름을 날리고, 관청에서 내린 금령(禁令)을 범한다. '환관'〔환어자(患御者), 아첨자〕은 권력자 아래로 들어가, 뇌물을 주고, 요직에 중용된 사람에게 기대어 노역이나 전쟁의 괴로움을 면한다. '장사치'(商工之民)는 조악한 그릇을 만들고, 재물을 모아 축재(蓄財)하며, 때를 기다렸다가 농부의 이익을 가로챈다. 이 다섯 종류는 나라의 좀벌레다. 군주가 이 다섯 가지 좀벌레를 제거하지 않고 의리가 있는 인사를 기르지 않으면, 천하에 멸망하는 나라, 영토가 줄어서 망하는 조정이 있다는 것이 괴이한 일은 아니다(是故亂國之俗. 其學者, 則稱先王之道以籍仁義, 盛容服而飾辯說, 以疑當世之法, 而貳人主之心. …… 人主不除此五蠹之民, 不養耿介之士, 則海內雖有破亡之國, 削滅之朝, 亦勿怪矣). (『한비자』 권19, 「오두五蠹」; 『한비자집해』, 456쪽)

위에서 보는 바와 같이 한훼이는 인의예지를 주장하는 '먹물'〔즉 유자(儒者)의 집단〕, 혓바닥만 살아 움직이는 종횡가의 무리인 '세객', 뭐자이의 무리인 '칼잡이'〔즉 협사(俠士) 집단〕, 불알 없는 고자 집단인 '환관'〔환어(患御)는 근시(近侍)와 같은 뜻임〕과 축재에만 눈이 어두운 '장사치'(商工之民)를 제거해야 할 대상으로 삼았다. 이 다섯 종류의 좀을 없애려면 군주는 강력한 권력을 소유하지 않으면 안 된다. 이른바 덕을 가지고는 다스릴 수 없다.

> 무릇 성인이 나라를 다스리는데 백성들이 착한 일을 한다고 믿지 않고, 다만 나쁜 일을 하지 않게 만든다. 착한 일을 하는 사람은 한 나라 안에 열 명도 힘들지만, 나쁜 일만 하지 못하도록 하면 그 나라는 다스려질 수 있다. 다스리는 자는 대다수를 상대하는 것이고, 몇 안 되는 인원은 버려두어야 한다. 그러므로 군주는 덕을 힘쓰지 않고 법을 힘써야 한다(夫聖人之治國, 不恃人之爲吾善也, 而用其不得爲非也. …… 不務德而務法). (『한비자』 권19, 「현학」; 『한비자집해』, 461쪽)

한훼이는 쉰쿠앙에게서 성악설을 배웠을 것이다. 그는 인간이 본래 악한 존재이므로 선에 기대할 수 없고 믿을 것은 오로지 법밖에 없다고 말했다. 군주는 '세력'(勢, power)에 의지하고, '술'(術, 백성을 다스리는 내면의 책략)을 가지고 있어야 하며, 그리고 '법'(法)에 의지해야 한다. 군주에게 요구되는 것은 도덕(모럴)이 아니며, 인격적 감화도 필요치 않다.

그가 말하는 법은 성문법이며 백성들에게 공포되어야 한다. 한편 술은 군주의 가슴속에만 있고 밖으로 드러나서는 안 된다.

> '법'이란 기록하여 널리 알린 문서로, 관청에 설치하여, 백성에게 공포해야 한다. '술'이란 (군주의) 가슴 속에 숨겨 놓음으로써, 각종 사정에 응하는 것이

고, 관리에게도 밝히지 않는다. 그러므로 법은 드러나야 하며, 술은 드러나서는 안 된다(法者, 編著之圖籍, 設之於官府, 而布之於百姓者也. 術者, 藏之於胸中, 以偶衆端, 而潛御羣臣者也. 故法莫如顯, 而術不欲見). (『한비자』 권16, 「난삼難三」; 『한비자집해』, 380쪽)

한웨이에 따르면, 군주는 두 개의 자루(二柄)를 가지고 통치해야 한다. 한 자루는 형벌이고 한 자루는 덕이다.

명군(明君)이 그 신하들을 제압하는 것으로 두 가지 자루가 있을 뿐이다. 두 가지 자루는 '형'(刑)과 '덕'(德)이다. 무엇을 형과 덕이라고 하는가? 죽이는 것을 형이라 하고, 상을 주는 것을 덕이라고 한다(明主之所導制其臣者, 二柄而已矣. 二柄者, 刑德也. 何謂刑德? 曰. 殺戮之謂刑, 慶賞之謂德). (『한비자』 권2, 「이병二柄」; 『한비자집해』, 39쪽)

한훼이에 의하면 통치의 수단은 명확하다. 죄를 지은 자, 즉 법을 어긴 자는 죽이고, 반대로 법을 지키는 자에게는 상을 준다. 전자는 채찍이요, 후자는 설탕(당근)이다. 채찍과 설탕(당근)의 정치적 효과는 매우 뛰어나다. 여기에서 한훼이가 말한 덕은 유가에서 말하는 모럴이 아니다. 이때의 덕은 하나의 기능(function)일 뿐이다. 그는 라오딴의 사상에 의지하는바, 군주에게는 '무위'(無爲)의 덕이 요구된다고 말한다. 따라서 군주가 전면에 나설 필요가 없다.

참고문헌

『황원구 교수 정년기념논총—동아시아의 인간상』, 혜안, 1995.

『중국대백과전서中國大百科全書』, 「철학 1」, 중국대백과전서출판사, 1987.

김충렬, 『중국철학사 1』, 예문서원, 1994.

츠언치티엔(陳啓天), 『상양평전商鞅評傳』, 타이완(臺灣)상무인서관, 1967.

샤오꽁취앤(蕭公權), 최명 옮김, 『중국정치사상사』, 서울대학교출판부, 1998.

쓰마치엔, 정범진 외 옮김, 『사기史記』 권68, 까치, 1995.

왕시엔선(王先愼), 『한비자집해韓非子集解』, 중화서국, 2007.

쩡전위(曾振宇), 『전기법가연구前期法家硏究』, 산똥(山東)대학출판사, 1996.

후앙꽁웨이(黃公偉), 『법가철학체계지귀法家哲學體系指歸』, 타이완(臺灣)상무인서관, 1983.

뚜정성(杜正勝), 『편호제민編戶齊民』, 연경출판사업공사, 1990.

훵여우란(馮友蘭), 『중국철학사신편』 제1·2책, 인민출판사, 1982～1984.

쉬카이(徐凱), 『중국역사상적중요혁신여변법中國歷史上的重要革新與變法』, 중공중앙당교출판사, 1991.

가노 나오키(狩野直喜), 오이환 옮김, 『중국철학사』, 을유문화사, 1986.

Benjamin I. Schwartz, *The World of Thought in Ancient China*, Harvard University Press, 1985.
(벤자민 슈워츠, 나성 옮김, 『중국 고대사상의 세계』 살림, 1996).

Herrlee G. Creel, *Shen Pu-hai*, University of Chicago Press, 1974.

제10장
음양오행설과 『주역』의 철학화

10.1 음양오행설

10.1.1 음양학파와 오행

중국철학사에서 음양오행설(陰陽五行說)의 연원은 깊고도 오래다. 현대인의 눈으로 보면 고찰할 가치가 없지만 전통 사회에서는 심각한 영향을 주었다. 이는 학설의 차원이 아니라 민간에 아직도 그 영향이 남아 있다는 점에서 여전히 고찰의 대상이 된다. 음양(陰陽)이란 원래 '음'(陰)이 '응달' 즉 햇볕이 비추지 않는 음지를 말하고, '양'(陽)이 '양달' 즉 햇볕이 비추는 장소를 가리키는 데서 출발했다. 오행(五行)은 다섯 가지 물질인데 나무[木], 불[火], 흙[土], 쇠[金], 물[水]을 가리킨다. 음양과 오행의 개념은 서로 분리되지 않은 채로 사용되고 있다. 여기서는 오행에 국한하여 기술한다.

춘추 전국 시대 제자백가의 6가(六家) 가운데 '음앙학파'가 존재했음을 설명한 바 있다. 이들은 일월성수(日月星宿)의 운행을 추산하고, 천문을 관찰하여 백성에게 농사철을 알려 주는 일을 했다. 고대에 이들이 매우 중요한 직책을 담당했음을 알 수 있다.

오행에 관한 기록으로 『서경書經』(일명 『상서尙書』), 『주서周書』, 「홍범洪範」편을 언급할 수 있다. 이는 한(漢) 초기 후우성(伏生복생)의 기록인데 — 이를 『금문상서今文尙書』라고 칭하고, 콩치우의 옛집에서 발견된 『고문상서古文尙書』와 구별한다. 후자는 청조(淸朝)의 학자 옌르우어쥐(閻若璩염약거)에 의해서 위작(僞作)으로 밝혀졌다. — 이른바 '홍범구주'(洪範九疇)의 하나를 가리킨다. 「홍범」편의 내용은 다음과 같다.

> 지쯔(箕子기자)는 다음과 같이 말했다. "내가 들으니, 옛날 쿤(鯀곤, 우왕의 아버지 — 저자 주)이 홍수를 막아 오행이 어지러워지자, '상제'가 진노하여 '홍범구주'를 내려주지 않으시니, 윤리(도덕)가 무너졌다. 쿤이 귀양 가서 죽고, (아들) 우왕(禹王)이 뒤를 잇자, 하늘이 홍범구주를 내려주니 윤리(도덕)가 펼쳐지게 되었다. 그 처음은 오행(五行)이요, 다음은 오사(五事)요. …… 오행은 첫째 물[水], 둘째 불[火], 셋째 나무[木], 넷째 쇠[金], 다섯째 흙[土]이다. 물은 축축하여 아래로 스며들고, 불은 위로 타오르고, 나무는 휘어지거나 곧아지며, 쇠는 모양을 바꿀 수 있고, 흙은 종자를 심어 오곡을 수확할 수 있다." (『서경』, 『주서』, 「홍범」; 『서경집전書經集傳 下』, 전통문화연구회, 1998, 53~55쪽)

홍범구주란 '널리 규범이 되는 아홉 가지 요강'이라는 뜻으로, 일상생활에 중요한 아홉 가지 범주다. 이 가운데서도 오행을 가장 먼저 기록했으니, 그만큼 중요하다는 뜻이다. 이들 다섯 가지 물질은 다섯 가지 기운(五氣)으로 표기되며, 상호 영향을 주고받는다. 고대 중국인이 고대 그리스인처럼 이를 원소(元素)의 개념으로 생각했는지는 알 수 없다. 그러나 쓰마치엔이 음양학파에 관하여 기록했고, 또한 『한서』에 「오행지五行志」가 있음을 놓고 보더라도 오행설이 상당히 보편적으로 퍼졌음을 알 수 있다.

콩치우와 동시대의 인물 쭈어치우밍(左丘明좌구명)의 저작으로 알려진 『국어國語』에도, "그러므로 선왕(先王)이 토·금·목·수·화를 섞어서 백 가지 사물(百物)을 이룬다"〔〈주(周) 유왕 8년〉〕라는 구절이 있다. 이 내용은 자연 현상에 관한 이야기로 초보적 단계의 오행을 말하는 것이다. 이 책은 기원전 700년대의 시기를 다루고 있으므로, 오행의 근원이 멀고 깊음을 확인할 수 있다.

진시황의 통치 시절 뤼뿌웨이(呂不韋여불위, ?~기원전 235)의 편저로 알려진 『여씨춘추呂氏春秋』에 오행에 관한 자세한 내용이 보인다. 같은 내용이 음양학파의 중요한 문헌 『예기禮記』, 「월령月令」편에도 상세하게 기록되어 전한다. 이 정리하면 다음과 같다.

- 입춘(立春) : 성대한 덕이 목(木)에 있다(盛德在木).

  천자가 친히 3공·9경·제후·대부를 이끌고 동쪽 교외에 나가서 봄을 맞는다(迎春於東郊).
- 입하(立夏) : 성대한 덕이 화(火)에 있다(盛德在火).

  천자가 친히 3공·9경·제후·대부를 이끌고 남쪽 교외에 나가서 여름을 맞는다(迎夏於南郊).
- 입추(立秋) : 성대한 덕이 금(金)에 있다(盛德在金).

  천자가 친히 3공·9경·제후·대부를 이끌고 서쪽 교외에 나가서 가을을 맞는다(迎秋於西郊).
- 입동(立冬) : 성대한 덕이 수(木)에 있다(盛德在水).

  천자가 친히 3공·9경·제후·대부를 이끌고 북쪽 교외에 나가서 겨울을 맞는다(迎冬於北郊).
- 중앙은 토(土)다.

이와 같이 계절과 방위가 모두 오행과 관계가 있다. 봄은 해가 뜨는 동쪽에 해당하고 목(木)의 기운이 발생하는 계절이다. 여름은 해가 왕성한 극성기이고 무더운 계절로 남쪽에 해당하고 화(火)의 기운이 넘친다. 가을은 만물이 시들어 가는 계절로 서쪽에 배치하고 금(金)의 기운이 왕성하다. 겨울은 가장 추운 계절로 북쪽에 배치하고 수(水)의 기운 때문에 차갑다. 이처럼 네 기운을 배치하고 남은 토(土)는 고정된 방위와 계절이 없으므로 중앙에 해당하도록 했다.

오행의 배치는 사실 견강부회에 지나지 않지만, 이것이 인간사와 밀접한 관계를 가진다고 해석되면서 전통 사회에 커다란 영향을 끼쳤다. 중국 고대 사회에서 보이는 숫자 '오'(五)에 대한 숭배도 이와 관련이 있다. 가령 5사(事, 용모·말·시각·청각·생각), 5제〔帝, 후우시(伏羲)·선농(神農)·후앙띠(黃帝)·사오하오(少昊)·주안쉬(顓頊)〕, 5음(音, 궁·상·각·치·우), 5미(味, 신맛·쓴맛·단맛·매운맛·짠맛), 5장(藏, 쓸개·폐·간·심장·콩팥), 5색(色, 청색·적색·황색·백색·흑색) 등이 모두 오행의 사상과 관련을 맺고 있다.

10.1.2 쩌우옌(鄒衍)의 오덕종시설(五德終始說)

중국철학사에서 오행설이 중요한 위치를 차지하게 된 것은 쩌우옌(鄒衍 혹은 騶衍, 기원전 305~기원전 24)의 등장 때문이다. 음양학파의 대표적인 인물인 그는 오행의 덕에 의하여 왕조의 질서가 변한다는 이른바 '오덕종시설'(五德終始說)을 창안했는데, 이는 고대 왕조의 정치적 교체기에 중대한 이론이 되었다. 『여씨춘추』에 쩌우옌의 이야기로 보이는 글이 전한다.

> 무릇 제왕이 장차 흥하려고 하면, 하늘이 반드시 먼저 상서로운 일을 백성에게 보여준다. 후앙띠(黃帝)의 시절에 하늘이 큰 지렁이와 개구리를 보여주었

다. 후앙띠는 "토기(土氣)가 강성(勝)하다"라고 했다. 흙의 기운(토기)이 강성하므로 그는 황색을 숭상하고, 땅의 일을 본받았다(model). 위(禹)임금 시절에 하늘은 초목이 겨울에도 (얼어) 죽지 않도록 하였다. 위임금은 "목기(木氣)가 강성하다"라고 말했다. 나무의 기운(목기)이 강성하므로 그는 청색을 숭상하고, 나무의 일을 본받았다. 탕(湯)임금 시절에 하늘은 칼을 물속에 나타나게 하였다. 탕임금은 "금기(金氣)가 강성하다"라고 했다. 쇠의 기운(금기)이 강성하므로 그는 백색을 숭상하고, 쇠의 일을 본받았다. 문왕의 시절에 하늘은 불을 나타내 보였는데, 붉은 까마귀(赤烏)가 단서(丹書)를 입에 물고 주(周)의 사직에 내려 앉았다. 문왕은 "화기(火氣)가 강성하다"라고 말했다. 불의 기운(화기)이 강성하므로 그는 적색을 숭상하고, 불의 일을 본받았다. 불의 기운을 대신하는 것은 물의 기운(水氣)일 것이다. 하늘은 물의 기운을 강성하게 할 것이며, 물의 기운이 강성하면 (제왕은) 흑색을 숭상하고 물의 일을 본받는다. 물의 기운이 가장 극성기에 이르고 누구도 그 일을 알 수 없다면, (종래) 그 끝을 보게 될 것이다. 이렇게 순환이 계속되어 그 운행은 흙의 기운(土氣)으로 옮겨간다. 하늘이 계절을 만들지만, 이제 농부들의 일을 돕지 않을 것이다. (『여씨춘추』 권13, 「응동應同」; John Knoblock and Jeffrey Riegel, *The Annals of Lü Buwei* 呂氏春秋, 2000, 282～283쪽)

위의 인용에서 하단 부분의 "불의 기운을 대신하는 것은 물의 기운(水氣)일 것이다" 이하의 내용이 곧 오덕종시설의 근거가 된다. 이는 오행 간에 서로 돕고 서로 배척한다는 상생(相生)과 상극(相克)의 이론이다. 즉 봄의 목기는 여름의 화기를 낳고(木生火), 여름의 화기는 중앙의 토기를 낳고(火生土), 중앙의 토기는 가을의 금기를 낳고(土生金), 가을의 금기는 겨울의 수기를 낳고(金生水), 겨울의 수기는 다시 봄의 목기를 낳는다(水生木). — 이상이 '오행상생설'이다.

반대로 봄의 목기는 중앙의 토기를 이기고(木克土), 가을의 금기는 봄의 목기를 이기고(金克木), 여름의 화기는 가을의 금기를 이기고(火克金), 겨울의 수기는 여름의 화기를 이기고(水克火), 끝으로 중앙의 토기는 겨울의 수기를 이긴다(土克水). — 이상이 '오행상극설'이다. — 그런데 왜 이것이 고대 왕조의 정치적 교체기에 중대한 이론이 되었다는 말인가?

왕조의 역사적 교체 상황을 먼저 검토하자. 중국 고대의 정치적 교체는 하(夏) → 은(殷 혹은 商) → 주(周) → (춘추 전국 시대) → 진(秦)에 의한 통일의 순서로 진행되었다. 먼저 하 왕조를 목덕(木德)이 지배하는 나라라고 가정하자. 그렇다면 하를 멸망시킨 정당성은 '목'을 쳐부수는 '금'의 나라여야 얻을 수 있다. 그러므로 상 왕조가 금덕(金德)에 의하여 목덕의 나라인 하 왕조를 멸망시켰다는 것이다. 마찬가지로 금의 나라(商)를 멸망시키는 왕조는 화덕(火德)을 지녀야 한다. 이 화의 나라가 곧 주 왕조다. 이를 오행상극설과 관련하여 표기하면 다음과 같다.

하(夏, 목덕) → 은(殷, 商, 금덕) → 주(周, 화덕) ---- 진(秦, 수덕)
금극목(金克木) 화극금(火克金) 수극화(水克火)

춘추 전국 시대를 마감하고 새롭게 탄생한 나라는 진이다. 그러므로 진시황은 수덕(水德)을 중시했고, 그것에 의하여 천하를 통일했다는 명분을 세웠다. 쓰마치엔의 『사기』에 다음과 같은 기록이 보인다.

> 시황제는 오덕(五德)이 순환 반복하는 순서를 고찰하여, 주나라가 화덕(火德)을 얻었는데 진 왕조가 주나라를 대신하였으니, 주나라의 화덕을 이기는 수덕(水德)을 따라야 한다고 생각하였다. …… 의복, 깃발, 부절(符節)의 색은 모두 흑색을 숭상하였다. …… 황하를 '덕이 있는 물'(德水)이라고 고쳤다. 이는 수덕의 시작이라고 여겼기 때문이다. (시황제의) 통치는 강인하고 엄격하며, 모든 일은 법에 의해서 결정하였다. 각박하고 인의, 은덕, 우호 등이 없어야

오덕의 하나인 수덕에 합치된다고 믿었다. 그래서 법령을 엄하게 하고 법을 어긴 자는 오랫동안 죄를 용서받지 못하였다. (『사기』, 「진시황본기」)

이와 같이 오덕이 서로 끝[終]이 되고 또한 시작[始]이 된다는 이론이 곧 '오덕종시설'이다. 중국 고대 왕조의 실력자들은 이 이론의 틀 안에서 정권 교체의 명분을 찾았다. 현대인의 눈에는 우습게 보이는 이 이론을 오늘의 한국인이 비난할 수 있을까? 우리 시대에는 '문민' 정부, '국민'의 정부, '참여' 정부 등 몇 마디 말을 바꾸는 정도로 정권 교체의 정당성을 강조하고 있다. 이 말장난 같은 일을 놓고 보면, 오히려 중국 고대의 오덕종시설이 더욱 설득력 있는 것이 아닐까?

10.2 꾸어띠엔(郭店) 초(楚)나라 죽간의 『오행五行』사상 — 유가학파의 오행

1973년 후난 성 츠앙사(長沙) 마왕뛔이(馬王堆) 무덤의 백서와 1993년 후뻬이 성 꾸어띠엔(郭店) 초나라 무덤의 죽간에 『오행五行』이 포함되어 있었다. 내용상 큰 차이는 없으나, 편제가 다르다. 이는 유가학파의 자료에 속한다고 본다. 꾸어띠엔 『오행』의 저자는 콩치우의 손자인 콩지(孔伋 공급)거나 동시대 유가의 작품으로 추정한다. 맹자는 이 학파의 영향을 받아서 『맹자』를 저술했을 가능성이 있다. 꾸어띠엔에서 출토된 『오행』을 중심으로 이를 고찰하자. — 이하의 원문은 띵쓰신(丁四新), 『곽점초묘죽간사상연구郭店楚墓竹簡思想研究』, 2000, 133·137쪽에서 취했다.

원문

五行 : 仁形于內謂之德之行, 不形于內謂之行. 義形于內謂之德之行, 不形于內謂之行. 禮形于內謂之德之行, 不形于內謂之[行. 智形]于內謂之德之行, 不形于內謂之行. 聖形于內謂之德之行, 不形于內謂之行. …… 未嘗聞君子道, 謂之不聰. 未嘗見賢人, 謂之不明. 聞君子道而不知其君子道也, 謂之不聖. 見賢人而不知其有德也, 謂之不智. 見而知之, 智也. 聞而知之, 聖也. 明明, 智也. 虩虩(赫赫?), 聖也.

번역

오행 : 인(仁)이 안에서 드러난 것을 덕의 행위라고 하며, 안에서 드러나지 않은 것을 (그냥) 행위라고 한다. 의(義)가 안에서 드러난 것을 덕의 행위라고 하며, 안에서 드러나지 않은 것을 (그냥) 행위라고 한다. 예(禮)가 안에서 드러난 것을 덕의 행위라고 하며, 안에서 드러나지 않은 것을 (그냥) 행위라고 한다. 지(智)가 안에서 드러난 것을 덕의 행위라고 하며, 안에서 드러나지 않은 것을 (그냥) 행위라고 한다. 성(聖)이 안에서 드러난 것을 덕의 행위라고 하며, 안에서 드러나지 않은 것을 (그냥) 행위라고 한다. …… 군자의 도를 듣지 못함을 '귀가 밝지 못함'(不聰)이라 하고, 현인을 보지 못함을 '눈이 밝지 못함'(不明)이라 하고, 군자의 도를 듣고도 이것이 군자의 도임을 알지 못함을 '성스럽지 못함'(不聖)이라 하고, 현인을 보고도 그 덕이 있음을 알지 못함을 '지혜롭지 못함'(不智)이라고 한다. 보고 아는 것은 지혜로움이요, 듣고 아는 것은 성스러움이다. 밝고 밝은 것은 지혜로움이다. 두렵고 두려움(빛나고 빛남?)은 성스러움이다.

위의 글에서 우리는 '오행'이 인·의·예·지·성의 다섯 가지 규범을 가리키고 있음을 알 수 있다. 문제는 '성'(聖) 자에 있다. 『맹자』, 「공손추 上」에서 인·의·예·지의 사단(四端)을 말했는데, 이제 꾸어띠엔의 『오행』에는 사단에 '성'(聖) 자를 보태고 있기 때문이다. 그러므로 만일 팡푸(龐樸 방박)가 주장하는 것처럼(『문물文物』, 1977-10), 『맹자』, 「진심 下」의 "口之於味也" 이하의 "聖人之於天道也" 구절에서 '人' 자를 필요 없는 글자

(衍字)로 보면, 멍커가 "인·의·예·지·성"의 오행을 언급한 것이 된다. 팡푸의 견해를 따라서 『맹자』, 「진심」 제24장을 읽으면 다음과 같다.

멍커가 말하였다. "입이 맛에서, 눈이 색깔에서, 귀가 소리에서, 코가 냄새에서, 몸(四肢)이 편안함에서는 본성(性)이나, 명(命)에 달려 있다. 군자는 본성이라고 하지 않는다. '인'(仁)이 부자간에서, '의'(義)가 군신 간에서, '예'(禮)가 손님과 주인 간에서, '지'(智)가 현명한 자에서, '성'(聖)이 천도(天道)에서는 명(命)이나, 본성에 달려 있다. 군자는 명이라고 이르지 않는다"(孟子曰. 口之於味也. …… 仁之於父子也, 義之於君臣也, 禮之於賓主也, 智之於賢者也, 聖之於天道也. 命也, 有性焉. 君子不謂命也).

그런데 꾸어띠엔 출토 『오행』편에 '성'(聖) 자가 있다. 누가 누구에게 영향을 주었는지 구체적으로 알 수는 없다. 그러나 만일 팡푸의 견해를 따른다면, 멍커 자신이 '성'을 포함한 '오행'에 영향을 받았음을 알 수 있다. 이는 '사맹학파'〔思孟學派, 쯔쓰(子思)와 멍커(孟軻)를 중심으로 한 학파〕의 '오행'이라는 점에서 유가학파의 오행을 구성한다고 주장할 수 있다.

문제는 유가학파의 오행(즉 오상)이란, 그 이전 음양학파의 오행과는 철학적인 측면에서 질(質)이 다르다는 점이다. 용어가 같다고 해서 같은 범주로 설명할 수 없다. 음양학파의 '오행설'은 물활론(物活論, hylozoism, 물질을 감각과 생명이 없는 것으로 생각하지 않고 그 본질상 생활력과 영혼을 가진다라는 설)적 자연 중시의 이론이고, 유가학파의 오행설은 물활론이 배제된 초지연적 윤리적 이론이다. 전자는 자연의 다섯 가지 재료를 대상으로 하고, 후자는 자연 질서와 무관한 인문주의적 개념을 대상으로 한다. 이들은 라이프니츠(Gottfried W. Leibniz, 1646~1716)가 주장한 모나드〔monad, 만유를 조직하는 단일 불가분의 독립자유의 개체로 '단자'(單子)라고 부름〕처럼 각기 파편적인 것이고 '창문이 없어서' 서로 통하지 않는다고 해석된다. 다시 말하여 오행설의 본질은 인·의·예·지·성과 같은 추상적이고 윤리적 개념의 전개에 있는 것이 아니고, 목·화·토·금·수의 다섯 가지 재료를 바탕으로 한 음양학파의 주장에 있다.

다섯 가지 재료(목·화·토·금·수)의 오행과 인·의·예·지·신의 오행을 하나의 계통으로 연결하려고 시도한 사람이 있었다. — 여기서는 '성'(聖)자가 아니고, '신' (信)자로 대치되었다. 한대(漢代) 이후 이를 '오상'(五常)이라고 불렀다. 숫자 오를 좋아했던 고대 중화인들이 개념을 어지럽게 만들었다. — 동한의 학자 정쉬앤(鄭玄정현, 127~200)은 『중용』 주(注)에서 "목신(木神)은 인(仁)이요, 금신(金神)은 의(義)요, 화신(火神)은 예(禮)요, 수신(水神)은 신(信)이요, 토신(土神)은 지(知=智)다"라고 말했다(『예기주소禮記注疏』 권52, 「중용」 주 ; 『13경 주소注疏』 참고). 그러나 이것이 몹시 맹랑한 소리요, 일종의 견강부회임은 평범한 사람도 알 수 있다.

10.3 『주역』의 철학화 — 『역전易傳』의 세계

10.3.1 『역전』의 탄생

제3장에서 『역전』이 『주역』 고경(古經)의 해설서로 탄생했음을 밝힌 바 있다. 그런데 전자가 후자를 압도하는 모순적인 상황이 전개된 것은 그만한 까닭이 있다. 『역』, 『주역』, 『역경』이 동복이명(同腹異名)이라면, 『역전』은 이복이명(異腹異名)이다. 비유하건데 이 책은 '미운 오리 새끼'다. 그런데 이 미운 오리 새끼가 사고를 쳐서 큰일을 내고 말았다. 이것이 결과적으로 『주역』을 매우 높은 단계의 지적(知的) 세계로 끌어 올린 것이다.

해설서 『역전』이 새로운 창작물이 되어서, 전세를 역전(逆轉)시켜 역전(歷戰)의 용사인 『주역』을 굴복시켰다. 이 책이 『주역』의 철학화에 공헌했다. 그 중에서도 「계사전」에 나타난 철학사상은 중국 고대인의 세계관을 연구하는 데 빼놓을 수 없는 귀중한 자료다. 이 미운 오리새끼가 없었다면, 우리가 『주역』의 철학을 이야기 할 수 있을지 의문이다. — 서구인은 「계사전」을 "The Great Treatise"라고 번역하는데, 이를 보면 「계사전」은 결코 미운 오리 새끼가 아니고 우아하고 위대한 백조인 듯하다.

사람들은 오랫동안 『역전』의 주해(註解, commentaries)를 통하여 『주역』 경문(classic)을 이해했다(以傳解經). 그러나 이 방법으로는 『주역』 텍스트(경문)의 본래 뜻을 충분히 새기지 못한다. 왜냐하면 『역전』에 담긴 세계관은 유가의 철학을 반영하고 있으므로, 『주역』 경문의 시대 및 상황과 거리가 있기 때문이다.

1899년 갑골문(甲骨文)의 발견과 함께 몇몇 사람들이 갑골문의 '조강지처'와 비슷한 『주역』 경문에 눈을 떴다. 그리고 이것의 권리 회복에 일생을 걸었다. 학계에서는 이들을 '근대파'라고 부른다. 생각해 보자. 우리의 위대한 스승, 콩치우도 갑골문 복사(卜辭)를 만나지 못했다. 그리고 12세기 남송(南宋)의 뛰어난 학자 주시(朱熹)도 생전에 이를 접하지 못했다. 훗날 조선 땅의 퇴계(退溪) 이황(李滉), 율곡(栗谷) 이이(李珥), 여헌(旅軒) 장현광(張顯光)과 다산(茶山) 정약용(丁若鏞, 1762~1836) 등도 — 이들은 모두 『역전』에 대한 글을 남겼다. — 갑골문 복사를 보지 못했다. 1899년 갑골문의 출현이야말로 중국 고대 철학사를 전면적으로 다시 돌아보게 만든 사건이며, 『주역』의 운명을 바꾸어 놓은 계기가 되었다.

10.3.2 『역전』의 철학 — '변화'의 개념

서구에서는 『주역』을 『변화의 책』(The Book of Changes)라고 번역하기도 한다. 이는 『주역』의 본질을 잘 표현한 말이다. 텍스트에 보이는 괘(卦) 혹은 효(爻)는 그 밑바탕에 변화를 전제하고 있다. 세계에 고정된 것이란 아무 것도 없다.

아침에 눈을 뜨고 일어나 저녁에 잠자리에 들 때까지, 우리 주변에는 끝없는 변화가 소용돌이치며 이루어진다. 봄철에 천둥이 울려 만물을 고무하고 부추기며, 바람이 불고 비가 와서 지상의 만물이 윤택해진다. 곧 자연의 변화 모습이다. 또한 셀 수 없이 많은 사람들이 태어나서 늙고 병들어 죽음을 향한다. 이것이 인간의 변화 모습이다. 우리는 이를 가리켜 현상(phenomenon)이라고 말한다. 우리가 살고 있는 현상계는 언제나 변화한다.

그리스의 철학자 헤라클레이토스(Herakeitos, 기원전 535?~기원전 475)는 현상계를 보고 "판타 레이"(πάντα ῥεῖ, panta rhei)라고 말했다고 전한다. 이는 "만물은 흐른다"(all things flow, 萬物流轉)라고 번역된다. 그리스어의 'ῥεῖ'(rhei)는 동사로 '흐르다'(to flow)라는 뜻이다. 플라톤(Plato, 428 기원전~기원전 348)은 이것을 "판타 코레이"(πάντα χωρεῖ, panta chōrei)로 고쳐 불렀다. 'χωρεῖ'(chōrei)는 동사로 '변화하다'(to change)라는 의미다. — 코레이가 레이를 내포함에 주의를 요한다. — 이를 정리하면 아래와 같다.

- 헤라클레이토스 : 판타 레이(πάντα ῥεῖ) = 만물은 흐른다.
- 플라톤 : 판타 코레이(πάντα χωρεῖ) = 만물은 변화한다.

이들 서양의 철학자들이 기원전 500년에서 기원전 350년 사이에 주장한 변화의 개념은 중국 고대인에게는 기원전 771년 이전에 감지(感知)된 것이다. 서주(西周) 시대 점복(占卜)에 종사했던 지식인들은 현상계의 변화를 보고, 괘(그림)를 베풀었고 말(문자)을 걸었다. 본래 괘는 상(象)으로써 세워진 것이고, 상은 또한 괘로써 그 모습을 드러낸다. — 상은 현대 용어로 이미지(image)를 말한다. 우리는 다만 괘만 볼 수 있고, 상은 볼 수 없다. 고대인들이 기술한 '관상'(觀象)이란 눈으로 보는 것이 아니라, 마음으로 지각(知覺)하는 것이다. — 이렇게 괘와 사(辭)로 표현된 변화는 춘추 전국 시대의 용어로 '음양'이 교역(交易)하는 것이요, 강하고 부드러운 것(剛柔)이 서로 밀어부쳐 초래된 것이다(「계사전 上」, 제2장 참고).

『역전』의 「계사전」에 나타난 변화의 개념은 매우 중요하다. 「계사전」에 나타난 변화의 개념을 잘 설명한 자료로 제럴드 W. 스완슨(Gerald W. Swanson)의 박사학위 논문을 참고할 수 있다(*The Great Treatise: Commentatory Tradition to the Book of Changes*, 1974).

그렇다면 무엇이 과연 이 같은 변화를 일으키는 것일까? 이에 대해서 『주역』의 텍스트에는 정답이 없다. 이 점에서 천재(天才)들의 사고는 동서 간에 서로 통하는 바가 있다. 다산 정약용의 『여유당전서與猶堂全書』에 다음과 같은 이야기가 보인다.

> 생각건대 사물[物]이란 사물[物]의 본체다. 변화[變]는 사물[物]의 변체(變體)다. 누에가 나방으로, 매미의 유충이 매미가 되는 것은 곧 정기(精氣)가 사물이 되고, 유혼(遊魂)이 변화되는 것을 말한다. 점치는 법은 이 같은 사물의 법칙(物理)에 의지하는 것이다. (정약용, 『여유당전서』 제3집, 「역학서언易學緖言」 1-22, 《정강성역주론鄭康成易注論)》)

이른바 "정기가 사물이 되고, 유혼이 변화되는 것"(精氣爲物, 遊魂爲變)이란 「십익」 중 「계사전 上」 제4장에 나오는 말이다. 정약용은 변화에 대해서 이야기했지만 그 본질에 대해서는 동어반복(同語反覆, tautology)으로 일관한다. "사물이란 사물의 본체다. 변화는 사물의 변체다"(物者, 物之本體. 變者, 物之變體)라고 함이 그것이다. 정약용은 변화의 현상(예, 누에가 나방으로, 매미의 유충이 매미가 되는 것)에 대해서는 말하고 있으나, 변화를 일으키는 근본 원인에 대해서는 말하지 않는다. 그는 이를 '사물의 법칙'(物理)이라고 표현했다. — 정약용이 표현한 '물리'(物理)는 주시가 말한 '리'(理, pattern)와 비슷하다고 본다. 이는 헤라클레이토스의 '로고스'(Logos)의 개념과 유사하다.

I. 칸트(1724~1804)는 "사물 자체(物自體, Ding an Sich)는 알 수 없다"라고 말했으며, 오스트리아의 천재 철학자 루트비히 비트겐슈타인(1889~1951) 또한 "명제는 사물(Ding)이 어떻게 있는가를 말할 수 있을 뿐, 사물이 무엇인가를 말할 수는 없다"(『트락타투스』, 3.221)라고 했다.

현상계의 배후에 있는 변화의 본질에 대해서 자세하게 설명하려고 시도한 사람은 주시다. 『주자어류朱子語類』에 보이는 귀신설(鬼神說)이 이를 대변한다. 그러나 그가 말하는 음양 이기(二氣)의 배후에 있는 것도 결국 하나의 '패턴'(理, pattern)일 뿐이다. 그 패턴을 주관하는 자는 누군인지 알 수 없다. — 주시에게 패턴은 '태극'(太極)이고, 태극은 곧 '무극'(無極)이므로, 주관하는 자가 없다고 말하는 것이 논리적이다. 그러나 저자의 생각으로 패턴은 하나의 에너지일 수 있고, 에너지라면 이를 주관하는 자가 있어야 한다. '스스로 그러하다'(自然而然)라고 말하는 것은 논리의 세계에서일 뿐이고, 현실에서는 음양 이기(二氣)를 관장하는 힘이 존재한다.

기원전 771년 이전 서주 시대 『주역』을 만든 이들은 길흉화복(吉凶禍福)이 무수하게 반복되는 현상에 대해서 언급했다. 그러나 이들은 현상을 일으키는 그 '무엇 자체'(物自體, Thing in itself)에 대해서는 언급하지 못했다. — "한번 음하고 한번 양함을 도라고 이른다"(一陰一陽之謂道)라는 구절은 「계사전」의 유명한 이야기다.

이를 놓고, 태극의 개념을 생각한 저우뚠이(周敦頤, 1017~1073) 혹은 이를 이어받아 '도'(道)를 하나의 패턴(理)으로 이해한 주시의 경우는 『주역』이 탄생한 이후의 텍스트에 대한 해석일 뿐이다. 주시는 "태극=리"라고 말했지만, 태극 자체의 설명은 논리의 차원에만 머물렀다. 사물 자체(物自體)는 영원히 알 수 없는 것이다.

현상계의 사물은 "한번 음하고 한번 양한다"(一陰一陽之). 현상계를 지배하는 원인은 '신'(神)으로 귀착된다. 「계사전」 제5장의 말미에서 말하는 "음양의 헤아릴 수 없는 것을 가리켜 신이라고 한다"(陰陽不測之謂神)라는 표현이 이것이다. 결국 신이야말로 『주역』의 저자들이 길흉화복을 주관하는 존재를 규정한 이름이다.

용어에 대해 생각하면, '신'(神)은 일반적으로 '신명'(神明)이라고 부른다. 비록 그 존재의 본질이 무엇인지 알 수 없더라도 신명은 존재하며, 이 신명이야말로 『주역』에서 무수하게 언급되고 있는 "길(吉)·인(吝)·여(厲)·회(悔)·구(咎)·흉(凶)"에 관계하는 자(者)다. 이 놈[者]이야말로 멀고 먼 섬나라의 헤라클레이토스가 주장한 판타 레이처럼 변화를 주관하는 자다. 다시 말하면 이놈이야말로 "萬物流轉, 生生不息"을 일으키는 주인공이다.

『주역』에 보이는 괘 혹은 효는 그 밑바탕에 변화를 전제한다. 그리고 모든 변화는 시간과 공간 안에서 발생한다. 이 같은 '변화'의 본질을 '상'(象) 혹은 '수'(數)의 개념을 도입하여 풀어보려고 노력한 사람들이 있다. 삼국 시대 상수학자 위환(虞翻우번, 164~232)을 비롯하여 송대의 사오용(邵雍소옹, 1011~1077), 명대의 라이즈떠(來知德래지덕, 1525~1604)와 현대의 위싱우(于省吾우성오, 1896~1984) 등에 이르기까지, 이들은 상수학이야말로 『주역』의 모든 것이라고 생각했다. 그러나 이들의 연구는 난해하기 이를 데 없다.

한편 『주역』의 텍스트에 '모럴'(도덕)을 지극정성으로 적용하여 해석한 사람도 있다. 송대의 츠엉이(程頤정이)와 주시는 의리학(義理學)의 대표적인 인물인데, 이 학파는 『주역』은 철학서고 여기에는 불굴의 의리(도덕)가 내재되어 있다고 철통같이 믿었다.

역사적으로 의리학파의 철학적 탐구에 비하여 상수학파의 점술(占術)을 통한 『주역』의 적용이 더욱 치열했다고 말할 수 있다. 상수 연구를 통하여 우주 변화의 본질을 밝히고자 무수하게 많은 사람들이 평생을 바쳤고, 정신이 돌아버린 채 일생을 마감한 경우도 부지기수(不知其數)였다.

세상에 미치자고 하는 공부는 없다. 변화의 본질을 인간의 힘으로 알 수 없을지언정, 정신이 돌아버려서야 올바른 공부가 아니다. 그러므로 인간 콩치우는 평생 '중용'(中庸)의 화두를 놓지 않았다. 그가 말한 "삶도 모르는데, 어찌 죽음을 알겠는가?"(未知生, 焉知死)라는 표현은 중용의 정신을 뜻한다. 죽음이 하나의 변화일진데, 이를 모른다고 말한 콩치우야말로 지극히 상식적인 동시에 현실적인 인간이라고 볼 수 있다.

10.4 츠앙사(長沙) 마왕뛔이(馬王堆) 백서(帛書) 『주역』

하늘 아래 신기한 일이 많이 일어나지만, 중국철학사와 관련하여 몹시 놀라운 사건이 1973년 겨울 중국 후난 성 츠앙사에서 벌어졌다. 츠앙사 교외의 마왕뛔이라고 부르는 작은 언덕에서 키가 작은 '여자 시체'가 발굴되었다. 여인의 묘지에는 부장품이 있었는데, 비단에 자잘하게 적힌 『주역』이 있었다. 이 백서(帛書) 『주역』이 학자들을 놀라게 하고 흥분시켰다. — 마왕뛔이 현장은 현재 교외가 아니다. 츠앙사 시내의 일부로 편입되어 병원(요양원)이 들어섰다.

이 자료가 공식적으로 세상에 드러난 것은 1992년이고, 그 결과 기존의 통행본 『주역』과 백서가 체제가 완전히 다르다는 사실이 알려졌다. 이후 한종민(韓仲民, 1992), 리아오밍춘(廖名春, 1993), 천꾸잉(陳鼓應, 1993), 싱원(邢文, 1995), 떵치우뿨(鄧球柏, 1995) 등의 연구로 내용이 그

밝혀졌다. 이 자료를 입수한 시카고 대학의 에드워드 쇼니시(Edward L. Shaughnessy) 교수는 이에 대한 영어 저서 『*I CHING (The Classic of changes)*』(1997)을 발표했다. 이 책은 마왕뛔이 백서 『주역』에 대하여 서양어로 번역된 최초의 자료다. — 쇼니시 교수는 스탠포드 대학에서 「《주역》의 구조」(1983)라는 제목으로 박사 학위를 받았다. 학위 논문에서는 시기적으로 마왕뛔이 자료를 소개할 수 없었다.

마왕뛔이 백서 『주역』은 「육십사괘」, 「이삼자문二三子問」, 「계사전繫辭傳」, 「역지의易之義」, 「요要」, 「무화繆和」, 「소력昭力」을 포함한다. 백서 『주역』의 편성 시기는 대략 기원전 180~기원전 170년 사이로 추정한다. 백서 『주역』은 현재 통용되고 있는 『주역』 경문(텍스트)과 편제가 크게 다르다. 백서 「계사전」 또한 통행본 「계사전」과 편제가 다르다. 「계사전」의 조성 시기는 백서와 같다는 동시설과 통행본 「계사전」이 백서보다 앞선다는 설이 공존한다.

백서 『주역』의 사상은 통행본의 그것과 큰 차이가 드러나지 않는다. 천꾸잉은 백서 「계사전」의 내용이 노장 사상의 영향을 받았다고 주장했는데, 이에 대한 찬성과 반대 의견이 함께 존재한다. 떵치우뿨는 2002년 수정본 『백서주역교석帛書周易校釋』(후난인민출판사)을 세상에 내놓았다. 마왕뛔이 백서 『주역』에 관해 가장 참고할 만한 자료다. 유감스러운 일이지만 한국어 번역본은 아직 나오지 않았다.

참고문헌

『정신문화연구』 2008년 여름호(통권 111호), 한국학중앙연구원, 2008.

김경수, 『출토문헌을 통해서 본 중국고대사상』, 심산, 2008.

황준연, 『실사구시로 읽는 주역』, 서광사, 2009.

떵치우뿨(鄧球柏), 『백서주역교석帛書周易校釋』, 후난(湖南)인민출판사, 2002.

띵스신(丁四新), 『곽점초묘죽간사상연구』, 동방출판사, 2000.

싱원(邢文), 『백서주역연구帛書周易研究』, 인민출판사, 1998.

가노 나오키(狩野直喜), 오이환 옮김, 『중국철학사』, 을유문화사, 1986.

존 킹 페어뱅크, 김형종·신성곤 옮김, 『신중국사』, 까치, 2005.

Gerald W. Swanson , *The Great Treatise : Commentatory Tradition to the Book of Changes*, University of Washington, 1974.

John Knoblock and Jeffrey Riegel, *The Annals of Lü Buwei* 呂氏春秋, Stanford University Press, 2000.

Edward L. Shaughnessy, *I CHING (The Classic of changes)*, Ballantine Books, 1997.

제11장
한(漢)·당(唐) 시기의 철학

11.1 유교의 종교화 — 똥종수(董仲舒)

11.1.1 역사적 상황

기원전 211년 중국 고대 사회는 커다란 전환점을 맞이했다. 진시황(秦始皇)이 당시 패권 국가 6국을 멸망시키고 천하를 통일한 것이다. 그의 통일 과업은 상양(商鞅) 변법이 성공한 결과라고 볼 수 있다.

진(秦) 제국의 등장은 'China'라고 부르는 국가의 성립을 의미하며 정치·경제·군사·문화의 측면에서 한족(漢族)이 '중화 문명'을 건설하는 중추적인 세력으로 등장했음을 뜻한다. 문화사적 측면에서 문자, 도량형, 화폐의 통일은 매우 중요한 의미를 지닌다. — 이 당시 종이는 발명되지 않았고, 대나무 조각(竹簡죽간) 혹은 비단(帛書백서)을 문자의 기록 수단으로 활용했다. 한문의 글자체는 전서(篆書)가 비문 등에 사용되었고, 행정 문서는 예서(隷書)가 통용되었다.

'분서갱유'(焚書坑儒)라고 알려진 방법을 통하여 사상의 통일을 기한 것도 이 시기의 또 하나의 특징이다. 그러나 진 제국은 기원전 210년 시황제가 49세의 나이로 세상을 떠나자 급속히 붕괴했다. 이어서 성립한 한(漢, 기원전 206～기원후 220) 왕조는 명실공히 중국 문명의 최전성기였다.

한 제국의 5대 임금 무제(武帝) 리우츠어(劉徹유철, 재위 기원전 140～기원전 86)는 똥종수(董仲舒, 기원전 179～기원전 104)의 건의를 받아들여 제자백가 중에서 유학을 국가의 학문으로 채택했다. 군주를 정점으로 한 가부장적 사회 질서, 충효의 이념을 통한 통치 질서야말로 한 제국에 필요한 것이었다.

11.1.2 똥종수의 철학

① 우주론

빤꾸(班固반고)가 기록한 『한서漢書』 권56, 「똥종수전」에 의하면, 그는 꾸앙츠우안〔廣川광천, 현 허뻬이 성 헝수이(衡水)〕 사람이다. 3년 동안 자기가 살고 있는 집의 정원을 밟지 않을 정도로 미친 듯이 공부에 열중했다고 전한다. 또 방 안에서 발[簾]을 내리고 사람을 맞이했으므로, 제자들은 그의 얼굴을 볼 수 없었다고 한다. 그의 저서로 『춘추번로春秋繁露』가 있다.

똥종수에 의하면 하늘[天]은 만물을 살리고, 기르고, 죽이고, 감추는 기능을 한다.

> 하늘의 도는 봄의 따뜻함으로써 (만물을) 살린다. 여름의 무더움으로써 기른다. 가을의 서늘함으로써 죽인다. 겨울의 차가움으로써 숨긴다. 따뜻함, 무더움, 서늘함, 차가움은 '기'(氣)는 다르지만, '공'(功)은 같다. 모두 하늘이 세월을 완성시키는 것이다(天之道, 春暖以生. 夏暑以養. 秋淸以殺. 冬寒以藏. 暖暑淸寒, 異氣而同功. 皆天之所以成歲也). 〔『춘추번로』 권13, 「사시지부四時之

副」; 라이옌위앤(賴炎元), 『춘추번로금주금역春秋繁露今註今譯』, 타이완상무인서관, 1992, 325쪽) — 이하 언급하는 쪽수는 라이옌위앤, 『춘추번로금주금역』의 쪽수를 가리킨다.

위의 글에서 우리는 똥종수의 천도(天道) 관념을 본다. 그런데 하늘은 사람처럼 분노, 슬픔, 기쁨의 감정이 있으며 성취와 형벌의 기능을 가진다.

> 하늘과 땅의 법은 하나의 음(陰)과 하나의 양(陽)이다. 양이 하늘의 덕(德)이라면, 음은 하늘의 형벌[刑]이다. …… 그러므로 하늘의 도는 세 계절로 이루어지고, 한 계절로 죽어 버린다. …… 하늘이 또한 기쁨과 분노의 '기'(氣)와, 슬픔과 즐거움의 '마음'을 가진 것은 사람과 서로 부응하며, 그 동류가 됨에 합한다. 하늘과 사람은 하나다(天地之常, 一陰一陽. 陽者, 天之德也, 陰者, 天之刑也. …… 天亦有喜怒之氣, 哀樂之心, 與人相副, 以類合之, 天人一也). (『춘추번로』 권12, 「음양의陰陽義」; 『춘추번로금주금역』, 309쪽)

이때의 '기'는 하나의 기운을 말하는 것이고, 훗날 성리학자들이 정립한 철학 개념의 '리'(理)와 대비하여 사용한 것이 아니다. 그에 의하면 우주에는 10대 요소가 있다. 하늘[天], 땅[地], 응달[陰], 양지[陽], 나무[木], 불[火], 흙[土], 쇠[金], 물[水]과 사람[人]이 그것이다(『춘추번로』 권17, 「천지음양」). 사람은 나머지 아홉 가지의 요소 속에서 살아간다. 똥종수의 설명을 들어보자.

> 하늘과 땅 사이에는 음양의 기가 있다. 사람이 기에 젖어 있는 것은 마치 물고기가 물에 젖어 있는 것과 같다. 음양의 기와 물이 다른 것은 (물은) 보이는 데 비하여, (음양은) 보이지 않는다는 점뿐이다(天地之間, 有陰陽之氣. 常漸人者, 若水常漸魚也. 所以異於水者, 可見與 不可見耳). (『춘추번로』 권17, 「천

지 음양」;『춘추번로금주금역』, 440쪽)

이와 같이 천지 사이에 존재하는 기는 나뉘면 음양으로, 펼치면 나무(목)·불(화)·흙(토)·쇠(금)·물(수)의 오행(五行)이 된다. 그런데 오행은 상호 친근한 관계와 배척하는 관계로 설명된다. 똥종수의 표현으로 친근한 관계는 '비'(比)로 표현되고, 배척하는 관계는 '간'(間)으로 묘사된다.

> 하늘과 땅의 기는 합하여 하나다. 나누면 음양이 되고, 구별하여 사계절이 되며, 펼쳐서 오행이 된다. '행'(行)이란 덕행인데, 그것이 같지 않으므로 오행이라고 말한다. 오행은 또 5관(官, 관직)과 같다. 이들은 친근하여 서로 낳는 관계와, 배척하여 서로 이기는 관계를 유지한다(比相生間相勝). …… 그러므로 불이 흙을 낳는다. …… 흙이 쇠를 낳는다. …… 쇠가 물을 낳는다. …… 물이 나무를 낳는다. …… 쇠가 나무를 이긴다. …… 물이 불을 이긴다. …… 나무가 흙을 이긴다. …… 불이 쇠를 이긴다(天地之氣, 合而爲一. 分爲陰陽, 判爲四時, 列爲五行. 行者, 行也, 其行不同, 故謂 之五行. 五行者, 五官也. 比相生間相勝也 ……). (『춘추번로』 권13, 「오행상생」·「오행상승」;『춘추번로금주금역』, 334쪽 이하, 341쪽 이하)

이와 같은 똥종수의 주장을 학자들은 '오행상생설'과 '오행상승설'〔五行相勝說 혹은 오행상극설(五行相克說)〕이라고 부른다. 오행의 '상생' 및 '상극' 이론은 전통 사회의 민간에 매우 깊은 영향을 미쳤다. 이를테면 남녀 혼인의 경우 궁합(宮合)을 보는데, 상생의 관계이면 궁합이 좋다고 말하고, 상승(상극)의 관계이면 궁합이 나쁘다고 말하여 기피하는 경향이 있었다. ― 이 같은 똥종수의 오행 '상생상극설'은 그의 독창적 이론이 아니다. 이는 전국(戰國) 시대 쩌우옌(鄒衍, 기원전 305~기원전 240)의 이론을 더욱 발전시킨 것이다.

똥종수에 의하면 하늘, 땅, 사람은 불가분의 존재다. 하늘에는 도덕 윤리가 있고, 땅은 물질로서 만물을 기르며, 사람은 문화와 문명을 이루고 살아간다.

> 하늘, 땅, 사람은 만물의 근본이다. 하늘은 살리고, 땅은 기르고, 사람은 이룬다. 하늘은 효제(孝悌)로써 살리고, 땅은 의식(衣食)으로써 기르며, 사람은 예악(禮樂)으로써 이룬다. 세 가지는 서로 손과 발이 되어, 합하여 몸을 이루니, 한 가지라도 없어서는 안 된다(天地人, 萬物之本也. 天生之, 地養之, 人成之 ……). (『춘추번로』 권6, 「입원신立元神」; 『춘추번로금주금역』, 156쪽)

② 정치철학 — 천인상감설(天人相感說)

하늘은 사람을 낳는다. 그러므로 백성의 성품을 만드는 자도 하늘이다. 똥종수는 다음과 같이 말한다.

> 하늘이 백성의 성품을 낳으니, (백성의) 선한 바탕은 있지만 아직 선한 것은 아니다. 그리하여 백성을 위하여 왕을 내세우고 이들을 선하게 하였다. 이것이 곧 하늘의 뜻(天意)이다(天生民性, 有善質而不能善. 於是爲之立王以善之. 此天意也). (『춘추번로』 권10, 「심찰명호深察名號」; 『춘추번로금주금역』, 267쪽)

이처럼 하늘은 의지가 있다. 그리하여 백성에게 도덕심을 내려 주고, 백성을 신하게 한다. 그런데 군주 혹은 백성이 선하지 않은 경우는 어떻게 할까? 똥종수는 사람에게 잘못이 있으면 하늘의 벌을 피할 수 없다고 생각했다. — 이는 그리스도교의 『성경』, 「창세기*Genesis*」 18~19장 '소돔(Sodom)과 고모라'(Gomorrah)에 보이는 생각과 비슷하다. 야훼(The LORD)는 소돔성에 죄 없는 사람이 열 명만 있어도, 그 죄 없는 사람을 보아서라도 모두 용서할 생각이 있었다. 그러나 소돔성에는 열 사람의 의인(義人)이 없었다. 분노에 찬 야훼는 유황불(burning sulfur)을 소돔과 고모라에 퍼부어서 도시와 사람들은 물론 그곳의 푸성귀까지 모조리 태워버렸다.

> 제왕(帝王)이 장차 흥할 때는 아름답고 상서로운 일이 먼저 나타나고, 장차 망할 때는 괴이하고 요사스러운 일이 먼저 나타나니, 사물은 서로 동류로써 (어떤 결과를) 부른다(帝王之將興也, 其美祥亦先見, 其將亡也, 妖孼亦先見, 物故以類相召也). (『춘추번로』 권13, 「동류상동同類相動」; 『춘추번로금주금역』, 331쪽)

이와 비슷한 주장이 『한서漢書』, 「똥종수전」, 〈현량대책賢良對策〉에 보인다.

> 신이 삼가 살피건대 『춘추』 가운데 앞선 세대의 일이 보입니다. 하늘과 사람의 상호 관계를 관찰할 때, 매우 두렵습니다. 국가가 장차 도(道)를 잃을 때, 하늘이 먼저 재해(災害)를 내려보내 견책하는 바니, 스스로 살피지 않으면 또한 괴이한 일을 보냄으로써 놀랍고 두렵게 합니다. 그래도 변하지 않으면, (국가는) 패망에 이르는 것입니다. 이로써 하늘이 인군(人君)을 사랑하여 난리를 방지하려는 마음이 있는 것을 알 수 있습니다. (『한서』 권56, 「똥종수전」)

같은 내용이 다시 『춘추번로』에 보인다.

> 그 대략의 모습은 다음과 같다. 하늘과 땅의 사물이 비상(非常)한 변고가 있는 것을 일러 괴이한 일(異)이라고 하는데, 작은 것을 가리켜 재앙[災]이라고 한다. 재앙이 먼저 오고 괴이한 일이 뒤따른다. 재앙은 하늘이 견책하는 바요,

괴이한 일은 하늘이 (사람을) 놀라게 하는 것이다. 견책을 해도 알지 못하면, 두렵게 하여 위력을 보인다. 『시경』에 "하늘의 위력을 두려워하라"라는 구절은 아마도 이것을 말하는 것이다(其大略之類, 天地之物, 有不常之變者, 謂之異, 小者, 謂之災 ……). (『춘추번로』 권8, 「필인차지必仁且智」; 『춘추번로금주금역』, 236쪽)

학자들은 똥종수의 주장을 '천인상감설'(天人相感說)이라고 부른다. 자연 재해 즉 홍수·한발·지진·일식·월식 등의 현상은 하늘이 사람에게 내리는 경고 또는 견책이라는 주장이다. 이러한 재해가 발생하면 사람들은 (특히 군주는) 몸가짐을 단정하게 하고, 잘못을 반성하며 회개하는 태도를 보여야 한다. 재이(災異)의 발생에 대하여 이런 믿음은 사대부 사이에 상당히 보편적인 것이었다.

『후한서後漢書』, 「오행지五行志」는 자연의 재이 현상에 대하여 구체적이고 체계적인 기록을 남기고 있다. 이 책에는 재이에 관한 기록이 43항목에 걸쳐 399회 등장한다(홍승현, 「선거와 후한 사대부의 자율성」, 『동양사학연구』 제86집, 2004, 54쪽). 이 가운데 지진(地震, 地裂) 발생이 23차례 기록되어 있다. 예를 들면, 후한 영원(永元) 4년(92)에 발생한 지진에 대하여, 사관(史官)은 구체적인 사실을 기록하고 원인을 분석했다.

화제(和帝) 영원 4년 6월 병진일. 군국(郡國) 13곳에 지진이 있었다. …… 이때 두태후(竇太后)가 섭정을 하였고, 그녀의 오빠 두헌(竇憲)이 정권을 전담하였다. 이로써 화(禍)를 입은 것이다. (『후한서』 지36, 「오행지」, 중화서국, 3328쪽)

여기서 지진의 원인을 권력을 부당하게 농락한 두태후와 그녀의 오빠에게서 찾고 있다. 말하자면 사람의 행위에 대하여 하늘이 감응(感應)하고 재이를 일으켰다는 논리다. 현대에는 말이 안 되는 이야기도 고대에는 말이 된다고 여겼다. — 1976년 7월 중국 탕산(唐山) 지진으로 약 2십만 명의 인원이 희생되었다. 그해 9월 '위대한' 지도자 마오쩌똥이 죽었다. 마오의 죽음을 놓고 상당수의 중국인은 (마오가 일으킨 '문화대혁명'으로 인하여 수백만 명이 죽은 것으로 알려져 있다) '하늘이 마오를 벌(罰)주었다'라고 생각했을 법하다. 이와 같은 생각이 곧 천인상감설에 영향을 받은 것으로 해석된다. 그러나 2008년 쓰츠우안 성 원추안(汶川)에서 발생한 대지진을 놓고 중국의 지도자를 향하여 이와 같은 해석을 내린 사람은 많지 않다. 오늘날 천인상감설을 믿는 사람은 거의 없다.

재이의 발생을 놓고 하늘과 사람이 서로 감응한다는 사고는 똥종수가 처음이 아니다. 마츠엉위앤(馬承源) 주편, 『상하이박물관장전국초죽서上海博物館藏戰國楚竹書(五)』에 수록된 「포숙아여습붕지간鮑叔牙與隰朋之諫」에 의하면, 제(齊)나라 환공(桓公, 재위 기원전 685~기원전 643)이 일식(日食, solar eclipse)의 발생에 대하여 시펑(隰朋)과 빠오수야(鮑叔牙) 두 사람에게 물었다. — 콩치우가 저술한 『춘추』에 의하면, 환공 재위 당시 노(魯)나라 취후우(曲阜) 일대에 일곱 차례의 일식이 있었다. — 빠오수야가 "일식의 발생은 제나라에 장차 재해(災害) 혹은 전쟁이 발생할 징조입니다"라고 말했다. 환공이 겁을 먹고 그렇다면 재해와 전쟁을 발생하지 않게 불제(祓除, 푸닥거리) 제사를 지내면 어떠냐고 물었다. 이번에는 시펑이 "선행을 쌓지 않고 실정(失政)을 거듭하면 재해를 막으려는 불제 제사도 도움이 되지 않습니다"라고 주장했다. 이와 같은 기록에 의하면 이미 기원전 680년대에 위정자의 정치에 대하여 하늘이 견책을 내린다는 천인상관(天人相關)의 사고가 존재했음을 알 수 있다(아사노 유이치, 『상박초간여선진사상上博楚簡與先秦思想』, 109쪽 이하 참조).

또한 상하이박물관 초간(楚簡) 가운데 「노방대한魯邦大旱」이라고 이름 붙여진 문헌이 있다. 여기에는 고대 노나라에 큰 가뭄이 들자, 이에 대한 대응책을 질문받은 쿵치우가 형(刑)과 덕(德)이 하늘이 군주에게 내리는 상벌이라고 말했다는 이야기가 나온다. 「노방대한」의 이 기록은 유의지(有意志)의 인격신인 상천(上天)이 군주 위정(爲政)의 선악에 따라서 상벌을 내린다는 천인상관의 사상을 표현한 것으로 볼 수 있다(아사노 유이치, 「새롭게 출토된 문헌과 사상사의 재해석」, 한·중 철학 문화 국제학술회의, 《새로운 자료와 새로운 시각》, 성균관대학교 유교문화연구소, 2009. 2.). 이런 사고는 오랫동안 민간에 퍼져 있었고, 다만 똥종수가 이를 체계화하여 학문의 세계로 구축한 것이다.

11.2 왕츠옹(王充)의 자연철학

왕츠옹(27～100)은 후이지(會稽회계) 사람으로, 그곳은 현재의 저지앙 성 사오싱 시(紹興市소흥시)에 해당한다. 『후한서後漢書』, 「왕츠옹전」에 의하면, 그는 어려서 고아가 되었고, 장성하여 태학에 들어가 후우훵(扶風부풍) 사람 빤빠오(班彪반표)를 스승으로 삼아 공부했다. 집이 가난하여 책을 살 돈이 없었으나, 루어양(洛陽) 시내의 책방에서 책을 눈으로 보고 암송할 정도로 머리가 뛰어났다고 한다. 한때 벼슬길에 나갔으나, 집으로 돌아와 오로지 학문에 몰두했다고 알려져 있다.

왕츠옹이 벼슬을 버리고 칩거한 까닭은 세상과 불화(不和)에 원인이 있다. 즉 그가 "세간의 책과 속설(俗說)을 대체로 온당하지 못하다고 여겨 홀로 칩거하여 그 허(虛)와 실(實)을 논구하였다"(『논형』, 「자기편自紀篇」)라고 말한 구절을 보면, 지식인으로서 세상과 어울릴 수 없었던 고민을 알 수 있다. 그리하여 세상의 책과 속설을 파헤치고, 허실을 논구한 저술이 곧 『논형論衡』 85권이다.

11.2.1 콩치우, 한훼이, 멍커의 학설 비판

똥종수가 유교를 종교화한 이후 콩치우는 사실상 교조가 되었다. 따라서 그를 비판할 수 없는 분위기가 지배적이었다. 그러나 왕츠옹은 유가에 속하면서도 콩치우와 멍커를 함께 비판했다. 그는 법가의 한훼이도 비판의 대상으로 삼았다. 『논형』에는 '콩치우에게 묻는다'(問孔), '한훼이는 틀렸다'(非韓), '멍커를 꾸짖는다'(刺孟)라고 이름지은 편(篇)이 등장한다.

예를 들어보자. 『논어』에 콩치우의 제자 짜이위(宰予재여)가 어느 날 낮잠을 잤는데, 이를 콩치우가 심하게 꾸짖는 내용이 있다. "짜이위가 낮잠을 잤다. 콩치우가 말하였다. '썩은 나무는 조각할 수 없고, 더러운 흙은 담장을 손질하는 데 쓸 수 없다. 내가 짜이위에 대해서 더 책망할 것도 없다'"(『논어』, 「공야장」). 이 구절은 전통적으로 해석이 분분하다. 왕츠옹에 의하면, 낮잠을 자는 행위는 그렇게 악(惡)한 행위가 아니다. 짜이위가 낮잠을 잤기로서니 그렇게 심하게 꾸짖을 것이 무엇이냐. 콩치우답지 못하다는 이야기다(『논형』 권9, 「문공편問孔篇」). — 참고로 짜이위(宰我재야)는 콩치우 문하의 4과(四科) 가운데 '언어' 분야에서 인정받는 열 명(十哲)의 뛰어난 제자 가운데 한 사람이다.

그는 한훼이가 틀렸다고 말한다. 예를 들면, "나라를 다스리는 데 두 가지 길이 있는데, 덕을 기르는 것(養德)과 힘을 기르는 것(養力)이 그것이다. 전자는 고명(高名)한 사람을 길러서 현명함을 존중하게 하는 것이요, 후자는 무사(武士)를 길러서 군대에서 쓰고자 함이다. …… 한훼이의 술책이란 덕을 기르지 않는 것이니, 한훼이는 반드시 덕이 없어서 당하는 우환(無德之患)이 있을 것이다"(『논형』 권10, 「비한편非韓篇」)라고 했다.

왕츠옹은 멍커에 대해서 더욱 가혹한 비평을 가한다. 『맹자』, 「양혜왕」 초두에 멍커가 양혜왕을 찾아가자, 혜왕이 말하기를, "노인께서 천리 길을 멀다고 여기지 않고 오시니, 장차 우리나라에 무슨 이익이 있겠습니까?"라고 한 구절이 나온다. 멍커는 대뜸 "왕은 하필 이익을 말씀하시오? 인의가 있을 뿐입니다"라고 양혜왕을 책망하듯이 말했다고 한다. 왕츠옹에 의하면, 나라를 편안하게 하는 이익이 있는데, 이것은 길한 것이고 '안길'(安吉)의 이익이라고 부른다. 한편 돈을 바라는 이익이 있는데, 이는 비난받아야 하는 것이고 이를 '재화'(財貨)의 이익이라고 부른다. 『주역』에서 "대인을 만나니 이롭다"(利見大人) 혹은 "큰 냇물을 건너니 이롭다"(利涉大川)라는 구절은 첫 번째의 경우에 해당하며, 이는 비난의 대상은 아니다. 안길의 이익이기 때문이다. 혜왕이 그 같은 뜻으로 무엇이 자기 나라에 진정한 이익이 되는가 물을 수 있는데, 멍커는 대뜸 재화의 이익으로 받아들여, 혜왕을 마치 죄인처럼 여겼다는 뜻이다(『논형』 권10, 「자맹편刺孟篇」).

이상 세 가지 예는 『논형』에 보이는 일부분에 해당한다. 왕츠옹은 여러 가지 예를 들면서 콩치우, 한훼이, 멍커를 비판했다. 그는 기존의 권위에 맹종하지 않는 자유 의지의 소유자로 보인다. 이 자유 의지는 학문 추구에 필요한 자세다. 훵여우란은 그를 가리켜, "과학적 회의주의 정신을 가진 우상 파괴주의자였다"라고 판단했는데(훵여우란, 『中國哲學小史』), 이는 매우 적절한 표현으로 생각한다.

11.2.2 왕츠옹의 자연철학

① 인간은 자연의 산출물이다

왕츠옹은 유가에 속하는 학자인 동시에 도가와 그 계통인 황로학(黃老學)의 영향을 받았다.

천지가 기(氣)를 합하여 만물이 저절로 생겨나는 것은 마치 부부가 몸을 합하여 자식이 생겨나는 것과 같다. 만물이 생겨난 가운데 혈기(血氣)를 지닌 인간은 배고픔과 추위를 느끼기 때문에, 오곡을 보면 따서 먹었고, 옷을 지을 만한 실(絲麻)을 보면 취해서 옷을 만들어 입었다. …… 하늘의 운행은 만물을 낳으려고 하지 않아도 만물이 저절로 생기나니, 이를 가리켜 '자연'(自然)이라고 한다. 기를 베풀면서 만물을 만들려고 하지 않아도 만물이 저절로 만들어지니, 이를 일러 '무위'(無爲)라고 한다. 하늘이 자연무위하다고 함은 어떤 기인가? 편안하고 담박(恬澹)하여 욕심이 없어서 아무 일도 (억지로) 꾸미지 않는다는 말이다. 라오딴을 이를 얻어서 장수(長壽)하였다. …… 현명한 사람 가운데 순수한 사람이 바로 황로(黃老)다. '황'은 후앙띠(黃帝)이고, '노'는 라오딴(老子)이다(天地合氣, 萬物自生, 猶夫婦合氣, 子自生矣. …… 賢之純者, 黃老. 黃者, 黃帝也. 老者, 老子也). 〔『논형』 권18, 「자연편」; 『한위총서漢魏叢書』 坤, 명각본(明刻本), 1970, 1848~1850쪽〕 — 이하 쪽수는 『한위총서』의 쪽수를 말한다.

위의 내용은 왕츠옹의 사상이 후앙띠와 라오딴의 자연주의를 이어받고 있음을 말한다. 그러므로 '무위자연'을 강조하며, 우주는 어떤 목적을 지닌 의지가 있는 것은 아니라고 한다.

유자들이 논하여 말하기를, "천지가 까닭[故, 목적]이 있어서 사람을 태어나게 하였다"라고 한다. 이는 망언이다. 대저 천지의 기(氣)가 합하여, 사람이 이에 짝하여(偶, 혹은 우연히) 스스로 태어났을 뿐이다. 이것은 부부가 기를 합하여 자식이 스스로 태어남과 같다. 부부가 교접할 당시 자식 낳기를 욕망한 것이 아니다. 정욕(情欲)이 움직여 합하고, 합한 뒤 자식이 태어날 뿐이다. 이는 부부가 까닭(목적)이 있어서 자식을 태어나게 함이 아니니, 이로써 천지가 까닭 없이 사람을 태어나게 함을 안다. 그러므로 사람이 천지 사이에 태어남은 마치 물고기가 연못 속에서 태어남과 같거나, 이[虱]가 사람의 몸에서 태어남과 같다. 기가 합하여 태어나고, 무리[類]에 근본하여 탄생한다. 만물이 천지 사이에 태어남은 '하나의 실제'(實, 혹은 열매)일 뿐이다(儒者論曰. 天地故生人. 此妄言也. …… 萬物生天地之間, 皆一實也). (『논형』 권3, 「물세편物勢篇」; 『한위총서』, 1690쪽)

이처럼 왕츠옹은 인간의 탄생이 어떤 목적을 수행하기 위한 것이 아니고, 남녀 두 기운(二氣)의 생물학적 결합일 뿐이라고 말했다. "천지가 기를 합하여 만물이 저절로 생겨난다"(天地合氣, 萬物自生)라는 이야기는 철학에서 기계론적 사유를 말하며, "천지가 까닭이 있어서 사람을 태어나게 하였다"(天地故生人)는 이야기는 목적론적 해석이다. 곧 왕츠옹은 목적론적 견해를 부정하고, 기계론적 사상을 주장하고 있는 것이다. 이와 같은 왕츠옹의 견해는 당시로서는 매우 파격적인 것이었다.

② 적자생존설(適者生存說)

"천지가 까닭(목적)이 있어서 사람을 태어나게 하였다"(天地故生人)라는 주장이 망언이라는 왕츠옹의 말은 현대 생물학의 유전자(gene) 이론을 연상하게 한다. 그는 생물체가 적자생존(適者生存)의 현실 속에서 존재하고 있다고 주장했다.

무릇 만물은 서로를 적(賊)으로 여긴다. 혈기를 지닌 동물은 서로 이기려고 한다. 서로 잡이먹기에 이르러서는 이빨의 날카로움, 근력의 우열(優劣), 동작의 날쌤(공교로움) 등 기세(氣勢)의 용감성에 따라 (목숨이) 좌우된다. 사람이 세상에 살아가는 것은 마치 세력이 적당하지 못하고 힘이 균등하지 못하여 스스로 이기지 못하고 (물리적인) 힘으로써 승복시키는 바니, 이는 곧 칼을 들고 서로를 적대하는 것과 같다(凡萬物相刻賊. 含血之蟲則相服. …… 則以刃相賊

矣). (『논형』 권3, 「물세편」; 『한위총서』, 1692쪽)

이상과 같은 왕츠옹의 이야기는 마치 근대 생물학자 찰스 다윈(Charles Darwin, 1809~1882)이 말한 "환경에 최대한 적응하는 생물만이 살아남는다"라는 '적자생존'(survival of the fittest)의 논리를 연상시키기에 충분하다. 왕츠옹의 이론이 과학적인 실험을 바탕으로 하지 않았지만, 위의 예문은 마치 근대의 생물학자의 주장처럼 들린다.

③ 천인상감설의 부정

왕츠옹은 '오행설'을 기반으로 당시 유행한 '천인상감설'을 부정했다.

재이가 있는 것은 인군이 정치를 함에 도를 잃는 것에 대한 하늘의 꾸짖음(譴告)이라는 이야기가 있다. …… 이것은 의심스럽다. …… 무릇 정치에서 재이가 발생하는 것은, 술을 빚을 때 역겨운 맛(惡味)이 있음과 같다(論災異, 謂古之人君爲政失道, 天用災異 譴告之也. …… 曰. 此疑也 ……). (『논형』 권14, 「견고譴告」; 『한위총서』, 1812쪽)

하늘이 능히 인군을 꾸짖을 수 있다면, 성군(聖君)을 명함에 야오·순(堯舜)처럼 재주 있는 사람(才)을 선택할 수 있을 것이다. 왕명을 받음으로써 왕사(王事)를 맞기니 다시 더불어 알리지 않는다. 이는 그렇지 않다. 하늘이 별 볼 일 없는 군주를 내어서 도를 잃고 덕을 폐하게 하고, 이를 보고 꾸짖는다니(견책) 하늘이 무엇 때문에 그러한 일로 번거로운 노고(勞苦)를 한다는 말인가(天能譴告人君, 則亦能故命聖君擇才若堯舜 ……)! (『논형』 권18, 「자연편」; 『한위총서』, 1849쪽)

말세에 세상이 쇠미(衰微)해지면, 위아래가 서로 비난하고, 재이(災異)가 생기면 (하늘의) 꾸짖음이라는 말이 떠돈다. 무릇 옛날에는 하늘이 후(厚)하였고, 오늘날은 박(薄)하다고 하는 것은 잘못된 것이다. 견책의 말이 지금 생겨난 것은 인심이 따르기 때문이다. …… 권책(권고)의 말은 쇠란(衰亂)의 말이다. …… 재변(災變)이 때에 따라서 일어남은 기가 스스로 그러할 뿐이다(末世衰微, 上下相非, 災異時至則造譴告之言矣. …… 譴告之言, 衰亂之語也 ……). (『논형』 권18, 「자연편」; 『한위총서』, 1851~1852쪽)

위의 이야기를 종합해 보자. 정치 담당자가 실정(失政)할 때 하늘이 견책을 한다는 말은 믿을 수 없다. 하늘이 별 볼일 없는 인군을 내려보내고 그래서 그 인군이 도덕을 폐한다면, 하늘이 처음부터 그러한 임금을 내려보낼 까닭이 없기 때문이다. 또한 재이가 발생할 때, 하늘의 견책이라고 떠들어 대는 것은 세상이 망조에 들어선 증거다. 이와 같은 왕츠옹의 주장은 똥종수의 천인상감설을 정면으로 부정하는 증거다.

여기서 우리는 왕츠옹이 세상과 부조화하여 숨어 살았던 선비에 불과하고, 똥종수는 당대 권력자로 한 세상 잘나가던 인물임을 기억할 필요가 있다. 그러므로 세상은 칩거하는 선비를 알아주지 않았다. 천인상감설과 같이 별 볼 일 없는 맹랑한 이론이 후대까지 영향을 준 것은 이런 이유때문일 것이다.

참고문헌

『한서漢書』 권56, 중화서국, 1985.

『한위총서漢魏叢書』 坤, 명각본(明刻本), 신흥서국, 1970.

『후한서後漢書』 지36, 중화서국, 1985.

라이옌위앤(賴炎元), 『춘추번로금주금역春秋繁露今註今譯』, 타이완(臺灣)상무인서관, 1992.

까오링인(高令印), 『간명중국철학통사』, 시아먼(厦門)대학출판사, 2003.

잔스츠우앙(詹石窗), 『신편중국철학사』, 중국서점, 2007.

훵여우란(馮友蘭), 박성규 옮김, 『중국철학사 下』, 까치, 1999.

가노 나오키(狩野直喜), 오이환 옮김, 『중국철학사』, 을유문화사, 1986.

제12장
도교와 도교의 세계관

12.1 도교란 무엇인가?

도교(道教)는 불교, 유교와 더불어 중국 3대 종교의 하나로 여겨진다. 불교는 인도에서 수입된 외래 종교며, 유교는 엄밀하게 말하면 종교라고 할 수 없다. 그렇다면 중국 고유의 종교는 도교 한 가지뿐인 셈이다. 중국인은 중국의 풍토에서 태어나서 성장했다는 뜻으로 도교를 '토생토장'(土生土長)의 종교라고 말한다. 도교는 인간의 수명을 연장하려는 욕망과 도(道)를 통하여 신선이 되기를 구하는 민중의 열망이 합해진 종교다. 이는 라오딴(老聃) 및 주앙저우(莊周) 철학에 영향을 받았고, 동시에 불교에도 자극을 받았다.

불교는 출가 승려를 중심으로 강력한 교단(教團)을 형성해 왔는데, 중국에 수용될 당시에는 '격의'(格意) — '격의'(格義)란 생소하고 이질적인 타 문화의 언어를 본격적으로 이해하기 이전에, 자국의 문화에 기존하는 언어를 빌려서 방편적으로 이해하는 방식을 말한다. 즉 인도 불교가 격의의 과정을 거쳐서 중국화했다. — 의 형식으로 발전했고 이 과정에서 도교의 술어를 많이 차용(借用)했다.

원래 '도가'와 '도교'는 성격이 다르다. 『사기史記』를 저술한 쓰마치엔(司馬遷)의 아버지 쓰마딴(司馬談)이 쓴 「육가요지」에 도가가 들어 있다. 이 경우의 도가는 훗날 교단 형태로 등장하는 도교와 차이가 있다. 모든 종교가 일정 부분의 철학사상을 교리 안에 포함하고 성장하듯이, 도교도 민간 전래의 습속(習俗)과 노장(老莊) 사상을 수용하면서 체계를 갖추었다. — 학자들은 이 두 가지의 성격을 구별하여서 '철학으로서의 도가'(Daoism as Philosophy)와 '종교로서의 도교'(Daoism as Religion)로 나누어 부른다. 그러나 이는 논리상의 구별이고 현실적 측면에서 양자가 뒤섞여서 구분이 어렵다.

도교는 교주(教主)가 없는 매우 이상한 종교다. 혹 고대의 전설적 인물 후앙띠(黃帝)와 라오딴을 교주처럼 받드는 경우도 있으나, 엄밀하게 말하면 이들은 교주가 아니다. 후앙띠와 라오딴을 숭상하는 학문 체계를 가리켜 '황로학'(黃老學)이라고 부른다. 훗날 교단의 형태를 갖춘 교단도교가 이루어지면서 이들을 교주로 받들게 되는데, 이렇게 보면 도교의 형성 과정에서 황로학이 영향을 미친 셈이다.

라오딴과 주앙저우의 사상은 도교의 형성에 직접적 영향을 주었다. 우주의 궁극적 실체를 '도'로 파악하는 라오딴의 『도덕경』과 삶의 궁극적 원리를 무위(無爲)로 파악하는 주앙저우의 『장자』(『남화경南華經』이라고도 함)가 도교 성립에 사상적 기반으로 수용되었다. 넓은 의미의 도교는 흔히 종교로서 도교와 철학으로서 도가의 결합체다. 이 경우 도가는 노장 사상을 일컫는다.

도교 형성에 바탕이 된 다른 요소로 민간 전래 신앙이 있다. 중국은 전통적으로 다신교 사회였는데, 신선(神仙), 역(易), 방술(方術), 도참(圖讖), 점복(占卜), 무축(巫祝), 천문(天文), 둔갑(遁甲), 음양오행, 의학 등이 도교 속에 혼재되어 나타난다. 교단도교가 대부분 민중을 규합하여 결사(結

社) 운동의 형태로 출발한 것은 이것이 기층 민중의 신앙이었기 때문이다.

이와 관련하여 도교는 교단도교(성립도교)와 민중도교(민간도교)로 구분된다. 전자는 라오딴과 주앙저우의 사상을 섭렵하여 교의(教義)나 제의(祭儀), 수련 방법 등의 체계를 갖추고 있다. 후자는 전래의 습속을 체계 없이 신앙하는 것을 가리킨다. 시간이 갈수록 교단도교도 점차 교의와 사상의 틀을 벗어나서 기층 민중의 신앙으로 작용했다. 그리하여 송대(宋代) 이후 도교는 민중도교의 성격이 훨씬 강해졌다. 후기 도교는 선(善)을 권장하는 서적 — 이를 '권선서'(勸善書)라고 부른다 — 의 보급과 함께 유교, 불교와 융합하는 방향으로 진화했다.

최초의 교단도교는 2세기 중반 후한(後漢) 시대 위지(于吉우길)가 조직한 태평도(太平道)다. 이를 계승한 장쟈오(張角장각, ?~184)는 십만에 달하는 신자들을 조직하여 황하의 하류 지역에 나라를 세우고 후한의 군대와 전투를 벌였다. 태평도에서는 병을 앓고 있는 환자에게 신 앞에서 참회케 하고, 부적(符籍)을 불에 태워서 그 재를 물에 탄 것을 마시게 하는 치료 방법이 성행했다. 교도들은 전투에서 노랑색의 두건(黃巾)을 쓰고 싸웠으므로, 이들을 '황건적'이라고 불렀다. 황건적은 후한을 크게 위협했으나 장쟈오가 죽자 쇠퇴하고 평정되었다. — 『삼국지연의』의 인물인 차오차오(曹操조조)가 황건적을 격파하고 장쟈오를 죽였다고 한다. 혹은 장쟈오가 병들어 죽었다는 일설이 있다.

태평도에 이어서 후한 말엽 쓰츠우안(四川사천) 지방에 장링(張陵장릉, 일명 張道陵장따오링, ?~177?)이 오두미도(五斗米道)를 창건한다. 도교라는 이름은 비록 나중에 생겼으나, 장링을 도교의 창시자로 보는 견해도 있다. 그는 라오딴을 비롯한 신들에게 비술(秘術)을 전해 받았다고 하며, 병을 잘 고쳤으므로 이름이 널리 퍼져 신도를 많이 모았다. 오두미도의 신도가 되기 위해서는 쌀 다섯 말(五斗米)을 바쳐야 했기 때문에 그 이름이 생겼다. 오두미도는 다른 이름으로 정일교(正一教) 혹은 천사도(天師

道)라고도 한다. 장링은 신선이 되어 촉(蜀) 땅의 곡명산(鵠鳴山 혹은 鶴鳴山)에 숨어 버렸다고 전한다.

5세기 북위(北魏)의 커우치엔즈(寇謙之구겸지, ?~448)에 의해서 '신천사도'(新天師道)가 창건되었다. 오두미도의 개혁파인데 스스로 '도교'라고 일컬음으로써 비로소 도교라는 명칭이 생겼다. 커우치엔즈는 태상노군(太上老君, 라오딴의 신격화된 이름)에게서 교전(教典)을 전해 받고 천사(天師)의 지위를 부여받았다고 한다. 커우치엔즈의 활동이 있기 전까지 도교는 민간 신앙에 불과했는데, 남북조(420~589) 시대 북위의 임금 태무제(太武帝, 재위 432~452)가 도교를 받아들임으로써 — 재상 추이하오(崔浩최호, ?~450)가 왕에게 권해서 왕은 커우치엔즈를 맞아들여 위의 수도인 평성(平城)에 도량을 열었다. — 도교는 세력을 얻어 불교를 밀어내고 〔446~452년에 태무제에 의한 불교 탄압이 있었다. 이를 태무제의 파불(破佛) 사건이라고 한다〕 마침내 국가 종교가 되었다.

도교는 수(隋)나라 때 더욱 세력을 확장했고, 7세기 당(唐)나라 때는 라오딴이 황실의 조상(祖上)으로 격상되었다. 그러나 여기에 특별한 이유가 있는 것 같지 않다. 당 고조(高祖) 리위앤(李淵이연)이 라오딴(李耳이이)과 성이 서로 같았기 때문이라고 한다. 이때 도교는 국가사직을 수호하는 종교로 발전했다.

처음에 도교는 부적이나 주문(呪文)을 외우는 민간 신앙의 요소가 강했다. 이후 라오딴과 『주역』의 가르침을 수용하여 믿음 체계를 갖추었고, 다시 유교를 비판하면서 『노자』, 『장자』, 『주역』 3현(三玄)의 학문으로 진화했다. — 앞의 셋을 '3현학'(三玄學)이라고 부른다. '세 가지의 신비한 학문' 정도로 새기면 된다. — 이후 참된 도의 의미로 '진도'(眞道)라고 칭하고, 마침내 불교의 자비와 민중 구제의 교설을 받아들여 '성도'(聖道)가 되었다고 자부했다 〔후쿠나가 미쓰지(福永光司), 『도교사상연구道教思想史研究』, 1988〕.

당이 성할 때(666년경)는 산똥 성(山東省)의 태산(泰山)에서 라오딴에게 제사 지내고 '태상현(太上玄, 지극히 높다는 뜻) 황제'라고까지 칭했으니, 그 위세를 알 만하다. 오대십국(907~960)의 분열 시대에는 사상계의 변화와 함께 도교도 새로운 변모를 맞이하게 된다.

송대에 이르러 불교는 화엄학 등의 정밀하고 치밀한 교학불교가 쇠퇴하고, 천태종·선종·정토종 등의 실천수행 불교가 융성해진다. 유교는 종래의 경세론 또는 훈고학 위주의 경향에서 인간 본성의 수양을 강조하는 '거경궁리'(居敬窮理)의 학문인 성리학으로 전환했다. 이 같은 분위기에서 도교는 실천성을 강조하고 발전하여 혁신 3교단(태일교, 진대도교, 전진교)이 형성되었다.

12세기 초 허난 성(河南省)의 샤오빠오전(蕭抱珍소포진)이 태일교(太一教)를 창립했는데, 이들은 부적을 중시하여 이것을 불사르고 물에 섞은 부수(符水)를 마시는 방법으로 환자를 치료했다. 또한 산똥 성의 리우떠르언(劉德仁유덕인, 1123~1180)이 진대도교(眞大道教)를 창립하고, 유교와 불교 사상이 가미된 교법을 제정했다. 그리고 산~시 성의 왕종양(王重陽왕중양, 1113~1170)은 유·불·도 삼교 일치설에 입각하여 전진교(全眞教)를 창설하여, 연단(煉丹)과 민중 구제 이념을 전개했다〔구보 노리타다(窪德忠), 『도교사』, 1977〕.

12.2 도교의 세계관

도교의 세계관은 『도장道藏』 속의 『포박자抱朴子』, 『황정경黃庭經』, 『운급칠첨雲笈七籤』 등의 자료를 통해서 정리할 수 있다. 여기서는 편의상 네 가지 분야로 나누어 설명한다.

12.2.1 교학(教學) — 우주론

도교에서 첫 번째의 관심은 우주 생성에 대한 문제, 도의 기원과 전개, 천계(天界)의 종류, 그리고 신(神)이나 선인(仙人) 등에 관한 해석이다. 도교의 이론에 의하면 우주 맨 처음에 혼돈(混沌, 카오스) 상태였다. 우주는 '무'(無)로부터 비롯되지만, 무가 아무것도 없다는 뜻이 아니다. 그것은 형체가 없고 무색무미(無色無味)한 세계지만, 우주의 원기(元氣)를 구성한다. 이를 태초(太初)라고 이름 짓고 잠정적으로 도라고 불렀다. 여기서 묘일(妙一), 삼원(三元), 삼계(三界)와 만물이 생겨난다.

묘일은 도교의 최고신 원시천존(元始天尊) — 이 용어는 '원초적인 존재로 하늘처럼 존경받는 초자연적인 존재'라는 뜻으로 합리적인 의미를 담고 있다. — 즉 '옥황상제'(玉皇上帝)가 존재하는 단계다. 옥황상제는 도교의 최고 하늘인 대라천(大羅天, 玄都현도)에 살고 있다. 그곳이 곧 옥경(玉京)이다.

삼원은 천보군(天寶君), 영보군(靈寶君), 신보군(神寶君) 등이 화생(化生, 化現)하는 단계다. 이들 3존신은 모두 옥황상제 곧 원시천존의 화생이다. 이들이 다스리는 세계가 옥청(玉淸), 상청(上淸), 태청(太淸)의 3청궁(三淸宮)이다. 3보군(三寶君)은 각기 이름이 다르지만 원래는 원시천존이다. 도교는 이 원시천존을 최고신으로 숭배한다. 민간에서는 원시천존을 가리켜 옥황상제라고 부른다. 옥황상제는 시간과 공간을 초월하고 인과 법칙에 얽매이지 않으며 영원히 스스로 존재한다.

도교의 하늘[天]은 36천으로 알려져 있다. 욕계(欲界)·색계(色界)·무색계(無色界)의 3계 36천이 바로 그것이다. 욕계는 6천, 색계는 18천, 무색계가 4천이다. 현세에서 선행을 쌓은 사람이 그 단계에 따라 각각의 하늘[天]에 이르는데, 무색계에 이른 사람들 가운데 특히 수행이 충분히 완성된 남녀는 그 위의 4천에 오를 수 있다. 바로 다음 위에 있는 궁전이 삼청궁이며, 다시 그 위에 원시천존이 거주하는 최고의 하늘, 즉 대라천이 있다.

원시천존(옥황상제)은 대라천의 옥경산 꼭대기에 있는 현도(玄都)에 살고 있으며, 3청궁에는 중앙과 좌우에 3궁전이 있고, 각 궁전에는 선왕(仙王), 선공(仙公), 선경(仙卿), 선대부(仙大夫)가 있다. 이처럼 도교의 천계는 현세의 궁전 조직의 반영임을 알 수 있다.

천계에는 라오딴을 신격화한 태상노군이 있다. 그가 있는 곳은 알 수 없다. 화신(化身)하여 석가모니(고타마 붓다)가 된 라오딴은 항상 태청궁에 머무른다고 하는 이야기도 있다. 천계의 명칭은 불교로부터 차용한 것이다. 최고의 천에 살고 있는 최고신인 원시천존은 세계(중국)의 창시자기도 하다. 원시천존은 지상에서 화생한 태원옥녀(太元玉女)와 결혼하여 천황씨(天皇氏), 지황씨(地皇氏), 인황씨(人皇氏) 등을 낳았다. — 중국 신화에서 등장하는 판꾸진인(盤古眞人반고진인)이 곧 원시천존의 화생이다. — 이렇게 해서 전설적인 임금 후앙띠(黃帝)가 등장하고, 인간이 번성하기 시작했다고 전한다.

쓰마치엔의 『사기』에 의하면, 후앙띠의 성은 꽁쑨(公孫공손)이고 이름은 쉬앤위앤(軒轅헌원)이다. 그는 중국 민족의 선조로 추앙받는다. 후앙띠는 주어루(涿鹿탁록)에서 전투를 벌려 츠으여우(蚩尤치우)를 죽인 일로 유명하다. 후앙띠가 죽자 교산〔橋山, 현 산~시 성 후앙링 현(黃陵縣)〕에 장사 지냈다고 했다. 도교 경전인 『신선전神仙傳』에 의하면, 후앙띠는 옛적의 천신(天神)으로 태초에 음양(陰陽)이 화생한 인물이다. 훗날 교산이 무너져 묘가 드러났는데, 거기에 섬(劍)과 신발만 남아 있고 시신(屍身)은 없었다고 한다. — 이를 도교에서는 '시해'(尸解)라고 표현한다. — 후앙띠는 황로지학(黃老之學)의 시조다.

〈표 1〉 도교의 천계(天界) 구조

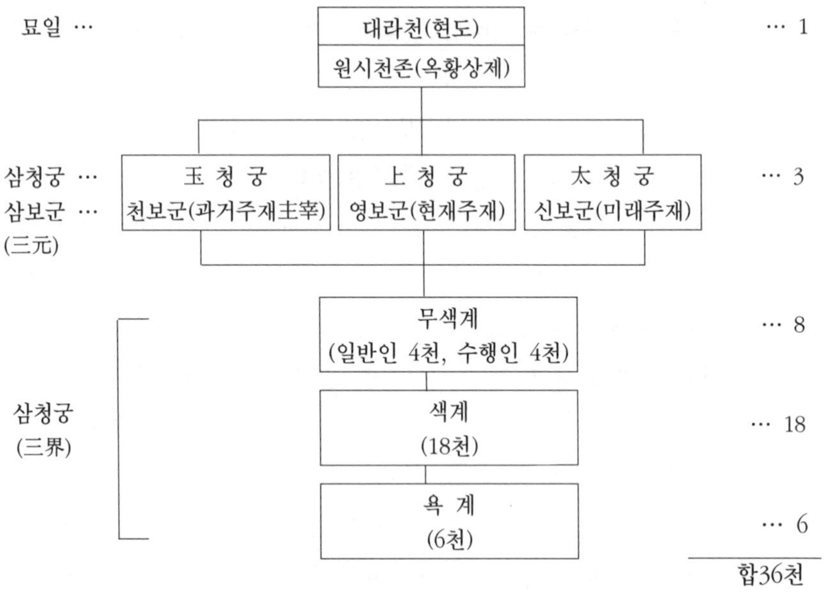

12.2.2 방술(方術) — 복(福)을 추구함

도교의 방술은 주술(呪術), 부적, 기도 의식 등을 포함한다. 그 내용은 복(福)을 바라는 인간 심리를 표현하며, 몸에 관한 영역이 있어서 양생(養生)과 상당 부분이 중복된다.

주술에는 불교도처럼 수인(手印)을 짓고 주문을 외우는 방법, 신을 불러 몸을 보호하는 방법 혹은 악귀나 악령을 막는 법 등이 있다. 또 '우보'(禹步)라고 부르는 주술적인 보행 방법이 있다. 우보란 기묘한 걸음걸이를 말한다. 위(禹)임금이 홍수를 멈추게 하려고 너무 많이 걸어서 발이 부르텄기 때문에 한 발로 걸었던 것을 본 뜬 것이라고 한다. 『포박자』 권17, 「등섭登涉」편에 의하면, 양발을 가지런하게 하고 서서 숨은 죽이고 왼쪽 발을 반보(半步) 앞으로 내민다. 그리고 오른쪽 발을 앞으로 내딛고 왼쪽 발을 오른쪽 발에 맞춘다. 이는 마치 절름발이의 걸음걸이 같다. 우보법은 일종의 액막이 방법의 하나로, 산에 오를 때 또는 약초(藥草)를 캘 때 지키지 않으면 안 된다.

부적은 재앙과 화를 멸하고 복을 바라는 일, 장수(長壽), 병의 치료 등 목적에 따라서 다양하다. 종류도 몸에 지니는 것, 실내·문·입구 등에 붙이는 것, 각종 의식에 쓰이는 등으로 나눌 수 있다. 대표적인 것으로 산에 오를 때 지니는 입산부(入山符), 병을 고치기 위하여 몸에 지니는 치병부(治病符), 비가 오지 않을 때 사용하는 기우부(祈雨符) 등이 있고, 심지어 도박에서 이기기를 원하는 승도부(勝賭符)도 있었다.

도교의 기도 의식이라고 할 수 있는 제사에는 여러 가지가 있다. 여기에는 '재초'(齋醮)라는 특수 용어를 쓴다. 일식(日蝕)·홍수·기아를 몰아내고 태평을 기원하기 위하여 황제의 뜻에 따라서 해마다 거행되는 금록초(金籙醮), 도교의 신자와 비신자를 막론하고 모든 사람을 구원하려는 목적으로 행해지는 옥록초(玉籙醮), 조상의 영혼을 구제하기 위한 황록초(黃籙醮), 죄를 지어 생기는 질병을 구제하기 위한 도탄재(塗炭齋) 등이 그것이다.

12.2.3 양생(養生) — 건강 관리

도교가 추구하는 목표의 하나는 늙지 않고 오래 사는 것이다. 철학으로서 도가와 종교로서 도교는 여기서 차이가 난다. 전자는 자연의 도에 따르는 것이 인간의 도리이므로 생명이 다하면 죽는 것은 당연하다고 본다. 후자는 자연에 역행하여 죽음을 피하고 생명을 연장하려는 방법, 즉 불로장생(不老長生)에 대해서 관심을 가졌다. 따라서 도교가 자연과학 특히 의학 분야와 깊은 관계를 가지는 일은 우연이 아니다.

도교의 양생(養生) 즉, 건강 관리는 오곡을 먹지 않고 불로 익힌 음식을 피하는 벽곡법(辟穀法), 풀과 나무 혹은 암석이나 금속류로 만든 약을 먹고 장수하려는 복이법(服餌法), 호흡을 조절하여 건강을 증진시키는 조식법(調息法), 신체의 여러 부분을 두드리거나 마찰하는 도인법(導引法), 건강을 위하여 성교를 적절히 행하는 방중술(房中術)의 다섯 가지로 나눌 수 있다. 양생법은 꺼홍〔葛洪갈홍, 호 빠오풔쯔(抱朴子), 283~343〕이 『포박자』에서 신선(神仙)이 되는 방법으로 서술한 것이지만, 5세기 이후에는 일반 도교 수행인의 양생법으로 발전했다.

'벽곡(辟穀)'이란 생식(生食)을 한다는 뜻이다. 대추·감초·산삼 등의 약을 뭉쳐서 알약[丸]의 형태로 만들어 먹는다. 인석산(引石散) 이라고 하는 약은 특수한 돌가루를 물에 타서 액체 형태로 만들어 먹는다. 오곡을 먹지 않고 이와 같이 알약과 액체만으로 장기간 건강을 유지한다는 것이다. 이는 '복이(服餌)'와 중복된다.

복이법이란 솔방울·국화·송진·창포 등의 식물로 약을 만들어 먹는 방법이다. 동시에 단사(丹砂)와 같은 특수 성분의 화학 약품을 복용한다. 단사는 금단(金丹)이라고 불리는데, 연금술(練金術)의 발전을 가져왔다. 연금술은 화학적 실험을 통하여 일정한 광물질을 금으로 변화시키는 방법인데, 도교에서는 부자(富者)가 되려는 것이 아니고 금을 복용함으로써 신선이 되고자 했다.

'조식(調息)'이란 '태식'(胎息)과 같은 뜻이다. 호흡을 조절함으로써 양생을 도모하는 방법으로 '기'(氣)의 흐름을 조절하는 행위를 말한다. 인간의 몸은 밖으로부터 폐를 통하여 들어오는 외기(外氣)와 배꼽 아래에 위치하는 단전(丹田)에서 발생하는 내기(內氣)가 있다. 이것은 '복기'(服氣)의 수행을 통하여 기의 순환을 도모하고 신령스러운 태(聖胎)를 완성시킨다는 뜻이다. 조식법은 심호흡을 통하여 건강을 증진한다는 차원을 넘어서 매우 정교한 이론을 발달시켰다. 불사(不死)를 추구하는 도사의 집념을 가장 확실하게 만날 수 있는 영역이다(앙리 마스페로, 표정훈 옮김, 『불사의 추구』, 2000).

도인이란 신체의 여러 부분을 두드리거나 어루만지는 것으로 안마(按摩) 즉, 마사지(massage)의 방법이다. 이는 현대어로 체조법인데, 여러 가지 체조 형식이 있듯이 중국 고대에도 다양한 형식이 존재했다. 『태청도인양생경太淸導引養生經』에 의하면 츠으쑹쯔(赤松子적송자), 펑쭈(彭祖팽조) 등 고대 신선들의 도인법이 기록되어 있다. 여기서 팔다리의 스트레칭을 통하여 건강을 증진했음을 알 수 있다. — 현대 중국에서 발마사지(足按摩)는 훌륭한 건강 증진법의 하나다. 고대 도교의 양생법을 현대에 상품화한 것으로 볼 수 있다.

방중술이란 일종의 양성(養性) 방법이다. 유가에서 양성이란 인간의 본성(nature)을 기르는 내적인 수양론의 하나지만, 도교의 양성이란 남녀의 성(sex)행위를 통하여 건강을 증진하고 수명을 연장하는 방법이다. 방중술의 원조는 펑쭈로 알려져 있다. 펑쭈는 남몰래 방중술을 연구하고 운모(雲母)라는 약을 만들어 먹은 결과, 760세 이상을 살았다고 전해진다. 방중술도 조식법과 마찬가지로 기(氣)의 보전(保全)을 통하여 건강을 증진한다는 사고에서 출발했다. 남녀의 성행위는 인간사의 중요한 문제고, 도사들은 이와 관련하여 다양한 실천 방법을 남겼다. 이들의 목표는 쾌락추구가 아니고 장생(長生)의 확보라는 차원에서 참고할 만한 것이 많다. 그러나 최음제(催淫劑)를 제조하여 팔아먹는 파렴치한 자도 있었다. — 당대(唐代)까지만 해도 도사들은 결혼하여 자녀를 거느린 경우가 보통이었다. 이들은 금욕주의(禁慾主義)를 바람직한 것으로 여기지 않았다. 명대(明代) 이후 『도장』을 편찬할 때, 방중술에 관한 많은 자료가 제외되었다. 일본의 의학 문헌 가운데, 980년대에 편찬된 『의심방醫心方』이 있는데, 이는 고대 중국의 의학서 내용을 발췌하여 편찬한 책이다.

12.2.4 윤리(倫理)

도교의 네 번째 관심은 윤리 혹은 계율(戒律)의 분야다. 충(忠)과 효(孝)의 덕을 쌓는 일, 나라의 법률에 따르는 일 등이 여기에 속한다. 그 내용에서 유교의 영향이 짙은 것을 알 수 있으며, 12세기 송대 이후 민중 도교에서 강조되었다.

민간에 큰 영향을 주었던 작은 책으로 리츠앙링(李昌齡이창령)의 『태상감응편太上感應篇』이 있다. 이는 다음과 같은 말로 시작한다. "화복은 문이 없으니 오직 사람이 스스로 부른다. 선악에 따른 업보는 마치 그림자가 형체를 따르는 것과 같다"(禍福無門, 惟仁自召. 善惡之報, 如影隨形). 이것은 스스로 지은 화는 피할 수 없고 자업자득이라는 윤리적 규범을 담고 있다. 『태상감응편』의 몇 구절을 소개하면 아래와 같다.

- 천지에는 죄과를 맡은 신(司過之神)이 있어 저지른 죄의 경중에 따라 사람의 수명을 빼앗는다.
- 장구하게 살기를 원하는 사람(長生者)은 이 수명을 빼앗기지 말아야 한다.
- 모든 사물에 자비를 베풀어라(慈心於物).
- 나라에 충성하고 부모에 효도하며 벗을 공경하라(忠孝友悌).
- 곤충과 초목이라 할지라도 함부로 해치지 말라(昆蟲草木猶不可傷).
- 욕을 당하면 원망하지 말고 총애를 받으면 경계하라(受辱不怨, 受寵若驚).
- 하늘의 신선(天仙)이 되기를 구하는 자는 천삼백 가지 선(善)을 닦아야 하며, 땅의 신선이 되기를 구하는 자는 삼백 가지 선을 닦아야 한다.
- 구멍을 메우거나 보금자리를 뒤집어, 어린 새끼와 알을 상하게 하거나 깨뜨리는 일(塡穴覆巢, 傷胎破卵) …… 벌레를 묻어서 남을 저주하거나, 약을 써서 나무를 죽이는 일(埋蟲厭人, 用藥殺樹) …… 우물과 부뚜막을 넘거나, 음식과 사람을 뛰어넘는 일(越井越竈, 跳食跳人) 등을 하는 자는 죄과를 맡은 신

(司過之神)이 그 경중을 따라서 수명을 빼앗는다.

『태상감응편』을 포함한 도교 경전에는 하나같이 생명에 대한 존중사상이 담겨 있다. 생태(生態, ecology)의 측면에서 보면, 도교는 우리 시대에 귀중한 열쇠가 될 수 있다. 만일 현대 문명이 도교의 내용대로 생태적 환경을 보존하면서 '지속 가능한 발전'을 계속 유지할 수 있다면, 이보다 더 이상적인 경지는 없을 것이다.

『태상감응편』 이외에도 『공과격功過格』에 의한 윤리적인 영향도 컸다. 『공과격』이란 사람이 하루하루의 생활을 반성하고 그 선악의 정도를 일기(日記)식으로 기록하는 것을 말하며, 가장 오래된 것은 남송(南宋) 효종(孝宗) 때(1171)에 여우쉬앤쯔(又玄子우현자)라는 인물이 남긴 『태미선군공과격太微仙君功過格』이다.

이 책은 태미선군(太微仙君)이 꿈에 말한 것을 기록한 것으로, 공격(功格) 36조와 과율(過律) 39조를 기준으로 삼아 매일 이것을 보고 선과 악을 계산하고 가감(加減)한다. 한 해가 다하면 마치 연말정산하듯이 그 해의 통계를 내는데, 이는 교사가 학생의 점수를 기입하는 것과 같다. 간단히 예를 들면 다음과 같다.

＊ 공(功)은 더하기, 과(過)는 빼기

- 일생 동안 두 사람의 여자를 접하지 않음 → 1,000공 (+1000)
- 벗을 어려움에서 구함 → 100공 (+100)
- 경전을 세상에 퍼냄 → 100공 (+100)
- 다른 사람의 가정불화를 그치게 함 → 50공 (+50)
- 중병(重病)든 사람을 고치는 것 → 30공 (+30)
- 낙태를 만류함 → 20공 (+20)
- 1년간 소고기 혹은 개고기를 먹지 않는 것 → 5공 (+5)

• 미인(美人)에게 마음을 두지 않고 쳐다보지 않는 것 → 5공 (+5)
• 처녀, 미망인, 비구니 혹은 여도사를 범함 → 300과 (−300)
• 부자(富者)가 되어서 부인을 버리는 것 → 100과 (−100)
• 독약을 만드는 일 → 100과 (−100)
• 최음제를 제조함 → 50과 (−50)
• 이혼장을 한 통 대필함 → 50과 (−50)
• 한 권의 삿된 책을 출판함 → 50과 (−50)
• 노비나 첩을 학대하는 것 → 30과 (−30)
• 술 마시고 난동 부리는 것 → 5과 (−5)

이를테면 어떤 사람이 1년간 소고기나 개고기를 먹지 않고, 미인을 음탕한 마음으로 쳐다보지 않았다면, 그는 5공+5공=10공이 된다. 그러나 그가 노비 혹은 첩을 학대했다면 30과가 됨으로, −30과+10공=−20과가 되어서 결국 죄(罪)가 무겁다는 결론을 얻는다.

『공과격』의 사상은 권선(勸善)을 통하여 생명을 존중하고 신장(伸長)함이 '자연의 법칙'(格)이라는 것이다. 이는 『태평경』에 뿌리를 두고 있다. — 『태평경』에서 사람의 선악을 기록하는 '하늘의 책'(天券)이 있다고 했다. 오늘날까지 널리 유포되고 있는 것은 명나라 시대의 인물 위앤랴오환(袁了凡원료범)이 지은 『공과격』이다. — 유앤랴오환은 성(姓)이 위앤(袁)이고, 이름은 후앙(黃)이다. 명대의 인물로 벼슬은 병부주사(兵部主事)를 역임했다. 1592년 일본이 조선을 침략했을 때, 장군 쏭잉츠앙(宋應昌송응창)의 군대를 따라서 조선전쟁(임진왜란)에 참가한 일이 있다.

참고문헌

김낙필, 「한국철학사 연구의 반성과 문제점—도가와 도교」, 『철학』 제27집, 한국철학회, 1987.

김백현, 「도교속의 노장철학—노장에서 초기도교까지」, 『중국학보』 제34집, 한국중국학회, 1994.

김성환, 「도학 · 도가 · 도교, 그 화해 가능성의 재조명」, 『도교학연구』 제16집, 한국도교학회, 2000.

이종은, 「동양의 도교문화: 도교사상의 현대적 의의」, 『한국학논집』 제26집, 한양대학교 한국학연구소, 1995.

후후우츠언(胡孚琛), 『중화도교대사전中華道教大辭典』, 중국사회과학출판사, 1995.

사카이 다다오(酒井忠夫), 최준식 옮김, 『도교란 무엇인가』, 민족사, 1990.

고야나기 시키다(小柳司氣太), 김낙필 옮김, 『노장사상과 도교』, 시인사, 1988.

하치야 구니오(蜂屋邦夫), 한예원 옮김, 『중국사상이란 무엇인가』, 학고재, 1999.

구보 노리타다(窪德忠), 최준식 옮김, 『도교사』, 분도출판사, 2000.

후구나가 미츠지(福永光司), 『도교사상사연구道教思想史研究』, 암파(岩波)서점, 1988.

홈스 웰치·안나 자이델 편저, 윤찬원 옮김,『도교의 세계—철학, 과학, 그리고 종교』, 사회평론, 2001.

Randall L. Nadeau, *Confucianism and Taoism*, Edited by Lee W. Baily, *Introduction to the World's Major Religions* Vol. 2, Greenwood Press, 2006.

제13장
도교의 경전 및 숭배하는 신(神)

13.1 도교 경전에 대한 소개

도교의 대표적인 경전(經典)이 무엇이냐고 물으면 대답하기가 쉽지 않다. 도교는 다른 종교처럼 체계적인 형태를 갖춘 종교가 아니며, 경전이 난삽하기 이를 데 없다. 여러 자료를 종합하여 대표적인 도교 경전을 〈표 2〉와 같이 정리한다.

도교의 모든 경전을 『도장道藏』이라고 말한다. 이는 불교의 『대장경大藏經』에 대응하는 개념이다. 역대의 도교 총서를 가리키며, 『도장경道藏經』 혹은 『도일체경道一切經』으로도 부른다. 도교사상은 이들 경전이 찬술되면서 전개되고 체계화되었는데, 그 시작은 교단도교의 성립과 때를 같이한다.

후한 시대에 태평교의 신자들은 『태평경』 170권을 찬술했지만, 오두미도의 신자들은 별도로 경전을 찬술하지 않고 『도덕경』을 받들었다. 후한 화제(和帝, 재위 89~105) 말엽 차이룬(蔡倫채륜)이 종이를 발명했다. 그 뒤 중국에서 출판 사업이 발달했고 주로 불교 서적이 번역되어 많이 유포

시대	편저자	책 이름
춘추 전국	라오딴(老子)	『노자老子』(일명 『도덕경道德經』)
	주앙저우(莊子)	『장자莊子』(일명 『남화경南華經』)
서한(西漢)	리우안(劉安)	『회남자淮南子』
동한(東漢)	웨이뿨양(魏伯陽)	『참동계參同契』(일명 『주역참동계周易參同契』)
	위지(于吉)	『태평경太平經』
서진(西晉)	웨이후아춘(魏華存)	『황정경黃庭經』
	꺼홍(葛洪)	『포박자抱朴子』
북위(北魏)	커우치엔즈(寇謙之)	『황제음부경黃帝陰符經』
송(宋, 12세기)	리츠앙링(李昌齡)	『태상감응편太上感應篇』

〈표 2〉 도교의 경전

되었다. 이 같은 바람을 타고 『태평경』이 성립되는 등 도교 경전도 비약적으로 증가했다. 동진의 꺼홍이 '단학'(丹學) 수련의 안내서가 된 『포박자』 70권을 비롯하여 『신선전』 10권을 찬술하는 등 670여 권에 달하는 도교 경전을 집성했다.

443년 커우치엔즈의 '도교' 종단 창립 이래 남북조 시대의 유송(劉宋, 420~479) — 이 시대를 12세기의 송나라와 구별하기 위하여 유송 시대라고 함 — 사람 왕지엔(王儉왕검)이 지었다는 전적(典籍) 목록인 『칠지七志』(473)에 도경 목록이 들어 있고, 양(梁, 502~557)나라 사람 르우안샤오쉬(阮孝緖완효서)가 지은 『칠록七錄』(523), 「선도록仙道錄」에는 경계부 290종 828권이 들어 있다. 당대(唐代)에 웨이정(魏徵위징) 등이 칙

명에 의해서 찬술한 『수서隋書』(629), 「경적지經籍志」의 도경 목록에는 경계, 방중, 이복, 부록의 4류 377부 1,216권을 싣고 있어서 도교사상의 체계를 보여준다. 이때 비로소 『도장』이 '삼통사보'(三洞四輔)라는 완성된 체계를 갖추게 된다. — 도교의 삼통사보는 통진(洞眞)·통현(洞玄)·통신(洞神)의 3통과 태현(太玄)·태평(太平)·태청(太淸)·정일(正一)의 4보를 말한다.

이후에도 도교사상의 유포와 교단도교의 전개에 따라서 도교 서적의 수집·편찬이 때때로 이루어졌다. 당 현종(玄宗, 재위 712~756) 때의 『흠정도장본』과 북송(北宋)의 왕친르우어(王欽若) 등의 도교경전 4,565권을 수록한 『보문통록寶文統錄』(1010)과 이를 다시 발췌하여 정리한 『운금칠첨雲笈七籤』 120권 — 꺼홍의 『포박자』와 함께 도교 연구에서 빼 놓을 수 없는 저술이다. 여기서 칠첨(七籤)이란 삼통과 사보의 일곱 가지를 가리킨다. — 그리고 도교의 경전 5,481권을 수록한 『만수도장萬壽道藏』(1114) 등이 그것이다.

금대(金代)에는 쑨밍따오(孫明道손명도)를 시켜서 『대금현도보장大金玄都寶藏』(1186)을 편찬케 했고, 명나라 때는 도교 경전 5,305권을 수록한 『정통도장正統道藏』(1445)이 편찬되어 도교 사원에 배포되었다. 청나라는 도교에 대하여 각별한 관심을 기울였는데, 인종(仁宗, 재위 1796~1820) 때 지앙위앤팅(蔣元庭장원정)이 『도장집요道藏輯要』를 편집 판각했다. 오늘날 유행하는 『도장』으로 『정통도장』과 『도장집요』가 대표적이며, 흔히 『도장』이라고 말하면 이들을 가리킨다.

『도장』의 체계를 정리하면 아래의 표에서처럼 통진·통현·통신의 3통과 태현·태평·태청·정일의 4보로 분류된다. 3통은 도교의 세계관인 3청의 각 교주(敎主, 사람이 아님)가 말한 교법으로 각각 대·중·소 3승의 인간을 제도(濟度)한다는 도교적 해석에 입각하고 있다.

삼통(三洞)	교주(教主)	교법(教法)	사보(四輔)	
통眞부 ---	玉청궁 天보군 ---	大승上법 ---	태玄부	
통玄부 ---	上청궁 靈보군 ---	中승中법 ---	태平부 ---	正一부
통神부 ---	太청궁 神보군 ---	小승下법 ---	태淸부	

〈표 3〉『도장』의 체계

도교의 경전에 의하면 이 세상에는 3존신(三尊信)이 존재하며, 그들의 이름은 천보군·영보군·신보군이다. 천보군은 옥청궁(혹은 玉淸境)에 살면서 과거의 시간을 다스린다. 영보군은 상청궁에 거주하며 현재의 시간을 감독한다. 신보군은 태청궁에 거주하며 미래의 시간을 감독한다. 이 같은 옥청, 상청, 태청을 도교에서는 3청이라고 부른다. — 중국에는 '삼청'(三淸)의 이름이 곳곳에 존재한다. 그 가운데서도 지앙시 성에 있는 삼청산〔최고봉 옥경봉(玉京峰) 1,820미터〕은 아름다운 산이다. 서울의 삼청동(三淸洞)도 도교에서 유래한 이름이다. 삼청동에는 조선 초기 도교의 제사를 관장하던 소격전(昭格殿)이 있었다.

『도장』의 체계에서 삼통과 사보가 중요한 내용을 구성한다. 알기 쉽게 설명하면 삼통(三洞)의 '통'(洞)은 '통'(通) 자로 통하며, 현묘에 통달한다는 뜻이다. 사보(四輔)는 '네 가지를 보좌한다'는 뜻으로 삼통을 도와주는데, '태현'은 통진부를 보좌하고 '태평'은 통현부를 보좌하며 '태청'은 통신부를 보좌한다. 그리고 '정일'은 삼통의 전체를 보좌한다. 경전에서 보면 태현은『도덕경』이 중심이며, 태평은『태평경』이 중심이다. 태청은 금단복약(金丹服藥)에 의한 장생선인(長生仙人)을 강조한 경전의 주요 내용이며, 정일은 오두미도의 경전이 수록되어 있어서 삼통보다 내역이 오랜 경전의 내용을 이룬다.

장쥔황(張君房장군방)의『운급칠첨』은 삼통사보의 체계를 자세히 설명하고 있다. '칠첨'(七籤)이라는 용어는 "삼통과 사보를 추첨(籤)한다"라는 데서 유래한 것이다. 삼통과 사보의 관계는 형식상으로 사보가 삼통을 보좌하므로 종주 관계와 비슷하지만, 내용상으로는 같은 지위를 가진다.

13.2 도교 세계의 신

여기서는 타오홍징(陶弘景도홍경, 456~536) 편찬의 『진령위업도眞靈位業圖』와 시에떠후에이(葉德輝섭덕휘) 편찬의 『삼교원류수신대전三教源流搜神大全』에 나타난 신을 중심으로 설명한다〔후쿠이 코쥰(福井康順) 등, 『道教』 제1권, 1983〕.

13.2.1 신과 선인(仙人)

먼저 도교에서 말하는 신(神)이 무엇을 뜻하는지 살펴볼 필요가 있다. 동한의 문자학자 쉬선(許愼허신)의 자전 『설문해자說文解字』에는 "신이란 천신(天神)이다"라고 풀이하고 있다. '神'은 '申'의 가차자(假借字)로 번개를 표현한다. 고대인들은 번개가 번쩍이고 우레가 치는 자연 현상을 신격화하여 신앙 대상으로 삼았다. 이와 같이 산과 강, 비와 바람 등의 천지자연, 초목금석 등의 자연물을 신격화한 자연신(自然神)과 사람이 죽은 뒤 그 귀신을 신으로 격상시킨 인격신(人格神)이 있다.

고대에는 하늘의 별과 달과 태양이 모두 신이며, 이들이 사람의 생사와 운명을 지배한다고 믿었다. 별을 중시하는 점성술이 발달했는데, 북극성과 북두칠성 신앙이 대표적이다. 개별적인 자연 현상에 대한 믿음이 하나로 통합되어 하늘에 대한 신앙으로 추상화되었고, 하늘을 상제(上帝) 혹은 호천상제(昊天上帝)라고 부르며 최고신으로 존중했다. 추모 혹은 공포의 대상이 되기도 했던 정치가, 장수한 인물, 도를 깨친 사람 등이 사후에 귀신(鬼神)으로 제사의 대상이 되었다. 성곽을 지키는 신, 집을 지키는 신, 자연과 날씨를 관장하는 신 등 각각 부여된 능력이 있으며, 이 신들은 사람의 현실 생활에서 여러 가지 능력을 보여주었다. 도교는 이처럼 모든 상황을 신과 연결시켰다. — 서양 철학에 '범신론'(汎神論, pantheism)이라는 용어가 있다. 이는 자연의 모든 것을 신이라 하여 그 속에서 대립을 인정하지 않는다. 도교의 신에 대한 태도는 범신론과 관계가 있어 보인다. 범신론은 일반적으로 신비주의 경향과 연결된다.

도교의 독특한 신격은 선인(仙人)이다. 선인은 민간 신앙에서 태어난 존재로, 전국 및 진(秦)·한(漢) 시대에 생겼다. 선인은 나이를 먹지 않고 죽지도 않으며, 어디든 자유롭게 이동할 수 있는 능력을 가진 존재다. 선인에게도 서열이 있다. 예를 들면 시해선(尸解仙)이 있는데, 수행을 많이 쌓은 도사가 죽으면 속인의 눈에는 마치 죽은 듯이 보이지만, 실제는 선인이 되어 살아 있다는 말이다. 이것이 시해선 즉, 시체로 가장하는 술법을 사용하여 해탈한 선인으로 선인 계급에서 하위에 속한다. 『포박자』, 「내편內篇」에 의하면 선계(仙界)에 오르는 수준에 따라 상중하의 세 단계로 구분된다. 상은 천선(天仙)으로 허공에 올라 우주에서 소요할 수 있는 경지고, 중은 지선(地仙)으로 명산을 여행하며 33 동천(洞天), 72 복지(福地)에 태어날 수 있다. 하는 육체를 남기고 그 혼백만 벗어나는데, 이를 시해선이라 부른다(『포박자』, 「논선論仙」 제2). — '동천'(洞天)이란 도교에서 신선이 사는 곳을 가리키는 용어로, '별유동천'(別有洞天)이라고도 한다. 이는 일종의 신성한 장소(place)로 승지(勝地)를 가리킨다.

13.2.2 『진령위업도眞靈位業圖』 속의 여러 신

도교 신령의 계보(系譜)를 처음 작성한 것은 도사인 양(梁)나라의 딴양

(丹陽단양) 뭐링(秣陵말릉) 사람, 타오홍징(陶弘景도홍경, 456~536)이다. 후한 이래의 도교는 꺼쉬앤(葛玄갈현), 꺼홍(葛洪갈홍)과 루시우징(陸修靜육수정, 406~477) 등을 거쳐 타오홍징에 이르러 정점에 도달했다. 그는 『진고眞誥』 20권, 『등진은결登眞隱訣』 3권, 『진령위업도眞靈位業圖』 1권 등을 편찬하여 도교사상을 체계화함으로써 도교학을 하나의 독립된 학문으로 완성시켰다.

그 가운데 『진령위업도』의 정식 명칭은 『통현영보진령위업도洞玄靈寶眞靈位業圖』이며, 『도장』의 제73책에 수록되어 있다. 이 책은 진선(眞仙, 신선)을 제1단계에서 제7단계까지 나누고, 각 단계마다 주존(主尊)이 되는 신선을 두어 그 좌우에 많은 신선을 배치하고 있다. 이 책의 내용과 거의 일치하는 것으로 북주(北周) 무제(武帝)의 칙령에 의해 편찬되었다는 『무상필요無上秘要』가 있다. 다만 선계를 7단계로 나누지 않은 것과 신선을 배열하는 순서가 거꾸로 되어 있는 점이 약간 다르다. 『진령위업도』에 나타난 신을 소개한다.

① 주존(主尊) — 원시천존(元始天尊)

첫 번째 단계의 주존은 원시천존(元始天尊)이다. 그는 도교의 최고신으로서 3계(三界), 4종천(四種天), 3청경(三淸境) 위에 있는 대라천(大羅天)에서 설법한다. 타오홍징의 신령 계보에서 원시천존이 최고신의 위치를 차지하고 있는 반면, 북위(北魏)의 커우치엔즈 시대에 최고 신격이었던 '태상노군'(太上老君)은 뒤로 밀려나 있다. 그 이후 현재까지 원시천존은 도교의 최고신으로, 태상노군은 그 응현신(應現神)의 하나로 취급되어 왔다. 『수서』, 「경적지」에는 타오홍징이 설정한 원시천존을 도교 교주로 인정하고 있다.

② 여성 진인(女眞人) — 남악 위부인(南嶽魏夫人)

두 번째 단계의 주존은 옥신현황대도군(玉晨玄皇大道君)이다. 그는 3청경 가운데 상청경에 주석하고 있다. 이 단계의 좌우위 뒷편에 여성 진인이 배치되어 있다. 여성 진인의 두 번째 위치에 자허원군영상진사명(紫虛元君領上眞司命) 남악 위부인(南嶽魏夫人)이 있다. 도교에서 '원군'(元君)이란 여성에게만 붙이는 말이다. 남악 위부인은 선계의 명칭이고, 그녀는 본래 서진(西晋)의 사도(司徒) 웨이수(魏舒위서)의 딸로 웨이후아춘(魏華存위화존)이라고 했다.

웨이후아춘은 젊어서부터 수도(修道)에 마음을 두어 노장백가의 책을 읽고, 호마산과 복령환을 먹으며, 복기·도인 등의 신선술에 열중했다. 스물네 살 때 난양(南陽남양) 리우원(劉文유문)의 아내가 되었고 두 아들을 두었다. 남편이 시우우 현(修武縣수무현)의 지사로 취임하자, 별거하면서 선술을 닦았다. 만년에 그녀에게 진령(眞靈)이 내려와 『상청경』 31권과 『황제내경경黃帝內景經』을 주었다. 진(晉) 성제 함화(咸和) 9년(334) 83세로 시해(屍解)하여 하늘로 올라갔다. 30여 년이 지난 뒤 모산(茅山)의 양시(楊羲양희, 330~386)와 쉬무(許穆허목, 305~376)에게 내려와 『상청경』 등의 경전과 부록(符籙)을 전했다. — 남악(南岳)이란 후난 성에 소재한 형산(衡山)을 가리킨다. 말하자면 웨이후아춘은 남악의 산신령이 된 것이다. 현재 형산은 츠앙사(長沙)에서 자동차로 하루에 왕복할 수 있는 거리에 있다.

③ 진선(眞仙)

세 번째 단계의 주존은 금궐제군(金闕帝君)이다. 금궐제군의 출현은 분명하지 않으나 타오홍징을 중심으로 하는 상청학파(上淸學派)에 의해서 그 도교학적인 지위가 명확히 주어졌다고 할 수 있다. 원시천존이 살고 있는 옥경산 속의 궁중은 상중하의 3궁으로 되어 있는데, 상궁에는 원시천존이, 중궁에는 금궐제군이 살고 있다고 한다. 금궐제군의 좌우위에는 역사상의 인물들이 등장한다. 좌측에는 관령 윈시(尹喜윤희), 『포박자』의 저자 꺼홍(葛洪갈홍)의 증조부 꺼슈안(葛玄갈현), 콩치우(孔子), 옌후에이(顔回안회) 등이 있으며, 우측에는 라오딴과 주앙저우 등이 배치되어 있다.

④ 태상노군(太上老君)

네 번째 단계의 주존은 태상노군(太上老君)과 태상무상대도군(太上無上大道君) 등 두 신이다. 북위의 커우치엔즈의 경우에는 태상노군이 최고신격으로 등장하지만, 여기서는 네 번째의 위치를 차지한다. 태상노군 좌우의 제일 앞에는 오두미도(五斗米道)를 창시한 장따오링(張道陵) 및 많은 진인(眞人), 선인(仙人)의 이름이 나란히 있다. 오른쪽에는 장인(丈人), 옥녀(玉女), 태청오제(太淸五帝)의 자연신과 추후우(除福제복), 꺼홍 등이 자리 잡고 있다. ― 추후우는 진시황 때 불로장생의 약을 구하기 위하여 동해로 파견된 인물이다. 쉬후우(徐福서복) 혹은 쉬후우(徐市서불)라고도 한다.

⑤ 다섯 번째 단계의 진선

여기서 주존은 구궁상서(九宮尙書)다. 이 단계의 주존은 직책명이 명시되어 있고 주(注)에 이름과 출신지가 써 있다. 이에 따르면 그는 성이 장(張)이고 이름은 훵(奉봉)이며, 하내(河內) 사람이다. 공적으로는 북직(北職)을 차지하고 있으며, 단계상으로는 태극에 있다고 한다. 그의 좌우에 있는 진선들의 숫자는 적지 않다.

⑥ 중모군(中茅君)

이 단계의 주존은 삼모군의 하나인 '우금랑정록진군중모군'(右禁郞定錄眞君中茅君), 즉 중모군이다. 삼모군은 전한(前漢) 시대의 마오잉(茅盈모영)·마오꾸(茅固모고)·마오종(茅衷모충)의 3형제를 말한다. 이들 3형제가 딴양 쥐취(句曲구곡) 출신으로 모산에서 득도했으므로 이들을 삼모군이라고 총칭한다.

『모산지茅山誌』(『삼모지三茅誌』) 권32(135) 등이 이와 관련된다. 좌위의 맨 앞에는 소모군(小茅君)이 '삼관보명소모군'(三官保命小茅君)이라는 이름으로 자리 잡고 있다. 이 여섯 번째 단계에는 지선으로 아직 직위가 결정되지 않은 사람이 많이 있다. 이 지선 가운데 세 번째 단계에 속해 있으며 태극좌선공이라 불리었던 꺼쉬앤(葛玄갈현)이 있다.

⑦ 훵뚜(酆都풍도) 북음대제(北陰大帝)

이 신은 천하 귀신의 총대장으로서 도교의 지옥신 가운데 대표적인 존재다. 그 좌위의 맨 앞에 '북제상상진시황'(北帝上相秦始皇)과 '북제태부위무제'(北帝太傅魏武帝)와 같은 황제의 명칭이 열거되어 있다. 이 단계에서는 모두 귀관(鬼官)으로 75개의 직책이 있고 이름이 나타난 것만 해도 119명에 이른다. 귀신의 총대장인 '풍도 북음대제'는 나풍산(羅酆山)을 다스리고 있으며, 도교 지옥의 중심적인 존재다. 이곳에는 염라왕이 살고 있다.

풍도는 도교의 지옥으로 쓰츠우안(四川사천) 종저우(忠州충주) 훵뚜 현(酆都縣풍도현)에 있는 큰 바위의 밑에 있다. 10궁전이 있으며, 음사(陰司)가 여기에 주재하면서 죽은 자의 죄를 심판한다. 지옥의 종류는 138개나 된다.

이 명칭이 언제부터 나타났는가는 분명하지 않다. 이는 『포박자』, 「내편」, 「대속對俗」 제3에 나오며, 타오홍징의 『진고』에서는 "옛날의 옌띠(炎帝염제)로서 지금은 북태제군(北太帝君)이라고 불리며 천하 귀신을 관장한다"라고 했다. — 현재의 츠옹칭 시(重慶市중경시)에서 배를 타고 장강을 따라 내려가면 훵뚜(酆都)에 이른다. 이곳에는 살아 있는 사람들이 만날 수 있는 지옥이 있다. 그 요란하고 흉악한 몰골의 조각보다도 관광객을 상대로 물건을 팔려고 아귀다툼하는 사람들의 모습이 바로 지옥이다.

13.2.3 『삼교원류수신대전三教源流搜神大全』 속의 여러 신

도교 신통보(神統譜)인 『진령위업도』는 도사들에 의해 정리된 신들의 계보다. 여기서는 『진령위업도』 외에 『삼교원류수신대전』을 통하여 민중 사이에서 많이 숭배되는 신들의 계보를 알아보기로 한다. 이 책은 7권으로 되어 있으며, 선통(宣統) 원년(1099)에 시에떠후에이(葉德輝섭덕휘)가 찬술했다고 전한다.

① 잠신(蠶神)의 기원 — 잠녀(蠶女)

인간의 생활에서 의식주는 기본이다. 누에를 키우고 실을 뽑아서 비단옷을 만들어 입는 잠업(蠶業)은 중국 고대인에게 중요한 사업이었다. 오늘날까지 신앙되는 잠신의 실체를 살펴보면 까오신씨(高辛氏고신씨) 시대에 촉(蜀) 땅에 살았던 부모와 세 명의 딸로 이루어진 한 가족으로 소급한다.

어느 날 아버지가 도적에게 잡혀 갔는데, 이에 어머니와 딸들이 대단히 염려했다. 그리하여 어머니는 "누구라도 좋다. 아버지를 무사히 돌아오게 하는 자에게 내 딸을 주겠다"라고 말했다. 그런데 아버지가 탔던 말

[馬]이 이 이야기를 듣고 곧바로 아버지에게 달려갔으며, 며칠 뒤 아버지가 말을 타고 돌아왔다. 상대가 말이었기 때문에 보상으로 좋은 풀을 먹이로 주었다. 그러나 말은 풀은 돌아보지도 않고 딸이 출입할 때마다 맹렬히 날뛰었으므로, 아버지가 노하여 말을 죽이고 그 가죽을 뜰에서 말렸다. 어느 날 딸이 그 곁을 지나가자 가죽이 갑자기 일어나 딸을 휘감아 하늘로 날아갔다. 열흘 뒤 뽕나무 밑에서 누에로 화한 딸이 발견되었다. 이 누에는 신으로 받들어져 마두냥(馬頭娘) 또는 청의신(靑衣神)이라고 불렸다.

『삼교원류수신대전』 권7에는 청의신이 별도로 나오는데, 청의신은 잠총씨(蠶叢氏)로 촉왕(蜀王)이 된 자다. 그는 교외를 순행하며 백성들에게 양잠(養蠶)을 가르쳤다. 이에 마을 사람들이 감동받아 사당을 짓고 그를 모셨다. 그가 누에 치는 법을 가르치러 다닐 때 항상 푸른 옷을 입었기 때문에 사람들은 이 신을 '청의신'이라 불렀다.

② 현세의 운명을 관장하는 부엌신 — 조신(竈神) 혹은 조왕(竈王)

의식주 가운데 부엌의 존재는 먹거리[食]와 관계가 있다. 과거에 음식을 관장하는 부엌은 신성한 장소로 여겨졌다. 명·청대 이후 사람들과 친숙했던 것은 토지신(后土후토)과 부엌신(竈神조신)이다. 중국에서 부엌신만큼 보편적으로 숭앙되는 신은 드물다. '조왕부군'(竈王府君)이라고도 하며, 시대와 지역에 따라 다르다.

여기서는 『삼교원류수신대전』에 나와 있는 '사명조신'(司命竈神)을 통하여 알아보자. 『유양잡조酉陽雜俎』에 의하면 부엌신의 성은 장(張), 이름은 딴(單)이며 그 모습이 미녀와 같다고 한다. 부엌신은 큰 죄를 지은 사람에게는 기(紀)를 빼앗고 작은 죄를 지은 사람에게는 산(算)을 빼앗는다. — 기산(紀算)이란 사람의 수명을 날짜로 계산할 때의 단위로 『포박자』에서는 1기가 3백 일, 1산이 3일 또는 1일이라고 했다. 『삼교원류수신대전』에서는 1기를 3백 일, 1산을 백 일로 본다.

부엌신은 오사(五祀) 가운데 한 신으로 11월 25일에 하늘에 올라 사람들의 행적에 관한 선악을 보고한다고 믿었으므로, 11월 24일에 제사를 지냈다. 오늘날은 그믐(음력에서 한 달의 그믐날)에 제사 지낸다. 『태상감응편太上感應篇』에도 "그믐날과 섣달에 노래하고 춤추는 일, 초하루나 원단에 소리치고 분노함, 북쪽을 향하여 울거나 침 뱉으며 물을 끼얹는 일, 부엌을 향해 시를 읊거나 통곡하는 일, 부엌불로 향을 태우는 일"(晦臘歌舞, 朔旦號怒, 對北涕唾及溺, 對竈吟咏及哭, 又以竈火燒香) 등을 악업(惡業)으로 규정한다.

현재의 민간 신앙에 따르면 부엌신(조왕)은 그 집에 사는 사람들의 행동을 감시한다. 그리고 음력 12월 23일이 되면 하늘로 올라가 옥황에게 보고한다. 사람들은 좋은 일을 보고하도록 신상 앞에서 음식을 진설한다. 조왕부군이 옥황상제의 사위라고 하는 전설이 있다〔구보 노리타다(窪德忠), 최준식 옮김, 『도교사』, 2000〕. 부엌신 숭배 사상은 한국의 샤머니즘에서도 매우 중시된다.

③ 측간(厠間)의 여신 — 자고신(紫姑神)

측간[변소]의 신이다. 『중증수신기重增搜神記』에 따르면, 자고신은 라이양 현(萊陽縣) 출신으로 성은 허(何)이며 이름은 메이(媚)다. 보통 삼고(三姑) 혹은 쯔꾸(紫姑자고)라고 부른다. 그녀가 측간신이 된 경위는 다음과 같다. 당의 우쩌티엔(武則天무측천) 시절 허메이는 서우양 현(壽陽縣)의 칙사 리징(李景이경)이라는 사람의 첩이 되었다. 그러나 본처의 질투를 받아 1월 15일 측간에서 살해당했다.

정월 보름날 살해당했기 때문에 그 날짜에 신령(紫姑자고)이 나타난다.

원한을 품고 죽은 귀신은 재앙을 내리기 때문에 사람들은 그녀의 상을 만들어 제사를 지내고 여러 가지 점을 친다. 사람들은 그녀에게 기원하면 그 사람의 길흉화복을 알려준다고 믿었다.

④ 남방 출신의 신 — 구리호선(九鯉湖仙)

구리선(九鯉仙)은 후우지엔 성 쥐후아부(具化府) 시엔여우 현(仙遊縣)에 살았던 허통한(何通判하통판)의 처였던 임(林) 씨가 낳은 아홉 명의 아들을 말한다. 이 아홉 명의 자식은 모두 장님이었다. 화가 난 아버지가 이들을 모두 죽이려 하자 어머니가 자식들을 현(縣)의 동북쪽에 있는 산으로 도피시켰다. 이들은 호수 옆에 거처를 마련하고 '단'(丹)을 수련했는데, 단이 완성되자 각각 붉은 잉어를 타고 어디로인가 가버렸다. 그 뒤 이 호수를 '구리호선'이라고 불렀고, 여러 지방에서 과거를 준비하러 온 사람들이 이 사당에서 빌면 신령스러운 거북(靈龜)이 나타난다고 했다.

⑤ 물에 관계된 신 — 수신(水神), 해신(海神), 조신(潮神)

수신 중 대표적인 신은 허뿨(河伯하백)이며 황하를 담당한다.

전하는 바에 따르면 진시황이 바다를 건널 수 있는 돌다리를 축조하려 하자 해신(海神)이 이것을 보고 돌을 운반해 주었다. 이에 진시황은 해신을 만나 보고 싶어 했다. 신이 말하길 자신을 만날 수 있지만, 자신의 모습을 결코 묘사해서는 안 된다고 했다. 그럼에도 불구하고 진시황은 화가를 시켜서 해신의 모습을 그리게 했다. 그러자 해신은 노하여 그곳을 떠났다고 한다. 지금의 사당은 산똥 성 원떵 현(文登縣문등 현)에 있다.

또한 조신(潮神)은 백마나 하얀 수레를 타고 호수에 나타난다고 한다.

이상과 같이 도교는 많은 신을 숭배하는 다신교(多神教)다. 불교에도 사찰의 수호신이 있지만 주 신앙 대상은 부처고 보살이다. 따라서 신이라고 말하는 경우는 대부분 도교에서 숭배하는 신을 가리킨다. 도교의 신은 민간신앙에서 모시는 신과 섞여 있어서 경계선이 모호하다. 여기서 간과하지 말아야 할 점은 송대(宋代) 이후 기층 인민에게는 신의 존재가 도교적이든 불교적이든 상관없었다는 점이다. 즉 유·불·도 3교의 구별은 문제가 되지 않았다. 위에서 서술한 바와 중복되기도 하지만, 도교만 놓고 볼 때 일반적으로 숭배되고 있는 신(神)을 열거하면 다음과 같다.

① 원시천존 : 옥황상제라고도 부른다. 이는 북송(北宋)의 진종(眞宗, 재위 998~1022) 이후 굳어진 호칭이다. 천지가 분화되기 이전 음양이 혼돈한 상태의 일원기(一元氣)를 신격화한 것이다. 이 원시천존은 분화되어 3존(三尊)이 되며 3청(三淸)에 거주한다.

② 노군(老君) 혹은 태상노군 : 라오딴을 말하며 원시천존의 화신으로 시대를 따라 세상에 현신한다. 후앙띠(黃帝황제)의 시대는 꾸앙츠엉쯔(廣成子광성자)로, 사오하오(少昊소호)의 시대에는 수이잉쯔(隨應子수응자)로 현신하는 등 다양한 화신이 있는데, 라오딴은 그 화신의 하나로 현묘옥녀(玄妙玉女)의 모태에 81년간 머물다가 그녀의 왼쪽 갈비뼈(左脅)를 가르고 태어났다. 라오딴의 이름을 내세우는 경전으로 『서승경西昇經』과 『화호경化胡經』 등이 있다.

③ 현천상제(玄天上帝) : 북극성으로 현무(玄武) 혹은 진무(眞武)라고 부른다. 고대인은 북극성을 태일(太一)이라고도 일컬었으며, 한대(漢代)에 대단히 존숭했는데 그 결과 호천상제(昊天上帝)의 지위를 빼앗기에 이르렀다.

④ 북두성(北斗星) : 도교에서는 사방과 중앙에 두성(斗星)이 있다고 보는데, 그 가운데 북두칠성은 생명의 장단을 관장하는 것으로 널리 신앙

되었다. 『태상감응편』에 "북두신군(北斗神君)이 사람의 죄악을 기록하고 수명을 빼앗는다"라는 표현이 등장하며, 『음즐문陰騭文』에도 북두성을 향하여 조아리는 일(奉眞朝斗)를 선행으로 인정한다. 『도장』 가운데 『태상현령북두연명진경太上玄靈北斗延命眞經』은 유명한 경이다. 북두칠성 중 앞의 네 별은 괴성(魁星)이라고 불려 과거에 응시하려는 사람들에게 신앙되었고, 문창제군도 이와 비슷한 성격을 지닌다.

⑤ 문창제군(文昌帝君) : 문창성(文昌星)이라는 별이지만 도교의 전설에 의하면 후앙띠의 아들로 이름은 후에이(揮휘)라고 한다. 천제가 그로 하여금 문창부(文昌府)의 일과 인간의 기록을 관장하게 했다. 학교에서 그를 숭배하고 문예의 신으로 받들었다. 어떤 과거 응시자가 우연히 그의 사당(廟)에서 잠을 잤다가 영험을 입었는데, 그때부터 문창성의 이름이 더욱 드러났다. 원대(元代)부터 문창제군이라는 존호를 부여받았다.

⑥ 성황신(城隍神) : 도교에서 특정한 장소를 지키는 신으로 성황신과 토지신이 있다. 성황신은 관제적 성격이 강하기 때문에 사람들의 인기를 끌기에는 다소 어려운 위치다. 처음에 성황신은 수해와 가뭄을 막는 신이었다가 명계(冥界)의 모든 일을 다루는 지방신으로 격상되었다.

⑦ 토지신(土地神) : 성황신과 비슷하며, 이미 주(周)나라 때부터 사신(社神)이었다. 죽은 뒤에 임명을 받는 토지신과 성격이 다르다. 토지신 신앙은 삼국 시대에 생겼는데, 당대에 성황신이 널리 숭배되자 성황신의 부하로 여겨졌다. 송대에 토지신 신앙이 전국적으로 전파되었다. 토지신의 일로 토지의 평안, 풍작, 치병, 재앙의 제거, 토지 관리 등 여러 가지가 있다.

⑧ 후토신(后土神) : 후토(后土)는 대지의 신이라는 의미를 가지고 있다. 토지신의 분신(分身)으로 여겨진다. 이는 고대의 사(社)로부터 발전한 것으로 한대에 황제(皇帝, emperor)가 제사 지내는 신이 되었다. 당대 이후에는 대지의 신과는 별도로 묘지를 지키는 수묘신(守墓神)의 개념이 더

해졌다. 『대당개원례大唐開元禮』 권138에서 길한 무덤이라고 판명되거나 묘(墓)를 이장(移葬)한 뒤에는 공물을 바치고 제사를 지낸다고 했다. 『대명회전』 권96에서는 황제나 황족이 죽었을 때도 후토신에게 제사 지냈다고 했다. 전한 말기에는 여신으로 여겨서 후토낭낭(后土娘娘)이라고 했다.

⑨ 종산신(鐘山神) : 한 말(漢末)의 장수 쯔원(子文자문)을 신격화한 것이다. 자문은 주색을 좋아했는데 적과 싸우다 종산에서 죽었다. 오(吳)의 쑨취앤(孫權손권) 때 기적을 보인 뒤부터 그를 제사 지내게 되었다. 육조(六祖) 시대에 그에 대한 신앙이 성행했다.

⑩ 삼관(三官) : 도교에서 신의 체계는 3청(三淸)·4어(四御)·두모(斗姆, 斗姥) 이외에는 명확하지 않지만, 두모 다음으로 세계 전체를 관할하는 3관(三官)이 있다. 3관은 천(天)·지(地)·수(水)로 장따오링의 시절부터 그 신앙이 시작되었다. 3원(三元)이라고도 하는데, 상원 천관(天官)은 1월 15일에, 중원 지관(地官)은 7월 15일에, 하원 수관(水官)은 10월 15일에 각각 태어나 사람들의 선악을 감독한다고 했다. 따라서 이들의 탄생일에 제사를 지냈다.

⑪ 재신(財神) : 3월 15일을 그의 탄생일로 보아 과거에는 집집마다 재단을 북방에 쌓고 소주(燒酒)와 소고기를 올린다. 또 원월(元月) 초 5일은 접로두(接路頭)라는 신의 탄생일로 금라(金鑼, 징)를 울리거나 폭죽을 태우며 그를 맞아들였다. 접로두는 강남 오 지방을 중심으로 신봉하는 '노두신'(路頭神, 五路神)을 말하며, 여행의 신인 동시에 재화의 신이다. 속설에 접로두라고 부르면 영험이 있다고 믿었다.

⑫ 관제(關帝) : 꾸안위(關羽관우)의 신령이다. 그가 죽은 뒤 신령으로 나타났다는 기록이 『삼국지연의』에 보인다. 북송 무렵부터 신으로 받들어졌으며 명대에 관성제군(關聖帝君)으로 봉해졌고, 청대에 충의신무관대제(忠義神武關大帝)의 존칭을 받았다. 관제가 청군이 명군과 싸울 때 가호를 해 주었기 때문에 청조에서 특히 존숭되었다. 그 이후로 일반인들이

그를 숭상하게 되어 작은 부락에까지 관제를 모신 사당이 만들어졌다. 이처럼 관제는 무(武)의 신, 호국(護國)의 신이었으나 돈을 많이 벌게 해 주는 재물신으로도 숭상되어 상인들이 많이 모신다. 또 그는 가람신, 절의 수호신도 되었다. — 조선 왕조에는 임진왜란 이후 관제 신앙이 높아졌다. 서울의 동대문과 전국 곳곳에 관제를 모시는 사당이 남아 있다.

⑬ 동악(東嶽) : 태산(泰山)의 신선으로 제사 지낸다. 태산이 사람의 생사를 관장한다는 것은 오랜 전설이다. 『후한서後漢書』 권120의 「우후안전烏桓傳오환전」에 "우후안이 죽으면 태령적산에 돌아가는 것은 혼이 대산(岱山, 태산)에 돌아가는 것과 같다"라는 내용이 있다. 서진의 장후아(張華장화)가 저술한 『박물지』에서도 "태산은 천제의 자손이다. 인간의 혼을 불러 내는 것을 주관한다. 동방은 만물의 시작이므로 인간의 생명을 안다"라고 했다. — 중국인들에게는 생전에 적어도 한 번은 태산을 걸어서 올라가야 내생에 복을 받는다는 믿음이 있다. 태산은 도교에서 신성하게 여기는 산이다.

⑭ 여조(呂祖) : 전진교의 5조 가운데 한 명으로 당 말 5대 무렵의 인물이다. 전하는 바에 의하면 이름은 옌(嵒암), 자는 똥삔(洞賓동빈)이며 호는 츠운양쯔(純陽子순양자)다. 당의 정관(貞觀) 14년(789)에 용러 현에서 태어났다. 노산(盧山)에서 화룡진인(火龍眞人)으로부터 천둔검법(天遁劍法)을 전수받고 64세에 종리취앤(種離權종리권)으로부터 10회의 시험을 거친 후 신선이 되었다고 한다. 그의 능력과 기적이 대단했다는 것은 『고금도서집성』, 「열전」 권23에 수록된 기록을 보아도 알 수 있다. 오늘날에도 각지에 여조의 사당이 있다.

⑮ 8선(八仙) : 종리취앤(種離權종리권), 뤼똥삔(呂洞賓여동빈), 장꾸어(張果장과), 란차이허(藍采和남채화), 한시앙쯔(韓湘子한상자), 차오꾸어지우(曹國舅조국구), 허시엔꾸(何仙姑하선고), 리위앤종(李元中이원중)의 8인을 말한다. 종리취앤과 뤼똥삔은 앞에서 거론했다. 란차이허는 당 말

의 인물이고 한시앙쯔는 한위(韓愈)의 조카이며, 차오꾸어지우는 송 인종의 황후 조 씨의 동생이다. 허시엔꾸는 뤼똥삔과 같은 시대의 여인이다. 리위앤종은 당 대종 때의 사람이다. 이 8선의 행적은 전설로 남아 있다.

참고문헌

후후우츠언(胡孚琛), 『中華道教大辭典』, 중국사회과학출판사, 1995.

칭시타이(卿希泰) 주편, 『中國道教史』(修訂本) 1~4卷, 쓰츠우안(四川)인민출판사, 1996.

칭시타이(卿希泰)·탕따츠아오(唐大潮), 『道教史』, 지앙쑤(江蘇)인민출판사, 2006.

사카이 다다오(酒井忠夫), 최준식 옮김, 『도교란 무엇인가』, 민족사, 1990.

고야나기 시키다(小柳司氣太), 김낙필 옮김, 『노장사상과 도교』, 시인사, 1988.

하치야 구니오(蜂屋邦夫), 한예원 옮김, 『중국사상이란 무엇인가』, 학고재, 1999.

구보 노리타다(窪德忠), 정순일 옮김, 『도교와 신선의 세계』, 1993.

——————————, 최준식 옮김, 『도교사』, 분도출판사, 2000.

앙리 마스페로, 신하령·김태완 옮김, 『도교』, 까치, 1999.

——————, 표정훈 옮김, 『불사의 추구』, 동방미디어, 2000.

홈스 웰치·안나 자이델 편저, 윤찬원 옮김, 『도교의 세계—철학, 과학, 그리고 종교』, 사회평론, 2001.

David C. Yu, *History of Chinese Daoism* Vol. 1, University Press of America, 2000.

Randall L. Nadeau, *Conficianism and Taoism*, Edited by Lee W. Baily, *Introduction to the World's Major Religions* Vol. 2, Greenwood Press, 2006.

제14장
불교적 세계관
— 현실 인식과 연기(緣起)의 진리

14.1 현실 인식

인간은 지위를 막론하고 유한(有限)하고 상대적인 세계에서 살아가고 있다. 이 같은 유한하고 상대적인 세계에 안주하여 아무런 물음도 없이 그저 하루하루를 보내는 사람에게는 종교가 필요 없을 것이다. 그러나 인생에서 위기가 없는 사람은 없으며, 생각하는 능력을 포기한 동물적 존재가 아닌 한 인간은 어떤 형태로든지 종교적 물음을 던져 삶의 해결책을 찾고 있다.

특정한 사람과 특정한 때의 위기가 아니라 모든 사람과 모든 생명을 위기에 노출된 존재로 파악하고, 이런 근원적 위기로부터 구제 방법을 제시하는 데 그리스도교와 불교 등의 보편적 종교의 특질이 있다〔우에야마 슌페이(上山春平) 외, 『아비달마의 철학』, 1990〕. 고타마 붓다(釋迦牟尼)는 인간의 이 같은 위기 상황을 한마디로 '고'(苦, dukkha)라는 말로 표현했고, 이로부터 탈출 방법을 번뇌의 소멸에서 찾는다.

14.1.1 진리에 대한 세 가지 징표— 3법인(三法印)

붓다에 의하면, 인간이 직면하는 현실 세계는 철두철미 무상(無常)하다. 개인을 포함하여 현상계의 모든 존재는 변화의 과정 속에 있으며, 그 밑바닥에 불변하는 실체는 존재하지 않는다고 한다.

『법구경*Dhammapada*』에 의하면 "모든 지어진 것은 무상한 것이다"(諸行無常). 모든 현상이 소멸해 간다는 이 말은 고타마 붓다의 최후의 말이거니와, 동시에 불교의 근본 견해를 나타내는 징표가 되었다. 이때 '지어진 것(行, 팔리어로 sankhāra)이라는 표현은 여러 가지 인(因)과 연(緣)에 의해서 지어진 것을 가리킨다〔후지타 코타츠(藤田宏達) 외, 권오민 옮김, 『초기 부파불교의 역사』, 1989〕.

불교에서 모든 것은 무상할 뿐 아니라, 또한 "모든 존재는 무아다"(諸法無我). 여기서 말하는 '아'(我, ātman)는 자기의 존재 중심에서 의식하는 '나'라는 관념, 나의 생존 주체로 간주되는 것을 뜻하는데, 즉 그와 같은 존재가 없다는 뜻이다. — 원문에 충실한 번역은 "모든 다르마(Dharma, 法)는 무아다"이지만, 실제로는 "모든 존재는 무아다"라는 뜻으로 쓰인다.

"모든 존재는 무아다"라는 것은 객관 세계에서 주재적인 존재를 부정할 뿐 아니라, 주관 세계의 핵심을 이루는 영혼의 존재마저도 부정한다. 즉 객관 세계의 물질은 흙·물·불·바람(地·水·火·風)이라는 4대의 결합으로 이루어지며, 인간은 색·수·상·행·식(色·受·想·行·識)의 5온(五蘊)의 취합에 지나지 않는다는 것이다. 이와 같은 관점에서 본다면 불교는 무신론의 종교다. — 5온은 인간 존재를 구성하는 다섯 가지 요소로, 색(rūpa)은 물질을 말하고, 수(vedanā)는 인식을 받아들이는 것으로 감각 혹은 감정을 뜻하며, 상(saṃjñā)은 마음의 내부에 형상을 구성하는 것으로 지각이나 표상을 포함하며, 행(saṃskāra, 팔리어 sankhāra)은 능동성이 있는 의지적 행위(충동, impulse)를 말하고, 식(vijñāna)은 대상을 구별하여 인식하는 작용을 말한다〔나카무라 하지메(中村元), 김지견 옮김, 『중국인의 사유방법』, 1990〕.

무상함은 결국 괴로움이다. 『법구경』에 의하면 "일체의 존재는 고(苦)다"(一切皆苦). 한자 술어 '고'(苦)의 의미를 한국어로 '괴로움'이라고 번역할 수밖에 없지만, 이를 단순히 염세적인 뜻으로 새겨서는 안 된다. 불교를 염세주의(厭世主義) 종교라고 볼 수는 없다. 그렇게 본다면 피상적인 관찰일 뿐이다.

불교는 괴로움을 어쩔 수 없는 숙명으로 받아들이는 것이 아니라, 이에 정면으로 맞서 그 해결책을 제시한다. 괴로움을 '거룩한 진리'(苦聖諦)라고 하는 이유도 바로 괴로움을 분명히 인식할 때 비로소 극복할 수 있기 때문이다.

인간은 절대의 권력과 무한한 소유를 갈망하여 마지않는다. 그러나 이와 반대로 세상사는 마음대로 되지 않는 법이다. 그러므로 고란 결국 자기의 생각대로 되지 않는 상태를 말한다(나카무라 하지메 외, 김지견 옮김, 『중국인의 사유방법』).

이렇게 '제행무상', '제법무아', '일체개고'가 근본불교의 '3법인'이라면, 대승불교에서는 일체개고 대신 '열반적정'(涅槃寂靜)을 3법인에 포함시킨다. 또는 이 넷을 합해서 '4법인'(四法印)이라고 부르기도 한다.

14.1.2 네 가지 거룩한 진리 — 4성제(四聖諦)

고타마 붓다가 깨달음을 얻은 뒤 바라나시(Vārānasī) 부근의 '사슴 동산'에서 최초로 설법한 내용이 불교의 근본을 이룬다. 그 가운데서도 '네 가지 거룩한 진리'[4성제, 4제]야말로 불교사상의 정수라 할 수 있다. 고제(苦諦), 집제(集諦), 멸제(滅諦), 도제(道諦)가 그것이다. — 한자어의 '체'(諦) 자는 여기서 '제'로 발음되며, 진실 혹은 진리라는 뜻이다.

① 괴로움 — 고성제(苦聖諦, 팔리어 dukkha-sacca)

고성제란 인간존재의 실상이 고(苦)로 가득 차 있다는 현실 판단의 진리다. 이미 서술한 바와 같이 모든 존재가 모두 고다. 불교 경전에서는 다음과 같이 기술하고 있다.

> 비구들이여, 고성제는 다음과 같다. 태어나는 것도 괴로움이며, 늙는 것도 괴로움이며, 병드는 것도 괴로움이며, 죽는 것도 괴로움이다. 근심, 슬픔, 고통, 번뇌도 괴로움이다. 미워하는 이를 만나는 것도 괴로움이며, 사랑하는 이와 헤어지는 것도 괴로움이며, 구하는 것을 얻지 못하는 것도 괴로움이다. 요컨대 집착의 원인인 다섯 가지 요소는 모두 괴로움이다. (후지타 코오타츠 외, 권오민 옮김, 『초기 부파불교의 역사』)

이와 같이 생노병사(生老病死)의 네 가지가 모두 괴로움이다(4苦). 여기에 '미워하는 이를 만나는 괴로움'(怨憎會苦), '사랑하는 이와 헤어져야만 하는 괴로움'(愛別離苦), '구하는 것을 얻지 못하는 괴로움'(求不得苦), '인간의 육체적 집착이 쌓이는 괴로움'(五蘊盛苦) 등을 보탠 여덟 가지 괴로움(8苦)이 바로 인간 존재의 실제적인 모습이다.

붓다는 고(苦)에 대해서 언급했으나 그렇다고 삶에서의 행복을 전면적으로 부정하지는 않는다. 팔리어 경전의 하나인 『증일아함경(增一阿含經』에 가정생활의 행복, 은둔의 행복, 애착의 행복 등 여러 가지 행복이 열거되어 있다. 그러나 궁극적으로는 이 모든 것이 듀카(dukkha, 苦)에 해당된다(월폴라 라훌라, 진철수 옮김, 『붓다의 가르침』, 1990). — '아함'(阿含)이란 산스크리트어 아가마(gama)의 음역으로, 전승(傳承)이란 뜻이다. 이 경전은 『한역대장경漢譯大藏經』에 네 가지로 정리되어 있는데 『장아함경長阿含經』, 『중아함경中阿含經』, 『잡아함경雜阿含經』, 『증일아함경增一阿含經』이 그것이다.

고는 세 가지 의미를 담고 있다. 첫째는 아프고 배고프고 춥다는 등의 육체적 고통(苦苦)이며, 둘째는 있던 것이 없어졌을 때 느끼는 괴로움으로 재물이나 지위, 명예 등을 상실했을 때의 고통(壞苦)이다. 셋째는 무상하기 때문에 느끼는 괴로움으로 유한한 시간 속에 던져진 존재가 어쩔 수 없이 느껴야 하는 실존적 고뇌(行苦)가 그것이다.

고란 단순히 감각적이거나 육체적 고통만 뜻하는 것이 아니고, 무상하고 무아인 인간 존재의 실상 그 자체를 가리킨다. 따라서 불교에서는 인간 세상을 고해(苦海)라는 말로 표현한다. 그렇다면 인간은 왜 괴로움의 바다에서 헤엄치며, 그 상태를 벗어나지 못하는 것일까?

② 괴로움의 발생 — 집성제(集聖諦, 팔리어 samudaya-sacca)

우리가 고(苦)의 바다를 벗어나지 못하는 까닭은 욕망과 집착에 있다. 불교에서는 괴로움의 발생에 대해서 다음과 같이 설명한다.

> 윤회의 원인이 되고, 탐욕에 얽매여 있으며, 여기저기서 당장의 새로운 기쁨을 추구하는 것은 바로 갈증, 즉 갈애(渴愛)이다. 즉 감각적 쾌락에 대한 갈증, 존재와 그 생성에 대한 갈증, 존재하지 않는 것에 대한 갈증이 고(苦)의 원인이 된다. (월폴라 라훌라, 진철승 옮김, 『붓다의 가르침』)

사림의 갈증은 감각적 쾌락이나 부(富) 혹은 권력에 대한 것만이 아니라, 관념·이념·신념·이론 등에 대한 욕망이나 집착도 포함한다. 그런데 이런 욕망 또는 갈애가 어떻게 윤회의 원인이 된다는 말인가? 이 문제는 매우 난해한데, 이른바 '업'(業, karma, 팔리어 Kamma)과 '윤회'(輪廻, Samsāra)의 사상으로 설명할 수 있다.

카르마(業)란 불교에서 행위의 문제다. 즉 인간의 행위가 무엇인가 영향을 남긴다고 한다. 모치즈키 신코(望月信亨) 편 『망월불교대사전望月佛教大辭典』에 의하면, 한자어로 '業'은 곧 '조작'(造作)을 의미한다. 이는 붓다에 의해서 처음으로 구성된 것이 아니고, 고대 인도의 우파니샤드 시대의 철인들이 탐구한 개념이다. — 흔히 '소승불교'라고 부르는 아비다르마(Abhidharma)의 철학에서 업의 이론이 더욱 발달했다(목정배, 『불교윤리개설』, 1986).

불교에서는 인간의 행위를 신체의 활동·언어·의지의 작용이라는 '3업'으로 구분한다. 우리는 행위에 의해서 응보를 받는데, 착한 행위는 착한 결과를 가져오고 악한 행위는 나쁜 결과를 가져온다는 것이다.

이와 같은 인과응보(因果應報)의 사상이 윤회의 사상과 결합하여, 업이 시간적으로 전생에서 내생까지 이어진다고 본다. 윤회란 인간이 생사의 바퀴[輪]인 삼계(三界) — 삼계란 욕계(欲界), 색계(色界), 무색계(無色界)를 말한다. '욕'(欲)이란 생물의 본능적 욕망을 뜻하며, 욕계는 음욕(淫慾)·색욕(色慾)·식욕(食慾)으로 채워진 존재가 사는 세계다. '색'(色)은 물질적 존재를 의미하는바, 생물학적 욕망에서는 벗어났으나, 물질의 세계로부터 자유롭지 못한 상태를 말한다. 예를 든다면 궁전(宮殿)과 같은 집을 소유하려는 욕망 등이다. 한편 '무색'(無色)이란 색이 없는 것으로, 욕계와 색계를 초월한 정신의 소유자(존재)가 사는 세계를 말한다. — 와 육도(六道) — 육도는 육취(六趣)라고도 하며, 지옥(地獄)·아귀(餓鬼)·축생(畜生)·아수라(阿修羅)·인간(人間)·하늘[天] 등의 여섯 가지 세계를 말한다. 지옥은 고통받는 지하의 세계며, 아귀는 배곯는 귀신을 말하고, 축생은 동물을 가리키며, 아수라는 싸움을 좋아하는 마신(魔神)을 가리킨다. 인간은 즉 인류의 세계를 말하고, 하늘의 세계는 천신(天神) 등 매우 미묘한 존재의 세계다. 하늘의 존재는 나머지 다섯에 비하여 품격이 높으나 윤회의 영역을 벗어나는 것은 아니다. — 의 세계를 끊임없이 돌게 되는바[廻], 우리는 형태를 바꿔가며 존재를 계속한다는 뜻이다. 그렇다면 인간은 윤회의 굴레를 벗어날 수 없을까? 유정(有情)의 존재는 탐욕 혹은 갈애가 있는 한 윤회를 계속한다. 그러므로 윤회의 굴레를 벗어나는 길은 곧 고의 소멸에 있다.

③ 괴로움의 소멸 — 멸성제(滅聖諦, 팔리어 nirodha-sacca)

괴로움을 완전히 없애려면 결국 괴로움의 원인이 되는 사랑의 목마름(갈애)을 제거해야 된다. '갈애의 소진', 즉 열반(涅槃, nirvāṇa, 팔리어 nibbāna)이 '멸성제'의 내용이다. 그렇다면 니르바나(열반)란 무엇을 말하는가? 이것은 갈애의 소진, 무위(無爲), 이탐(離貪), 지멸(止滅) 혹은 적멸(寂滅) 등의 한자어로 표현된다. 팔리어 경전의 일부를 소개하면 다음과 같다.

> 그것은 탐욕을 완전히 끊는 것이며, 탐욕을 포기하고 거부하는 것이며, 탐욕에서 해방되고 탐욕에 초연한 것이다. …… 모든 조건 지어진 것이 정적에 가라앉고, 모든 더러운 것이 없어지고, 갈애가 소멸된 것이 바로 열반이다. …… 오, 비구여, 절대란 무엇인가? 그것은 탐욕의 소멸이며, 증오의 소멸이며, 어리석음의 소멸이다. 비구여, 이것이 절대이니라. (월폴라 라훌라, 진철수 옮김, 『붓다의 가르침』)

이처럼 니르바나란 갈애의 소진이며, 절대에 이르는 길이다. 보통 열반은 번뇌가 끊어진 상태를 말하지만(有餘涅槃), 번뇌만이 아니라 신체까지 멸할 때 완전한 열반이 가능하다(無餘涅槃). — 소승에서는 열반을 유여와 무여의 2종으로 구분하지만, 법상종(法相宗)에서는 4종 열반을 내세운다.

니르바나와 비슷한 개념으로 '해탈'(解脫, mukti, 팔리어 vimutti)이라는 용어가 쓰인다. 양자는 서로 같은 뜻이지만, 해탈이 고뇌로부터 벗어나는 자유에 가깝다면, 열반은 평화의 측면을 나타낸다고 볼 수 있다. 진정한 의미에서 자유와 평화, 이것이 곧 인류의 소망이 아니고 무엇인가?

④ 괴로움의 소멸에 이르는 길 — 도성제(道聖諦, 팔리어 magga-sacca)

네 번째 거룩한 진리로 괴로움의 소멸에 이르는 길인 '도성제'를 들 수 있다. 이는 두 가지 극단을 피하라는 뜻으로 붓다가 최초로 설법한 내용 중에서 중도론(中道論)을 말한다. 중도(中道)란 무엇인가? 우리에게는 만사가 두 가지 길이 있다. 한 극단은 감각적 쾌락을 추구하는 것으로 비속하고 일반적이며 세속적인 길이다. 반면에 다른 길은 극도의 고행을 통하여 행복을 추구하는 것으로 고통스럽고 가치 없으며 이롭지도 못하다(월폴라 라훌라, 진철수 옮김, 『붓다의 가르침』).

고타마 붓다는 이 두 가지 길을 모두 시도해 보았으나, 깨달음을 얻지 못하고 마침내 중도의 방법을 선택한 것이다. 중도는 여덟 가지 카테고리(범주)로 구성되어 있으므로, 이를 가리켜 '여덟 가지 올바른 길'(8정도, 八正道)이라고 부른다. 이를 정리하면 다음과 같다.

지혜(慧)	① 올바른 견해(正見) ② 올바른 사고(正思惟)
계율(戒)	③ 올바른 말(正語) ④ 올바른 행위(正業) ⑤ 올바른 생활(正命)
선정(定)	⑥ 올바른 노력(正精進) ⑦ 올바른 관찰(正念) ⑧ 올바른 집중(正定)

위의 여덟 가지 요소는 불교의 수행에서 반드시 닦아야 하는 세 가지 배움, 곧 행위와 언어에서 몸을 보호하는 계학(戒學), 마음의 동요를 그치고 편안한 경지를 나타내는 정학(定學) 그리고 번뇌를 없애고 진리를 깨닫는 혜학(慧學)의 '3학'(3學)을 발전시키고 완성한다.

먼저 계율(戒律)의 측면에는 정어(正語), 정업(正業), 정명(正命)의 3요소가 포함된다(이하 월폴라 라훌라, 『붓다의 가르침』 참조).

'정어'(正語)란 올바른 말을 가리킨다. 개인이나 집단 간에 증오나 적대감, 혹은 불화를 일으키는 말 등을 해서는 안 된다. 유용한 말을 할 수 없다면 차라리 침묵을 지키는 것이 좋다. '정업'(正業)이란 올바른 행위를 말한다. 생명을 파괴하는 행위, 절도, 부정한 거래, 간통 등을 해서는 안 된다. '정명'(正命)이란 올바른 생활을 뜻한다. 즉 남에게 해를 끼치는 직업을 가져서는 안 된다. 무기나 마약 등의 거래, 도살, 협잡 행위와 같은 직업을 선택해서는 안 된다.

다음으로 선정(禪定)의 측면에서는 정정진(正精進)·정념(正念)·정정(正定)의 3요소가 있다.

'정정진'(正精進)이란 올바른 노력을 말한다. 사악하고 불건전한 마음 상태가 일어나는 것을 방지하거나 이러한 마음 상태를 제거하려는 정신적인 노력이 그것이다. '정념'(正念)이란 끊임없이 한순간도 놓치지 않고 자신에게 일어나고 사라지는 신체의 활동·느낌 혹은 마음의 활동·관념·사고 등에 세심한 주의를 기울이는 것이다. 호흡을 관찰하는 방법 — 이를 수식관(數息觀)이라고 부른다 — 에 의하여 산란한 마음을 방지하는 방법도 이 수행법의 하나다. '정정'(正定)이란 올바른 집중의 뜻으로 황홀경 또는 무아의 경지로 알려져 있다. 이 선정의 단계는 네 가지인데, 감각적 갈망, 악의, 무기력, 근심, 불안 등이 사라지는 단계에서부터 행복이나 불행 혹은 즐거움과 슬픔 등의 감정마저 모두 사라지는 순수한 깨달음의 단계까지 있다.

다음으로 지혜의 측면에 정견(正見)·정사유(正思惟) 등 2요소가 있다. '정사유'(正思惟)란 올바른 사고에 의한 마음가짐을 가리킨다. 이는 욕망을 초탈하는 사유, 사랑과 비폭력의 사유를 말한다. 이기적 욕망, 악의, 증오, 폭력 등은 결국 지혜의 결핍에서 야기된다는 뜻이다. '정견'(正見)은 올바른 견해를 말한다. 사물에 대한 우리의 견해는 각자의 인생관 혹은 세계관에 의하여 제한받는다. 사물의 본질을 편견 없이 올바르게 이해하는 일은 쉽지 않다. 그러므로 정견이란 궁극적 실재를 보는 최고의 지혜다. 일반적인 이해는 지식, 축적된 기억 등을 통해 파악되는데, 이는 지식에 의한 파악, 즉 수각(隨覺, anubodha)이라 일컬어진다. 그러나 사물의 진실한 본질을 보는 것은 명상에 의한 파악, 즉 통각(通覺, pativedha)에 의해서만 가능하다. 통각은 번뇌를 벗어난 상태에서 얻어진다.

14.2 연기(緣起)의 진리 — 함께 사는 길

앞에서 말한 바와 같이 고타마 붓다에 의하면 인간의 현실은 철두철미 무상한 세계다. 세계는 무상할 뿐 아니라 또한 무아다(諸法無我). 내가 존재하지 않는다는 것은 궁극적으로 인정하기 싫은 진리다. 그러나 이미 말했듯 나(자아)라는 존재는 '다섯 가지의 모음'[5온]에 지나지 않는다. 이것은 존재 전체에서 영원한 나의 존재가 없다는 것을 말한다. 만일 이것이 사실이라면 업(카르마)과의 관계에서 하나의 의문이 제기될 수 있다.

자아 곧 '아트만'이 없다면 어떤 존재가 업의 결과를 받는다는 말인가? 이것은 매우 어려운 질문이다. 일찍이 고타마 붓다에게 어떤 비구가 같은 질문을 던진 모양이다. 붓다는 이에 대하여 다음같이 대답했다고 전한다.

오, 비구여, 나는 너에게 모든 사물 어디에서나 연기의 법칙을 보라고 가르치지 않았느냐. (월폴라 라훌라, 진철승 옮김, 『붓다의 가르침』)

세 가지 진리의 징표(3법인)에서 자아 혹은 불변의 실체가 존재하지 않는다는 설명은 분석적 방법이다. 같은 내용을 종합적 방법인 연기법(緣起法)에 의해서도 설명 가능하다. 고타마 붓다의 가르침에 의하면 이 세상에 절대적인 것은 없다. 모든 것은 조건 지어져 있고 상호 의존적이다. 연기(緣起, pratītya-samutpāda)라는 말은 '~으로 말미암아 일어나는 것'이라는 뜻으로 그 유래는 『잡아함경』 제12권의 "이것이 있으므로 저것이 있고, 이것이 생기므로 저것이 생긴다"라는 말에서 나왔다. 이 구절을 현대적인 형식으로 표현하면 다음과 같다.

A가 있을 때 B가 있다.
A가 일어날 때 B가 일어난다.
A가 존재하지 않을 때 B가 존재하지 않는다.
A가 사라질 때 B가 사라진다.
(월폴라 라훌라, 진철승 옮김, 『붓다의 가르침』)

이와 같은 『잡아함경』의 연기에 관한 이야기는 물리학에서 말하는 중력(重力)의 법칙에 비유해도 좋을 듯하다. 우주에 존재하는 모든 물체는 다른 물체를 끌어당기는 힘을 가지고 있으며, 다른 한편으로 모든 물체 또한 인력(引力)의 영향을 받는다. 연기설과 관련하여 뉴턴(I. Newton, 1643~1727)의 만유인력(萬有引力, Law of Gravity)의 법칙을 정리하면, 다음과 같다.

A(물체)가 있을 때 B(물체)가 있다.
A는 B를 끌어당긴다.

B는 A를 끌어당긴다.

A와 B가 서로 끌어당기는 힘의 크기는 각각의 질량의 곱에 정비례한다.

이처럼 모든 존재(물체)는 상호 의존적이며, 상호 중력 법칙에 의하여 끌고 당기는 존재다. 이런 사실은 평상시에도 중요한 의미를 지닌다. 만일 우리가 어떤 일을 원하면 그 반대되는 것부터 시작하고, 어떤 것을 보존하고 싶으면 그 안에 반대되는 요소를 먼저 인정해야 한다. 예컨대 우리가 자본주의 체제를 유지하고 싶으면 어느 정도의 사회주의 요소를 인정해야 하는 것이다.

일체의 존재는 공존의 관계에 있다. 존재하는 모든 것이 서로 의지하고 서로 돕는 까닭에 내 자신을 아낀다면 곧 남을 아껴야 한다. 이러한 연기의 법칙을 인간의 삶에 적용시킨 것이 12연기다. 연기설이 존재의 보편적 모순이라면, 12연기는 보편적 연기의 법칙을 구체적인 인간의 실존 모습에 적용한 것이라고 할 수 있다. 즉, 12가지의 조건이 연쇄적 반응을 일으키면서 인간의 실존(괴로움)을 낳는다는 것이다. 따라서 그 조건이 일어나는 원인을 분명히 밝히고 소멸시키면, 열반에 이르게 된다.

12가지 조건이란 어리석음의 근본인 무명(無明), 인간의 행위인 행(行), 인간의 인식작용인 식(識), 인식의 대상인 명색(名色), 정보가 들어오는 감각 기관인 6처(六處, 眼耳鼻舌身意), 감각 기관이 대상과 접촉하는 촉(觸), 대상과 접촉을 통해 받아들이는 수(受), 싫은 것은 피하고 좋은 것만 구하려고 하는 애(愛), 애가 행동으로 나타나는 취(取), 이러한 행동의 결과로 잠재의식 속에 영향력으로 남아 있는 유(有), 잠재되어 있던 영향력이 나타나는 생(生), 인간의 괴로움인 노사(老死)다. 즉, 12연기는 무명에서 노사에 이르는 12가지 조건이 연쇄반응을 일으키면서 나타나는 괴로움에 대한 관찰이다.

이처럼 무명의 어둠 속에서 노사로 나아가는 삶의 모습을 유전연기(流

轉緣起)라고 한다. 즉, 유전이란 흐르고 구른다는 뜻으로 잘못 살아가는 삶의 모습을 연기적으로 설명한 것이다. 불교의 목적은 이러한 잘못된 연기의 사슬을 끊는 데 있다. 괴로움의 근본 원인인 무명을 지혜(明)로 전환해서 괴로움의 연결 고리를 끊는 것을 환멸연기(還滅緣起)라고 한다. 무명을 끊으면 지혜가 밝아져서 자기중심적인 삶에서 벗어나 자비의 삶으로 전환한다는 것이다. 이것이 불교의 이상이다.

이와 같이 만물은 서로의 관계 속에 얽혀 있다. 나와 남이 둘이 아니며, 우리는 나와 남이 분리될 수 없는 '하나'로 더불어 살아가고 있는 것이다. 이 자타불이(自他不二)의 진리야말로 불교의 궁극적 목표인 자비(慈悲)의 실천에 의미를 부여한다. 불교의 세계에 건조하고 메마른 철학만 있는 것이 아니다. 사랑과 자비의 실천을 공존의 평화를 위해서 이야기한다.

불교의 가르침에 의하면 성숙한 인간은 지혜와 자비를 동시에 갖추어야 한다. 지혜는 햇볕의 밝음처럼 지성(知性)을 중시한다. 한편 자비는 햇볕의 따스함과 같이 사랑과 연민(憐愍)의 정서를 중시한다. 우리는 이러한 밝음과 따스함을 공유해야 한다. — 이 두 가지를 현대 심리학의 용어로 바꿔 보면, 지성은 곧 '이성'(理性)과 통하고, 자비는 '감성'(感性)과 통한다. 이성을 지표상에 표시하는 것이 지능지수(intelligence quotient, IQ)라면, 감성을 표시하는 것이 감성지수(感性指數, emotional intelligence quotient, EQ)다. 성숙한 인간은 곧 IQ와 EQ의 균형을 잘 유지하는 인간으로 볼 수 있다. 감성지수는 "인간의 감정을 통제·조절하고 타인과 원만한 관계를 유지할 수 있는 능력"을 밀한다. 이것은 지능지수에 대비되는 개념으로, 미국의 행동심리학자인 대니얼 골먼(Daniel Goleman)이 정리했다.

참고문헌

목정배, 『불교윤리개설』, 경서원, 1986.

이재창, 『불교경전개설』, 동국대 불전간행위원회, 1982.

일아 역편, 『한 권으로 읽는 빠알리 경전』, 민족사, 2008.

뤼청(呂澂), 『중국불학원류약강中國佛學原流略講』, 중화서국, 1979.

꾸어펑(郭朋), 『중국불교사中國佛教史』, 문진출판사, 1993.

나카무라 하지메(中村元) 외, 김지견 옮김, 『佛陀의 세계』, 김영사, 1984.

나카무라 하지메(中村元), 김지견 옮김, 『중국인의 사유방법』, 까치, 1990.

후지타 코타츠(藤田宏達) 외, 권오민 옮김, 『초기 부파불교의 역사』, 민족사, 1989.

우에야마 슌페이(上山春平) 외, 정호영 옮김, 『아비달마의 철학』, 민족사, 1990.

모치즈키 신코(望月信亨) 편, 『望月佛教大辭典』(증정판), 세계성전간행협회, 1980.

사사키 교코(佐佐木教悟) 외, 권오민 옮김, 『인도불교사』, 경서원, 1989.

미즈노 고겐(水野弘元), 이미령 옮김, 『경전의 성립과 전개』, 시공사, 1996.

노가미 순조(野上俊靜) 외, 양은용 옮김, 『중국불교사개설』, 원광대학교출판국, 1984.

다카사키 지키도(高崎直道), 이지수 옮김, 『유식입문』, 시공사, 1997.

B. R. 암베드카르, 박희준 · 김기은 옮김, 『붓다와 다르마』, 민족사, 1991.

H. J. 슈퇴릭히, 임석진 옮김, 『世界哲學史』, 분도출판사, 1981.

Edward Conze, *Buddhism*, Philosophical Library Inc., 1951.

John M. Thomson, *Buddhism*, Edited by Lee W. Baily, *Introduction to the World's Major Religions* Vol. 3, Greenwood Press, 2006.

Walpola Rahula, *What the Buddha taught*, The Gordon Fraser Gallery Ltd., 1978.

(월폴라 라훌라, 진철승 옮김, 『붓다의 가르침』, 대원정사, 1990)

제15장
중국 불교의 주요 종파와 그 기본 교리

중국에 불교가 유입된 시기는 후한(後漢) 명제(明帝, 재위 58~75) 때라고 하며, 후한 말기에 환제(桓帝, 재위 147~167)와 영제(靈帝, 167~189)에 의해서 불경의 한역 작업이 이루어진다. — 중국에 불교가 들어오는 데는 전한(前漢) 시대의 동서 교통로 개척에 힘입은 바가 크다. 한 무제 때의 사람인 장건(張騫)의 서역(西域) 여행을 계기로 물자의 교역이 이루어졌다〔노가미 순조(野上俊靜) 외, 『중국불교사개설』, 1984〕.

불교가 전래된 이후로 수백 년에 걸쳐서 대대적인 번역 사업이 이루어졌고, 경전과 논서를 중심으로 중국적인 종파가 형성된다. 중국 불교는 종파불교라고 말할 수 있다. 각 종파들은 근거로 하는 경전을 바탕으로 수많은 논서(論)와 그에 대한 주석(疏)을 저술했으며, 송나라 때 이르러 국가적 사업으로 이른바 『대장경大藏經』의 인쇄가 이루어진다(송 태종 8년, 983). — 인도의 부파불교 시절부터 경전은 주로 암송(暗誦)에 의한 구두 전승(口頭傳承)의 방법으로 전해졌다. 중국에서도 처음에는 이 전통이 지켜지다가 개인적으로 경전을 베끼는 일(寫經)이 행해진다. 인쇄 문화의 발달과 이에 따른 산업의 영향으로 『대장경』이 나타났다.

중국 불교는 인도 불교의 연장선이라고 할 수 있는 종파들을 거쳐 — 비담종(毘曇宗), 구사종(俱舍宗), 성실종(成實宗), 삼론종(三論宗), 사론종(四論宗), 지론종(地論宗), 섭론종(攝論宗), 법상종(法相宗) 등은 인도적이며, 일반 인민과는 거의 관계가 없다. — 중국적인 종파를 탄생시킨다〔나카무라 하지메(中村 元), 『중국인의 사유방법』, 1990〕.

중국 불교의 대표적인 종파로 ① 천태종(天台宗), ② 삼론종(三論宗), ③ 유식종(唯識宗), ④ 화엄종(華嚴宗), ⑤ 선종(禪宗), ⑥ 율종(律宗), ⑦ 정토종(淨土宗), ⑧ 밀종(密宗)을 들 수 있다. 이제 중국 불교의 황금시대인 수(隋)·당(唐) 불교의 8개의 종파와 그 기본 교리를 살펴보기로 한다.

15.1 천태종(天台宗)

천태종은 남북조 시대(420~589)에 창립된 종파다. 천태산〔현 저지앙성(浙江省) 동부에 있음〕에서 창립된 까닭에 산 이름을 따라서 천태종으로 부른다. 즈이(智顗지의, 538~598) 스님을 창립자로 본다. 이 종파는 천태산과 진링(金陵금릉, 난징) 및 징저우(荊州형주) 지역에서 크게 번창했다.

천태종의 중심인물은 후이원(慧文혜문), 후이쓰(慧思혜사, 515~577), 즈이(智顗) 등이다. 창립자인 즈이는 즈저대사(智者大師) — 한자에 "지혜로운 사람"이라는 의미를 담고 있지만, 여기서는 보통명사가 아니라 고유명사다. — 로 부르기도 한다. 이들 세 사람 이외에 잔르안(湛然담연), 즈꾸안(諦觀체관) 등이 있다.

의지하는(所依소의) 경전으로 『묘법연화경妙法蓮華經』(일명 『법화경』)이 있고, 천태 삼부작(三部作)으로 『법화문구法華文句』, 『법화현의法華玄

義』, 『마하지관摩訶止觀』이 있다.

천태종의 교리를 이해하기 위해서는 고대 인도 중관학파(中觀學派)의 창시자 나가르주나(Nāgarjuna, 龍樹룽수)의 사상을 이해할 필요가 있다. 나가르주나의 대표적인 저술 『중론中論』, 『대지도론大智度論』, 『십이문론十二門論』 등이 이 학파의 정신적 기초다. 이 저술의 한역(漢譯)은 고승 쿠마라지바(鳩摩羅什, 343~413)가 했다.

천태종의 주요 교리로 일심삼관설(一心三觀說)을 들 수 있다. 이는 일심(一心)에 모든 것이 갖추어져 있다는 것을 세 가지 측면에서 관찰하는 것이다. 본래 마음은 동일하지만 그 표현 방법이 다르다. 삼관은 공관(空觀), 가관(假觀), 중관(中觀)이다.

일체 사물의 본성 — 이를 자성(自性, svabhava) 혹은 법성(法性)이라고 한다. — 이 공(空)하다고 보는 견해를 공관(空觀)이라고 한다. 이때 공하다는 것은 모든 존재는 다른 존재의 힘을 빌리지 않고 그 자체로 존재할 수 없다는 것을 말한다. 다른 존재의 힘을 빌려서 〔즉 연기(緣起)로〕 성립하는 것은 자성(自性)이 없다.

그러므로 일체의 존재는 다만 연기의 작용인데, 그것도 환멸(幻滅)의 존재인 까닭에 임시적[假]이다. 이를 가관(假觀)이라고 한다. 이 두 가지를 초월하여 공도 아니고 가도 아닌 것으로 보는 견해를 중관(中觀)이라고 한다.

공관이란 현실 세계는 실제의 본성이 없다(無自性)고 보는 견해며, 가관이란 인연의 작용으로 나타나는 현상 세계는 결국 잠시 혹은 개념적인 것(그러니까 거짓 혹은 가짜며, 이를 쿠마라지바가 '假'로 번역한 것임)으로 보는 견해다. 중관이란 원융(圓融)의 측면에서 보았을 때, 공과 가의 한 변(一邊)으로 떨어져서는 안 된다고 보는 견해다.

이와 같은 일심삼관설은 삼제원융설(三諦圓融說) 혹은 원융삼제설(圓融三諦說)로 진화한다. 불교에서는 진리를 가리켜 '제'(諦)라고 표현한다.

진리(諦)의 범주에 '진여'(眞如), '법성'(法性), '법계'(法界), '불성'(佛性) 등이 있음을 지적한 바 있다. 진리는 크게 두 가지로 나뉘는데, 바로 속제(俗諦)와 진제(眞諦)다. 속제란 현존하는 미혹(迷惑)의 세상을 실재하는 것으로 믿는 것이며, 보통 사람들(凡夫)이 경험하는 진리를 말한다. 그러나 지혜로운 사람은 현존하는 세상이 결국 허망(虛妄)하다는 사실을 알고 있고, 이 궁극적 진리를 진제라고 부른다.

천태종의 교리에서는 앞에서 말한 가제(假諦)가 곧 속제며, 공제(空諦)가 진제다. 중제(中諦)를 포함하여 이들 삼제(三諦)가 상호 융합하여 동시에 성립한다. 그리고 천태종에서는 그 상태가 둥글어 화합한다는 원융(圓融)을 말한다. 다시 말하면 공(空)은 모든 존재가 마땅히 공한 것이므로 추상적 진리의 측면을 말함이며, 가(假)는 일체 존재는 인연으로 말미암아 생겨나는 것인데 인연은 거짓이고 임시이므로 구체적 현상 국면을 말함이다. 중(中)은 공과 가의 두 변(二邊)에서 떨어지지 않은 것이며, 이것을 초월하는 동시에 종합함으로써 불성(佛性)을 드러낸다. 이상이 곧 삼제원융설의 내용이다. 삼제원융설은 나가르주나의 저술 『중론』에 나타난 이제설(二諦說)을 즈이 스님이 발전시켜 성립시킨 것이다.

천태종의 교리가 중국에서 정립된 뒤 한국과 일본에 미친 영향은 매우 컸다. 661년 신라의 의상(義湘, 625~702) 대사가 당나라에 들어가 천태와 화엄의 교리를 학습했으며, 당시 중국의 천태산에는 신라인의 절간 즉 신라원(新羅院)이 건립되었다고 한다(김영태, 『한국불교사개설』). 1097년 고려 왕조 시절에는 의천(義天)이 이 땅에서 천태종을 창립했다.

15.2 삼론종(三論宗)

삼론종은 중국 수(隋)나라 시대(581~618)에 창립된 종파다. 창립자는 지짱(吉藏길장, 549~623)이다. 후이지(會稽회계) 가상사(嘉祥寺), 양저우(楊洲양주) 혜일사(慧日寺), 츠앙안(長安장안) 일엄사(日嚴寺)·실제사(實際寺)·정영사(定永寺)를 중심으로 발전했다. 주요 인물로 쿠마라지바, 썽자오(僧肇승조), 썽랑(僧朗승랑), 썽추안(僧詮승전), 화랑(法朗법랑), 지짱 등이 있다.

삼론종의 학설은 『중론中論』, 『십이문론十二門論』, 『백론百論』 등 3론에 의거한다. 앞의 2론은 나가르주나(용수)의 저술이며, 『백론』은 인도 스님 티뭐(提婆제바, Deva, 약 3세기)의 저술이다. 삼론종이 의지하는 경론에 나가르주나의 저술이 두 권이나 포함되어 있으므로, 이론의 많은 부분이 천태종과 중복된다. 다시 말하면 삼론종의 중요 이론이 나가르주나의 중관론(中觀論)에서 유래한다. 소의(所依) 경전으로 『대품반야경大品般若經』을 든다.

삼론종의 주요 교리로 연기성공설(緣起性空說)이 있다. 삼론종의 기본 이론은 만물 일체가 '공'(空)하다는 것이다. 공의 이론은 삼론종만의 것은 아니고 대승불교의 각 종파가 모두 공유하지만, 그 이론에는 차이가 있다. 삼론종의 공론(空論)은 연기의 본성이 공하다는 것이다. 나가르주나의 『중관론』, '관사제설'에 의하면, "여러 가지 인연으로 만물이 생긴다. 그러나 나는 이것을 공하다고 말한다. 일찍이 인연으로 생겨나지 않는 것은 없다. 그러므로 일체 법(만물)이 공하지 않은 것은 없다"라고 했다. 이와 같이 삼론종은 일체 사물을 모두 인연(因緣) 화합의 산물로 본다. 모든 사물이 타 사물에 의지하지 않고 독립해서 존재하는 것은 결코 아니다. 그러므로 사물에는 불변하는 자성(自性)은 없다. 일체가 공한 것이다. 즉, 사물의 자체 본성(곧 자성)이 없으므로 결국 공하다는 것이다. 이것이 연기(인연)의 본성은 공하다는 연기성공설의 내용이다.

삼론종의 다른 교리로 팔불의설(八不義說)을 들 수 있다. 이 교리는 앞에서 언급한 바와 같이, 나가르주나의 '팔불중도설'에서 온 것이다. "모든 존재는 본질상 생성·소멸하지 않으며, 이것은 영원한 것도 아주 없어지는 것도 아니다. 각각의 존재는 하나라고 할 수 없으나 다르지도 않다. 그러므로 태어나는 바도 없고 죽는 바도 없다"(不生亦不滅, 不常亦不斷, 不一亦不異, 不來亦不出).

이를 정리하면 ① 불생(不生) ② 불멸(不滅) ③ 불상(不常) ④ 부단(不斷) ⑤ 불일(不一) ⑥ 불이(不異) ⑦ 불래(不來) ⑧ 불출(不出)과 같다. 논리의 측면에서 다시 묶으면, 생(生)과 멸(滅), 상(常)과 단(斷), 일(一)과 이(異), 내(來)와 출(出)의 네 가지로 줄여서 말할 수 있다. 첫 번째의 '생멸' 하지 않는다는 것은 결국 유무(有無)의 문제로 존재하는 사물에는 유(being)도 무(non-being)도 없다는 것이다. 두 번째 '상단'이 없다는 것은 세계의 실상에 연속(連續, continuity)하는 것도 중단(中斷, discontinuity)하는 것도 존재하지 않는다는 뜻이다. 세 번째로 '일이'가 없다는 것은 통일(一, unity)이 없고 차별(異, disunity)도 없다는 것을 말한다. 네 번째의 '내출'이 없다는 것은 만물의 본원〔本源, 이른바 소종래(所從來)를 말함〕도 없고 변화(change)의 본질도 없다는 것이다.

이 종파의 중심에 구자국(龜玆國) 사람 쿠마라지바가 있다. 그는 전진(前秦) 왕 후우지엔(苻堅부견)이 파견한 뤼꾸앙(呂光여광)에 의해서 체포되었다가, 401년 후진(後秦)의 야오싱(姚興요흥)에 의해서 츠앙안(현재의 시안)으로 왔다. 그는 전술한 3론을 암송했고 이를 한역하여 중국 불교의 위대한 번역가로 기억된다. 현재도 중국의 불교도가 암송하는 대부분의 경전은 쿠마라지바에 의해서 번역된 판본이다. 그의 제자 가운데 썽자오(僧肇승조)와 썽루이(僧睿승예)가 있다.

삼론종의 이론 정립에 고구려 요동(遼東) 땅의 한국인도 한 몫을 담당했다. 바로 장수왕(재위 413~491) 때의 승랑(僧朗)이다. 승랑의 문하생이 썽추안(僧詮)이고, 이 법맥을 이어 받아 삼론종의 창시자 지짱(吉藏)이 나왔다. 지짱은 지아시앙대사(嘉祥大師)라는 이름으로 불리며 수나라 시기 삼론종의 집대성자다. 지짱의 문하에서 혜관(慧灌)이 나왔는데, 그는 한국인으로 일본에 삼론종을 전파하여 일본 삼론종의 초대 조사(祖師)가 되었다.

15.3 유식종(唯識宗) [법상종(法相宗)]

유식종 혹은 법상종 또는 자은종(慈恩宗)은 육조 시기에 싹을 피운, 당나라 극성기의 중국 불교 종파의 하나다. 창립자는 쉬앤지앙(玄奘현장, 660?~664)이며, 주요 인물로 쉬앤지앙, 쿠이지(窺基규기), 원측(圓測) 등이 있다. 주요 활동 무대는 츠앙안(長安) 대자은사(大慈恩寺)다.

이 종파의 기본 소의 경전에 이른바 "6경 11론"이 있다. 그 가운데서 6경만 소개하면 『해심밀경解深密經』, 『화엄경華嚴經』, 『능엄경楞嚴經』, 『아비달마경阿毗達摩經』, 『여래출현공덕장엄경如來出現功德莊嚴經』, 『대승밀엄경大乘密嚴經』(일명 『후엄경厚嚴經』) 등이다. 이 가운데 『해심밀경』을 근본 경전으로 볼 것이다.

이 학파는 중국 불교에서 드물게 인식론(Epistemology)에 대하여 관심을 가지고 매우 정교한 철학적 관념론을 전개했다. 유식(唯識)이란 일종의 불교 심리학이라고 할 수 있다. 불교는 인간의 마음을 중시하는 종교로 마음을 타나내는 말로 심(心)·의(意)·식(識) 등의 용어를 사용하는데, 이들 세 가지는 기본적으로는 동의어로 간주된다. 그 중에서도 식에 관한 여덟 가지 이론 [팔식학설(八識學說)] 을 이해할 필요가 있다. 우리의 감각기관인 눈[眼], 귀[耳], 코[鼻], 혀[舌], 몸[身]을 통해서 인식되는 것이 있는데, 이를 '전오식'(前五識)이라고 부른다. 이것은 우리가 지닌 다섯 가지의 감각(senses)에 호소한다. 제6식으로 '의식'(意識, mano-vijñāna)이 있는데, 우리들이 일상생활에서 분별(分別)·사량(思量)하는 모든 심리 작용이 여기에 해당한다.

제6식에서 끝났으면 좋으련만, 불교 유식학설은 여기에 두 가지를 보태어서 명실상부하게 심오한 철학 체계를 이룩했다. 제7식은 '말나식'(末那識, manas-vijñāna)이라고 하는데, 일종의 '자아의식'이다. 산스크리트어의 'manas'가 한자로 '意'로 번역된 데서 제6식과 혼란을 일으키는 점이 있다. 제6식이 일반적인 의식(意識)임에 비하여, 제7식은 일종의 오염된 의식으로 '오염의식'(汚染意識)이라고 부른다. 제7식은 네 가지 작용을 하는데, 아견(我見, 실재는 존재하지 않은 나를 존재한다고 믿는 것), 아치(我痴, 나에 관한 무지), 아만(我慢, 일종의 자만심), 그리고 아애〔我愛, 내 몸에 대한 애착으로 나르시시즘(narcissism), 자기도취증 같은 것〕가 있다.

마지막의 제8식으로 '아뢰야식'(阿賴耶識, alaya-vijñāna)이 있다. 이는 모든 인식의 근본이며 시간과 공간을 초월하여 모든 행위가 기억되어 저장되는 것이다. 드러나지 않는 씨앗(種子)을 간직한 것으로 비유되어 '장식'(藏識)이라고도 부른다. 제8식은 오스트리아의 심리학자 프로이트(S. Freud)가 말한 일종의 '심층 심리' 혹은 '잠재의식'을 말한다. 아뢰야식은 태어나서 죽는 순간까지 자신을 하나의 개체로서 동일성을 유지하는 구실을 하는 점에서 중요하다. 수행자가 아라한(阿羅漢, arhat, 더 이상 배울 것이 없는 경지에 도달한 사람)의 단계에 도달하면, 아뢰야식이 소멸되어 윤회(輪廻)의 그물에서 벗어난다고 한다. "왜 나는 너가 아니고 나인가?"라고 물을 수 있는 것은 아뢰야식이 있기 때문에 가능한 질문이다.

유식종(법상종)의 대표자는 쉬앤지앙이다. 그는 삼장법사(三藏法師)로 불리며 당나라 최고의 학승이었다. 『서유기西遊記』의 주인공으로 세상에 잘 알려져 있으며, 그의 불경 번역 작업에 의하여 중국 불교가 궤도에 올라섰다고 할 수 있다. 쉬앤지앙의 제자로 쿠이지와 원측이 있는데, 원측은 신라 출신의 유학생으로 중국에 건너가서 유식종을 세우는 데 큰 공헌을 했다. 현대 중국의 자료에서는 신라의 원측보다 쿠이지를 더욱 강조하는 분위기다.

15.4 화엄종(華嚴宗)

화엄종은 『화엄경』을 소의 경전으로 하는 종파로, 창립자인 화짱(法藏법장, 643~712)이 시엔서우(賢首현수)라는 호(號)를 받은 까닭에 '현수종'(賢首宗)이라고 불리기도 한다. 이 종파는 비로자나불〔毘盧舍那佛 혹은 毘盧遮那佛, Vairocana, 초월적인 절대적인 법신불(法身佛)로서 대일여래(大日如來)로 번역함. 대광명(大光明)을 발하는 부처임〕, 문수(文殊), 보현(普賢) 보살의 숭배를 불러일으켰고, '해인삼매'(海印三昧)와 '화엄삼매'(華嚴三昧)를 창도함으로써 중국 불교를 동아시아 불교의 중심으로 올려놓는 데 크게 공헌했다. 이 종파의 주요 인물로 화순(法順법순, 杜順뚜순), 즈얀(智嚴지엄), 화짱, 츠엉꾸안(澄觀증관), 쫑미(宗密종밀) 등이 있다. 츠앙안 지상사(至相寺)가 주요 활동 무대였다.

화엄의 세계관을 보기로 하자. 화엄종이 세계를 보는 견해는 '법계연기'(法界緣起)라는 말로 표현된다. 법계연기란 세계 만유(萬有)의 형성 및 존재 방식을 설명하는 이론이다. 이 우주 안의 일체 사물 혹은 현상은 붓다의 지혜〔이를 불성(佛性) 혹은 일심(一心) 또는 법계(法界) 등으로 일컬음〕의 표현과 작용이며, 이들이 상호 의존하고 상호 교섭(交涉)하고 또한 상호 평등하며, 원융무애(圓融無碍)의 조화와 통일 가운데 존재한다는 것이다.

이와 같은 세계관을 논증하기 위하여 '사법계설'(四法界說)이 나왔다. 삼라만상의 존재는 곧 일심 혹은 불성의 표현으로 여기에는 네 종류의 세계가 있다는 것이다.

첫째로, 사법계(事法界)다. 이 법계는 우리 존재의 '현상계' 즉, 눈에 보이는 세계를 말한다. 거기서 자유분방한 존재가 각각 다른 위치에서 무한한 차별의 모습으로 존재한다. 개개 사물은 고립적으로 각각 하나의 '사'(事)로 있지만, 이것이 모여서 무수한 경계(境界) — 이때의 대상은 정(情)의 경계를 말함 — 를 이룬다. 이를 화엄에서는 세속(世俗)의 모습으로 파악하며, 명상 혹은 관상(觀想)의 대상으로 보지 않는다.

둘째로, 리법계(理法界)이다. 사법계의 세계가 자유분방하고 차별적으로 존재하지만, 그 이면에는 결국 공동성 혹은 동일성(同一性)이 존재한다는 것이다. 이 법계는 철학적으로 표현하면 '본체계'를 말한다. 이때의 '리'(理)는 물질적인 것이 아니라 정신적인 것이다. 그것은 허망(虛妄)한 존재가 아니다. 실제적으로 이 '리'는 붓다의 지혜 곧 '진여'(眞如)를 말한다. 그리고 리는 사법계에서 말하는 무수한 경계, 즉 정의 경계가 아니라 지(智)의 경계를 말한다. 리법계는 세속의 모습과 다른 하나의 고급 인식의 세계다.

셋째로, 리사무애법계(理事無碍法界)다. 이 세계에는 걸림이 없는 까닭에 '무애'(無碍)다. 즉 리(理)로써 사물과 교섭하고, 사(事)로써 본체와 융합(融合)한다. 다시 말하면 본체는 개개 사물 속에 내재되어 있고, 개개 사물은 본체를 품고 있다. 이를 다시 풀어 말하면 본체(理)는 현상(事) 가운데 편재(遍在)되어 있고, 현상은 본체를 끌어당기고(攝取) 있는 것이다. 리사무애법계는 곧 인식 대상으로써의 현상(事)이 인식 불가능한 본체(理)를 벗어나지 않으며 본체 또한 현상을 벗어나지 않는다는 것이다.

넷째로, 사사무애법계(事事無碍法界)다. 일체 존재는 각기 독립하여 차별적 존재로서 개개 사물 속에 '리'(理)를 품고 있으며, 피차간에 상호 융통이 가능하다. 이 세계가 곧 붓다의 경계이며, 동시에 최고급의 인식 대상이다. 화엄의 세계에서는 인간이 현상(事)으로써의 인식 대상으로 고립되어 있는 것이 아니고, 본체(理)의 지시 아래 인식을 개시하며, 리사(理

事) 관계의 인식을 통과하여 최후에 사사(事事) 관계의 인식에 도달한다고 본다. 세상의 일체 사물 혹은 현상(事)이 불성, 즉 일심의 산물이 되어 상호 교섭하고 걸림이 없는 상태가 곧 화엄종이 묘사하는 세계의 모습이라는 것이다.

화엄종에서는 '화엄5조'라고 하여 대표적인 인물로 다섯 사람을 내세운다. 제1조(祖) 화순, 제2조 즈옌(智嚴), 제3조 화짱, 제4조 츠엉꾸안(澄觀), 제5조 쫑미(宗密)가 그들이다. 이들은 츠앙안 남쪽의 종남산(終南山)을 중심으로 활동했다. 신라의 의상은 제2조 즈옌을 찾아서 종남산을 올랐다. 그의 문하에서 지극히 엄한 교육을 받고 신라로 돌아와, '해동(海東) 화엄종'의 시조가 되었다. 또한 신라의 심상(審祥, ?~742)은 화엄 제3조 화짱 문하에서 공부했고, 일본으로 건너가 '일본 화엄종'의 제1조가 되었다.

15.5 율종(律宗) [남산종(南山宗)]

율종은 당나라 때 따오쉬앤(道宣도선, 596~667)에 의해서 창립된 종파다. 그가 평생을 츠앙안의 남쪽 종남산에 머물었으므로, 남산종(南山宗)이라고도 부른다. 츠앙안의 종남산 백천사(白泉寺), 정업사(淨業寺) 등이 율종의 주요 기지(基地)다.

율종은 고타마 붓다(석가모니) 사후 결집(結集)과 관계가 있다. 제4차 결집시 편성된 『사분률四分律』에 의존하며, 문자 그대로 게(戒)를 중시한다. 한자어의 '戒'는 산스크리트어로 Sila인데, 음역하면 '시라'(尸羅)가 된다. 그야말로 시체(尸)처럼 곧게 계율을 지켜야 한다는 것이다.

이 종파가 의지하는 경전은 『사분률』이다. 이에 의하면 비구(比丘)는 250가지의 계율이 있고, 비구니(比丘尼)는 348가지의 계율이 있다. 이를 보면 불교계에 남자 스님보다 여자 스님이 적은 이유를 알 듯 하다. 계율 가운데 대표적인 것으로 다섯 가지(五戒)가 있다. 5계는 ① 불살생(不殺生) ② 불투도(不偸盜) ③ 불사음(不邪淫) ④ 불망어(不妄語) ⑤ 불음주(不飮酒) 등이다. 삭발한 수행자는 죽어도 이 다섯 가지를 지켜야 하며, 만일 지키지 못하면 속인(俗人)과 다를 바 없다.

율종(남산종)의 대표적인 인물인 따오쉬앤은 쉬앤지앙 법사의 번역 사업에 참가했고, 번역된 글을 다듬는 윤문(潤文) 책임을 맡았다. 그가 없었다면 불경의 아름다운 문구를 들을 수 없었을 것이다.

15.6 선종(禪宗)

선(禪)의 산스크리트어는 드야나(dhyana)이며 한자어로 선나(禪那)다. 중국 불교에서 선종에 관한 이야기는 푸티따뭐(菩提達摩보리달마, ?~535)의 전설로부터 시작한다. 인도 스님인 그는 중국으로 건너와 소림사(少林寺)에서 벽을 쳐다보고(面壁) 수행했다. 그는 선종의 동토(東土) 제1조로 숭앙받는데, 제6조 후에이넝과 그 이후 '5가 7종'(五家七宗)에 이르기까지 숱하게 많은 이야기를 남긴 장본인이기도 하다.

주요 인물로 푸티따뭐, 후에이커(慧可혜가, 487~593), 썽짠(僧璨승찬, ?~606), 따오신(道信도신, 580~651), 홍인(弘忍홍인, 602~675), 후에이넝(慧能혜능, 638~713) 등이 있다.

선종의 주요 활동 무대는 처음에는 츠앙안 종남산 일대였으나, 나중에 조계산〔曹溪山, 현 꾸앙똥 성 북부 사오꾸안 시(韶關市) 소재〕으로 옮겨갔고 전국적으로 확대되었다.

이 종파의 기본 교리로 "불립문자(不立文字) 교외별전(教外別傳) 직지인심(直指人心) 견성성불(見性成佛)"의 16자 전언(傳言)이 유명하다. 이를

"문자를 내세우지 말라. 가르침의 밖에 별도로 전하는 진리가 있다. 사람의 마음에 곧바로 호소하라. 본성을 깨달아 붓다가 되라"라고 번역할 수 있다. 이 교리에 따르면, 이 종파에 관해서 할 말이 없어야 마땅하다. 그러나 세상에는 방편이 존재하는 법이다. 불립문자를 내세우는 이 종파에 관하여 남아 있는 문자가 중국 천지를 뒤덮고 나아가 한국, 일본을 지나서 멀리 아메리카 땅에까지 가득 차 있는 현실이다.

인간은 언어적인 존재다. 참으로 묘한 일은 불립문자의 뜻을 이해하기 위해서 문자를 사용해야 한다는 점이다. 성불(成佛)이 무엇을 말하는지 알기 위하여 언어 문자가 사용된다. 성불이 무엇인지 알지 못하면, 성불의 상태를 인식하지 못한다는 말이다. 선종은 그 성격상 소의 경전이 없어야 마땅하다. 그러나 선종은 대체로 『능가경楞伽經』, 『금강경金剛經』, 『육조단경六祖壇經』을 중시한다.

중국의 선종은 제1조 푸티따뭐, 제2조 후에이커, 제3조 썽짠, 제4조 따오신, 제5조 홍인, 제6조 후에이넝의 순서로 전해진다. 제5조에 와서 남종선(南宗禪)과 북종선(北宗禪) — 제5조 홍인의 문하생 선시우(神秀신수)를 중심으로 별도로 전해진 종파 — 으로 갈라졌다는 견해가 있다. 역사적으로는 후에이넝 시대 이후 별처럼 많은 인물이 쏟아져서 이른바 5가 7종(五家七宗)을 구성한다.

5가 7종이란 제6조 후에이넝 계열의 선종 지파(支派)를 말한다. 후에이넝이 제5조 홍인의 의발(衣鉢, 옷과 밥그릇)을 지닌 채 남쪽의 조계산에 숨어 살았던 까닭에 그의 문하에서 지파가 생겨났다. 먼저 후에이넝의 제자 화이르앙(懷讓회양, 677~744)과 싱쓰(行思행사, ?~740)의 두 계열로 분화했다. 그 뒤 난위에(南岳) 화이르앙에게서 위앙종(潙仰宗), 임제종(臨濟宗)의 두 종파가 나왔고, 칭위앤(青原청원) 싱쓰에게서 소동종(曹洞宗), 운문종(雲門宗), 법안종(法眼宗)의 세 종파가 분화했다. — 이상이 5가다.

이와 같은 상황에서 북송(北宋) 중기 때 임제종이 다시 분파하여 양기파(楊岐派)와 황용파(黃龍派)로 나뉘었다. 그러므로 이 두 파에 5가를 합하여 7종이라고 한다. 선종은 이상과 같이 '5가 7종'으로 갈렸으나 교리에서는 별다른 차이점이 없다. 분화된 다른 종파는 북송 이후 점차 사라졌고, 임제종과 조동종이 살아남아서 한국과 일본에까지 전파되었다. — 5가 7종에 대하여는 후술한다.

15.7 정토종(淨土宗)

불교의 최종 목적은 결국 붓다가 되는 길(成佛)에 있다. 그 길을 위해서 많은 불경을 읽어야 하고 또한 참선(參禪)을 해야 한다. 그런데 법문(法門) 4만 8천 가지를 어떻게 이해하고 소화해 낼 수 있을까? 근기(根氣)가 뛰어난 사람이야 물론 그 길이 어렵지 않을지 모르나, 보통 사람으로서는 보통 일이 아니다. 일찍이 조사(祖師)들이 이것을 걱정하여, 쉬운 길(易行道)과 어려운 길(難行道)을 마련해 놓았다.

정토종의 창립자로 따오츠우어(道綽도작, 562~645)와 산따오(善導선도, 613~618) 두 사람을 들 수 있다. 이들은 산—시 성(山西省) 타이위앤(太原태원)과 산~시 성(陝西省) 츠앙안 종남산 일대에서 활동했다. 그 밖에 주요 인물로 후이위앤(慧遠혜원), 탄루안(曇鸞담란) 등이 있다. 이 종파의 소의 경전으로 이른바 '정토 3부경'이라고 부르는 『아미타경阿彌陀經』, 『무량수경無量壽經』, 『관무량수경觀無量壽經』이 있다.

정토종은 성불하기 위한 간단하고 쉬운 길을 제시한다. 뛰어난 재주를 가진 사람은 팔만대장경을 섭렵하고, 화두(話頭)를 추구하면서 붓다의 길로 향할 것이다. 그러나 무지랭이 인민들은 그저 "나무아미타불"을 외치면 된다. 아미타훠(阿彌陀佛아미타불, Amitabha-Buddha)란 한어로 무량수불(無量壽佛) 혹은 무량광불(無量光佛)로 번역되는데, 전자는 시간적으로 영원함을 말하고 후자는 공간적으로 끝없음을 뜻한다.

정토종은 아미타훠 붓다(아미타불)를 부르는 염불(念佛)을 통하여 성불을 이룩할 수 있다고 한다. 이 종파의 창시자 가운데 한 사람인 따오츠우어에 의하면, 7세 어린아이부터 90세 노인까지 오로지 아미타훠(아미타불)를 염불하면 극락세계(淨土, pure land)에 도달할 수 있다고 한다. 이 얼마나 간단하고 쉬운 길인가? 정토종은 해탈(解脫)을 이루는 길이 개인적 노력인 자력(自力)에 의해서 이루어지는 것이 아니고, 아미타훠에 의해서 이루어진다는 논리를 내세운다. 따라서 이 종파는 타력(他力) 신앙에 속한다.

15.8 밀종(密宗)〔진언종(眞言宗)〕

세상에는 비밀이 있고, 비밀은 드러나지 않는 법이다. 이미 드러난 것은 더 이상 비밀이 아니다. 비밀이 아닌 것, 즉 겉으로 드러나 있는 가르침을 불교에서는 '현교'(顯敎)라고 표현한다. 비밀은 드러나지 않고 비밀로 있을 때만 가치가 있다. 비밀스러운 가르침을 불교에서는 '밀교'(密敎)라고 한다. 대승불교에서 이와 같은 비밀스러운 진리를 지키는 종파가 곧 밀종(密宗)이다. 밀종은 만트라(mantra) 곧 진언〔眞言, 다른 표현으로 '다라니'(陀羅尼)라고 함〕을 중시하는 까닭에 진언종(眞言宗)이라고도 한다. 서양인은 이 밀종을 '탄트라(Tantra)불교'라고 일컫는다.

밀종 혹은 진언종 또는 탄트라불교는 만다라(曼荼羅, mandala)를 상징으로 받아들인다. 만다라는 신성한 단(壇)에 부처와 보살을 배치한 그림으로 우주의 진리를 표현한다. 곧 붓다의 본성을 암시하며, 붓다〔혹은 여래(如來)〕의 비밀스러운 덕(德)을 말한다. 이와 같은 표상에 대한 집중을 통하여 해탈의 경지를 얻을 수 있다고 본다.

현교는 고타마 붓다(석가모니)가 말한 경전 속에 나타나 있다. 밀교는 비로자나불이 비밀리 전수한 것이다. 현교가 공개적인 홍법(弘法)을 주장하는 데 비하여, 밀교는 전승을 중시하며 밀주(密咒), 즉 만트라(진언)를 통하여 해탈할 수 있다고 믿는다.

밀종은 세 사람의 승려에 의하여 확립되었다. 이때가 당나라 현종 개원(開元, 713~741) 연간인 까닭에 세 사람을 가리켜 '개원 삼대사(開元 三大士)'라고 부른다. 바로 산우와이(善無畏선무외, Subhakara-simha, 637~735), 진깡즈(金剛智금강지, Vajrabodhi, 671?~741), 뿌콩(不空불공, Amogharajra, 705~774)이다. 이들은 중국인이 아니고 인도인인데 모두 중국에 건너와서 츠앙안과 루어양(洛陽)을 중심으로 활동했다. 뿌콩의 제자로 중국인 후이꾸어(惠果혜과, 746~805)가 있다. 또 신라인 혜일(惠日)이 후이꾸어의 제자로 밀교를 전수받고 귀국하여 교법을 펼쳤다고 한다. 소의 경전으로 『대일경大日經』을 들 수 있다.

한 봉우리의 산을 오르는 데 한 갈래의 길만 있는 것이 아니다. 앞에서 말했듯이 불교의 최종 목적은 아누다라삼막삼보리(阿耨多羅三藐三菩提, 無上正等覺, Anuttarasamak-sambodhi)를 얻어서 붓다가 되는 길(成佛)에 있다. 그 길을 위해서 불경을 읽든 혹은 참선(參禪)을 하거나 염불을 외치든 이것은 개개인의 선택 사항이다. 자기 길(종파)만 옳다고 주장할 일이 아니다. 그리고 이미 고다마 붓다가 말씀했듯이 세상에 영원한 것은 아무것도 없다. 세상의 모든 존재는 무상한 것이다(諸法無常).

당나라 무종(武宗) 회창(會昌, 841~847) 연간에 대대적인 불교 박해 사건이 일어난다. — 불교사에서는 이를 '회창법란'(會昌法難)이라고 한다. — 그 결과 많은 절이 불타고, 엄청난 인원의 승려가 환속(還俗)했다. 그때 선종(禪宗)과 정토종(淨土宗)의 두 종파만은 살아남아서 중국 불교의 2대 주류(主流)가 되었다.

참고문헌

꾸어펑(郭朋), 『중국불교사中國佛教史』, 문진출판사, 1993.

따언(釋大恩), 『율종대의律宗大義』, 파촉서사, 2004.

뤼청(呂澂), 『중국불학원류약강中國佛學原流略講』, 중화서국,1979.

르우이(釋如意), 『유식종약술唯識宗略述』, 파촉서사, 2004.

웨이시엔(釋惟賢), 『삼론종약강三論宗略講』, 파촉서사, 2004.

잉우(英武)·정신(正信), 『선종강술禪宗講述』, 파촉서사, 2004.

————————, 『정토종대의淨土宗大意』, 파촉서사, 2004.

잉우(英武), 『밀종개요密宗概要』, 파촉서사, 2004.

————, 『화엄종간설華嚴宗簡說』, 파촉서사, 2004.

주훙아오(朱封鰲), 『천태종개설天台宗概說』, 파촉서사, 2004.

사사키 교코(佐佐木教悟) 외, 권오민 옮김, 『인도불교사』, 경서원, 1989.

노가미 순조(野上俊靜) 외, 양은용 옮김, 『중국불교사개설』, 원광대학교출판국, 1984.

다카사키 지키도(高崎直道), 이지수 옮김, 『유식입문』, 시공사, 1997.

모치즈끼 신코(望月信亨), 이태원 옮김, 『중국정토교리사』, 운주사, 1997.

모치즈끼 신코(望月信亨) 편, 『望月佛教大辭典(증정판)』, 세계성전간행협회, 1980.

제16장
중국 불교의 황금시대
— 선종의 5가 7종

16.1 6조 후에이넝(慧能)의 탄생

중국 선종의 창립자가 서역의 땅 인도(印度)에서 건너온 푸티따뭐(菩提達摩)임은 이미 설명했다. 선종은 푸티따뭐 → 후에이커(慧可) → 썽짠(僧璨) → 따오신(道信) → 홍인(弘忍) → 후에이넝(慧能, 638~713)의 계통을 거치면서 발전한다. 이 종파의 제6조 후에이넝의 등장에는 무엇인가 극적인 점이 있다. 필시 후에이넝 계열의 선종 지파(支派)인 '5가 7종'(五家七宗)의 산하에서 일종의 의식화 작업을 한 것이 아닌가라는 의문이 생긴다. 이 의식화 작업을 한 주인공은 후에이넝의 제자 선후이(神會신회, 668 혹은 685~760)로 보인다.

남방의 시골 촌놈에 불과했던 후에이넝은 문자를 몰랐다고 전한다. 그런데 어느 날 어떤 스님이 『금강경』을 낭독하는 것을 듣고 그 자리에서 이해했다는 것이다. 한 마당의 극화(劇話)처럼 여겨지는 이 상황을 놓고, 후에이넝이 문자를 몰랐다는 사실이 믿기지 않아 의문을 제기하는 사람들이 있다(Daisetz T. Suzuki, *Essays in Zen Buddhism*, 1961 ; 민영규, 『사천강단四川講壇』, 1997).

또 후에이넝이 제5조 홍인 대사를 만나는 이야기를 살펴보자. 더벅머리 총각 후에이넝이 홍인 앞에서 인사를 드리자, 홍인이 묻고 후에이넝이 답했다.

"너는 어디서 왔으며 무엇을 원하느냐?"

"저는 링난(嶺南영남) 신저우(新州신주) 사람입니다. 스님께 예배드림은 부처가 되기를 구하기 때문입니다."

"너는 링난 촌놈이 아니냐? 오랑캐 아니냐? 뭐, 부처가 되고자 한다고?"

"사람에게는 남북이 있사오나, 불성(佛性)에 어찌 남북이 있습니까? 오랑캐의 몸인 저나 스님의 몸은 같지는 않으나, 불성에 무슨 차별이 있습니까?"

홍인은 내심 놀랐지만 밖으로 내색하지 않고, 그를 방앗간에 내려보내 막일을 하도록 시켰다. 8개월이 지났다. 5조 홍인은 자신의 의발(衣鉢)을 누구에게인가 전수할 시기가 되었다고 믿었다. 그리하여 정신적 경지를 볼 수 있게끔 게송(偈頌)을 읊으라고 명령을 했다.

스님들 가운데 명망이 있던 선시우(神秀, 605?~706)는 다음과 같이 게(偈)를 지었다. — 이하 내용은 판본에 따라 내용에 차이가 있다. 저자는 저우사오리앙(周紹良) 편저, 『돈황사본단경원본敦煌寫本壇經原本』(1997)을 참조했다.

몸은 보리수	신시보리수身是菩提樹(shen shi4 pu2 ti2 shu4)
마음은 밝은 거울	심여명경대心如明鏡臺(xin ru2 ming2 jing4 tai2)
때때로 거울을 닦아	시시근불식時時勤拂拭(shi2 shi2 qin2 fu2 shi4)
먼지가 끼지 않게 하리	막사유진애莫使有塵埃(mo4 shi3 you3 chen2 ai)

이 게송에 대하여 홍인은 시큰둥한 반응을 보였다고 한다. 방앗간에서

막노동을 하는 후에이넝도 절간의 소식을 들었다. 그는 사람을 시켜서 다음과 같은 게송을 걸게 했다.

깨달음에 나무가 없고	보리본무수菩提本無樹 (pu2 ti2 ben3 wu2 shu4)
거울은 돈대(臺)가 아니네	명경역무대明鏡亦無臺 (ming2 jing4 yi4 wu2 tai2)
불성은 언제나 청정하니	불성상청정佛性常淸淨 (fo2 xing4 chang2 qing jing4)
[본래 한 물건도 없으니]	[본래무일물本來無一物] [ben3 lai2 wu2 yi wu4]
어디에 먼지가 일어날까	하처유진애何處有塵埃 (he2 chu4 you3 chen2 ai)

게송 시합에서 선시우는 패배하고 후에이넝이 승자가 되었다고 한다. 홍인의 의발은 비밀스럽게 후에이넝에게 전해지고, 후에이넝은 의발을 숨긴 채 강남의 조계산(曹溪山)으로 내려가 15년간을 은둔하여 살았다.

이와 같은 기록을 놓고 학자들은 이때 선종이 남과 북으로 갈라졌으며, 선시우 계열을 북종선(北宗禪)으로 후에이넝 계열을 남종선(南宗禪)으로 구분하여 설명한다. 저자는 선시우를 6-1조(祖)로 부르고, 후에이넝을 6-2조로 불러야 마땅하다고 생각한다. 선시우와 후에이넝의 게송에 담겨 있는 내용은 단순히 승리와 패배의 문제가 아니다. 여기서 우리는 사람의 기질 및 수행 방법의 차이를 파악할 수 있다.

선시우와 후에이넝의 견해 차이는 인간에 관한 이해에 근거한다. 경험주의자로서 선시우는 수행을 놓고 중품(中品) 및 하품(下品)의 인간을 대상으로 한다. 근기가 약한 보통 사람들은 단번에 깨쳐서 불성(佛性)을 파악할 수 없다. 이들은 천천히 닦아가는 점수(漸修, Gradual Practice)의 방법을 택해야 한다. 그러므로 시시근불식(時時勤拂拭)을 통한 점수의 방법이 효과적이다.

한편 이상주의자로서 후에이넝은 상품(上品)의 인간을 놓고 말한다. 이들에게는 단번에 깨치는 돈오(頓悟, Sudden Enlightment)의 방법이 적합하다. 세상 사람에게 부여된 '자성'(自性)은 본래 청정하다. 그러므로 "불성은 언제나 청정하니 어디에 먼지가 일어날까"라고 말한다. 이것은 헝겊 조각을 가지고 거울을 닦는 그러한 행위가 아니다. 한번의 '단번에 깨침'(頓悟)으로 충분하다.

결론을 말하면 두 사람의 주장에는 방법상 차이가 존재하며, 어느 의견이 옳고 다른 의견이 그른 것이 아니다. 북쪽의 '천천히 닦음'과 남쪽의 '단번에 깨침'(北漸南頓)이라는 말은 이를 설명한다. 즉 선시우의 북종선은 끊임없는 노력에 의하여 성불(成佛)할 수 있다는 논리고, 후에이넝의 남종선은 점차성(漸次性)을 거부하고 비약적으로 단번에 성불해야 한다는 논리다.

중국 불교의 한 종파로서 선종은 원래 문자를 강조하지 않는다. 그러므로 의지하는 경전이 따로 없다. 그러나 6조 후에이넝의 탄생에 관해서『육조대사법보단경六祖大師法寶壇經』(약칭『육조단경六祖壇經』혹은『단경壇經』)이 중요한 문헌이다. '논'(論)이 아니고 '경'(經)으로 추앙을 받는 이 책은 6조의 문하생인 허쩌(荷澤하택) 선후이(神會신회) 계통의 작품으로 추정된다. —『단경』에는 여러 판본이 있다. 현존하는 최고(最古)의 판본으로 돈황 사본(寫本)을 들 수 있다. 돈황 사본의 정식 명칭은 무려 32자에 달한다.『남종돈교최상대승마하반야바라밀경육조혜능대사어소주대범사시법단경南宗頓敎最上大乘摩河般若波羅蜜經六祖慧能大師於韶州大梵寺施法壇經』이 그것이다. 아마도 세계에서 가장 긴 책이름의 하나일 것이다.

여기서는 돈황 사본『단경』을 중심으로 후에이넝의 사상 노선을 살펴보도록 한다.

첫째로 '정혜일체'(定慧一體) 사상을 들 수 있다. 『단경』 12측에 "보리반야의 지혜를 세상 사람이 본래 가지고 있다"라는 구절이 보인다. 이것이 세인 모두가 심중(心中)에 구비하고 있는 불성이다. 다만 마음이 미혹함으로 인하여 깨달음에 이르지 못할 뿐이다(心迷不能自悟). 깨침의 과정에 '정'(定)과 '혜'(慧)가 필요하다. 후에이넝는 『단경』13측에서, "정이 먼저고 혜가 나중에 발현한다(先定發惠)라든가, 혜가 먼저고 정이 나중에 발현한다(先慧發定)라고 말하지 말라"고 주장한다. 정과 혜는 한 몸이고 둘이 아니다. 즉 정은 혜의 본체이고, 혜는 정의 작용이다(定是慧體, 慧是定用). 이것이 후에이넝의 정혜일체 사상이다.

둘째로 '무념'(無念)·'무상'(無相)·'무주'(無住)의 사상을 들 수 있다. 돈황 사본 『단경』 17측에 "무념으로 우두머리(宗旨)를 삼고, 무상으로 몸체[體]를 삼고, 무주로 뿌리[本]를 삼는다"(無念爲宗, 無相爲體, 無住爲本)라는 말이 있다. 무념이란 생각(意念)을 억지로 깨끗하게 청소한다는 말이 아니다. 이는 선(善)도 취하지 않고 악(惡)도 취하지 않으며 청정(淸淨)의 생각도 일으키지 않고 성불의 꿈도 꾸지 않음을 말한다. 무념의 중심은 잡념을 일으키지 않음에 있다. 의념을 하면서도 염에 사로잡히지 않음이다(於念而不念). 무상이란 현상 세계를 일편의 망망한 대지(大地)처럼 깨끗하게 만들려고 하지 않는 것이다. 일체 삼라만상을 보면서도 마음에 담아두지 않음이니, 곧 대상을 보면서도 대상을 떠남(於相而離相)이다. 무주란 마음이 어떤 사상(思想)에 묶이지 않음을 말한다. 경험의 측면에서 볼 때 삶이란 정감(情感), 욕념(欲念), 초조(焦燥), 희열(喜悅) 등을 피할 수 없다. 그러나 이것을 마음에 걸리지 않게 함이 필요한데, 이는 마치 바람이 귀를 스치고 지나가는 것과 같다. 『금강경』 제10 「장엄정토분」에 보이는 "마땅히 머무르는 바가 없이 마음을 내야 한다"(應無所住而生其心)라는 말이 무주의 경지다. 이상이 후에이넝의 무념·무상·무주의 사상이다.

후에이넝의 사상은 허쩌 선후이의 사상이라고 볼 수 있다. — 후에이넝과 선후이의 관계는 소크라테스와 플라톤의 관계로 비유할 수 있다. 소크라테스의 사상이 곧 플라톤의 사상이다. — 현 후뻬이 성 시앙환(襄樊양번) 출신인 그는 속성(俗性)이 고(高)다. 어려서 유가 계통의 오경(五經)과 도가 계통의 노장(老莊)을 읽었고, 나아가 『후한서後漢書』를 읽은 지식인이다. 그는 국창사(國昌寺)의 하오유안(顥元호원) 법사 문하로 출가한 뒤, 소문을 듣고 열 넷의 어린 나이로(혹 마흔이라고 주장하는 의견도 있음) 조계의 후에이넝을 찾았다. 두 사람의 만남은 다음과 같다. 후에이넝이 묻고 선후이가 답했다.

"너는 어디로부터 왔느냐?"(從何所來?)

"저는 어디로부터 오는 곳이 없습니다."(無所從來)

"너 돌아가지 않을래?"(汝不歸去?)

"돌아갈 데가 없습니다."(一無所歸)

"너는 참 한심하구나."(汝太茫茫)

"몸이 길에 있습니다."(身緣在路)

선후이는 조계의 문하에서 오랫동안 머물었고, 후에이넝의 법을 이었다. 개원 20년(732) 이후 수도 루어양(洛陽)의 하택사(荷澤寺)에 머물면서 선풍을 일으켰다. 사람들은 그를 '하택사의 신회'라고 불렀으며, 학자들은 그가 일으킨 바람을 '남종선'이라고 일컬었다. 사실상 그가 남종선의 사상적 기초를 세운 인물이다. 그의 입적 이후 정원(貞元, 당 덕종의 연호) 12년(796) 황태자에 의하여 7조(七祖)라는 호칭을 받았다. — 선후이에 관한 자료로 쫑미(宗密종밀)의 기록, 짠닝(贊寧찬녕)의 『송고승전宋高僧傳』, 『전등록』 등과 후이콩(慧空혜공)의 기록이 있다.

16.2 5가 7종

산속에 숨어서 한 평생 은자(隱者)로 살다가 후에이넝이 세상 밖으로 나온 것은 그의 나이 마흔 무렵인 676년이다. 이듬해 조계산으로 가서 절을 세우니 바로 보림사(寶林寺)였다. 후에이넝은 입적할 때(713)까지 이곳에서 36년간을 머물며 설법을 했다고 전한다. — 조계는 원래 냇물의 이름인데, 그 상류에 있는 산이 조계산이다. 현재 중국 꾸앙똥 성 사오꾸안 시(韶關市소관시) 취지앙구(曲江區곡강구)에 있는 남화선사(南華禪寺)가 옛날의 보림사다. 이 절에 6조의 진신상(眞身像)이 남아 있다.

이 시기에 후에이넝의 문하에서 별처럼 많은 수행자들이 등장하여 중국 불교에서 선종은 황금시대를 맞이한다. 이때는 마치 선진(先秦) 시대의 제자백가를 연상할만치 많은 사람이 연이어 쏟아져 나왔다. 후스(胡適호적, 1891~1962, 민영규는 '호석'이라고 발음함)의 연구에 의하면 중국 선종의 황금기는 700년에서 850년까지로 안사(安史)의 난(亂)과 '회창법란'을 포함한 시기다(민영규, 『사천강단』). 불교사에서 이 시기가 5가 7종에 해당한다.

여기서 후에이넝 문하의 인물과 계보를 개략적으로 설명할 필요가 있다. — 꾸이훵(圭峯규봉) 쫑미(宗密종밀, 780~841)의 기록에 의하면, 후에이넝 문하에 '열 사람의 대가'〔십실(十室), 방안에 들어선 10인, 즉 '대가'(大家)의 뜻〕가 있었는데 이들 중 일부와 문하생들이 5가 7종의 법맥을 구성한다.

첫 번째 인물은 후에이넝의 지계 수좌〔首座, 수제자라는 뜻으로 상좌(上座)와 비슷함〕로 15년간 스승을 모셨던 난위에(南岳) 화이르앙(懷讓회양, 677~744)이다. 화이르앙은 진저우(金州금주)의 안캉(安康안강, 현 산~시 성 안캉 시) 사람으로 속성(俗性)이 두(杜)다. 그는 후에이넝의 입적 후 남악〔南岳, 현 후난 성 츠앙사 시(長沙市) 남쪽에 있는 형산(衡山)

을 남악이라고 부름〕에 머물면서 스승의 도를 펼쳤기 때문에 '남악의 화이르앙'이라고 불린다.

두 번째 인물은 마쭈(馬祖마조) 따오이(道一도일, 709~788)다. 쓰츠우안 성 츠엉뚜(成都성도) 사람인 그는 속성(俗性)이 마(馬)인 까닭에 사람들이 '마씨의 조사(祖師)' 즉, '마조(馬祖)'로 불렸다. 따오이는 법명이다. 그는 홍저우〔홍주(洪州), 지앙시 성 난창(南昌)의 별칭〕에 머물렀고 영향력이 매우 컸다. 그의 종파를 특별히 '홍주종'(洪州宗)이라고 칭하기도 한다. 후에이넝은 제자 화이르앙에게 "화이르앙의 수하에 말[馬] 한 마리가 있으니, 그 말을 채찍질하여 달리게 하면 세상 사람을 모두 밟아 죽일 것이다"라고 예언했다고 전한다. — 이는 따오이의 근기(根器)가 매우 뛰어남을 말하는 후세 사람의 기록일 가능성이 크다. — 따오이는 "평상심이 도다"(平常心是道) 혹은 "마음이 곧 부처다"(卽心是佛)라는 유명한 말을 남겼고, 선풍(禪風)을 크게 일으켰다. 그의 문하에서 입실(入室)한 사람이 139명에 이를 정도로 큰 영향을 미쳤다〔잉우(英武)·정신(正信), 『선종강술』, 2004〕. 당대의 선사가 되어 세상에 명망을 떨치던 그도 고향인 촉(蜀) 땅에 들어섰다가, 그를 알아본 노파에게 "가난뱅이 마가의 자식이 별볼일 있을라구!"라는 멸시를 받았다. 이에 그가 문인들에게 "고향에 돌아가지 말라"고 말했다는 내용이 전한다.

세 번째로 빠이장(百丈백장) 화이하이(懷海회해, 720~814)가 있다. 그는 후우지엔 성 츠앙러〔長樂장락, 현 후우지엔 성 후우저우 시(福州市) 츠앙러〕 사람으로 속성이 황(黃)이다. 화이하이는 지앙시 성 난창부 대웅산〔大雄山, 일명 백장산(百丈山), 현 지앙시 성 이춘 시(宜春市) 횡신(奉新)에 있음〕에 머물렀으므로, 사람들이 '백장산의 화이하이'라고 불렀다. 그가 제정한 규율이 『백장청규百丈清規』인데, 계율을 엄격하게 지킬 것을 강조했다. 빠이장의 문하에서는 노동을 하지 않고는 살아갈 수 없었다. 그는 "하루 일을 하지 않으면 하루 먹지 않는다"(一日不作 一日不食)

라는 유명한 말을 남겼다.

이 세 사람과 또 다른 계열이 있다. 첫 번째로 칭위앤(青原청원) 싱쓰(行思행사, ?~740)는 지저우(吉州길주) 안츠엉〔安城, 현 지앙시 성 지안시(吉安市) 안후우(安福)〕 사람으로 속성은 유(劉)다. 싱쓰는 지앙시(江西)의 지안에 있는 청원산(青原山)에 머물렀으므로, 사람들이 '청원산의 싱쓰'라고 불렀다. 칭위앤의 전기는 자세하게 알려져 있지 않다. 그의 선을 전수받은 인물은 시치엔(희천希遷, 700~790)이다.

스터우(石頭석두) 시치엔은 뚜안저우(端州단주) 까오야오〔高要고요, 현 꾸앙똥 자오칭 시(肇慶市) 까오야오〕 사람으로 속성은 진(陳)이다. 시치엔은 법명이다. 그는 남악 형산의 남사(南寺)에 머물렀는데 이 절 동편의 깎아지른 듯이 커다란 바위가 돈대(臺)와 비슷했다. 시치엔이 그곳에서 좌선을 많이 했으므로, 사람들이 '석두산의 시치엔'이라고 불렀다. 특이하게 그는 이 웨이뿨양(魏伯陽위백양)의 저작인 『참동계參同契』에서 이름을 빌려다 소품의 게송집을 만들어 『참동계』라고 불렀다. 이 책에서 그는 남종북종의 '돈(頓)·점(漸)' 문제를 하나로 회통시키려고 했다. 5언(言)으로 된 이 게송집이 당시 유행했다고 전한다〔뤼청(呂澂), 『중국불학원류약강』, 1979〕.

스터우의 제자로 티엔후앙(天皇천황) 따오우(道悟도오, 748~807)가 있다. 티엔후앙은 우저우(婺州무주) 똥양〔東陽, 현 저지앙 성 진후아 시(金華市)〕 사람으로 속성은 장(張)이다. 열네 살에 출가 이후 여러 장소를 떠돌다가가 징저우(荊州형주)에 있는 천황사(天皇寺)에 머물렀다. 따라서 사람들이 그를 '천황사의 따오우'라고 불렀디.

티엔후앙의 문하에 룽탄(龍潭) 츠옹신(崇信숭신, ?~838)이 있다. 그의 출신과 성씨는 알 수 없다. 다만 그가 휭저우(澧州풍주) 룽탄〔현 후난 싱 츠언저우 시(郴州市) 룽탄〕에 머물렀으므로, 사람들은 그를 가리켜 '용담의 츠옹신'이라고 불렀다. — 짠닝의 『송고승전』에는 츠옹신편이 따로 없고, 티엔후앙 따오우편 말미에 붙어 있다.

룽탄 문하에서 떠산(德山덕산) 슈안지엔(宣鑑선감, 780~865)이 나왔다. 그는 랑저우(朗州낭주) 지엔난〔劍南검남, 현 쓰츠우안 성 츠엉뚜 시(成都市)〕 사람으로 속성은 주(周)다. 그가 머물던 선원(禪院)의 이름이 덕산원(德山院)이므로 사람들이 '덕산원의 슈안지엔'이라고 불렀다. 떠산은 평소 『금강경』을 애지중지 독송했다. 사람들을 만나면 언제나 『금강경』을 강론했으므로, 사람들이 그를 가리켜 '주금강'(周金剛)이라고도 불렀다. 그는 광주리에 『금강경』을 꿰어서 짊어지고 용담이 있는 호남 지방을 여행했는데, 도중에 떡을 파는 노파에게 우롱당해 그토록 아끼던 『금강경』을 불태워버렸다는 이야기가 유명하다. 그는 제자를 인도하는 방법으로 흔히 몽둥이를 휘둘렀는데, 이 때문에 '떠산의 방망이'(德山棒덕산방)라는 술어가 탄생했다. — 이 용어는 보통 '린지(臨濟)의 고함'(臨濟喝임제할)과 함께 쓰인다.

이상 후에이넝 계열의 두 문파(門派)를 정리하면 다음과 같다.

- 후에이넝 A계열 : 난위에(南岳) 화이르앙(懷讓) → 마쭈(馬祖) 따오이(道一) → 빠이장(百丈) 화이하이(懷海)
- 후에이넝 B계열 : 칭위앤(青原) 싱쓰(行思) → 스터우(石頭) 시치엔(希遷) → 티엔후앙(天皇) 따오우(道悟) → 룽탄(龍潭) 츠옹신(崇信) → 떠산(德山) 슈안지엔(宣鑑)

16.2.1 위앙종(潙仰宗)

위앙종은 남악을 중심으로 형성된 종파다. '위앙종'이란 이름은 웨이산(潙山위산) 링여우(靈祐영우, 771~853)와 양산(仰山앙산) 후이지(慧寂혜적, 840~916)의 이름에서 취한 것이다. 후이지는 링여우의 문인이었다.

— 위산은 후난 성 츠앙사 지역의 대위산(大潙山)을 가리키며, 앙산은 같은 지역의 대앙산(大仰山)을 말한다. 이들의 이름을 '대위산에 머무는 링여우' 또는 '대앙산에 있는 후이지'로 이해하면 된다.

링여우는 후우저우〔福州복주, 현 후우지엔 성 닝떠 시(寧德市) 시아푸(霞浦)〕 사람으로 속성은 조(趙)다. 항저우 용홍사에서 구족계(具足戒)를 받았고, 스물세 살에 지앙시 지역의 빠이장 화이하이의 수좌(首座)가 되었다.

후이지는 꾸앙저우(廣州) 환어우〔番禺번우, 현 꾸앙똥 성 꾸앙저우 시(廣州市)〕 사람으로 속성은 엽(葉)이다. 아홉 살에 출가하여 웨이산 링여우 문하에서 수행했다. 당 희종 연간에 크게 선법을 드러내어 '위앙종'으로 불렸다.

화이하이(懷海) 계열의 두 문파(門派)를 정리하면 다음과 같다.

- 빠이장 화이하이 A계열 : 웨이산(潙山) 링여우(靈祐) → 양산(仰山) 후이지(慧寂) ⇨ 위앙종
- 빠이장 화이하이 B계열 : 후앙삐(黃蘗) 시윈(希運) → 린지(臨濟) 이쉬앤(義玄) ⇨ 임제종

16.2.2 임제종(臨濟宗)

후앙삐(黃蘗황벽) 시윈(希運희운, ?~850)은 후우저우 지방 출신이다. 안사(安史)의 난리가 있을 때, 황벽산(黃蘗山)으로 출가했다. 성씨는 알 수 없다. 신장이 일곱 자, 이마에 원주(圓珠, 석가모니 부처의 이마에 새겨졌다는 둥근 무늬)가 있었다. 후앙삐는 빠이장 화이하이를 찾아서 그 그릇을 인정받았고, 홍저우의 황벽산에 머물렀던 까닭에 '황벽산의 시윈'으로 불렸다. 그는 하동절도사 페이시우(裴休배휴)의 후원을 받아서 강론

을 베풀었고 이름을 날렸다.

린지(臨濟임제) 이쉬앤(義玄의현, ?~867)은 차오저우(曹州조주) 난후아〔南華, 현 산똥 성 허쩌 시(菏澤市) 차오 현(曹縣)〕 사람으로, 속성은 형(邢)이다. 당대의 여러 선지식(善知識) 가운데 따위(大愚대우) 및 웨이산 링여우 등을 찾았고, 황벽산의 시윈 선사에게 인증을 받았다. 854년(대중 8) 허뻬이 성 전저우(鎭州진주)의 동남쪽에 자그마한 선원(禪院)을 지었다. 이 부근에 호타하〔滹沱河, 산-시 성 오대산에서 발원하여 현재의 허뻬이 성 스지아주앙(石家庄) 방향으로 흐르는 강물〕가 흘렀으므로, 선원의 이름을 물가에 임한다는 뜻의 '임제원'(臨濟院)이라고 이름 지었다. 임제의 이름은 여기서 유래한다. 원근에서 사람들이 모여들었고, 롱야(龍牙용아), 루어푸(洛浦낙포), 마꾸(麻谷마곡), 훵린(鳳林봉림) 등을 문하에서 배출했다. 그가 이룩한 종파를 임제종이라고 한다. 임제는 제자를 인도하는 방법으로 흔히 고함을 질렀는데, 이 때문에 '린지의 고함'(臨濟喝임제할)이라는 술어가 탄생했다.

16.2.3 조동종(曹洞宗)

조동종은 스터우 시치엔 문하 야오산(藥山) 웨이옌(惟儼유엄, 745~828)의 제자인 똥산(洞山동산) 리앙지아(良价양개, 840~901)를 종조(宗祖)로 한다. 똥산의 문하생인 차오산(曹山조산) 뻔지(本寂본적)가 이를 물려받았으므로, 이들의 이름을 따서 '조동종'(曹洞宗)이라 칭한다. 동조종(洞曹宗)이라고 불러야 이치에 맞지만, 한자어 '洞'(골짜기, 동굴)의 의미를 살려서 순서를 바꾸어 '조동종'이라고 했다.

야오산 웨이옌은 산-시 성 지앙저우〔絳州강주, 현 산-시 성 윈츠엉 시(運城市) 신지앙 현(新絳縣)〕 사람으로, 속성이 한(韓)이다. 출가 이후 횡저우(澧州풍주) 약산(藥山)에 머물렀던 까닭에, 사람들이 '약산의 웨이옌'이라고 불렀다.

똥산 리앙지아는 윈저우(筠州균주) 후이지〔會稽회계, 현 저지앙 성 사오싱 시(紹興市)〕 사람으로, 속성은 유(兪)다. 스물한 살에 출가하고 난추안(南泉남전) 및 웨이산(潙山위산) 선사 등을 찾아뵙고, 웨이옌의 제자인 탄성(曇晟담성)에게서 구족계를 받았다. 그는 지앙시 성의 동산(洞山)에서 불법을 펼쳤으므로, 사람들이 그를 '동산에 사는 리앙지아'라고 불렀다.

차오산 뻰지는 추안저우(泉州천주) 푸티엔(莆田보전, 현 후우지엔 성 푸티엔 시) 사람으로, 속성은 황(黃)이다. 열아홉에 후우저우 영석산으로 출가하고, 스물다섯에 구족계를 받았다. 860~873년간 선풍(禪風)이 극성할 때, 동산의 리앙지아를 찾아서 종지(宗旨)를 받았다. 이후 하옥산〔荷玉山, 일명 조산(曹山)〕으로 옮겨서 새로운 종풍을 일으켰는데, 이것이 '조동종'이다.

스터우(石頭) 문하의 문파를 정리하면 다음과 같다.

- 스터우 시치엔 A계열 : 야오산(藥山) 웨이옌(惟儼) → 똥산(洞山) 리앙지아(良价) → 차오산(曹山) 뻰지(本寂) ⇨ 조동종
- 스터우 시치엔 B계열 : 티엔후앙(天皇) 따오이(道悟) → 롱탄(龍潭) 츠옹신(崇信) → 떠산(德山) 슈안지엔감(宣鑑) → 슈에훵(雪峰) 이춘(義存)

16.2.4 운문종(雲門宗)

운문종은 칭위앤 씽쓰의 법계에 속하며, 윈먼(雲門) 원얀(文偃문언, 864~949)을 종조(宗祖)로 한다. 윈먼 원얀은 저지앙 성 지아싱(嘉興가흥, 현 저지앙 성 지아싱 시) 사람으로, 속성이 장(張)이다. 출가 후 슈에훵(雪峰) 이춘(義存, 822~903)을 찾아뵙고 그 그릇을 인정받았다. 911년 조계산의 6조탑을 찾았다. 923년 이후 6조탑이 있는 사오저우〔韶州소주,

현 꾸앙똥 성 사오꾸안 시(韶關市)〕 운문산에 머물렀으므로, 사람들이 '운문산의 원얀'이라고 불렀다.

원얀은 운문산에 광태선원(光泰禪院)을 설립하고 스스로 운문종이라고 칭했다. 원얀 선사는 많은 선화(禪話)를 남겼는데, 일반인에게 친숙한 "날마다 날마다 좋은 날"(日日是好日)은 바로 그에 관한 이야기다(『벽암록』 제6칙).

운문종과 법안종이 탄생한 슈에횡 이춘(義存) 문파를 정리하면 다음과 같다.

- 슈에횡 이춘 A계열 : 윈먼(雲門) 원얀(文偃) ⇨ 운문종
- 슈에횡 이춘 B계열 : 루어한(羅漢) 꾸이선(桂深) → 화옌(法眼) 혹은 칭리앙(淸凉) 원이(文益) ⇨ 법안종

16.2.5 법안종(法眼宗)

법안종은 칭위앤 싱쓰의 법계에 속하며, 화옌(法眼) 원이(文益, 885~958)를 종조(宗祖)로 한다. 화옌 혹은 칭리앙 원이는 저지앙 성 위항〔余杭여항, 현 저지앙 성 항저우 시(杭州市)〕 사람으로, 속성은 노(魯)다. 일곱 살에 출가하여 천하를 떠돌며 스승을 찾았으며, 장저우〔漳州, 현 후우지엔 성 장저우 시 장푸 현(漳浦縣)〕의 나한사(羅漢寺)에서 슈에횡의 문하생인 꾸이선(桂深계심)에게서 법을 얻었다.

원이는 진룽〔현 지앙쑤 성 난징 시(南京市)〕의 청량원(淸凉院)에 머물면서 법을 펼쳤다. 이 때문에 사람들이 '청량선원의 원이(문익)'이라고 불렀다. 향년 74세로 입적했는데, 후주(後周) 현덕 5년(955) 그가 세상을 버린 뒤 시호를 내리니 '대법안선사'(大法眼禪師)였다. 따라서 그에게는 시호인 화옌(法眼)과 칭리앙(淸凉)이 함께 붙어 다닌다. — 화옌이 세상을

버렸을 때는 이미 당나라는 망하고(907), 세상은 오대십국의 난세로 접어들었다. — 화옌의 문하생으로 즈윈(智筠지균)과 옌서우(延壽연수, 904~975)가 있다.

16.2.6 양기파(楊岐派)와 황룡파(黃龍派)

허뻬이 성 전저우의 동남쪽에 선원을 짓고 호타하의 강물을 쳐다보며 사색에 잠겼던 린지 이쉬앤(義玄)의 문하는 둘로 갈라진다. 하나는 '양기파'요, 또 하나는 '황룡파'이다.

양기파의 창시인은 황후이(方會방회, 996~1049)이며, 난위에 화이르앙 법계의 11세손이며, 린지 법통의 8세손이다. 그는 유안저우(袁州원주) 이춘(宜春의춘, 현 지앙시 성 이춘 시) 사람으로, 속성은 냉(冷)이다. 황후이는 부근의 양기산(楊岐山)에 머물며 선풍을 크게 진작시켰다. 황후이의 제자에 빠이윈(白雲백운) 서우뚜안(守端수단)이 있고, 서우뚜안의 제자에 화옌(法演법연)이 있다.

황룡파의 창시자는 후이난(慧南혜남, 1002~1069)이다. 그는 신저우(信州신주) 위산〔玉山옥산, 현 지앙시 성 상르아오 시(上饒市)〕 사람으로, 속성은 장(章)이다. 열한 살에 출가하여 열아홉 살에 구족계를 받았다. 후이난은 황룡산(黃龍山)에 머물면서 선풍을 일으켰는데, 그 바람이 후난(호남), 후뻬이(호북), 지앙시(강서), 후우지엔(복건) 일대에 불었다.

린지 문하의 문파를 정리하면 다음과 같다.

- 린지 이쉬앤 A 계열 : 황후이(方會) ⇨ 양기파
- 린지 이쉬앤 B 계열 : 후이난(慧南) ⇨ 황룡파

학자들은 5가에 2파를 더하여 '7종'으로 부른다. 이들 5가 7종의 학설은 큰 차이가 없으며, 6조 후에이넝의 선법(禪法)을 따랐다. 주장하는 종지(宗旨)는 불성(佛性)을 깨침에 정(定)과 혜(慧)가 필요하다는 점이다. 또한 돈황 사본『단경』17측의 "'무념'으로 우두머리[宗]를 삼고, '무상'으로 몸체[體]를 삼고, '무주'로 뿌리[本]를 삼는다"라는 말처럼 무념·무상·무주를 중요시했다. — 5가 7종에서 중요한 것은 학설이라고 할 필요도 없는 언어 밖의 세계다. 선종의 연구는 문자 밖 일상의 행주좌와(行住坐臥)에 의한 행동의 기록이다. 할(喝)!

후에이넝 문하의 이와 같은 5가 7종의 선풍은 당(唐)의 시대정신을 대변한다. 그것은 한 시대의 문화이며, 이 문화는 동아시아의 한국 및 일본 등에 퍼져서 전통 사회 정신문화의 중심축을 이루었다. 앞으로 인류가 5가 7종의 선풍이 보여준 인간적인 에너지를 다시 느낄 기회가 있을 것 같지는 않다.

참고문헌

『육조단경의 세계』, 민족사, 1989.

민영규, 『사천강단四川講壇』, 민족사, 1997.

정유진, 『돈황본 육조단경연구』, 경서원, 2007.

꺼자오꾸앙(葛兆光), 『중국선사상사中國禪思想史』, 뻬이징대학출판사, 1996.

우징시옹(吳經熊), 서돈각·이남영 공역, 『禪學의 황금시대』, 삼일당, 1982.

꾸어펑(郭朋), 『중국불교사中國佛教史』, 문진출판사, 1993.

따언(釋大恩), 『율종대의律宗大義』, 파촉서사, 2004.

뤼청(呂澂), 『중국불학원류약강中國佛學原流略講』, 중화서국,1979.

르우이(釋如意), 『유식종약술唯識宗略述』, 파촉서사, 2004.

웨이시엔(釋惟賢), 『삼론종약강三論宗略講』, 파촉서사, 2004.

잉우(英武)·정신(正信), 『선종강술禪宗講述』, 파촉서사, 2004.

————————, 『정토종대의淨土宗大意』, 파촉서사, 2004.

잉우(英武), 『밀종개요密宗概要』, 파촉서사, 2004.

————, 『화엄종간설華嚴宗簡說』, 파촉서사, 2004.

저우사오리앙(周紹良) 편저, 『돈황사본《단경》원본敦煌寫本《壇經》原本』, 문물출판사, 1997.

주횡아오(朱封鰲), 『천태종개설天台宗概說』, 파촉서사, 2004.

사사키 교코(佐佐木教悟) 외, 권오민 옮김, 『인도불교사』, 경서원, 1989.

노가미 순조(野上俊靜) 외, 양은용 옮김, 『중국불교사개설』, 원광대학교출판국, 1984.

다카사키 지키도(高崎直道), 이지수 옮김, 『유식입문』, 시공사, 1997.

The Platform Sutra of the Sixth Patriarch, Trans. Philip B. Yampolsky, Columbia University Press, 1967.

(연암 종서 옮김, 『육조단경연구』, 경서원, 1992)

Daisetz T. Suzuki, *Essays in Zen Buddhism*, Grove Press, 1961.

제17장
송학(1)
— 북송 5인의 철학사상

17.1 선구자 — 한위(韓愈), 리아오(李翺)

당(唐) 왕조(618~907)는 한대(漢代)와 더불어 중국 역사상 가장 융성한 시기였다. 그러나 한·당의 문명과 문화도 영원한 것이 아니었다. 당시의 시대정신이었던 불교(선종, 정토종)도 그 이후 쇠퇴의 길에 접어들었다. 622년 관리등용을 위한 과거 제도의 실시로 지식인들은 유가의 경전을 읽었으나 — 유가의 오경(五經)이 기본 교재로 채택되었음 — 유학이 생명력이 상실한 지 오래였다. 이 시기에 유학의 재건(부흥)을 주장하는 사람들이 나타났다.

한위(韓愈한유, 768~824)는 그 첫 번째 인물이다. 그는 떵저우(鄧州등주) 난양(南陽남양, 현 허난 성 난양 시) 사람으로, 자(字)가 퇴지(退之)다. 소상이 내내로 허뻬이 성의 츠앙리(昌黎창려)에서 살았으므로, 사람들은 그를 가리켜 '츠앙리 선생'이라고 불렀다. 그는 문장가로 알려져 있는데, "문장이란 도를 싣기 위한 것"(文以載道)이라고 주장했다. 한위는 『원도原道』에서 다음과 같이 말한다.

> 내가 도(道)라고 말하는 것은 노자와 부처가 말하는 도가 아니다. 야오(堯)임금은 이 도를 순(舜)임금에게, 순임금은 위(禹)임금에게, 위임금은 문왕·무왕·주공에게, 이는 콩치우에게, 콩치우는 멍커에게 전하였다. 그러나 멍커가 세상을 떠난 뒤로 …… 도의 정수는 전해지지 못하였다. (한위, 『한창려문집』, 『原道』)

한위의 이와 같은 이야기에는 천년 동안 생명력을 잃었던 선진(先秦)시대의 유학을 부활하려는 의지가 담겨 있다. 이는 마치 서양사에서 중세 이탈리아의 리소르지멘토(risorgimento, 르네상스) 운동과 비슷하다고 의의를 부여할 수 있다. 도를 물건처럼 전해질 수 있는 무엇으로 이해한 한위의 '도통설'(道統說)은 불가의 승려가 의발(衣鉢)을 전함으로써 도(宗旨)를 전한다는 선종의 사상에서 영향을 받은 것이다.

한위와 같은 시대에 리아오(李翱이오, 772~841)가 있었다. 그의 자는 시즈(習之습지)며, 한위에게서 문장을 배웠다고 전한다. 그는 『복성서復性書』에서 스승 한위의 이야기를 이론적으로 지지했다.

> 도란 지극한 '성'(誠)을 뜻한다. 성을 다하면 마음이 비워지고[虛], '허'를 다하면 밝아진다[明]. '명'을 이룬 다음에 계속 노력하면 우주의 현상을 이해하는데, 그것은 다름이 아니라 성명(性命)의 도리를 온전히 발휘하였기 때문이다. 슬프다! …… 옛적의 성인은 이것을 안자(顏子, 옌후에이)에게 전하였고, 콩치우의 손자인 쯔쓰(子思자사)는 할아버지의 도를 받아서 『중용』 47편을 저술하여 멍커에게 전하였다. …… 오호라! 성명(性命)을 논한 책이 남아 있지만, 배우는 자들이 해명하지 못하였기 때문에 모두 장저우, 리에쯔(列子), 라오쯔(老子), 불교 등에 빠져 들었다. 무지한 사람들이 말하기를 콩치우의 제자들은 성명의 도리를 궁구하지 못하였다고 하자 모두 그렇게 믿었다. 누군가 나에게 도

를 묻는다면 나는 내가 아는 바를 전해 줄 수 있다. 이제 책을 저술함에 성명(誠命)의 근원을 기술하고, 파손되고 폐기되어 드러나지 못하였던 도를 이 시대에 겨우 전할 수 있게 되었다. (리아오, 『복성서復性書 上』)

리아오의 주장이 의미가 있는 것은 도통설의 심적(心的) 근거를 불가의 경전이 아니라, 유가의 경전 『중용中庸』에서 찾았다는 점이다. '성'(誠, 정성)이란 『중용』에서 강조하는 개념이다. 그는 성을 고요하여 움직이지 않으나(寂然不動) 세상의 모든 현상에 두루 관통하는(感而遂通天下之故) 것으로 보았다(『복성서 上』). 이와 같이 『중용』을 중시하는 견해는 훗날 주시(朱熹)가 『중용장구中庸章句』 서문에서, "사람의 마음은 위태롭고, 도의 마음은 미묘하다. 오직 정일(精一)해야 진실로 그 '중'(中)을 잡는다"(人心惟危, 道心惟微, 惟精惟一, 允執厥中)라고 한 이야기로 구체화된다. — 주시의 이 같은 16자 심법(心法)은 마치 선종의 주요 교리인 '불립문자'(不立文字) 이하의 16자 구호와 비슷하다.

이처럼 한위와 리아오는 도(道)의 의미를 새롭게 부각시켜 불교의 종지가 아닌 유가의 개념을 되살리려고 노력한 점에서 '신유학'의 선구자다. 횡여우란에 의하면 '복성'(復性)이란 성(性)의 고요하고 밝은 본연의 모습을 회복하는 것이다. 또한 리아오는 "'성'(誠)하면 밝아지고, 밝아지면 성에 이른다"(誠則明矣, 明則誠矣)라는 구절을 『중용』 제21장에서 인용하며 자신이 사상을 펼친 것은 리앙쑤(梁肅양숙, 753~793)의 『지관통례止觀統例』의 영향을 받았다고 말했다. 아래에서 리앙쑤의 글을 보도록 하자. — 리앙쑤는 잔르안(湛然담연) 선사의 문히생으로 승려가 아닌 거사로 명성을 날린 인물이다. 한림학사였던 그는 '천태종'의 지(止)와 관(觀)을 논하면서 담연의 견해를 설명했다. 리아오는 리앙쑤와 친교가 있었다.

지(止)와 관(觀)이란 무엇인가? 만물 변화의 이치를 인도하여 '실제'(實際)에 복귀(復)시키는 것이다. 실제란 무엇인가? 성(性)의 근본이다. 사물이 실제에 복귀하지 못하는 까닭은 몽매함과 동요 때문이다(物之所以不能復者, 昏與動使之然也). 몽매함을 깨우침이 '명'(明)이고, 동요를 붙드는 것이 '정'(靜)이다. 명과 정은 지(止)와 관(觀)의 본체다. 원인의 측면에서는 지(止)와 관(觀)이고, 결과의 측면에서는 지(智)와 정(定)이다. (『신수대장경新修大藏經』 제46권, 「천태지관통례天台止觀統例」)

위의 글을 볼 때, 리아오의 술어 복성(復性)은 한림학사 리앙쑤의 글과 관련이 있다. 만약 윗글의 '실제'(實際)를 불가에서 말하는 진여(眞如) 혹은 법성(法性)으로 해석할 수 있다면, 리아오의 '성'(性)은 『중용』의 초두에 나오는 "하늘이 명한 것을 가리켜 '성'이라고 한다"(天命之謂性)라고 할 때의 성이다. 그러나 한위와 리아오가 시대의 사조에서 완전히 비켜간 것은 아니다. 이들이 불교의 영향에서 벗어났다고 볼 수 없다. 그들은 광야에서 세례 요한처럼 외쳤지만, 예수(Jesus Christ)는 아직 나타나지 않았다.

17.2 저우뚠이(周敦頤)의 우주론

성당(盛唐, 618~907)의 시기가 지나가고, 오대(五代, 907~960)의 혼란기를 겪은 뒤 중국은 송(宋) 왕조(960~1279)에 이르러 안정을 취했다. 중국 역사상 대체로 송대는 유약(柔弱)한 시기로 평가되는 듯하다. 그러나 이러한 판단은 영웅 숭배 의식이 강한 일부 지식인의 견해이고, 문화의 측면에서 보면 송 왕조야말로 정신문화와 예술이 꽃피었던 시기라고 할 수 있다.

주시의 저서 『이락연원록伊洛淵源錄』의 기술 순서에 의하면, 저우뚠이(周敦頤주돈이, 1017~1073)가 첫 번째로 등장하는 철학자다. 저우뚠이

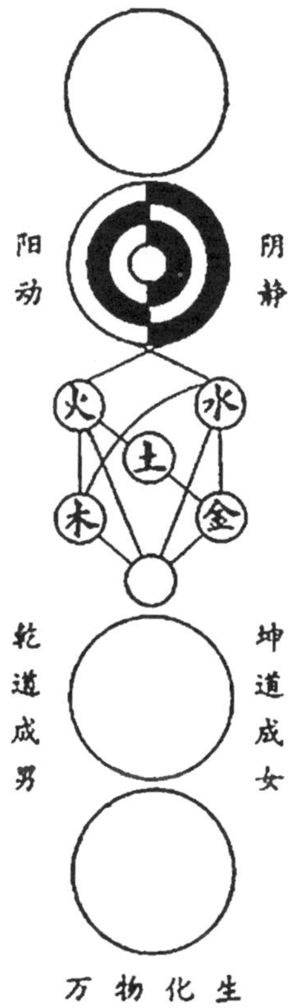

〈그림 2〉 태극도 — 『周敦頤集』(岳麓書社, 2002) 참조

는 따오저우(道州도주) 잉따오 현〔營道縣영도 현, 현 후난 성 용저우 시(永州市) 따오 현(道縣)〕 사람으로, 자(字)를 마오수(茂叔무숙)라고 했다. 그는 만년에 여산〔廬山, 현 지앙시 성 시우지잉 시(九江市) 소재〕의 연화봉(蓮花峰) 아래서 살았는데, 이곳에 개천이 흘렀다. 그는 고향에 있는 리엔시(濂溪염계)를 생각하고, 이 개천을 '리엔시'라고 이름 지었다. 이에 사람들은 그를 가리켜 '리엔시 선생'이라고 불렀고 이것이 그의 호(號)가 되었다.

『송사宋史』, 「열전列傳」에서는 저우뚠이 이하 송대 사상가들을 '도학'(道學)의 분류에 포함시켰다. 여기서 말하는 도학이란 곧 '유학'이다. 『송사』, 「열전」, 〈도학〉편에는 문왕·주공이 죽고 콩치우가 나왔으며, 콩치우 이후 쩡쯔(曾子증자), 쯔쓰, 멍커에 이르기까지 도의 전통이 내려오다가 멍커에 와서 끊어졌다는 이야기가 나온다. 그리고 천년의 세월이 흐른 뒤, 저우뚠이가 세상에 나왔다고 기록되어 있다. 이는 중국철학사에서 놀라운 이야기다.

저우뚠이는 중국철학의 유학 방면에서 우주론(cosmology)의 이론을 체계적으로 질서 정연하게 설명한 최초의 인물이다. 철학사에서 그의 공로를 가볍게 볼 수 없다. 저우뚠이의 우주론을 대표하는 『태극도설太極圖說』의 원문과 번역문을 축자로 소개하고 설명한다. 『태극도설』은 그림(즉, 〈태극도〉)이 먼저고, 설명은 나중이다.

원문

無極而太極. 太極動而生陽. 動極而靜. 靜而生陰. 靜極復動. 一動一靜. 互爲其根. 分陰分陽. 兩儀立焉. 陽變陰合. 而生水火木金土. 五氣順布. 四時行焉. 五行一陰陽也. 陰陽一太極也. 太極本無極也. 五行之生也. 各一其性. 無極之眞. 二五之精. 妙合而凝. 乾道成男. 坤道成女. 二氣交感. 化生萬物. 萬物生生. 而變化無窮焉. 惟人也. 得其秀而最靈. 形旣生矣. 神發知矣. 五性感動. 而善惡分. 萬事出矣. 聖人定之. 以中正仁義.(聖人之道. 仁義中正而已矣.) 而主靜.(無欲故靜.) 立人極焉. 故聖人與天地合其德. 日月合其明. 四時合其序. 鬼神合其吉凶. 君子修之吉. 小人悖之凶. 故曰. 立天之道. 曰陰與陽. 立地之道. 曰柔與剛. 立人之道. 曰仁與義. 又曰. 原始反終. 故知死生之說. 大哉易也. 斯其至矣.

— 이상 원문은 명(明) 후쿠앙(胡廣) 찬수(纂修) 『성리대전性理大全』 1(산똥우의서사, 1989)를 따랐다. 표점은 『주자학대계朱子學大系』 제9권, 『근사록近思錄』(일본 명덕출판사, 1974)에서 가져왔다.

한국어

① 無極而太極(무극이태극)

② 太極動而生陽(태극동이생양) 動極而靜(동극이정) 靜而生陰(정이생음) 靜極復動(정극부동) 一動一靜(일동일정) 互爲其根(호위기근) 分陰分陽(분음분양) 兩儀立焉(양의입언)

③ 陽變陰合(양변음합) 而生水火木金土(이생수화목금토) 五氣順布(오기순포) 四時行焉(사시행언)

④ 五行一陰陽也(오행일음일양야) 陰陽一太極也(음양일태극야) 太極本無極也(태극본무극야) 五行之生也(오행지생야) 各一其性(각일기성)

⑤ 無極之眞(무극지진) 二五之精(이아오지정) 妙合而凝(묘합이응) 乾道成男(건도성남) 坤道成女(곤도성녀) 二氣交感(이기교감) 化生萬物(화생만물) 萬物生生(만물생생) 而變化無窮焉(이변화무궁)

⑥ 惟人也(유인야) 得其秀而最靈(득기수이최령) 形旣生矣(형기생의) 神發知矣(신발지의) 五性感動(오성감동) 而善惡分(이선악분) 萬事出矣(만사출의)

⑦ 聖人定之(성인정지) 以中正仁義(이중정인의) 而主靜(이주정) 立人極焉(입인극언) 故聖人與天地合其德(고성인여천지합기덕) 日月合其明(일월합기명) 四時合 其序(사시합기서) 鬼神合其吉凶(귀신합기길흉)

⑧ 君子修之吉(군자수지길) 小人悖之凶(소인패지흉)

⑨ 故曰(고왈) 立天之道(입천지도) 曰陰與陽(왈음여양) 立地之道(입지지도) 曰柔 與剛(왈유여강) 立人之道(입인지도) 曰仁與義(왈인여의) 又曰(우왈) 原始反終 (원시반종) 故知死生之說(고지사생지설)

⑩ 大哉易也(대재역야) 斯其至矣(사기시의)

— 이상 10가지 분절(分節) 방법은 조셉 니담(Joseph Needham, 1900~1995)의 저술『*Science and Civilization in China*』vol. 2, Cambridge University Press, 1956에서 취한 것이다.

번역

① '극'(極)이 없으면서 동시에 최고(궁극)의 극이다!

② 최고의 극이 움직여서 양(陽)을 낳는다. 움직임이 극한에 달하면 고요하게(靜止) 되고, (그 최고의 극이) 음(陰)을 낳는다. 고요함이 극한에 달하면 다시 움직임으로 돌아간다. 한번 움직임과 한번 고요함은 서로 뿌리가 된다. 음으로 갈리고 양으로 갈리니, 두 개의 짝이 생긴다.

③ 양이 변화하고 음이 결합하여 수(水)·화(火)·목(木)·금(金)·토(土)가 생겨난다. 오기(五氣, 오행)가 순조롭게 퍼져서 사계절이 운행한다.

④ 오행은 하나의 음양이요, 음양은 하나의 최고의 극이다. 최고의 극은 본래 극이 없다. 오행이 형성되면 각각 독자적인 본성(성질)을 가진다.

⑤ 극이 없는 이치(理)와 음양·오행의 정수(精髓, 氣)가 묘하게 합하여 엉킨다. (그 결과) 하늘의 도(道)는 남성적인 것을 이루고 땅의 도는 여성적인 것을 완성시킨다. 이기(二氣)가 서로 영향을 끼쳐서 만물을 생성한다. 만물은 생기고 또 생겨나 그 변화가 끝이 없다.

⑥ 오직 인간만이 그 우수한 기운을 받아서 가장 영특하다. 육체(形)가 이미 생겨난 뒤, 정신(영혼, 神)이 지각(知)을 개발시킨다. 5관(五官)이 자극을 받아서 선(善)과 악(惡)의 구별이 생기며, 무수한 행위가 나타난다.

⑦ 성인(聖人)은 중용과 인의로 기준을 정한다. 그는 무욕(無欲)의 고요함[靜]으로써 인간 세계의 규범(人極)을 세운다. 그러므로 성인의 덕(德)은 하늘과 땅으로 조화하며, 그 찬연함은 해와 달로써 조화하며, 그 행위는 사계절과 조화하며, 그 길흉을 지배하는 능력은 귀신과 조화한다.

⑧ 성숙한 인간은 그 덕을 닦아서 길하고, 성숙하지 못한 인간은 그것을 지키지 못하여 흉하다.

⑨ 그러한 까닭에, '하늘의 도를 세움을 가로되 음과 양이요, 땅의 도를 세움을 가로되 유(柔)와 강(剛)이요, 사람의 도를 세움을 가로되 인(仁)과 의(義)다'라고 말한다. 또 '(사물의) 근원을 밝히고 끝을 돌이킨다. 그러므로 생사의

말을 이해할 수 있다'라고도 말한다.

⑩ 위대하다, 『주역周易』이여! 이것은 지극하다.

저우뚠이가 말한 '무극이태극'이란 "극이 없으면서 동시에 최고의 극이다"라고 번역된다. 이때의 '이'(而)는 문법상 순접(順接)의 의미로 본다. '극'(極) 자는 일종의 건축 용어다. 가옥(家屋)의 가장 높은 곳에 있는 용마루 즉 옥척(屋脊)의 뜻으로, 사물의 최상 혹은 지극한 곳을 말한다. 이 5자의 의미는 어떤 형태로 지각되지 않는(무극), 생성과 변화의 원리(태극)가 존재한다는 말이다. '무극'은 노자 『도덕경』에서 유래하는 도가적 개념이며, '태극'은 『주역』(『십익』), 「계사전」에 뿌리를 두고 있는 유가적 개념이다.

저우뚠이의 우주론은 도가와 유가의 세계를 종합적으로 반영한다. 무극은 'infinite' 혹은 'ultimateless'이다. '태극'은 하나의 기(氣)다. 천지가 분화하기 전의 원기(元氣)로서 뒤섞인 상태의 하나다. 태극 밖에 별도로 무극이 있는 것이 아니다. 그러므로 주시의 해석에 의하면, 태극과 무극은 한 몸의 두 가지 이름이다. 우주의 구성은 음양 2기(氣)의 대립과 통일이다. 우주는 생성과 변화의 운동 속에 있다.

『도덕경』 제28장에서 언급한, "무한으로 복귀한다"(復歸於無極)라든가 혹은 『주역』(『십익』)의 「계사전 上」 제11장에서 말하는 "역(易)에 태극이 있으니, 이것이 두 짝을 낳고, 두 짝이 사상(四象)을 낳고, 사상은 팔괘를 낳는다"(易有太極, 是生兩儀, 兩儀生四象, 四象生八卦)라는 이야기는 우주 현상을 설명하는 것이다. 이를 다음과 같이 정리할 수 있다.

	∞		5		2		1		0
(현상)	만물	→	오행	→	이기	→	태극	···→	무극
(원리)	만물	←	오행	←	이기	←	태극	←···	무극

"하늘의 도는 남성적인 것을 이루고 땅의 도는 여성적인 것을 완성시킨다"라는 말은 『주역』, 「계사전 上」 제1장의 "하늘의 도는 남자를 낳고, 땅의 도는 여자를 낳는다"(乾道成男, 坤道成女)에서 유래한다. 남녀는 자웅(雌雄) 혹은 빈모(牝牡) 등을 가리키며 사람에만 국한되지 않는다.

저우뚠이에 의하면 사람은 만물 가운데 가장 신령스러운 존재다. 기의 가장 빼어난 부분을 받고 태어나기 때문인데, 이는 우주에서 인간의 위치를 말해 준다. 서양 철학자 프로타고라스(Protagoras)는 "인간은 만물의 척도(尺度)다"라고 말했다고 하는데, 이와 비슷한 사유 체계다.

저우뚠이에 의하면 인간 가운데도 아주 빼어난 인간이 있으니, 그들이 성인(聖人)이다. 성인은 인류 역사상 선구자인데, 중용과 인의로써 기준을 정한다. 그들은 무욕(無欲)하기 때문에 고요함[靜]을 지킨다. 성인은 인간 세계의 규범(人極)을 세운다. ― 괄호 안은 저우뚠이의 본래 주(注)인데, 그는 '주정'(主靜)의 의미를 상세하게 설명하지 않았다. 따라서 그 정확한 뜻을 파악하기 어렵다.

이어서 저우뚠이는 하늘·땅·사람의 삼재(三才)에 대해서 설명한다. 여기서는 『주역』, 「설괘전」 제2장의 "하늘의 도를 세움을 가로되 음과 양이요, 땅의 도를 세움을 가로되 유(柔)와 강(剛)이요, 사람의 도를 세움을 가로되 인(仁)과 의(義)다"(立天之道 曰陰與陽 立地之道 曰柔與剛 立人之道 曰仁與義)라는 표현을 인용했다. 마지막으로 저우뚠이는 『주역』(『역전易傳』), 「계사전」에 있는, "사물의 근원을 밝히고 끝을 돌이킨다. 그러므로 생사의 이야기를 알게 된다"("原始反終. 故知死生之說", 「계사전 上」 제4장)라는 말로써 대단원을 마무리 짓는다. 여기에서 말하는 '시작은 삶을 말하고 마침은 죽음을 의미하는데, 결국 음양이 순환하는 이치를 알게 된다는 뜻이다.

저우뚠이의 우주론은 고대 중국인의 『주역』(『역전』)의 세계관과 일치한다. 『역전』에 이미 나타난 것이지만, 천년의 세월이 흐른 뒤 체계적으로 정리되어 다시 탄생한 것이다. 그리고 저우뚠이의 그림 〈태극도〉는 저우뚠이의 창작물이 아니고, 도가 계통의 영향을 받았다. 『송사』, 「유림전儒林傳」에 실린 주전(朱震주진, 1072~1138)의 전기에는 화산 도사 츠언투안(陳摶진단)이 〈선천도先天圖〉를 그려 종황(种放종방) 이하 여러 사람에게 전했으며, 무시우(穆脩목수)가 〈태극도〉를 저우뚠이에게 전했다는 기록이 있다. 도교 경전의 집합체인 『도장道藏』에도 〈태극선천도太極先天圖〉가 있음을 볼 때, 저우뚠이에 대한 도가의 영향력을 부정할 수 없다. — 저우뚠이의 〈태극도〉의 도가 영향설을 부정하는 견해도 있다〔리선(李申), 「태극도연원변太極圖淵源辨」, 『주역연구』, 1991〕.

저우뚠이의 저술은 『태극도설』 이외에 『통서通書』가 있다. 여기서는 주로 '성'(誠)의 문제를 다루었는데, 문장이 너무 간결하여 속뜻을 알기 어렵다. 이에 의하면, 대체로 성이란 인간의 순수한 본성이며, 성인(聖人)의 근본이다. 성은 진실한 것으로 고요하고 움직이지 않는다(寂然不動). 그는 『통서』에서도 『태극도설』의 말미에서처럼 '무욕(無欲)의 고요함[靜]'을 강조했는데 그 상세한 내용은 역시 알 수 없다.

17.3 장짜이(張載)의 '기'(氣)일원론

장짜이(張載, 1020~1077)는 츠앙안〔長安장안, 현 산~시 성 시안 시(西安市)〕 서부 헝취(橫渠횡거) 사람이다. 자를 쯔허우(子厚자후)라고 했고, 호를 지역 이름을 따서 '헝취'라고 칭했다. 한때 벼슬에 나아간 일이 있으나 물러나서 고향에 머물렀고, 남쪽으로 병풍처럼 열려있는 종남산(終南山)을 보면서 사색을 전개했다. 대표적인 저술로 『정몽正蒙』과 『역설易說』이 있다. 그 가운데서도 『정몽』 속에 편입된 「서명西銘」은 유명한 문장이다. 그의 사상은 '어리석음을 바로 잡는다'라는 뜻의 『정몽』에서 분명히 드러난다.

> 태화(太和)는 이른바 도다. 그 안에는 떴다 가라앉았다, 올라갔다 내려왔다, 움직였다 고요했다 하여 상호 감응하는 본성[性]이 내포되어 있다. 태화는 기(氣)의 상호 작용이 서로 부딪쳐 우세 및 열세와 응측 및 확장의 시작을 낳는다. …… 태허는 형체가 없으니 기의 본체다. 그 모이고 흩어짐이 변화의 객형(객체)이다(太和所謂道. 中涵浮沈, 乘降, 動靜, 相感之性. 是生絪縕, 相盪, 勝負, 屈伸之始. …… 太虛无形, 氣之本體. 其聚其散, 變化之客形爾). (『정몽』, 「태화편太和篇」, 중화서국, 『장재집』, 7쪽)

여기서 '태화'와 '태허'가 중복 사용되며, 이는 '기'(氣)의 본체를 가리킨다. 장짜이가 말하기를, "태허에서 기가 모이고, 흩어지는 것은 마치 물에서 얼음이 얼고 녹는 것과 같다. 태허가 기인 것을 알면 무는 없다"(知太虛卽氣, 則無無). 태허는 형체가 없으며, 그 모으고 흩어짐이 변화의 객체일 뿐이다.

이와 같은 장짜이의 표현은 불가 혹은 도가의 무(無) 사상을 배척하는 것이다. 그는 '허'(虛)를 완전히 텅 비어서 아무것도 없는 상태로 인식하지 않았다. 이는 기가 흩어진 상태에서 사람의 눈에 보이지 않을 뿐이다. 장짜이에 의하면 만물은 오로지 기의 작용이다.

> '태허'는 '기'가 없을 수 없다(太虛不能無氣). 기는 모여서 만물이 되지 않을 수 없으며, 만물은 흩어져서 태허가 되지 않을 수 없다. 이것을 따라서 출입하는 것은 모두 어쩔 수 없어서 그러한 것이다. (『정몽』, 「태화편」)

태허의 기가 모여서 만물이 된다고 함은 생성(탄생)의 과정이고, 만물이 흩어져서 기가 되고, 기는 다시 태허가 된다고 함은 파괴(죽음)의 과

정이다. 이는 일종의 에너지 질량불변의 법칙처럼 보인다. 만물이 기의 모임과 흩어짐의 과정이라고 생각한 장짜이의 이론을 학자들은 '기일원론'(氣一元論)이라고 부른다.

이처럼 장짜이 철학사상의 중심은 '기론'(氣論)에 있다. 그의 기일원론적인 사유 체계를 '원기본체론'(元氣本體論) 혹은 '기본론'(氣本論)으로 표현해도 무방하다. 그의 사상은 『정몽』에 집약되어 있으며, 이는 『주역』을 근거로 노장(老壯)을 수용하여 우주관을 천명한 것이다.

장짜이가 말하는 "태허는 형체가 없으니 기의 본체다"(太虛无形, 氣之本體)에서 태허는 하나의 공간(space)이다. 이는 왕서우르언(王守人)이 말한 "태허 가운데, 해와 달과 별이 있다. …… 모두 태허의 무형한 가운데 발용하고 유행한다"(太虛之中, 日月星辰. …… 皆在太虛无形中發用流行"(『전습록 下』)라는 표현과 뜻이 통한다. 기는 태허 가운데 마치 봄날 아지랑이(野馬)와 같다. 기는 작용으로서 뜨고 가라앉고, 오르고 내리고, 움직이고 고요한 본성(nature)을 가진다. 그러나 훗날 2정(二程)은 장짜이의 태허 개념을 부정한다. 츠엉이(程頤정이)는 "모든 것이 '리'(理)일 뿐인데, 어찌 또 '허'(虛)를 말할 수 있는가? 천하에 리보다 더 실(實)한 것은 없다"("皆是理, 安得謂之虛, 天下無實于理者", 『이정유서』 권3)라고 말했다.

장짜이는 기일원론의 사유를 바탕으로 불교와 도교를 비판했다. 장짜이에 의하면 불가와 도가는 '일음일양'(一陰一陽)의 변화 법칙을 알지 못한다. 그는 불교의 윤회설을 다음과 같이 비난한다.

> 부도(浮屠, 불교)는 귀신을 밝히는데, 의식 있는 자가 죽으면 다시 생을 받아서 순환한다고 말한다. 그 염세(厭世)하고 복을 구하니 귀신(鬼)을 안다고 말할 수 있는가? 인생을 허망하다고 하니 사람을 안다고 할 수 있는가? …… 공자와 맹자가 말하는 하늘[天]은 곧 '도'다. 의혹에 빠진 자는 떠도는 혼이 변하여 윤회한다고 하니 생각할 수 없는 일이다. (『정몽』, 「건칭편乾稱篇」)

장짜이에게 도가의 장생(長生) 추구 또한 비판의 대상이다. 그는 도가가 '생명을 주창하고 이에 집착한다'(徇生執有)라고 말한다.

> 그러므로 성인(聖人)이 그 사이에 도를 다하고, 몸체[體]를 겸하고 빠트리지 않음(不累)은 그 신명(神)을 받들어 지극하기 때문이다. 저 '고요하고 멸한다는 사람'(寂滅者, 불가)들은 가서 돌아오지 않고, '생명을 주창하고 이에 집착하는 자'(徇生執有者, 도가)들은 사물에서 불화(不化)한다. 둘 사이에는 비록 간격이 있으나, 도를 잃고 있다고 말함은 같은 것이다. (『정몽』, 「태화편」)

이처럼 장짜이에게 불가의 공(空)은 하나의 미망(迷妄)이며, 도가의 장생불사(長生不死)는 일종의 환상이다. 그에게는 성인의 길만이 진리다. 장짜이가 말하는 '성인'이란 콩치우와 멍커다.

『정몽』에 나타난 장짜이의 사상 노선은 '기' 중심임이 틀림없다. 그러나 이 책에는 난삽하고 모호한 표현이 많아 그의 사상을 이해하는 데 문제가 있다. 이는 언어 표현의 한계다. 이를테면 장짜이가 사용하는 태화와 태허의 관계, 귀(鬼)와 신(神)의 개념, 기(氣)와 질(質)의 문제 ― 그의 저술 『경학리굴經學理窟』에 「기질氣質」편이 있다. ― 등은 연구자들에게 충분히 밝혀지지 않았다.

철학적 활동이 언어 표현에 의지한다는 엄연한 현실을 생각할 때, 언어(술어 혹은 개념) 표현의 혼란성은 철학자로서 장짜이의 가치를 떨어뜨린다. 이것이 꼭 장짜이의 문제만은 아니다. 중국어(한어)가 지니고 있는 본래적인 '함축성'이 문제의 원인이다. 장짜이의 경우에 이 점이 특별하게 심하다고 해야겠다.

장짜이의 사상은 조선의 유학자 서경덕〔徐敬德, 호 화담(花潭), 1489~1546〕에게 상당한 영향을 미쳤다. 서경덕에 대하여 율곡(栗谷) 이이(李

珥, 1536~1584)는 "서경덕의 학문을 처음 공부하는 사람이 본받을 것은 아니지만, 그의 학문은 장짜이에게서 나왔다"("其學出於橫渠", 『화담집』 권3, 「연보」)라고 말했다. 학자들은 서경덕의 학설을 '기일원론' 혹은 '일기장존설'(一氣長存說)이라고 부른다. 그는 본체 세계에 대하여 다음 같이 말한다. "태허는 담연(湛然) 무형하니 이를 일러 선천(先天)이라고 한다. 그 크기는 한이 없고 그보다 앞서는 시작도 없으며, 그 유래를 궁구할 수도 없다. 그 담연·허정(虛靜)한 것이 기의 근원이다. 그것은 무한한 공간에 가득 차고 두루 넘쳐흘러 멀리 미치지 않음이 없고, 핍색하고 충실하며, 빈 공간이 없고, 일호의 틈도 용납함이 없다"("太虛湛然無形, 號之曰先天. 其大無外, 其先無始, 其來不可究. 其湛然虛靜, 氣之原也. 彌漫無外之遠, 逼塞充實, 無有空闕, 無一毫可容間也", 『화담집』 권2, 「원이기原理氣」). 이런 예를 보면, 서경덕의 기론(氣論)은 장짜이에게서 유래한다. 그러나 퇴계(退溪) 이황(李滉, 1501~1570)은 서경덕이 "기를 논한 것은 정밀하여 남음이 없지만, 리에 대하여는 투철하지 못하였다. 기를 주장하는데 너무 지나쳐서, 기를 리로 여기기도 하였다"("嘗聞花潭之學, 先生曰觀其議論, 論氣則精到無餘, 而於理則未甚透徹. 主氣太過, 或認氣爲理", 『증보퇴계전서』 4, 「언행록」)라고 비판했다. 이이도 서경덕의 일기장존설을 가리켜 "기를 가리켜 리로 여기는 병"이 있다고 말했다("花潭則已爲一氣長存, 往者不過, 來者不續. 此花潭所以有認氣爲理之病也", 『율곡전서』 권10, 「답성호원」).

조선유학사를 놓고 보면, 서경덕만 장짜이의 학문에 영향을 받은 것은 아니다. 조식〔曹植, 호 남명(南溟), 1501~1572〕 또한 장짜이의 기상(氣像)이 있었다(『남명집』 권3, 「문인 오건吳健의 제문」). 장짜이와 서경덕, 조식은 모두 은거했던 선비 즉, 은일지사(隱逸之士)다. 이들이 머물었던 공간은 비록 달랐지만, 그 기상은 서로 통하는 바가 있었다.

17.4 츠엉하오(程顥)와 츠엉이(程頤)의 사상

츠엉하오(程顥정호, 1032~1085)는 루어양(洛陽낙양, 현 허난 성 루어양) 사람으로, 자를 뿨츠운(伯淳백순)이라 했다. 그는 온화하고 순수한 기풍이 있었다. 젊은 시절 불교와 도교에 깊이 천착했으며, 나중에 유교의 길에 들어섰다고 한다. 쉰넷에 세상을 떠났는데, 당시 태자의 스승이었던 원옌뿨(文彦博문언박)가 중론을 모아서, 묘지명에 '밍따오 선생'(明道先生)이라고 적었다. 유교의 '진리를 밝힌 스승'이라는 뜻으로, 이후 그를 밍따오 선생이라고 불렀다.

츠엉이(程頤정이, 1033~1107)는 루어양 사람으로, 자를 정수(正叔정숙)라고 했다. 유교 경전 육경(六經)에 통달했다. 그가 루어양의 주변을 흐르는 '이천'(伊川)의 물가에 살았던 까닭에, 후세 학자들은 그를 '이츠우안 선생'이라고 불렀다. 그가 일흔다섯에 세상을 버렸을 때, 당파의 화란(禍亂)으로 인하여 장례식에 몇 사람의 제자만 참석했다고 한다. ― 츠엉하오와 츠엉이가 활동하던 시기에 신종(神宗, 재위 1068~1085)이 집권하여 정치의 쇄신을 기하고자 왕안스(왕안석王安石, 1021~1086)를 등용했다. 그의 개혁 정책을 '신법'(新法)이라고 부른다. 츠엉하오와 츠엉이는 이를 반대하는 보수파〔즉 구법당(舊法黨)〕에 속했다. 츠엉하오는 왕안스의 신법당이 지배할 때 벼슬에서 물러났고, 구법당이 다시 등장하자 관직에 나갔다. 훗날 주시가 없었다면, 우리는 두 사람을 기억하지 못했을 것이다.

츠엉이는 츠엉하오의 동생이다. 사람들은 이들을 가리켜 '두 사람의 정씨' 즉, '2정'(二程)이라고 부른다. 두 형제는 젊은 시절 저우뚠이에게서 수업을 받은 일이 있다. 그러나 저우뚠이에게서 큰 영향을 받은 것은 아닌 듯하다. 그들은 오히려 아버지 츠엉시앙(程珦)의 외숙이었던 장짜이(張載)로부터 영향을 많이 받았다.

2정은 당대의 지식인들과 마찬가지로 『주역』에 대하여 각별한 관심을 가졌다. 츠엉하오의 학설은 대체적으로 『주역』에 근거를 두고 있고, 츠엉이는 이에 대한 해설서 『주역정씨전周易程氏傳』을 남겼다. — 이를 줄여서 『역전易傳』이라고 부른다. 그러나 그 명칭에 주의할 필요가 있다. 여기서는 『역전』(즉, 『십익』)이 아니라, '『주역』에 관한 정 씨(程氏)의 해설'이라는 뜻이다.

두 사람의 사상은 일반적으로 분리하지 않고 한꺼번에 취급한다. 그 까닭은 후대의 저술 속에서 이들의 이야기가 함께 다뤄지기 때문이다. 두 사람의 연구는 저술의 편찬 과정에서 발생한 착종(錯綜) 현상 때문에 어려움이 많다.

두 사람을 연구하는 기본 자료인 『이정전서二程全書』는 송 이종(理宗) 순우 연간(1241~1252) 『유서遺書』, 『외서外書』, 『경설經說』 및 『문집文集』을 합하여 『정씨사서程氏四書』라는 이름으로 발간되었다. 1461년(명 영종 천순 5) 탄산신(譚善心담선심)이 여기에 『유문遺文』1권을 덧붙여서 이를 『이정전서二程全書』라고 최초로 이름 지었다(1498년 명 효종 홍치 11년본 『이정전서』).

『이정전서』는 3종의 중요 판본이 있는데, 1606년 이후의 만력본(萬曆本) 『이정전서』가 두 사람의 모든 저작물을 포함한 것이다. 송대 사상가의 저작은 대다수가 근대 판본인데, 장뿨싱(張伯行장백행, 1652~1725)이 편집한 『정의당전서正誼堂全書』에 의거한다. 여기서 저작이 모두 요약되어 있는데, 요약본의 보급은 전집(全集)을 전파시키지 못하는 불행한 일면을 가져왔다. 두 사람의 저작은 『근사록近思錄』 가운데 약간의 주석을 제외하고, 아직까지 수석본(注釋本)이 없다(A.C. Graham, *TWO CHINESE PHILOSOPHERS*, 1978).

두 사람의 저술에 대한 편찬 작업은 『이정집二程集』 2책(중화서국, 1981)에 이르러 완결을 보았는데, 책의 내용 편차가 난삽하고 어지럽기가 마찬가지다. 저자는 중화서국본 『이정집』을 저본으로 삼았다. — 이하

'중화서국본' 이라고 칭한다.

츠엉하오의 사상 체계를 탐색해 보자. 당대의 지식인이 그러했던 것처럼, 츠엉하오 학설의 중요한 내용이 『주역』에 근원한다.

> 천지의 커다란 덕을 가리켜 생(生)이라고 한다"(天地之大德曰生). 천지가 서로 작용하여 만물이 낳고 길러진다"(天地絪縕, 萬物化醇). 생의 본능이 성(性)이다(生之謂性). (이상) 만물의 생의(生意)가 가장 볼 만한 것이다. 이는 (『주역』, 「건괘」의) '원'(元)은 착한 것의 어른이다(元者, 善之長也)라는 것이다. 이상의 것은 모두 '인'(仁)을 말한다. (『이정집二程集 上』, 「하남정씨유서河南程氏遺書」 권11, 〈사훈師訓〉, 중화서국, 120쪽)

츠엉하오의 이야기는 『주역』(『십익』), 「계사전 下」의 두 구절, 『맹자』, 「고자장 上」의 구절 그리고 『주역』(『십익』), 「건괘」, 「문언전」의 구절을 차례로 인용하고 있다. 중요한 내용은 이와 같은 유가 경전의 이야기가 모두 인(仁)을 가리킨다는 츠엉하오의 지적이다. 콩치우 이래 유가철학의 추상 개념 인이 츠엉하오에 와서 더욱 강조되고 재해석된다. 이러한 이유로 츠엉하오 사상의 중점이 인의 해석에 있다고 생각한다.

> 의서(醫書)에 손과 발의 마비를 가리켜 '불인'(不仁)이라고 하였다. 이것이 '인'(仁)이라는 이름의 특징을 가장 잘 표현한 것이다. 어진 자(仁者)는 천지만물을 한 몸(一體)으로 여기니 자기 몸이 아닌 것이 하나도 없다. …… 배우는 자는 마땅히 먼저 인을 인식해야 한다(學者須先識仁). 인이란 만물과 혼연일체가 되는 경지로 의(義)·예(禮)·지(智)·신(信)이 모두 인이다. 이런 이치를 인식한 다음에 정성[誠]과 공경[敬]의 태도로 보존하면 되니, 반드시 단속하거나 애써 모색할 필요가 없다. …… "반드시 항상 정진하되 멈추지 않고(必有事焉而勿

正), 마음에 망각하지도 않고, 조장(助長)하지도 않고", 추호의 억지도 부리지 않는 것이 인을 보존하는 도리다. (『이정집 上』, 「하남정씨유서」 권2 上, 중화서국, 15쪽~16쪽)

위의 내용에서 "반드시 항상 정진하되 멈추지 않는다"라는 구절 이하는 『맹자』, 「공손추 上」에서 인용했다. 문제는 츠엉하오가 인에 대한 인식의 중요성을 강조하는 것이다. 츠엉하오에 의하면 인을 인식하는, 즉 '식인'(識仁)은 인의 본체를 즉각적으로 쥐는 것이지, 지식에 의하여 분석적으로 '인은 이러한 것이다'라고 관념적으로 인식하는 것이 아니다. 이와 같은 츠엉하오의 주장은 선(禪)불교에서 강조하는 '단번에 깨침'(頓悟)의 방법과 유사해 보인다. 이에 츠엉하오의 기질이 훗날 왕서우르언(王守仁)에게 영향을 주었다는 주장이 있다.

츠엉하오의 주장이 『맹자』, 「공손추 上」의 이른바 〈호연지기〉장을 인용하면서 출발하고 있는 점에 주의할 필요가 있다. 츠엉하오의 식인설은 또한 수양 방법의 하나로 등장하고 있음에도 주의해야 한다.

츠엉하오에게 중요한 것은 『역전易傳』, 「계사 下」에서 언급한 바와 같이, "천지의 커다란 덕을 가리켜 생이라고 한다"(天地之大德曰生)라는 말의 의미를 깨닫는 일이다. 그가 주장하는 인이란 결국 만물에 깃들어 있는 거대한 생명력(vital force)이다. 츠엉하오는 기를 그다지 많이 언급하지 않지만, 주시에 의하면 이 생명력이 곧 기의 영역에 속한다.

현대인의 눈으로 볼 때 그의 학문 체계는 난삽하다. '밍따오'(明道)라는 호칭에서 보이는 바와 같이, 츠엉하오의 공헌은 유가의 정통을 세우고 이단(異端)을 배척한 데 있다. 여기서 말하는 이단은 주로 불교를 가리킨다.

요즘 이교(異教)의 폐단에 대해서 말하면, 도가의 학설은 다시 새롭게 열릴[闢] 수 없을 것이다. 오직 불가의 설(說)이 널리 유행하여 사람들이 그에 빠져

혜매는 것이 심하다. 오늘날 불교는 왕성하지만, 도가는 쓸쓸하다. 천하의 선비들이 가끔 그 학문을 따르니, 그들과 힘써 겨루기 어렵다. 오직 우리 (유가의) 학설을 스스로 밝혀야 한다. 우리의 학설만 정립되면, 불교와 싸울 필요가 없을 것이다. (『이정집 上』, 「하남정씨유서」 권2 上, 중화서국, 38쪽)

츠엉하오는 한위가 「불골표佛骨表」에서 논한 것처럼 불교를 극심하게 매도하지는 않았다. 그는 유가의 학설을 제대로만 세우면 (도가는 한풀 꺾였으니 걱정거리가 아니고) 불가도 저절로 고개를 숙일 것으로 낙관했다. 이는 일종의 자존심 표현인데, 유가의 학설이 과연 그토록 완전한 사상 체계일까?

사상가로서 츠엉하오의 진정한 공헌은 인생과 학문에 대한 경건한 태도에 있다. 시(詩) 한 편을 소개함으로써 그의 정신적 경지를 들여다보기로 한다. — 아래의 시는 한 편의 철학시라고 말할 수 있다. 그가 추구한 세계는 기상(氣像)이 매우 높고, 거기서 진정한 '행복'(樂, Happiness)의 경지가 느껴진다.

한가로이 일 없어도 마음은 편안하네	閑來無事不從容
잠 깨면 해는 벌써 동편 창에 비추고	睡覺東窓日已紅
만물은 조용히 스스로 갈 길을 가네	萬物靜觀皆自得
사계절 좋은 시절 남처럼 즐기나니	四時佳興與人同
천지의 형상 밖까지 도가 통하고 있네	道通天地有形外
바람과 구름 떠다니는 곳 생각 없어 두고	思入風雲變態中
부귀로도 빈천 속의 즐거움을 어지럽힐 수 없으니	富貴不淫貧賤樂
대장부 이 경지에 이르면 영웅호걸이 아니냐	男兒到此是豪雄

(『이정집 上』, 「하남정씨문집河南程氏文集」 권3, 《명시銘詩》, 〈추일우성秋日偶成〉, 중화서국, 482쪽)

츠엉하오의 동생 츠엉이는 형과 성격이 많이 달랐다. 그는 단번에 깨침(頓悟)을 강조하지 않았다. 형이 후에이넝(慧能)의 방법에 가깝다면, 동생 츠엉이는 오히려 선시우(神秀)의 견해에 접근한다. 그러나 두 사람의 학문은 기본적으로 일치한다. 즉 두 사람의 사상을 구별하는 것을 불가능하지만, 두 사람의 학문 방법에 차이가 있다는 뜻이다.

츠엉이에게서 중요한 것은 '리'(理) 개념이다. 많은 사람들이 현상적인 기(氣)의 세계에 대하여 언급했으나, 츠엉이만큼 본체 세계인 리를 언급한 학자는 드물다.

츠엉이의 리 개념은 『역전』(『십익』)에서 출발한다. 그는 먼저 '형상'(形上)의 세계와 '형하'(形下)의 세계를 구분한다. 『역전』(『십익』, 「계사전 上」)에 이르기를, "형이상인 것을 '도'(道)라 하고, 형이하인 것을 '기'(器)라 한다"(形而上者, 謂之道. 形而下者, 謂之器)라고 했다. 츠엉이는 형이하의 구체적인(concrete) 사물의 세계로부터 시간과 공간을 초월하는 형이상의 추상적인(abstract) 세계를 가상했다. 이 추상의 세계야말로 츠엉이가 생각하는 리의 세계다.

츠엉이가 언급한 리는 무엇을 말하는가? 『역전』의 서문을 들여다보자.

> 『주역』에 성인(聖人)의 도(道)는 네 가지가 있다. …… 글[言]로써 말씀[辭]을 높이고, 움직임[動]으로써 변화[變]를 높이고, 사물[器]을 마름질함으로써 상(象)을 높이고, 복서(卜筮)로써 점(占)을 높이는 것이 그것이다. 길흉 소장(消長)의 '리'(理)와 진퇴 존망(存亡)의 도(道)는 말씀에 갖추어 있다. …… 지극히 미묘한 것은 리고, 지극히 드러난 것은 '상'(象)이다. 본체[體]와 작용[用]은 근원이 같고, 미묘한 것과 드러난 것 사이에는 틈이 없다(至微者理也, 至著者象也. 體用一 源, 顯微無間). (『이정집 下』, 「역전서易傳序」, 중화서국, 689쪽)

이 글에서 츠엉이가 생각한 '리'의 개념이 드러난다. 리란 지극이 미묘한 것이다. 같은 내용이 다른 글에도 보인다.

> 지극히 드러난 것은 '사'(事)보다 더한 것이 없고, 지극히 미묘한 것은 '리'(理)보다 더한 것이 없다. 그러나 사와 리는 일치하고, 미묘한 것과 드러난 것은 근원이 같다. 옛적의 군자 가운데 학문에 밝은 사람은 여기에 능통(能通)할 뿐이다(至顯者莫如事, 至微者莫如理. 而事理一致, 微顯一源). (『이정집 上』, 「하남정씨유서」 권25, 〈창잠도록暢潛道錄〉, 중화서국, 323쪽)

대개 '체용'(體用)이니 '현미무간'(顯微無間)이니 하는 술어는 불가에서 빌린 것이다. 츠엉이가 평소 불가를 공격했다고 알려져 있으나, 그는 철학 체계에서 리 개념을 설명하기 위하여 불가피하게 불가의 술어를 빌려야 했다. 이 점은 인간의 한계일 것이다. 당대 지식인 중 젊은 시절 불가의 이론에 끌리지 않은 사람이 없었다. 윗글에서 사와 리의 관계는 『화엄경』의 4법계관에서 유래한 듯하다. — 4법계관에 대하여는 본서 제15장 「중국 불교의 주요 종파와 그 기본 교리」를 참조하라.

츠엉이의 제자 리우위앤츠엉(劉元承유원승)의 기록에서, 츠엉이는 일찍이 『화엄경』을 읽은 일이 있으며 그 이론이 장황하지만 한마디로 말하면 "모든 이치는 하나의 이치로 돌아간다"(萬理歸於一理)라고 말했다고 적고 있다(『이정집 上』, 「하남정씨유서」 권18, 〈유원승수편劉元承手編〉, 중화서국). "모든 이치는 하나의 이치로 돌아간다"라는 표현은 츠엉이와 주시의 '리일분수'(理一分殊)의 이론으로 구체화된다.

츠엉하오와 츠엉이는 이 같은 리의 개념에 '하늘 천'(天) 자를 더하여 '천리'(天理)라는 술어를 탄생시켰다. 이는 '2정'의 철학을 이해하는 데 매우 중요하다. 천리는 주로 '인욕'(人欲)과 더불어서 사용되었고 인욕을 악한 측면에서만 비추었기 때문에, 성리학(주자학)이 고도의 엄숙한 사상 체계라는 오해를 가져왔다. 츠엉하오는 이렇게 말한 적이 있다.

나의 학문은 비록 물려받은 것이지만, '천리'(天理) 두 글자는 나 스스로 개발한 것이다. (『이정집 上』, 「하남정씨외서河南程氏外書」 권12, 〈전문잡기傳聞雜記〉, 중화서국, 424쪽)

또한 츠엉이는 다음과 같이 말했다.

만물은 모두 다만 하나의 천리일 뿐이다(萬物皆只是一箇天理). (『이정집 上』, 「하남정씨유서」 권2 上, 중화서국, 30쪽)

천리라고 말하는 것은 하나의 도리(道理)다. …… 천리는 원래 흠결(欠缺)이 없고, 백 가지 이치가 구비되어 있다(天理是佗元無少欠, 百理具備). (『이정집 上』, 「하남정씨유서」 권2 上, 중화서국, 31쪽)

'천리' 혹은 '리' 자는 지고지상(至高至上)의 절대적인 세계를 가리킨다. 이것은 생겼다가 없어지고 증가했다가 감소하는 것이 아니다. 온갖 이치가 들어 있고, 동시에 조그만 결함도 없는 무엇이다.

횡여우란에 의하면 어떤 사물이 존재하면 그 사물에는 반드시 어떤 원리가 존재한다. 이 원리가 곧 리며, 이는 마치 그리스 철학자 아리스토텔레스의 '형상'(形相, eidos, the form)의 개념과 비슷하다고 말한다. 형상이란 사물 안에서 작용하는 원리다. 그것은 사물의 본질이지만 사물 자체는 아니다. 사물을 형성하기 위해서는 '질료'(質料, dynamis, the matter)가 필요하다.

2정의 사상은 송유(宋儒)의 지상 명제인 "천리를 보존하고, 인욕을 막는다"(存天理而遏人欲)라는 구호로 후대의 학자들에게 널리 알려졌다. 동시에 이 구호는 천리를 보존하는 일은 선한 일이지만 인욕은 일종의 반대 개념으로 인식되어 악으로 처리하는 잘못을 저지르게 했다. 그 까닭에 이 학문을 따르는 사람은 인간의 생리적인 측면을 부정하는 모순을 범함으로써, 극도의 엄숙주의 노선을 걷게 되는 도덕적 부담을 껴안게 되었다.

츠엉화오와 츠엉이 두 사람의 학문 목표는 천리를 보존함에 있었고, 이를 바탕으로 인간적 행복의 추구에 관심이 많았다. 『송사宋史』에는 다음과 같은 이야기가 전한다.

> 츠엉하오와 츠엉이가 (저우뚠이에게) 수업을 받을 때, 저우뚠이는 항상 콩치우와 옌후에이(顔回)의 행복[樂]이 어디에 있으며, 그 즐거워하는 바가 무엇이었는지를 찾아보라고 하였다(孔顔樂處, 所樂何事). (『송사宋史』 권427, 「저우뚠이열전」)

같은 문구가 『이정집』, 「하남정씨유서」 권2 上(22항)에도 보인다. 저우뚠이의 물음에 의하여, 츠엉이가 말한 "옌후에이가 즐거워한 것이 무슨 학문이었던가?"(顔子所好何學論)라는 명문장이 탄생한다.

> 성인(聖人, 孔子)의 문하에 3천 명이 넘는 문인이 있었는데, 오직 옌후에이만이 학문을 즐거워하였다고 함은 무슨 말인가? 3천 명이 『시詩』, 『서書』를 비롯하여 6예를 배워 통달하였는데, 오직 옌후에이만이 홀로 즐거워하였다니 그것은 어떤 학문인가?(顔子所獨好者, 何學也) 배움으로써 성인의 경지에 이른 것이다. 성인의 학문을 가히 배울 수 있다는 말인가? 그렇다. 그 학문의 도(道)는 무엇인가? 천지에 정기(精氣, 에너지)가 가득 쌓여 있는데, 그 중 오행(五行)의 가장 빼어남을 받은 존재가 사람이다. 그 근본은 고요함[靜]에 있고, 아직 (감정이) 발현하지 않은 채 오성(五性)이 구비되어 있으니, '인·의·예·지·신'이 그것이다. 이미 몸[形]이 생긴 뒤 바깥 사물에 접촉되면 마음에 움직임이 있다. 그 가운데 칠정(七情)이 출현하니, '희·로·애·락·애·오·욕'이 그것이다. '정'(情)이 세차게 발동할 때 '성'(性)은 침해를 당한다. 그러므로 뛰어난 사람

(覺者)은 정의 발동이 중용에 알맞게 하고 '심'(心)을 바르게 하고 성을 잘 기르니, 이를 이르되 "성이 정을 다스린다"(性其情)라고 말한다. 어리석은 사람(愚者)은 제지할 줄을 몰라서 정이 하는 데로 따라가 방종에 이르고 망하게 된다. 이를 이르되 "정이 성을 다스린다"(情其性)라고 말한다. 무릇 학문의 길은 심을 바르게 하고, 성을 잘 기르는 데 있을 뿐이다(凡學之道, 正其心, 養其性而已). …… (사람들은) 자기 자신에게서 구하지 않고 밖에서만 찾으며, 널리 듣고 억지로 기억하며 교묘한 문장과 아름다운 글귀에만 공을 들이고, 말에서 영화(榮華)를 찾는다. 그러므로 도에 머무는 자는 매우 드물다. 오늘날 유행하는 학문은 옌후에이가 좋아하였던 학문과는 매우 다르다. (『이정집』, 「하남정씨문집」 권8, 《잡저》, 〈안자소호하학론顔子所好何學論〉, 중화서국, 577쪽)

이 글은 옌후에이가 좋아했던 학문이란 오성·칠정이 중화(中和)를 갖추어서, 성(性, 본성)이 정(情, 감정)을 다스리는 경지 그리하여 심(心, 마음)이 올바른 상태를 유지하는 참다운 행복(樂, Happiness)의 경지라고 말하고 있다. 저자는 이러한 경지를 이미 제4장 3절 《콩치우사상에 나타난 '락'(樂)의 정신》에서 강조했다.

장짜이와 사오용(邵雍, 1011～1077)이 루어양의 지식인 계층에서 소외된 은둔자였다면, 츠엉하오와 츠엉이는 제자들이 많았다. 특히 츠엉이는 당대 지식인 사회의 중심인물이었다. 2정의 제자 가운데 시에리앙쭈어(謝良佐사량좌, 1050～1103)가 있는데, 츠엉이에게 배웠다. 그는 상차이(上蔡상재)사람으로, 지역 이름을 좇아서 '상차이 선생'으로 부른다. 또 문하에 양스(楊時양시, 1053～1135)가 있는데, '꿰이산(龜山구산) 선생'으로 호칭된다. 츠엉하오의 문하에서 공부했고, 그가 죽자 다시 츠엉이에게 배웠다. 그의 저술로 『양구산집楊龜山集』이 있다. 2정의 또 다른 제자에 뤼따린(呂大臨여대림, 1040～1092) 형제가 있다. 뤼따종(大忠대충), 뤼따황

(大防대방), 뤼따쥔(大鈞대균), 뤼따린이 그들이다. 이들은 모두 장짜이에게서 공부하다가, 그가 죽자 2정의 문하로 왔다. 뤼따린이 가장 유명했으며, 고향의 이름을 따라서 '란티엔(藍田남전) 선생'이라고 불린다. 「극기명克己銘」이라는 글이 알려져 있다. 2정은 이들 제자에 의하여 빛을 발했고, 훗날 주시에 의하여 역사적인 인물로 남았다.

17.5 사오용(邵雍)의 '수학'(數學)

사오용(邵雍, 1011~1077)의 선조는 환양〔范陽범양, 현 허난 성 환 현(范縣)〕 사람이다. 그는 어려서 부친을 따라서 이사했고, 만년은 루어양에서 보냈다. 자를 야오후우(堯夫요부)라고 했다. 그를 보통 '캉지에(康節강절) 선생'이라고 부르는데, 이는 그가 죽은 후 내려진 시호(諡號)다.

사오용은 매우 특이한 삶을 살았다. 그는 여름에 더워도 부채질을 하지 않았고, 겨울에 추워도 화롯불을 때지 않았다고 전한다. — 그가 살았던 루어양(洛陽) 지역의 현재 7월 평균 기온은 섭씨 26~28℃이며, 1월 평균 기온은 −2~2℃로 보고된다. 사오용이 살았던 12세기에 이 지역의 온도는 알 수 없으나, 얼어 죽을 정도는 아니었다고 생각한다. — 이 같은 성격을 지닌 사오용은 사람들과 어울리지 않았던 듯하다. 그는 은자(隱者, hermit)로 살았다.

북송 5인의 철학자 가운데 그의 위치는 매우 독특하며, 당대의 지식인 사회에서 소외되어 주류(主流)에 끼지 못했다. 사오용은 평생 벼슬하지 않았다고 한다. 저술에 『황극경세서皇極經世書』와 『격양집擊壤集』이 있다.

사오용은 중국의 피타고라스(Pythagoras, 기원전 569~기원전 500)라고 부를 만하다. 그는 피타고라스학파의 이론같이 사람의 영혼이 윤회를 거듭한다고 믿지는 않았지만, 우주는 윤회한다고 생각했다. 또한 그는 '무한소'(無限小, infinitesimal) 혹은 '연속체'(連續體, continuum)의 개념에 대하여 생각했다. 그의 학문을 '수학'(數學) 혹은 '상수학'(象數學)이라고 부른다. 이 경우 수학이란 현대 학문 분야의 수학이라기보다 철학에 가깝다. 그는 '수'(數)를 통하여 우주 만물을 해석했다. 대표적인 저술 『황극경세서』는 『주역』과 궤도를 같이한다.

이미 설명한 바와 같이 『주역』은 '태극'을 우주 본체로 하고, 태극의 두 가지 측면인 '음양'의 2원(元)으로 만물의 현상을 설명한다. 『주역』(『역전』), 「계사전」에 "역(易)에 태극이 있다. 태극은 양의(兩儀, 음양)를 낳고, 양의는 사상(四象)을 낳고, 사상은 팔괘를 낳는다"(「계사전 上」 제11장)라는 구절이 있다. 사오용은 '양의'를 '동(動)·정(靜)'으로, '사상'을 '음(陰)·양(陽)·강(剛)·유(柔)'로 구분하고, '사상'을 '태(太)·소(少)'를 사용하여 팔괘를 설명한다. 이를 도표로 그리면 아래와 같다.

태유 (太柔) - -	태강 (太剛) —	소유 (少柔) - -	소강 (少剛) —	소음 (少陰) - -	소양 (少陽) —	태음 (太陰) - -	태양 (太陽) —
유(柔) - -	강(剛) —	음(陰) - -	양(陽) —				
정(靜) - -	동(動) —						
태극	양의	사상	팔괘				
1 →	2 →	4 →	8 →	……	ℵ(알레프)		

여기서 중요한 것은 태극(1)의 개념에서 '무한'(ℵ, 헤브라이어 알파벳 첫 글자, '無限'을 상징함)으로 진화하는 과정이다. 이는 일종의 우주생성론이다. 사오용에 의하면 "태극은 움직이지 않는 하나[一]다. 그것이 둘을 낳는데, 둘은 '신'(神)이다. …… 신은 '수'(數)를 낳고, 수는 '상'(象)을 낳

고 상은 개개 사물을 낳는다"(『황극경세서』, 「관물내편觀物內篇」).

사오용은 이처럼 『주역』의 원리를 기초로 64괘 방위도(方位圖)를 그렸다. 그리고 이 64괘 중에서 가장 중요한 12괘를 뽑아서 이를 '벽괘'(辟卦, 대표적인 괘라는 뜻)로 삼았다. 이들 '벽괘'는 지뢰복(地雷復, ☷☳), 지택림(地澤臨, ☷☱), 뇌천대장(雷天大壯, ☳☰), 택천쾌(澤天夬, ☱☰), 중천건(重天乾, ☰☰), 천풍구(天風姤, ☰☴), 천산돈(天山遯, ☰☶), 천지비(天地否, ☰☷), 풍지관(風地觀, ☴☷), 산지박(山地剝, ☶☷), 중지곤(重地坤, ☷☷)이다.

사오용에 의하면 '양'이 우주를 생성하는 힘이라면, '음'은 우주를 파괴하는 힘이다. 12벽괘를 가지고 설명하면, '복'(復, 상 ☷ 하 ☳)괘는 첫 번째의 양효(陽爻)로써 우주 생성의 시작 단계를 나타낸다. 이는 건설의 초기 과정이다. 건설이 극도의 발전 단계에 이르면, '건'(乾, 상 ☰ 하 ☰)괘의 단계로 이는 사물의 완성을 뜻한다. 그러나 완성된 사물은 곧 파괴되기 시작하고, 이는 '구'(姤, 상☰하☴)괘의 첫 번째의 음효(陰爻)로 나타낸다. 파괴가 완성되는 것은 '곤'(坤, 상☷하☷)괘다. 이와 같은 방식으로 만물은 생성과 파괴를 계속한다.

사오용에 의하면 복괘의 초효(初爻)에서 우주가 생성되어, 무궁한 시간 속에 발전을 거듭하고 또한 그 시간 속에 파괴된다. 이 법칙에 예외란 없다. 이를테면 어떤 문명의 시작이 복괘로 표시되면, 그 문명의 황금기는 건괘로 표시되고, 그 문명이 퇴폐하면 박(剝, 상 ☶ 하 ☷)괘로 상징된다. 그리고 곤괘는 멸망을 의미한다. 중국 역사를 놓고 비유하면, 상(商)·주(周) 시대는 일종의 건설기로 복괘에 해당한다. 한·당 시기를 극성기로 보면 이는 건괘에 해당한다. 오대십국의 시기는 일종의 퇴폐기고, 청(淸)의 멸망은 곧 곤괘에 해당한다고 볼 수 있다.

사오용은 이와 같이 『주역』의 원리를 이용하여, 천지의 변천 과정을 수(數)로 계산했다. '원(元)·회(會)·운(運)·세(世)'론이 그것이다. 오늘날 현대인은 컴퓨터를 이용하여 시간 계산을 쉽게 할 수 있다. 가령 1분=60초를 놓고 계산해 보자.

- 60분 × 60초 = 3,600초 (1시간)
- 24시간 × 3,600초 = 86,400초 (1일)
- 365일 × 86,400초 = 31,536,000초 (1년)

이와 같이 1년의 시간이란 '삼천일백오십삼만 육천 초'에 해당한다. 사오용에 의하면 30년의 시간은 1세(世)에 해당한다. — 우리는 현재 한 세대를 30년으로 한다. — 또 12세는 1운(運)에 해당하고, 30운은 1회(會)다. 그리고 12회는 1원(元)에 해당한다. 이를 시간상으로 표시하면 다음과 같다.

- 30년 = 1세
- 12세 = 1운 → 30년 × 12세 = 360년
- 30운 = 1회 → 360년 × 30운 = 10,800년
- 12회 = 1원 → 10,800년 × 12회 = 129,600년

사오용에 의하면 우주는 이와 같이 '십이만 구천육백 년'간 지속된다. 이것이 우주의 시간이다. 이 시간이 다하면 우주가 소멸하는 것은 아니다. 그는 우주가 영원히 순환(circulation)의 과정 속에 있다고 보았다. 낡은 세상이 다하면, 심판받는 것이 아니고 다시 새로운 세상으로 전환한다는 뜻이다. 사오용의 이론은 일종의 지적(知的)인 유희(遊戲)일 수 있다. 그러나 컴퓨터와 같은 기계의 도움이 없이 이런 계산을 완료한 사오용의 정열이 놀랍다.

또한 사오용의 사상은 조선의 서경덕(徐敬德)에게 영향을 주었다. 서경덕의 저술 『화담선생문집』 가운데 「황극경세수해皇極經世數解」라는 글이 있는데, 여기에는 다음과 같은 내용이 있다. “360×360은 129,600년이다. 129,600×129,600은 167억9616만년이다. 167억9616만년×167억9616만년은 28,211조990만7456억이다. 28,211조990만7456억÷12는 한 기간이 13억9968만의 167억9616만년이다. 167억9616만년÷10은 한 토막(分)이 16억7961만6000년이다. 매년 6일을 더 나아가면 129,600을 여섯 얻게 된다. 그러므로 129,600년에 6일을 나아가니, 129,600을 하루로 쳐서 합계하면 곧 6일이 된다”(고려대학교 민족문화연구소, 『화담선생문집』, 1971). 서경덕의 시대에 계산기(컴퓨터)가 없었는데, 어떻게 이 같은 수의 계산을 했는지 의문이 앞선다. 서경덕은 중국인들에게 ‘호걸지사’(豪傑之士)로 알려졌으며, 그의 문집은 『사고전서四庫全書』 권178, 「집부集部」 32, 《별집류》, 〈존목存目 5〉에 소개되고 있다. 이것은 그의 학문이 중국에서도 인정받고 있음을 말한다.

사오용의 사상에서 수를 바탕으로 한 우주론의 전개보다 인생에 대한 태도에 더욱 가치를 두어야 할 듯싶다. ‘행복’의 추구에서 보면 중국철학사에서 사오용만큼 만족하며 행복[樂]을 즐긴 사람을 찾기 쉽지 않다. 그는 자기 집을 ‘행복한 보금자리’(安樂窩, Happy Nest)라고 칭했고, 이 때문에 사람들이 그를 가리켜 ‘안러(安樂) 선생’이라고 불렀다. 한 편의 시를 소개해서 그의 정신 경지를 즐기도록 하자. — 사오용의 ‘안락와’는 루어양 시내에 있지 않았다. 리즈(李贄이지)의 기록에 의하면, 안락와는 꿍츠엉〔共城공성, 현 허난 성 신시앙 시(新鄕市) 후에이 현(輝縣)〕 북쪽의 소문산(蘇門山)에 있었다. 그곳에 리즈차이(李之才이지재)가 살았고, 사오용이 살았고, 한때 리즈(李卓吾)가 벼슬살이를 했다(이지, 『분서焚書』, 「탁오논략卓吾論略」; 김혜경 옮김, 『분서』 Ⅰ, 308쪽).

사오옹 〈안락음安樂吟〉

안락 선생, 그 성씨(姓氏)를 모르네	安樂先生 不顯姓氏
30년간 낙하(洛河)에 살며	垂三十年 居洛之涘
풍월(風月)을 즐기고 강과 호수를 좋아했네	風月情懷 江湖性氣
꿩들이 노니는 것을 보고 즐기니	色斯其擧 翔而後至
천하고 가난하고 부하고 귀함이 없고	無賤無貧 無富無貴
세상 오고 감[명예]에 거리낌 없도다	無將無迎 無拘無忌
가난해도 근심 없고 마셔도 취하지 않으니	窘未嘗憂 飮不至醉
세상의 봄기운을 거두어 마음에 담고	收天下春 歸之肝肺
연못가에서 시를 읊고 들창에서 잠을 자네	盆池資吟 瓮牖薦睡
마음을 즐기는 작은 수레 큰 뜻을 펼치는 붓 한 자루	小車賞心 大筆快志
혹은 삿갓 쓰고 혹은 반소매 걷어 부치고	或戴接籬 或著半臂
혹은 숲에서 쉬고 혹은 물가 거닐며	或坐林間 或行水際
착한 사람 만나고 착한 일 듣기 즐기고	樂見善人 樂聞善事
착한 말 착한 행위를 즐기니	樂道善言 樂行善意
악한 일 듣고 가시 맨 듯하고	聞人之惡 若負芒刺
착한 일 듣고 향초를 찬 듯하네	聞人之善 如佩蘭蕙
말없는 선인(禪人) 세상에 아첨하지 않는 방사(方士)처럼	不佞禪伯 不諛方士
뜰에 나서지 않아도 천지와 일체가 되었네	不出戶庭 直際天地
무력으로 업신여길 수 없고 거금으로 유혹할 수 없으니	三軍莫凌 萬鍾莫致
유쾌하게 65년을 살고 있네	爲快活人 六十五歲

(『사고전서四庫全書』, 「집부集部」, 《별집류》, 『격양집擊壤集』 권14, 〈안락음安樂吟〉)

참고문헌

안은수, 『정이程頤』, 성균관대학교출판부, 2002.

오종일, 『중국사상과 역사의 근원을 찾아서』, 한울, 2008.

장짜이(張載), 『장재집張載集』, 중화서국, 2008.

저우뚠이(周敦頤), 권정안 역주, 『통서해通書解』, 청계, 2000.

주시(朱熹), 『이락연원록신증伊洛淵源錄新增』, 한국국립중앙도서관 소장 영인본, 1996.

————, 『이락연원록伊洛淵源錄』, 상무인서관 영인본, 1936.

츠언라이(陳來), 『송명성리학』, 안재호 옮김, 예문서원, 1997.

츠엉하오(程顥)·츠엉이(程頤), 『이정집二程集』 上下, 중화서국, 1981.

치엔무(錢穆), 『주자신학안朱子新學案』 전5권, 삼민서국, 1982.

훵여우란(馮友蘭), 『중국철학사中國哲學史(二冊)』, 상무인서관, 1935.

——————, 박성규 옮김, 『중국철학사 下』, 까치, 1999.

葛瑞漢(A.C.Graham), 程德祥 譯, 『이정형제적신유학二程兄弟的新儒學』, 대상출판사, 2001.

우노 데쓰토(宇野哲人), 손영식 옮김, 『송대성리학사』 Ⅰ·Ⅱ, 울산대학교출판부, 2005.

제임스 류, 이범학 옮김, 『왕안석과 개혁정책』, 지식산업사, 1992.

A.C. Graham, *TWO CHINESE PHILOSOPHERS*, Lund Humphries London, 1978.

Joseph Needham, *Science and Civilization in China* vol.2, Cambridge University Press, 1956.

(조셉 니담, 이석호 외 옮김, 『중국의 과학과 문명 Ⅲ』, 을유문화사, 1988)

제18장
송학(2)
— 주시(朱熹)의 집대성

현대의 저명한 중국학자 치엔무(錢穆전목, 1895~1990)에 의하면, 중국학술사상 유가 방면에서 오직 두 사람의 위인이 있다. 한 사람은 2천5백 년 전의 콩치우(孔丘)고, 또 한 사람은 8백 년 전의 주시(朱熹)다. 철학의 측면에서 이 견해를 거부할 수 없다. 그만큼 주시의 무게는 대단하다. 콩치우 이후, 한(漢)·당(唐) 시기 중국의 학문은 문학(文學)에 비중이 놓인다. 문명의 차원에서 볼 때 송대(宋代)는 한·당 시기와 비교할 수 없다. — 보기에 따라서 송대가 오히려 문풍(文風)이 성(盛)했던 아담한 시기로 평가할 수 있다. 여기서 송대가 한·당 시기에 비교할 수 없다는 말은 현대 중국의 시각을 반영한다. — 그러나 북송의 5인이 출현한 뒤 송학(宋學, 理學)은 '제자백가'에 버금가는 중요성을 지니게 된다. 북송의 5인은 주시를 만남으로 세상에서 기억하는 존재가 되었다.

주시(朱熹, 1130~1200)의 조적(祖籍)은 남송 시기 후에이저우(徽州휘주) 우위앤〔婺源무원, 현 지앙시 성 상르아오 시(上饒市) 우위앤 현〕이다. 그 자신은 난지엔저우(南劍州남검주)의 여우시〔尤溪우계, 현 후우지엔 성

산밍 시(三明市) 여우시 현) 에서 태어났다. 열네 살에 아버지 주쏭(朱松주송)이 세상을 버렸다. 열아홉 살(1148)에 진사 시험에 합격하여 벼슬길로 나아갔다. 당시 옌핑(延平연평) 땅에 리통(李侗이통)이라는 학자가 있었는데, 그를 좇아가 배웠다. 젊은 시절에는 불가와 도가에 심취했다. 마흔여섯 살이 되던 1175년 뤼쭈치엔(呂祖謙여조겸)의 방문을 받고 그의 소개로 아호사(鵝湖寺)에서 루지우위앤(陸九淵) 형제를 만났다(제19장에서 후술). 3년 뒤, 백록동(白鹿洞) 서원의 옛터를 방문하고, 주청하여 이를 복원시켰다. 관리로서 비교적 잘나가던 그는 영종(寧宗)이 즉위하면서 세력을 잡은 한투어저우(韓侂冑한탁주)에게 모함받아 파직되는 고통을 당한다. 그러나 한투어저우가 죽자 다시 벼슬에 올랐으며, 1200년 봄 지엔양(建陽건양)의 카오팅(考亭고정)에서 세상을 떠났다. 향년 71세였다. 현재 그의 묘소가 후우지엔 성 지엔양 시(建陽市) 구봉산 자락에 있다.

주시가 남긴 저술은 너무 많아 여기에 모두 기록할 수 없을 정도다. 대표적인 저술로 『주역본의周易本義』, 『역학계몽易學啓蒙』, 『사서집주四書集註』, 『태극도설해太極圖說解』, 『통서해通書解』, 『주자가례朱子家禮』, 『근사록近思錄』, 『통감강목通鑑綱目』, 『이락연원록伊洛淵源錄』 등이 있다. 그의 제자들에 의하여 『주자어류朱子語類』, 『주자문집朱子文集』이 편찬되었다. 현재 중화서국본 『주자어류』 8권(1994)과 쓰츠우안(四川)교육출판사 『주희집朱熹集』 10권(1996)이 기본적인 연구 자료다. 주시에 관한 연구 서적은 셀 수 없이 많지만, 치엔무(錢穆)의 『주자신학안朱子新學案』(1982)을 당할 책은 없을 듯하다.

주시가 관료의 신분으로 업무에 종사하면서 어떻게 이토록 많은 학문적 저술이 가능했는지에 대하여 궁금할 것이다. 그는 50년간 벼슬을 했으나 조정에 나섰던 것은 겨우 40일 정도고, 대체로 업무에 종사하지 않으면서 봉급을 받는 사록관(祀祿官, 사원 관리인) 벼슬을 즐겨 맡았다. 그의 관심은 오로지 학문이었고, 이런 상황에서 '리학'(理學, 신유학, 주자학 혹은 송학)의 건설이 가능했던 것이다.

18.1 주시의 리기론

18.1.1 '리'와 '기'의 개념

'리기론'의 초보적인 형태는 2정(二程)에 의해서 자리 잡혔다. 그러나 두 사람의 학설은 엉성하고 체계적이지 못하다. 중국철학사에서 리기론의 정립은 전적으로 주시의 작품이다. 주시를 만나면서 한·당 시기의 문장 중시 학문은 철학화(哲學化) — 독일어의 'philosophiesierung'의 의미가 이 뜻에 가깝다. — 가 가능해졌다. '리학' 혹은 '성리학'의 구축은 북송의 5인에게서 시작되었으나, 이를 불굴의 학설로 굳힌 인물은 주시다. 주시만이 능히 전통을 물려받아서 새로운 의의(新義)를 창조할 수 있었다. 그는 온고지신(溫故知新)의 모범적인 인물이다.

'리', '기'의 개념에 대한 주시의 대표적인 표현을 인용하면 다음과 같다.

- 천지간에 '리'도 있고 '기'도 있다. 리는 형이상의 도(道)며, 사물을 생성하는 근본이다. 기는 형이하의 그릇[器]이며, 사물을 생성하는 도구다. 그러므로 사람과 동식물이 생성될 때 반드시 리를 부여받은 뒤에 '성'(性)이 생기고, 기를 부여받은 뒤에 형체가 생긴다(天地之間, 有理有氣. 理也者, 形而上之道也, 生物之本也. 氣也者, 形而下之器也, 生物之具也. 是以人物之生, 必稟此理然後有性, 必稟此氣然後有形). (『주희집』 권58, 「서書」, 《답황도부答黃道夫》, 쓰츠우안교육출판사 점교본, 2947쪽)
- 천하에 리 없는 기가 없고, 또한 기 없는 리가 없다(天下未有無理之氣, 亦未有無氣之理). (『주자어류』 권1, 「리기理氣 上」, 2쪽) — 이하 『주자어

류』는 『어류』라고 칭하고, 쪽수는 중화서국본을 말함.

• 리가 있으면 곧 기도 있다(有是理, 便有是氣). (위의 글, 2쪽)

• 리는 기에서 떨어진 적이 없다(理未嘗離乎氣). (위의 글, 3쪽)

• 기가 없다면 리가 실려 있을 곳이 없다(無是氣, 則是理亦無掛搭處). (위의 글, 3쪽)

• 기는 능히 응결 조작하지만, 리는 정감이나 사려가 없고 조작하지 않는다(蓋氣則能凝結造作, 理却無情意, 無計度, 無造作). (위의 글, 3쪽)

• 천지가 생기기 전에도 틀림없이 리가 먼저 있었다(未有天地之先, 畢竟是先 有此理). (위의 글, 1쪽)

• 태극은 다만 하나의 리일 뿐이다(太極只是一箇理字). (위의 글, 2쪽)

• 이른바 리와 기는 분명히 두 물건이다(所謂理與氣, 此決是二物). (『주희집』 권46, 「서書」, 《답유숙문答劉叔文》, 2243쪽)

• 다만 기는 강하고, 리는 약하다(只是氣强理弱). (『어류』 권4, 「성리性理 1」, 71쪽)

• 성은 즉 리다(性卽是理也). (위의 글, 61·66·67쪽)

• 츠엉이(程子, 程頤)가 "성즉리야"라고 한 말이 가장 좋다(程子"性卽理也", 此說最好). (위의 글, 69쪽)

• 만물의 근원을 논하자면 리는 같고 기는 다르다(論萬物之一原, 則'理'同而'氣'異). (『주희집』 권46, 「서書」, 《답황상백答黃商伯》, 2222쪽)

이상의 인용문에서 우리는 주시의 '리기' 철학의 대체를 얻을 수 있다. 그렇다면 '리'(理)란 무엇인가? 그것은 하나의 법칙이다. 우주 만물의 현상 이면에 자리 잡은 법칙, 규칙 혹은 원리가 곧 리다. 서양어로는 '로고스'(logos), 'pattern' 혹은 그냥 '*Li*'라고 번역할 수 있다. 주시에 의하면 리는 형이상의 도(道)이며, 사물을 생성하는 근본이다. 이 법칙 없이 사물이 존재할 수 없다. 리는 인간의 오감(五感) 능력으로는 파악할 수 없다.

그것은 선천적인 어떤 감지(感知) 능력에 의해서만 파악되는 무엇이다. 칸트의 용어를 빌리면 리는 인간의 '아 프리오리'(a-priori)한 능력에 의하여 선험적(先驗的)으로 파악된다.

'기'(氣)란 무엇인가? 그것은 하나의 현상이다. 우주 만물에서 나타나는 기운이다. 서양어로는 '에너지'(energy), '물질적인 힘'(material force) 혹은 그냥 '*Chi*'라고 번역할 수 있다. 주시에 의하면 기는 형이하의 그릇[器]이며, 사물을 생성하는 도구다. ― 이 경우의 기(器)는 형상이 있는 사물을 가리킨다. 기(氣)의 운동 능력으로 말미암아 생겨나는 사물이 곧 기(器)다. ― 기(氣)는 인간의 오감 능력으로 파악할 수 있다. 다섯 가지 감각(five senses)으로 느낄 수 있기에 기는 현상 세계에서 시시각각 매일매일 부딪치는 삶의 현장에서 만나는 것이다.

주시 철학의 우수성은 이와 같은 리와 기의 관계에 대한 자리매김에 있다. 주시 이전에 '리기에 관한 이론'(리기론)을 종합적으로 구축한 사람은 없다. 현상계의 사물을 말하는 기(氣)의 논리는 일찍부터 이야기되었지만, 리기의 관계에 대한 사고는 츠엉이와 주시를 만나고서 가능해졌다. 그러므로 송학을 '정주학(程朱學)'이라고 표현해도 무리가 아니다.

주시에 의하면 사물이 아직 생성되기 전에도 법칙(理)은 존재했다. 원리가 없이 사물의 존재가 있을 수 없다는 말이다. 구체적인 예를 든다면 자동차(vehicle)는 지상을 굴러가는 물체인데, 발명가에 의하여 지상에 나타났다. 주시에 의하면 자동차가 발명되기 전에도 자동차의 원리는 존재했다. 발명가는 법칙으로 존재했던 '리'(pattern)를 현상계에 구체화 또는 현실화한 인물이다. "천지가 생기기 전에도 틀림없이 리가 먼저 있었다"(『어류』 권1, 「리기 上」, 1쪽)라는 주시의 표현은 이를 말한다.

기는 현상의 세계다. 현상의 배후에 리가 있다. "리가 있으면 곧 기도 있다"(위의 글, 2쪽)라는 주시의 표현은 현상계(기의 세계)와 본체계(리의 세계)를 따로 분리할 수 없다는 말이다. 다시 말하여 "리는 기에서 떨어진 적이 없다"(위의 글, 3쪽) — 원리의 측면에서 "리가 있으면 곧 기가 있다"라고 말하지만, 현실의 세계에서는 "기가 있으면 곧 리가 있다"라고 말해야 한다.

기의 세계는 천차만별이다. 장미(rose)를 예로 들어보자. 장미에는 흰색 장미, 빨강색 장미, 흑색 장미 등 헤아릴 수 없이 많은 종류의 장미가 존재한다. 그러나 이런 다양한 장미를 특징 짓는 그 무엇이 있다. 지구상의 수없이 많은 꽃 가운데 오로지 장미만이 가지는 그 무엇, 장미의 정체성(正體性)이 리다. 이것은 "왜 나는 너가 아니고 나인가?"라는 질문과 성격이 비슷하다. — 사실 이 같은 질문에 답할 수 없다. 로버트 노직(Robert Nozick)에 의하면 이와 같은 질문은 "없는 것에 비하여 있다는 것은 왜인가"(Why is there something rather than nothing?)라는 질문과 성격이 비슷하며 결코 정답을 기대할 수 없는 물음이다.

주시에 의하면, '태극'은 하나의 '리'다. 그것은 현상계(음양오행으로 표현되는 기의 세계)의 이면에 있는(있다고 생각되는) 그 무엇이다. 사실 태극은 오감 능력으로 파악이 안 된다. 그러므로 '무극이태극'이라는 저우뚠이(周敦頤)의 표현을 놓고, 주시는 태극 이외에 별도로 '무극'이 있는 것이 아니라고 말한다.

> 저우뚠이가 말한 '무극이태극'은 태극 위에 별도로 무극이 있다고 한 것이 아니다(周子所謂'無極而太極', 非謂太極之上別有無極也). (『어류』 권94, 「주자지서周子之書」, 2366쪽)

주시의 이 표현은 무극은 물론 태극마저 인간의 오감 능력으로 감지(感知)되지 않는 리의 세계임을 말하는 것이다. 주시에 의하면 인간의 '본성'[性]도 리와 동일시된다. 즉, 성즉리(性卽理)이다. 이 표현은 주시의 문집 곳곳에서 자주 보이는데, 원래는 츠엉이의 견해다. 츠엉이와 주시의 학문 체계를 묶어서 '성리학'으로 부르는 이유가 여기에 있다.

주시는 "리와 기는 떨어진 적이 없다"(『어류』 권1, 「리기 上」, 3쪽)라고 말했다. 이것은 두 개념의 떠날 수 없는(不離) 성격을 말한다. 그런데 논리적으로 이들은 각기 개성을 유지한다. 리는 스스로 리고 기는 스스로 기라는 말이다. 이것은 두 개념의 섞일 수 없는(不雜) 성격을 말한다. 술어의 측면에서 전자를 '리기불상리'(理氣不相離)라고 말하고, 후자를 '리기불상잡'(理氣不相雜)이라고 일컫는다. '불상리'는 현존하는 세계 즉, 사실 관계의 이야기인데, 술어로는 사물의 관점에서 본다는 뜻이다. '불상잡'은 관념상의 이야기인데, 술어로는 논리적인 관점에서 관찰한다는 말이다. 주시는 다음과 같이 말한다.

> 이른바 '리'와 '기'는 분명히 두 물건이다. 다만 '사물의 관점에서 본다면'(在物上看), 리와 기가 섞여 있어서, 각각 한곳에 있는 것으로 나눌 수(分開) 없다. 그러나 리와 기는 각각 한 물건(一物)이 됨을 방해하지 않는다. 만일 '논리적인 관점에서 본다면'(在理上看), 비록 사물이 아직 존재하지 않는다고 하더라도 사물의 리는 이미 존재한다. 그러나 또한 그 사물의 리만 존재할 뿐이요, 실제로 이 사물이 존재하는 것은 아니다. 무릇 이러한 것을 살필 때는 모름지기 시종일관 분명하게 인식하여야 착오가 없다. (『주희집』 권46, 「서書」, 《답유숙문》, 2243쪽)

이러한 설명을 볼 때, 주시의 '리기론'은 맑은 날 보름달처럼 시원한 이론이 아니다. 그의 글 가운데는 사람을 혼동시키는 모호한 표현이 자주 나온다. 그 가운데 한 가지는 리와 기가 하나인가 둘인가라는 문제다. 위에서 말한 "이른바 리와 기는 분명히 두 물건이다"라는 표현을 놓고 많은 학자들이 혼란에 빠졌다. 리와 기는 원래 분리할 수 없는 개념이다. 그런데 '두 물건'(二物)이라고 말하면, 분리 가능한 개념이 되고 만다. 굳이 설명하자면 이 구절은 현상계를 놓고 말한 이야기가 아니고, 오로지 관념(논리)상에서만 분별이 가능하다는 것으로 이해할 필요가 있다. 리기의 선후(先後) 문제도 같은 범주에 속한다. 리가 먼저냐 혹은 기가 먼저냐라는 질문은 현상계의 이야기가 아니고, 관념(논리)상에서 가능하다. 현상계는 오로지 기의 세계다. 존재하는 것은 오로지 현상일 뿐이다. 여기서 리기의 선후에 대한 물음은 현학적인 것이 되고 만다. 사람들을 혼란시키는 또 다른 문제로 '기강리약설'(氣强理弱說)이 있다.

> '기'는 비록 '리'의 소생이지만, 이미 출생하면 리가 간섭할 수 없다. 말하자면 리가 기에 붙어 있으니, 일상생활의 운용에서는 모든 것이 기로 말미암은 것이다. 다만 이 기는 강하고, 리는 약하다(氣雖是理之所生, 然旣生出, 則理管他不得. 如這理寓於氣了, 日用間運用都由這箇氣, 只是氣强理弱). (『어류』 권4, 「성리 1」, 71쪽)

이른바 기강리약설이라고 표현되는 이론은 내용이 바람직하지 못하다. 분리할 수 없는 상호 협조와 의존 관계에 있는 리와 기가 어느 편이 강하고, 어느 편이 약하다는 말은 무엇을 뜻하는가? 현상계에 발현하는 기보다도 여기에 얹혀 타는 리가 주재자(主宰者)로서 강하다고 말할 수도 있지 않은가? 이처럼 불필요한 주시의 표현으로 말미암아 '리기론'은 난해한 '아포리아'(aporia)로 작용할 가능성이 매우 높다. — 아포리아는 철학적 퍼즐(puzzle) 혹은 곤경(impasse)으로 번역된다. 이 개념은 그리스 철학에서 유래하는데, 현대 프랑스 철학자 자크 데리다(Jacues Derrida, 1930～2004) 철학의 주요한 관념이다.

주시의 리기론이 철학적인 곤경(impasse)으로 작용한 예를 들어본다. 조선 시대 유학자인 퇴계 이황과 율곡 이이는 리기에 대한 개념을 놓고 서로 다른 견해를 펼쳤다. 이황은 '리기호발'(理氣互發) 혹은 '리발기수'(理發氣隨)의 이론을 주장했다. 이는 '리'가 '기'와 같이 동작을 할 수 있는 운동의 주체이고, 리와 기는 공간상으로 이합(離合)이 있으며, 시간상으로 선후가 있음을 말한다. 이황의 이론에 의하면 리도 기만큼 강한 존재, 어쩌면 리강기약(理强氣弱)의 측면이 가능하다는 내용을 담고 있다. 이에 대하여 이이는 '리통기국'(理通氣局) 및 '기발리승일도'(氣發理乘一途)의 견해를 주장했다. 이에 의하면 '리'는 주체적으로 운동하는 개념이 아니고 '기'에 얹혀 타는 존재다. 리가 이렇게 기에 신세를 지고 있으므로 기만 강하다는 해석이 가능하다. 이이의 주장은 이황에 대한 대항(對抗) 이론으로 나타났지만, 근원은 주시의 불필요한 기강리약설의 주장으로 인하여 발생했다고 볼 수 있다.

18.1.2 리일분수(理一分殊)

츠엉이와 주시 성리학의 대표적 이론 가운데 하나는 '리일분수'의 이론이다. 츠언라이(陳來)의 표현에 의하면, 리일분수 네 글자는 츠엉이가 「서명西銘」에 관한 양스(楊時양시, 1053~1135)의 의문에 답변하는 과정에서 제기된 명제라고 한다(『송명리학』, 1995). 주시는 이 문제를 어떻게 인식했을까? 『주자어류』 처음 부분과 『주희유집朱熹遺集』에서 실마리를 찾는다.

> '리'와 '기'에 대하여 물었다. 대답했다. 이츠우안(伊川, 츠엉이) 선생이 잘 말씀하였다. "리는 하나지만, 나누어져 달라진다"라고 하였다(伊川說得好, 理一分殊). (『어류』 권1, 「리기理氣 上」, 2쪽)

츠엉이(程子)가 '리일이분수'(理一而分殊)를 잘 밝혔는데, 이는 한마디로 모든 것을 설명한다. 하늘(乾)로 아버지를 삼고, 땅(坤)으로 어머니를 삼는다. 생명을 지닌 사물 가운데 그렇지 않은 것이 없으므로, '리'(理)를 하나라고 말한 것이다. 그러나 사람과 동식물이 태어나면서 자기 친속이 있기에, 각자 자기 부모를 부모로 섬기고 자기 자식을 자식으로 양육한다. 따라서 그 구별[分]도 다르지 않을 수 없다. 〔『주희유집朱熹遺集』 권3, 「잡저」, 《서명론西銘論》, 쓰츠우안(四川)교육출판사 점교본, 5667쪽〕

문자적인 의미에서 '리일분수'(理一分殊)란 "리는 본래 하나지만 현상적으로 나뉘어 다르다"라는 말이다. 하나인 리가 나뉘어(分, 이 글자는 구별 혹은 직분 등으로 번역된다) 다르게 된다(리일분수)라고 함은 무슨 뜻인가? 위의 문장에 의거하여 주시의 뜻을 읽으면, 생명을 지닌 존재는 모두 하나의 원리에 영향을 받는다는 것이다. 이것이 장짜이(張載)의 「서명西銘」에 담긴 만물일체의 사상이다. 그러나 리는 또한 각각의 존재에도 들어 있다. 그것은 마치 각 개인의 아버지 혹은 아들에게 섬김과 양육의 이치와 같다. 주시는 다음과 같이 말한다.

> '리'는 오직 하나일 뿐이다. 도리(道理)는 같은데, 그 나뉨(分)은 다르다. 군신(君臣)에게는 군신의 도리가 있고, 부자(父子)에게는 부자의 도리가 있다. (『어류』 권6, 「성리性理 3」, 《인의예지등명의名義》, 99쪽)

이 이야기는 앞의 인용문과 별로 다를 것이 없다. 츠언라이는 이와 같은 내용을 놓고, 도덕 원리(理一)는 서로 다른 구체적인 규범(分殊)으로 표현될 수 있으며, 이 다른 규범에는 공통적인 도덕 원리가 함유되어 있다고 이해한다. 그래서 그는 리일분수가 윤리적인 도리라고 주장한다.

저우뚠이의 저술 『통서通書』에 "음양 이기와 오행이 만물을 낳는다.

오행의 구분은 음양의 실체고, 둘의 근본은 하나다. 이와 같이 만 가지가 하나가 되고, 하나의 실체는 만 가지로 나뉜다. 만 가지와 하나가 각각 바르고, 크고 작은 모든 것이 제자리를 정한다"(二氣五行, 化生萬物. 五殊二實, 二本則一. 是萬爲一, 一實萬分. 萬一各正, 小大有定)라는 구절이 있다. 이를 놓고 주시는 다음과 같이 해석했다.

> 만물을 합하여 말하면 하나의 태극일 뿐이다. 그 근본에서 말단에 이르기까지, 만물은 '하나의 리'(一理)의 실체를 나누어 가지며, 그것을 본체로 삼는다. 그러므로 만물 안에는 각기 하나의 태극이 있다(是合萬物而言之, 爲一太極而已也. 自其本而至末, 則一理之實, 而萬物分之以爲體, 故萬物之中, 各有一太極). (『주돈이집』, 「통서해通書解」, 〈리성명理性命 22〉)

리일분수에 대한 주시의 사고는 여기서 구체적으로 나타난다. 그는 저우뚠이의 '일실만분'(一實萬分)의 생각을 잘 읽은 것이다. 이것은 하나의 리가 만 가지로 나뉜다는 뜻이며, 리일분수의 다른 표현이다.

그러나 내용이 어렵기 때문에 주시가 고민한 흔적이 곳곳에서 보인다. 그는 제자들이 이해할 만한 비유를 찾아냈는데, '월인천강'(月印千江)의 비유가 그것이다.

> 본래는 하나의 태극일 따름인데, 만물은 각기 그것을 부여(품부)받아 하나의 태극을 온전하게 갖춘다. 예컨대 하늘에 있는 달은 하나일 뿐이다. 세상 도처에 그것이 분산되어 나누어 비춘고 해서 "달이 나누어져 있다"라고 말할 수는 없다. (『어류』 권94, 「주자지서周子之書」, 《통서通書》, 2409쪽)

이는 강호(江湖)에 수없이 많이 떠 있는 달은 원래 하나인데(理一), 이것이 나누어져서 만물에 비출 뿐(分殊)이라는 설명이다. 여기서 주시의 특유한 술어가 탄생한다. '통체일태극(統體一太極)'과 '각구일태극(各具一太極)'설이 그것이다.

> 종합하여 말하면, 만물 전체가 하나의 태극이다. 분석하여 말하면, 하나의 사물마다 각기 하나의 태극을 가진다(蓋合而言之, 萬物統體一太極也. 分而言之, 一物各具一太極也). 〔『주돈이집』, 「태극도설太極圖說」, 츠언커밍(陳克明) 점교본, 5쪽〕

주시에 의하면 천지만물은 전체로서 하나의 태극이다. 그런데 인간과 동식물의 관점을 놓고 볼 때, 사람과 각개 동식물은 우주의 본체인 태극을 부여(품부)받아서 자신의 '리'(理)로 삼는다. 인간은 전체 인류(mankind)의 구성분자며, 동시에 각 개인의 개성을 가진 존재다. 그러므로 아무리 작은 존재라도 각자의 개성은 중요하다. 불교 용어를 빌리면, "한 티끌 가운데 온 우주를 머금었다"(一微塵中含十方)라는 표현이 이것이다.

'통체일태극'과 '각구일태극'설은 유가의 술어로 말하면, '전'(專, 오로지 전)과 '편'(偏, 치우칠 편)의 논리다. 만물은 모두 오행의 기운을 타고 났는데, 다만 치우치고 온전하고 통하고 막힘(偏全通塞)과 맑고 탁하고 순수하고 잡박함(淸濁粹駁)의 차이가 존재한다. 편전통색은 오행의 배합 비율의 문제고, 청탁수박은 기질의 질적(質的) 차이를 말한다. 편과 전의 논리를 유가의 범주인 '인'(仁)을 가지고 설명하면, 인은 전언(專言)하면 '의(義)·예(禮)·지(智)'를 포괄하는 통체(統體)로서 말하는 것이며, 편언(偏言)하면 '의·예·지'와 대비되는 일물(一物)로서 말하는 것이다(이상익, 『주자학의 길』, 2007, 95·99쪽 참조)

주시의 리일분수설은 그 의미가 깊다. 현대 용어로 말하면 통체일태극은 보편성(universality)을 가리키며, 각구일태극은 특수성(particularity)을 일컫는다. 이처럼 모든 존재는 보편성과 특수성을 공유한다. 사람은 인류 전체의 보편적 존재로서 사람이면서(理一), 동시에 각 국가·민족 혹은 동네 곳곳에 존재하는 특수한 존재로서 사람이다(分殊). 전체로서의 인권이 존중되어야 하는 동시에 개개인의 개성 또한 존중되어야 한다. 이와 같이 모든 사물에는 개개 존재에 리가 갖추어져 있고, 동시에 모든 사물은 전체 질서 속의 리로 편입된다. 이와 같은 이론이 리일분수설이다.

18.2 주시의 심성론

18.2.1 마음이 '성'과 '정'을 통제한다(心統性情)

인성(人性)을 논함에 일차적으로 중요한 개념은 마음[心]이다. 주시는 마음을 불가(佛家)에서 말하는 것처럼 공허하다고는 생각하지 않았다. 그는 마음을 실심(實心)의 측면에서 보았다. '실심'이란 마음이 공허한 것이 아니고 실제적인 것이라는 뜻이다. 마음에 관한 이론은 본성[性]·감정[情]의 개념이 함께 사용될 때 의미를 지닌다. 그리고 심성론의 탐구는 리기론의 연장선에서 전개된다. 만일 리·기에 대한 적실(的實)한 이해가 없으면, 심성론의 세계에 한 걸음도 들어갈 수 없다. '심·성·정'에 대한 주시의 대표적인 표현을 인용하면 다음과 같다. — 여기서는 심·성·정의 한글 번역인 마음(mind)·본성(nature)·감정(emotion)으로 표현하대, 경우에 따라서 심·성·정을 그대로 사용한다.

• 본성은 '리'다(性卽理也). (『어류』 권5, 「성리性理 2」, 《심성정의등명의名義》, 82쪽)

• 마음의 리는 태극이지만, 마음의 동정은 음양이다(心之理是太極, 心之動靜是陰陽). (위의 글, 84쪽)

• 신령함은 마음인가, 아니면 본성인가? 가로되, 신령함은 오로지 마음이고 본성은 아니다. 본성은 다만 리다(靈處是心, 抑是性? 曰 : 靈處只是心, 不是性. 性只是理). (위의 글, 85쪽)

• 느끼는 바는 마음의 리다. 능히 느끼는 자는 '기'의 영험함이다(所覺者, 心之理也. 能覺者, 氣之靈也). (위의 글, 85쪽)

• 마음은 기의 정밀하고 영험함이다(心者氣之精爽). (위의 글, 85쪽)

• 마음에는 선악이 있다. 본성은 불선(不善)이 없다. 만일 기질의 본성을 논한다면 불선(不善)이 있다(心有善惡, 性無不善. 若論氣質之性, 亦有不善). (위의 글, 89쪽)

• 하늘로 말하면 '명'(命)이요, 사람에 품수된 것으로 말하면 본성이요, 이미 발현하면 감정[情]이다(在天爲命, 稟於人爲性, 旣發爲情). (위의 글, 90쪽)

• 헝취(橫渠횡거, 張載장짜이)의 말이 매우 좋다. 가로되, 마음이 본성과 감정을 통섭한다고 한다(橫渠說得最好, 言'心統性情'者也). (위의 글, 92쪽)

• 마음은 주재(主宰)함을 말한다. …… 마음이 본성과 감정을 통섭한다(心, 主宰之謂也. …… 心統攝性情). (위의 글, 94쪽)

• 마음은 본성과 감정을 통섭한다. '통' 자는 '겸' 자와 같다(心統性情, 統猶兼也). (『어류』 권98, 「장자지서張子之書 1」, 2513쪽)

• 마음이 지향하는 바를 가리켜 뜻[志]이라고 한다(心之所之謂志). (위의 글, 98쪽)

• 마음은 사람의 신명이다. 모든 리를 갖추고 만사에 응한다(心者, 人之神明. 所以具衆理應萬事). (주시, 『맹자집주孟子集註』, 「진심장 上」 注)

• (명덕은) 허령하고 어둡지 않다. 모든 리를 갖추고 만사에 응한다(虛靈不昧, 以具衆理應萬事). (주시, 『대학장구大學章句』, 「명덕」 注)

• 본성은 곧 마음이 가지고 있는 리요, 마음은 곧 리가 모이는 곳이다(性便

是心所有之理, 心便是理之所會之地). (『어류』 권5, 「성리 2」, 88쪽)

• 사오옹(邵雍, 邵堯夫)이 말하였다. '본성은 도의 형체요, 마음은 본성을 싸고 있는 바깥 성곽이다'(性者, 道之形體. 心者, 性之郛郭). 이 설이 매우 좋다. (『어류』 권4, 「성리 1」, 64쪽)

이상의 인용문에서 우리는 주시의 '심성론'의 대체를 얻을 수 있다. 마음[心]이란 무엇인가? 그것은 인간 육체의 기관인 심장(心臟, heart)인가, 아니면 주재(主宰) 작용을 하는 무엇인가?

주시에 의하면 심(마음)은 육체의 기관을 말하는 것은 아니다. 마음은 기(氣)에 속하며, 그것도 기의 잡박(雜駁)한 것이 아니고 정밀하고 영험함(精爽)을 지닌 기다. 우리는 앞에서 기는 능히 응결 조작(造作)하는 기능이 있음을 보았다. 마음은 이와 같은 조작의 기능을 수행하며, 그것이 주재(主宰)의 뜻이다.

마음에 주재(지배) 기능의 있음을 가리켜 '심통성정'(心統性情)이라고 한다. 처음 이 개념을 정립한 학자는 장짜이인데, 그는 "마음이 성·정을 통섭한다. 모양[形]이 있으면, 몸[體]이 있고, 본성[性]이 있으면 정(情)이 있다"(心統性情者也. 有形則有體, 有性則有情)라고 말하였다(『장재집張載集』, 「습유拾遺」, 중화서국, 2008, 374쪽). 주시는 이를 더욱 발전시켰다. 주시에게 심통성정은 하나의 명제다. 여기서 '통'(統)은 동사로 겸하다 혹은 포함하다라는 뜻과 통섭하다는 의미가 있다. 통섭하다의 경우는 통제하다 혹은 관리하다라는 뜻이다. ― 오하마 아키라(大濱皓)는 통 자를 포괄하다(包括)의 뜻과, 주재하다(主宰)의 뜻으로 파악한다(오하마 아키라, 이형성 옮김, 『범주로 보는 주자학』, 1999, 177쪽). 이상익도 심통성정에서의 통 자를 포함과 주재의 두 가지로 나누어 보았다. 그리고 주재를 설명하면서 관섭(管攝)을 덧붙였다. 통섭, 관섭 혹은 주재 등의 어감(語感)은 모두 지배의 의사를 담고 있다(이상익, 『주자학의 길』, 85쪽 이하).

주시는 "마음(심)이 본성(성)과 감정(정)을 통섭한다"(心統攝性情)라고 분명하게 밝혔다. 주시의 표현을 인용하면 다음과 같다.

> 마음[心]은 몸을 주재하는 것으로 그 본체가 되는 것은 본성[性]이고, 그 작용이 되는 것은 감정[情]이다. 그러므로 동정(動靜)을 관통하여 없는 곳이 없다. (『주희집』 권40, 「서書」, 《답하숙경答何叔京》 29서, 1886쪽)

주시에 의하면 마음이 주재자다. 그는 또 이렇게 말한다.

> 인·의·예·지는 본성[性]이고, 측은·수오·사양·시비는 감정[情]이다. '인'으로 사랑하고, '의'로 미워하며, '예'로 사양하고, '지'로 아는 것은 곧 마음[心]이다. 본성이란 마음의 '리'고, 감정이란 마음의 작용이며, 마음이란 본성과 감정의 주재자다(性者心之理也, 情者心之用也, 心者性情之主也). (『주희집』 권67, 「잡저雜著」, 《원형이정설》, 3512쪽)

이 문장의 마지막 '심자성정지주야'(心者性情之主也)에서 '주'(主) 자를 명사로 보면 그 뜻은 주재하는 존재 혹은 통섭하는 존재가 된다. 그러므로 심통성정은 마음이 '성'과 '정'을 겸하고 있는 정도를 넘어서서 지배하는 존재임을 말한다. 이때의 성은 미동(未動)의 존재이며, 정은 이동(已動)의 상태다. 다시 말하면 심은 고요한 성과 발동한 정을 주재(지배)한다. 이것이 주시의 흔들리지 않는 주장이다.

> 성은 리다. 성은 본체고, 정은 작용이다. 성과 정은 모두 마음[心]에서 나온다. 그러므로 마음은 그것을 통솔할 수 있다. 통솔이란 병사들을 통솔하는 것처럼 그것을 주재한다는 뜻이다(性者, 理也. 性是體, 情是用. 性情 皆出于心, 故心能統之. 統, 如統兵之'統', 言有以主之也). (『어류』 권98, 「장자지서張子之

書 1」, 2513쪽)

이 글에 의하면 통 자는 통섭을 넘어서 통솔의 뜻이다. 이는 군대에서 장교가 병사를 통솔하는 것과 같은 뜻으로 매우 강한 의미를 담고 있다. 츠언라이에 의하면, 마음[心]은 사유와 의식 활동의 총체적 범주를 상징하고, 그 내재적 도덕 본질이 성(性)이며, 구체적인 감정과 생각은 정(情)이다. 그는 '심주성정'(心主性情)이란 의식 주체와 이성이 감정을 주도하고 통제하는 것으로, 도덕의식이 비도덕적 관념을 제재하는 뜻도 포함한다고 말한다〔츠언라이(陳來), 『송명성리학』, 25쪽〕. 그러나 도덕의식이 비도덕적 관념을 제재한다는 표현은 잘 이해되지 않는다. 무엇보다 '의식'과 '관념'의 관계가 모호하다. 의식(consciousness)이 형성되고 관념(notion)이 나타난다는 말인가, 아니면 관념이 있고 의식이 형성된다는 말인가?

마음은 지각(知覺) 작용을 가진다. 마음이 "허령하고 어둡지 않아서 모든 '리'를 갖추고 만사에 응한다"라는 표현은 이 작용을 말한다. 주시는 작용의 측면에서 이 같은 마음에는 두 가지 형태가 존재한다고 보았다. '인심'(人心)과 '도심'(道心)이 그것이다. 마음이 왜 두 가지 서로 다른 지각 활동은 한다는 것일까? 이에 주시는 다음과 같이 말한다.

> 마음의 허령한 지각은 하나일 뿐이다. 그런데 인심과 도심의 다른 이름이 있다. 그것이 혹은 형기(形氣)의 사사로움에서 생겨나거나 혹은 성명(性命)의 올바름에 근원하기 때문이다. 그 지각하는 바는 같지 않다. 그러므로 혹은 위태하여 불안하고, 혹은 미묘하여 보기 어렵다. 그렇지만 사람이 형체(몸)가 없을 수 없으므로 뛰어난 인간도 '인심'이 없을 수 없다. 또한 어리석은 인간도 '도심'이 없을 수 없다. (『중용장구中庸章句』, 「서序」)

인심을 편의상 '본능의 마음', 도심을 '도덕의 마음'으로 번역하자. 사람은 아무리 뛰어난 인간이라 할지라도, 목마를 때 물을 찾고 배고플 때 음식을 찾는다. 또한 강하거나 아름다운 이성(異性)을 만나면 성적(性的) 욕구를 느낀다. 주시에 의하면, 이 같은 본능의 마음은 위태하여 불안하다. — '위태하고 불안하다'(危殆而不安)라는 표현은 본능을 그대로 방치할 수 없다는 '엄숙주의'의 표현이다. — 또한 아무리 어리석은 인간이라도 착한 마음이 없지 않다. 〔멍커(孟軻)의 말을 빌리면, 어린아이가 우물가로 기어가서 빠지려고 할 때 이를 보고 달려가서 구하지 않을 사람이 없다.〕 주시에 의하면, 이와 같은 도덕의 마음(도심)은 미묘하여 보기 어렵다. — '미묘하여 보기 어렵다'(微妙而難見)는 표현은 도덕을 실천하기가 쉽지 않다는 말이다.

주시는 "마음[心]에는 선악이 있다"라고 말했다. 이렇게 선악의 문제를 놓고 볼 때, 도덕의 마음은 순수하게 선한 마음이고, 본능의 마음은 사욕(私欲)이다. 그는 전자는 천리(天理)고, 후자는 인욕(人欲)에 속한다고 보았다.

> 나는 사물에 느끼는 자를 마음[心]이라고 일컫는다. 그 움직이는 것은 '정'(情)이다. 정은 본성(性)에 근원하고 마음에 주재당한다. 마음이 주재함에 그 움직임이 중절(中節)에 알맞지 않으면 안 된다. 왜 인욕(人欲)이 있게 되는가? 마음이 주재하지 못하고 정이 스스로 움직이면, 인욕에 흘러서 올바름[正]을 얻지 못한다. 그러므로 천리와 인욕의 구별, 중도에 '알맞음'과 '맞지 않음'의 구분이 다만 마음의 주재 혹은 주재하지 않음에 달려 있다. (『주희집』 권32, 「서書」, 《문장경부問張敬夫》, 1375쪽)

이 글에서 "마음이 주재하지 못하고 정이 스스로 움직인다"(心不宰而情自動)라는 표현은 본능적 행위를 말한다. '정자동'(情自動)을 "정이 제멋대로 행동한다"라고도 번역할 수 있다. 주시는 마음이 통제되지 않은 채 본능적인 행동으로 나아감을 "인욕에 흘러서 올바름을 얻지 못한다"(是以流於人欲, 而每不得其正也)라고 표현했다. 본능의 마음(인심) 자체는 악(惡)이라고 말할 수 없으나, 본능으로 흘러간 행위는 악의 범주에 속하는 것이다. 그런데 주시는 '천리'만 용납하고 '인욕'을 인정하지 않는 듯하다.

위에서 보았듯이 본능의 마음은 위태롭고 불안하지만 악한 것은 아니다. 그런데 이 마음을 인욕의 범주에 집어넣으면 악한 것이 되고 만다. 이는 마음의 지각 작용을 인심과 도심으로 나누는 지나친 이분법(二分法)의 사고에 기인한다. 그러므로 이와 같은 표면적인 구별이 양명학파에 의하여 비판받는 것은 그만한 이유가 있다.

18.2.2 천명지성과 기질지성

중국철학에서 '성'(性)은 가장 난해한 개념 가운데 하나다. 주시도 그 난해성을 여러 차례 언급한 바 있다. 이것은 다음과 같다.

> 여러 선비들이 '성'을 논한 것이 같지 않다. 선악의 측면에서 시비가 밝혀지지 못함은 성 자를 안정시키지 못한 때문이다(諸儒論性不同, 非是於善惡上不明, 乃'性'字安頓不着). (『어류』 권5, 「성리 2」, 84쪽)

> 성인은 다만 '성'을 이해한 사람이다. 백가의 설이 분분한 까닭은 다만 성 한 글자를 모르기 때문이다. 양시옹(揚雄)은 모호하고, 쉰쿠앙(荀況)은 신발을 신은 채 발바닥의 가려운 데를 긁는 것과 같나(聖人只是識得性. 百家紛紛, 只是不識 '性'字. 揚子鶻鶻突突, 荀子又所謂隔靴爬痒). (위의 글)

주시는 본성[性]에 대한 이해가 간단하지 않음을 말하고 있다. 주시 자신도 리기론을 포함하여 이 문제를 만년(晩年)까지 끊임없이 사색했다.

후학이 '만년정론'(晩年定論)이라고 운운하는 것은 심성론의 난해성을 말해 주는 반증이다. 『중용』 서두에서 다음과 같이 말했다.

> 하늘이 명한 것을 성(性)이라고 하고, 성을 따름을 도(道)라 이르고, 도를 따름을 교(敎)라고 이른다(天命之謂性, 率性之謂道, 修道之謂敎).

주시 성리학의 '성' 개념은 여기서 출발한다. 그는 "사람과 사물이 태어날 때, 각각 그 부여한 바의 리를 얻음으로 인하여 건순(健順), 오상(五常)의 덕목이 되는 것이 이른바 성이다"("人物之生, 因各得其所賦之理, 以爲健順五常之德所謂性也", 『중용장구』 제1장)라고 말했다. 성이란 인간에게 부여된 보편적·자연적·필연적인 리라고 해석된다(오하마 아키라, 『범주로 보는 주자학』, 163쪽).

보편적·자연적·필연적 '리'로서의 '성'은 인간과 사물에 모두 존재한다. 그렇다면 이른바 인성(人性)과 물성(物性, 사물의 본성)은 같은가, 다른가? — 물성의 예를 든다면, 장짜이의 말에 다음과 같은 표현이 있다. "천하에 무릇 성이라고 말하는 것이 있다. 말하자면 쇠의 본성은 강함이고, 불의 본성은 뜨거움이다"("天下凡謂之性者, 如言金性剛, 火性熱", 『장재집』, 「습유」, 374쪽).

주시에 의하면 인간과 사물의 본성은 서로 다르다. "사람의 성은 밝고 어두움(明暗)으로 논하는 반면, 사물의 본성은 다만 치우치고 막혔을 뿐(偏塞)이다. 어두운 사람은 밝게 할 수 있지만, 치우치고 막힌 놈은 통하게 할 수 없다"("人之性論明暗, 物之性只是偏塞. 暗者可使之明, 已偏塞者不可使之通也", 『어류』 권4, 「성리 1」, 57쪽). 이 말은 어리석은 사람은 영리하게 만들 수 있지만, 막힌 동물은 트이게 할 수 없다는 뜻이다.

인간의 본성(人性)에 국한하여 말할 때, 본성이란 하늘이 명한 본성과 인간에게 품부된 기질의 본성으로 나뉜다. 전자를 가리켜 '천명지성'(天命

之性)이라고 말하고, 후자를 가리켜 '기질지성'(氣質之性)이라고 부른다. 왜 이 같은 다른 이름이 존재하게 되었는가?

문제는 주시가 츠엉이의 '성즉리'(性卽理)를 칭찬했으나, 이 명제가 이면에 어딘가 불완전하다는 인식을 가지고 있었다는 데 있다. 이는 중국철학사상 멍커에 의하여 제기되었고, 양웅 및 쉰쿠앙 등에 의하여 전개된 성론(性論)이 허점에 있음을 보여준다. 주시는 다음과 같이 말한다.

> 멍커의 논의는 성선(性善)에 대하여 말함은 (정성을) 다하였다. 불선(不善)에 대해서는 함정이 있다. 이 학설은 처음에는 '선하지 않음이 없다'라고 하고, 나중에는 '선하지 않음이 있다'라고 말한다. 만일 이와 같다면, '본성을 논하면서 기(氣)를 논하지 않은 것'이니, 갖추어지지 못함이 있다. …… 쉰쿠앙과 양시옹(揚雄)은 '기를 논하고도 본성을 논하지 않은 것'이니, 그러므로 밝지 못하다(若如此, 却似'論性不論氣', 有些不備. 若荀揚則是'論氣而不論性', 故不明). (『어류』 권4, 「성리 1」, 65쪽)

주시는 본성에 대한 논의가 잘 갖추어지지 못했고 또한 밝지 못하다라고 불만을 토로한다. 이는 멍커 이후 쉰쿠앙(荀況), 양시옹(揚雄), 한위(韓愈) 등의 본성에 대한 이론이 필요하고 충분한 조건을 갖추지 못했음을 지적한 말이다.

멍커는 악이 후천적으로만 형성된다고 보았다. 그의 '성선설'은 '천명지성'(즉, 본연지성)의 측면에서만 말한 것이다. 이에 대하여 쉰쿠앙은 후천적인 경험의 세계를 강조하여 '성악설'을 주장했는데, 이는 '기질지성'의 측면에서만 말한 것이다. 맹자의 '본성만 말하고 기를 말하지 않았다'(論性不論氣)라는 구절과, 쉰쿠앙의 '기를 논하고 본성을 말하지 않았다'(論氣不論性)라는 구절은 이를 뜻한다. 우리는 주시의 이론 체계에 근거하여 멍커의 성선설과 쉰쿠앙의 성악설이 일면적 주장임을 이해하게 된다(이상 『어류』 권4, 「성리 1」, 65쪽 참고).

주시가 제시한 필요 충분 조건이 곧 '천명지성'과 '기질지성'의 이론이다. 천명지성이란 하늘이 명한 순수한 본성을 말한다. 『중용』 수장(首章)에서 "하늘이 명한 것을 가리켜 '성'이라고 한다. 성을 따름을 가리켜 '도'라고 한다"(天命之謂性, 率性之謂道)라고 했다. '리기론'의 측면에서 말하면, 천명지성은 순전히 '리'만 가리킨다. 천명지성은 그 순수 본연한 성격으로 말미암아 '본연지성'(本然之性)이라고도 부른다.

'기질지성'이란 ('리'를 품부한) '기'의 측면에서 말한 것이다. 주시는 "기가 쌓여서 바탕(質)이 되고, 본성이 갖추어진다"("氣積爲質, 而性具焉, 『어류』 권1, 「리기 上」, 2쪽)라고 했는데, 이때의 본성은 기질지성이다. 천명지성이 추상적(abstract)이고 보편적이라면, 기질지성은 구체적(concrete)이고 개별적이다. 그리고 천명지성이 선천적으로 타고난 청명하고 정통(正通)한 세계라면 — 이 세계는 순수 그 자체이므로 '선'한 것으로 간주된다. — 기질지성은 후천적으로 경험에 의해서 얻은 혼탁하고 잡박하며 편벽되고 막힌(偏塞) 세계를 말한다. 서양철학의 개념을 빌리면, 전자는 '아프리오리'(a-priori)한 세계며, 후자는 '아 포스테리오리'(a-posteriori)한 세계로 비유할 수 있다.

조심할 점이 있다. 주시의 천명지성과 기질지성이 주안점을 어디에 두는가에 있다. 곧 '성'(性)에 두 가지가 존재한다는 뜻이 아니다. 주시는 다음과 같이 말한다.

> 천지지성을 논할 때는 오로지 '리'(理)의 관점에서 말한 것이고, 기질지성을 논할 때는 리와 '기'(氣)를 섞어서 논한 것이다. (『주희집』 권56, 「서」, 《답정자答鄭子 上》, 2872쪽 ; 『어류』 권4, 「성리 1」, 67쪽)

주시는 또 다음과 같이 말한다.

기질지성은 곧 천지지성이다. 다만 이 천지지성이 어디를 좇아서 오는가가 문제다. 성은 물과 같다고 본다. 기질지성은 간장(醬)과 소금이 들어있는 물과 같아서 그 맛이 자미(滋味)하다. (『어류』 권4, 「성리 1」, 68쪽)

주시에 의하면 본성이란 원래 물과 같은데, 천명지성(천지지성)이 맹물이라면 기질지성은 소금물이다. 그러나 이와 같은 비유가 적절한 것인지에 대하여는 의문이 있다.

주시의 심성론은 난점이 많다. 그는 인·의·예·지의 사단은 본성[性]이고, 희·로·애·락의 발현은 감정[情]이라고 말한다. 그런데 '심'(心)이 '성'(性)과 '정'(情)을 주재하는 까닭에(心統性情) 성도 정도 피동적인 존재지, 능동적인 주재자가 아니다. 말하자면 본성과 감정은 마음이 아니면 발동할 수 없다. 그런데도 주시는 이렇게 말한 적이 있다.

사단(四端)은 리의 발현이요, 칠정(七情)은 기의 발현이다(四端是理之發, 七情是氣之發). (『어류』 권53, 「맹자 3」, 1297쪽)

이 같은 견해가 만일 주시의 평소 이야기라면(恒言), 주시의 철학 논리에 허점이 있다. 만일 '사단시리지발'(四端是理之發)이 확정적인 견해라면, 이것은 '리'를 운동의 주체로 인정하는 발언이다. 그러므로 이 견해에 의하면 '기'에 얹혀 타서 존재하는 리의 성격이 정면으로 부정된다. 앞에서 "기가 없다면 리가 실려 있을 곳이 없다"(無是氣, 則是理亦無掛搭處)라고 인용했다. 게다가 칠정이 모두 성의 발현이라는 데 이르러서는 (『중용장구』) 심각한 모순이 나타난다. "왜 착한 '성'(性)이 착하지 못한 부분이 있는 '정'(情)을 발현하게 되는가?"라고 묻는다면 대답할 수 없다.

주시의 심성론은 『중용장구』의 해석에서 또다시 난해한 미궁(迷宮)으로 들어간다. 『중용』 제1장에 다음과 같은 표현이 있다.

희로애락의 미발(未發)을 가리켜 '중'(中)이라고 한다. 발(發)하여 중도에 알맞음을 '화'(和)라고 한다. 중이란 천하의 대본(大本)이요, 화란 천하의 '달도'(達道)다(喜怒哀樂之未發, 謂之中. 發而皆中節, 謂之和. 中也者, 天下之大本. 和也者, 天下之達道也).

주시는 『중용』의 이 구절을 놓고 '미발'(未發)·'이발'(已發)의 이론을 전개했다. 그 요지는 "마음은 이발이고 본성은 미발이다"(心爲已發, 性爲未發)라는 데 있다. 사람의 마음이 발동(발현)하지 않은 상태가 미발인데 이는 곧 성을 가리킨다. 그러나 마음이 발동하여 이발의 상태에서 희·로·애·락의 감정으로 흘러가면 이는 정을 말한다(『주시집』 권67, 「잡저」, 《이발미발설》). 이를 다시 설명하면, "발동하지 않은 마음의 본체는 곧 성이요(未發心體是性), 발동한 마음의 작용은 정이다(已發心用是情)." — 이와 같은 마음의 본체와 작용에 대한 미발·이발의 학설을 '중화설'(中和說)이라고 일컫는다. 주시의 연보에 의하면, 이 학설은 서른일곱 살에 시작하여 마흔네 살에 「중화구설서中和舊說序」를 지음으로써 일단락된다. 여기서는 그 자세한 내용을 생략한다.

이른바 중(中)의 상태는 무엇을 말하는가? 『중용』에 의하면, 희·로·애·락의 미발(未發)이 중이다. 그런데 마음의 작용에 의하여 발동된 희·로·애·락이 지나치거나 모자람이 없는 상태를 유지하면 이를 가리켜 화(和)라고 말한다. 화란 조화(調和), 즉 하모니(harmony)를 말한다. 그런데 '심통성정'이라고도 했다. 그렇다면 과연 중을 유지할 수 있다는 말인가? 중의 상태가 가능한 것인가?

문제는 마음(mind)이다. 마음을 어떻게 파악해야 하는가? 여기서 차원을 달리하여 현대의 '인지과학' 혹은 현대 의학의 견해를 참고할 필요가 있다. 현대 의학의 관점에 의하면 마음의 활동은 두뇌(brain)의 작용으로 파악된다. 그렇다면 마음은 하나의 파동(波動, wave)이다. 실험용 기구로 두뇌의 작용을 파악하면, ‘α파’ 혹은 ‘β파’ 등의 파동을 읽을 수 있다. 만일 마음이 파동이라면, 파동은 아무리 작은 소강(小康) 상태에 들어가도 완전히 정지하지는 않는다. 정지란 곧 죽음을 의미한다. 그러므로 마음의 작용(파동)이 정지하지 않는 이상, ‘중’의 상태는 현실적으로 파악되지 않는다.

단순히 심리적 가상이 아닌 물리적(物理的) 현실에서는 ‘중’(中), 즉 미발의 상태란 존재하지 않는다. 미발이란 논리의 산물이다. 주시 이론의 허점이 여기에 있다. 마음이 파동이고 파동이란 일종의 ‘떨림’ 현상이라면, 마음의 작용은 언제나 이발의 상태다. 현실 세계 인간의 마음에 ‘미발지중’(未發之中)이란 존재하지 않는다. 그러나 마음의 작용에 모종의 윤리적(도덕적) 의미를 부여할 때는 주시의 ‘미발’·‘이발’의 학설이 가치가 있다. 이 경우에는 이발 상태의 마음을 중절(中節)에 맞도록 하는 수양 방법론이 전제가 된다.

어떤 시대에 큰 영향을 주었던 철학 이론일지라도, 시대의 변화에 따라서 수정해야 하는 경우가 있다. 주시의 ‘심성론’이 그 한 가지 예다. 오늘날 마음(心, mind)이란 뇌(腦, brain)의 작용으로 이해한다. 알려진 바에 의하면, 인간의 뇌는 대략 천억 개의 신경세포(neuron)로 구성되어 있다. 그 가운데서 마음(정신)의 작용을 담당하는 세포는 140억 개의 신피질(新皮質)이다. 뇌는 3층 구조로 되어있는데, 대뇌피질(大腦皮質, cerebral cortex), 대뇌변연계(大腦邊緣系, limbic system), 뇌간(腦幹, brain stem)이 그것이다.

뇌에는 쾌감신경이 있다. ‘A10 신경’이라고 부르는 이 신경은 대뇌변연계를 지나간다. 이곳에 대뇌 기저핵(基底核, basal ganglia) 중 하나인 미상핵(尾狀核, caudate nucleus)이 있는데, 이것이 쾌감을 일으키는 작용을 한다. 그러므로 대뇌변연계야말로 마음을 관장하는 주요 계통이다. 여기서 쾌감과 불쾌감 즉, 희·로·애·락의 감정을 처리한다. 그러므로 뇌가 감정(情)을 통제한다고 말한다. 즉 심통성정이 아니라 뇌통정(腦統情)이 옳다. — 이 경우의 '통'은 주재한다는 뜻이다. 만일 주시가 다시 태어난다면 그의 학설을 이렇게 수정할 것으로 믿는다. 이것이야말로 '만년(晩年) 정론'이 될 것이다.

문제는 본성(性, nature)이다. 과연 본성은 존재하는가? 현대 생물학의 발달은 전통적인 본성 이론에 상당한 충격을 던졌다. 이제 어떤 구체적인 대상(對象, object)으로 본성은 존재한다고 말하기 어렵다. 하버드 대학의 에드워드 윌슨(Edward O. Wilson) 교수는 인간에게 존재하는 것은 유전자의 활동이라고 말한다. 또한 펜실베니아 대학 객원 교수 로버트 라이트(Robert Wright)는 진화심리학의 관점에서 도덕(moral)의 발생을 유전자와 관련하여 본다. 이 점에 대하여 앞에서 언급한 바 있다. 본성이 착하다(性善) 혹은 악하다(性惡)라는 이론은 본성이 하나의 구체적인 대상으로 존재한다고 가정하고 전개한 이론이다. 그러나 만일 대상으로서 본성이 존재하지 않는다면, 이 같은 이론은 무의미하다. 시대의 변화와 이에 따른 인간 지식의 확장이 철학 이론의 변화를 가져온다고 할 수 있다.

18.3 주시의 수양론

형체도 없고 오감 능력으로 파악되지도 않지만, 주시는 보편적·자연적·필연적 '리'로서 '성'의 존재를 인정했다. 그리고 우리는 인간의 성에는 천명지성(본연지성)과 기질지성이 있음을 살펴보았다. 마음이 발동할 때, 사람의 기질지성은 중절(中節)의 상태를 지키지 못하고, 악의 방향으로 치달을 위험이 있다. 그렇기 때문에 마음을 잘 보존하고, 본성을 잘 길러야 하는 문제가 등장한다. 이는 수양론의 영역이다. — 『맹자』, 「진심장

上」에 "그 마음을 보존하여, 그 성을 기르는 일은 하늘을 섬기는 일이다"(存其心, 養其性, 所以事天也)라고 했다. 다만 이 같은 수양 이론은 종교의 영역에 속하기 때문에 여기서는 서술의 한계를 정하는 일에 곤혹스러움을 느낀다. 서양 철학의 전통에서는 '수양 방법론'은 다루지 않았다.

주시의 수양 이론은 츠엉이의 학설을 따랐다. 츠엉이는 두 가지 측면에서 수양론을 언급했다. 그 첫째는 마음은 경건함을 유지해야 한다는 것(涵養須用敬)이며, 그 둘째는 학문에 나아감은 앎을 넓히는 데 있다(進學則在致知)라는 것이다(『이정집』, 『유서遺書』 권18, 〈유원승수편劉元承手編〉, 중화서국, 188쪽).

주시는 이를 본받아 수양론의 2대 강령으로 '경건함에 머무름'(居敬)과 '이치를 탐구함'(窮理)을 삼았다. 그는 '경건함'[敬]을 매우 강조했다. 이 글자가 수양의 요체며, 학문을 하는 본령이라고 주시는 말한다.

> 경건함[敬]의 공부는 성인의 문하에서 첫 번째로 중요한 뜻이다. 머리에서 꼬리까지 꿰뚫은 것이니, 한순간도 끊어져서는 안 된다('敬'字工夫, 乃聖門第一義, 徹頭徹尾, 不可頃刻間斷). (『어류』 권12, 「학學 6」, 210쪽)

> '경건함'[敬] 한 글자는 참으로 성인 문하의 강령이니 마음을 보존하고 기르는 중요한 방법이다. 한결같이 이를 주로 하면, 안과 밖, 정밀함과 조잡함의 사이가 없게 된다('敬'之一字, 眞聖門之綱領, 存養之要法. 一主乎此, 更無內外精粗之間). (『어류』 권12, 위의 글, 210쪽)

주시가 말하는 경건함에 머무름(居敬)은 '어떤 한 점에 정신을 집중하여 다른 곳으로 끌려가지 않는 상태'를 말한다. 보통 이를 '주일무적'(主一無適)이라는 술어로 표현한다. 경건함은 또한 『논어』, 「안연」편에서 기록된 바와 같이, "자신을 이기고 예로 돌아감"(克己復禮)이다. 이와 같은 주일무적 혹은 극기복례의 자세를 유지하기 위하여 '정좌'(靜坐)의 방법이 알맞다. 이는 저우뚠이가 『태극도설』7항목에서 말한 '주정'(主靜)의 방법과도 짝이 된다.

주시는 이렇게 경건함을 강조하고 있으나, 보통의 인간으로서는 그 실천이 매우 어렵다. 그는 다음과 같이 말한다.

> '앉아 있는 것은 시동(尸童)처럼 단정하게 하고, 서 있는 것은 제사 지내는 것처럼 공경스럽게 하라.' '머리는 곧게 하고, 눈매는 단정히 하고, 발은 무겁게 딛고, 손은 공손히 움직이고, 입은 닫혀 있어야 하고, 기운은 엄숙하게 하라.' 이 모든 것이 경(敬)의 조목이다. (위의 글, 212쪽)

주시는 이러한 방법을 통하여 마음을 안정시키고(存其心) 수양을 쌓을 수 있다고 본다. 그러나 사람이 돌로 만든 조각상이 아닌 바에 이런 자세를 계속 유지할 수 있는지 의문이 간다. 이와 같이 올곧은 자세는 사람이 식물처럼 정물(靜物)이 아니고, 스스로 먹이를 찾아서 움직이는 동물인 이상 사실상 불가능하다. 주시가 주장한 정좌법은 불가의 좌선(坐禪)의 방법과 외면상 별다른 차이가 없다. 그러므로 그의 수양 방법론이 평소에 공격한 적(敵, 불교)의 방법을 닮았다는 모순이 있다.

주시 수양론의 2대 강령의 다른 하나는 이치를 탐구함(窮理)이다. 궁리란 주시의 '격물치지'(格物致知) 이론을 말한다. 격물치지란 사물의 이치를 탐구하여 사람의 지식을 넓힌다는 뜻이다. 그러므로 이는 수양론의 영역이라기보다 인식론의 영역이고, 주시 학문 가운데 『대학大學』에 대한 이론 정립에서 나타난다. '이치를 탐구함'이 일종의 박학다식에 속하는 것이 아니냐는 문인의 질문에 주시는 다음과 같이 대답했다.

> 당신이 말하는 사물의 이치를 탐구하여 지식을 넓힌다(격물치지)라는 것과

세상에서 말하는 박학다식과는 어떻게 다릅니까? 전자(즉 격물치지)는 자신의 몸을 반성하고 이치를 탐구하여 그 근본과 말단, 옳고 그름의 지극함을 끝까지 탐구하는 것이다. 이에 비하여 후자(즉 박학다식)는 외부 사물에 대한 지식만 추구하여 그 지식이 많음을 과시하고, 그것의 겉과 속, 참과 거짓이 실제로 그러한지는 따져보지 않는다. 전자는 반드시 그 끝까지 탐구해 냄으로, 그 지식이 넓어질수록 마음이 더욱 밝아진다. 후자는 그 사실을 따져 조사하지 않으므로, 아는 것이 많으면 많을수록 마음이 더욱 막히게 된다. (『대학혹문大學或問』)

주시의 이 같은 답변은 '격물치지'는 도덕성을 내포한 지식이요, '박학다식'은 도덕성과는 무관한 지식이라는 뜻이다. 그러므로 이것은 격물치지가 수양론의 영역이 될 수 있다는 주장으로 들린다. 궁리의 방법이란 독서를 말하고, 주시의 경우에 독서는 유가의 경전에 대한 연구를 가리킨다. 즉, 경전의 연구를 통하여 도덕성을 확보할 수 있다는 말이다. 그러나 박학다식을 추구하면 마음이 막히게 된다는 말은 모순적이다. 과연 박학다식을 추구한 사람들은 모두 마음이 막히는가?

주시에게 함양(涵養)과 궁리(窮理)는 수레의 두 바퀴와 같고, 새의 양 날개와 같다.

배우는 사람이 해야 하는 공부는 오로지 '경건함에 머무름'(居敬)과 '이치를 탐구 함'(窮理)의 두 가지일 뿐이다. 이 두 가지는 서로를 드러내 주는 것이니, 이치를 탐구하면 할수록 경건함에 머무는 공부는 날마다 진보하게 되고, 경건함에 머무를 수 있다면 이치를 탐구하는 공부는 날마다 치밀하게 된다. 비유하자면 사람의 두 다리와 같아서 왼발이 나가면 오른발은 멈추고, 오른발이 나가면 왼발이 멈추는 것과 같다. (『어류』 권9, 「학 3」, 150쪽)

수양 공부의 핵심은 마음의 수양이다. 주시 수양론의 하나인 '거경'은 곧 '정좌'(靜坐)의 방법을 통하여 이루어진다. 하지만 이는 불가의 좌선과 외면상 별다른 차이가 없으므로 새로울 것이 없다.

'격물치지'는 독서를 통한 지식 추구의 한 방법이다. 그런데 후자의 경우는 '천리'와 '인욕'을 분별하는 목적으로 수행된 듯하다. 주시는 뤼쭈치엔(呂祖謙)에게 보낸 편지에서 다음과 같이 말한다.

> 문자 공부는 비록 폐지할 수 없지만, 마음의 본원(本原)을 잘 길러야 한다. 그리고 천리와 인욕의 나뉘는 것을 살펴야 한다. 이는 일상생활에서 움직이거나 멈추어 있는 한순간에도 그만 둘 수 없는 일이다. (『주시집』 권47, 「書」, 《답여자약答呂子約》, 2308쪽)

주시의 이런 수행 방법이 '철학'의 방법이 될 수 있는지 의문이 든다. 그의 수양 방법은 항상 '경건함에 머무름'(居敬)을 강조하는 내용인데, 이 같은 경지는 종교에 넘겨주는 편이 바람직하다. 학문을 하는 자가 인격을 어느 정도 함양할 필요는 있으나, 모두가 성인(聖人)이 될 필요는 없다. 그러므로 주시의 수양 방법은 엄격성이 지나치다. 그는 수양을 통하여 천리와 인욕의 갈림길을 살펴야 한다고 했는데, 이는 엄격한 도덕주의를 지향한다. 인간의 생리적 욕구를 봉쇄하여 성인(聖人)이 아니면 안 된다는 명분론은 그 지나친 성격으로 말미암아 '사람을 잡아먹는 가르침'〔루쉰(魯迅), 『광인일기狂人日記』〕으로 매도되기도 했다. 왜 주시의 학문이 이토록 저주의 대상이 되었는지에 대하여 객관적으로 생각할 필요가 있다.

그러나 이러한 모든 문제점에도 불구하고, 2정(二程)과 주시의 학문은 중국 철학사상 고유의 가치를 지닌다. 정주(程朱)의 학문은 별처럼 많은 문하생의 노력에 의하여 불멸의 문화적 업적으로 자리 잡았다. 이에 대한 정씨 문하의 시에리앙쭈어(謝良佐, 1050～1103), 양스, 뤼따린(呂大臨,

1040~1092) 형제의 업적을 기억할 필요가 있다. 그리고 주시의 학문적 동료인 장스(張栻장식, 1133~1180)와 뤼쭈치엔, 그의 제자인 차이위앤띵(蔡元定채원정, 1135~1198), 차이위앤띵의 아들 차이선(蔡沈채침, 1167~1230) 그리고 후앙깐(黃榦황간, 1152~1221), 츠언츠운(陳淳진순, 1159~1223) 등의 학문적 노력도 잊어서는 안 될 것이다.

2정과 주시의 학문은 중국 내부에서만 문화적 에너지를 발휘한 것이 아니다. 주시의 철학은 전통 사회에서 동아시아 전체의 화두(話頭)로 발전했다. 조선 왕조의 성리학의 발전에서 '사단칠정론'과 '인물성동이론'은 그 대표적인 예다. 만일 우리가 진정으로 전통에 대하여 자부심을 가진다면, 주시의 학문에 대하여 경의(敬意)를 표해야 한다. 보통의 인간으로서는 부담스러울 정도의 엄격한 마음가짐에 대한 훈련을 요구했으나, 그 때문에 동아시아에서 이상적인 인간의 모습으로 군자(君子)를 소망하게 되었다. 그러나 전통 사회가 그랬듯이 주시에 대한 존경심이 종교적 우상(偶像)으로 작용할 수 있음에 대하여 주의를 기울일 필요가 있다. 진리가 우리를 자유롭게 할 수 있도록, 천리와 인욕이 어떻게 나뉘는지를 살펴야 한다.

주시의 학문(朱子學)은 근대 이후 평가절하된 측면이 있다. 일부 학자들이 그의 학문을 봉건적, 보수적, 허례허식, 관념적 혹은 전근대적 등의 용어로 비하(卑下)했다. 현대인에게 그의 사상 체계는 서양 중세의 토미즘[Thomism, 토마스 아퀴나스(Thomas Aquinas)의 신학 혹은 철학] 처럼 여겨질 것이다. 주시의 학문이 현대의 시대정신에 알맞지 않다고 하여, 역사적인 존재로서 그 위치를 가볍게 보아서는 안 된다. 그의 학문 체계는 동아시아 문명의 공통 요소로서 조선 및 일본에 중차대한 영향을 미쳤으며, 그것은 한 시대의 대세(大勢)였다.

무엇보다 조선 왕조 창립 이후 주시의 사상적 영향은 지대했다. 조선 왕조는 주시의 학문(성리학)을 받아들여 발전시켰으며, 그 결과 동아시아 문명의 형성과 발전에 일정 부분 기여했다. 현상윤(1893~1950?)의 『조선유학사』에 의하면, 조선 중기 이후 별처럼 많은 유학자가 조선의 방방곡곡에서 사서삼경(혹은 오경)을 읊어대며, 이 학문을 연마했다. 그리하여 조선왕조의 '사단 칠정 논쟁', '호락(湖洛) 논쟁'(인물성동이 논쟁) 혹은 '예송(禮訟) 논쟁'은 거대한 학문적 유산(legacy)을 남겼다. 비록 전통 사회와는 크게 다른 현대를 살아가는 한국인이라 할지라도, 이 유산으로부터 완전히 자유로운 사람은 존재하지 않는다. 우리는 '역사적인(historical) 나'로서 생존하고 있기 때문이다. 역사적인 존재로서 한국인은 주자학과 떼려야 뗄 수 없는 운명적인 인연의 굴레 속에 묶여 있다〔자세한 내용은 윙-칱 찬(陳榮捷)의 『주자강의』, 2001의 표정훈의 글 참조〕.

참고문헌

금장태, 『산해관에서 중국역사와 사상을 보다』, 효형출판, 1999.

오종일, 『중국사상과 역사의 근원을 찾아서』, 한울, 2008.

이상익, 『朱子學의 길』, 심산, 2007.

조남호, 『주시—중국철학의 중심』, 태학사, 2005.

한국동양철학회, 『동양철학의 본체론과 인성론』, 연세대학교출판부, 1984.

장짜이(張載), 『장재집張載集』, 중화서국, 2008.

저우뚠이(周敦頤), 『주돈이집周敦頤集』, 츠언커밍(陳克明진극명) 점교본, 중화서국, 1990.

주시(朱熹), 『이락연원록伊洛淵源錄』, 상무인서관, 1935 영인본.

———, 『주시집朱熹集』 전10권, 꾸어자이(곽재郭齋)·인뿨(윤파尹波) 점교본, 쓰츠우안(四川)교육출판사, 1996.

양리엔(楊廉) 편, 『이락연원록신증伊洛淵源錄新增』, 한국국립중앙도서관 소장 영인본, 1996.

츠엉하오(程顥)·츠엉이(程頤), 『이정집二程集』 上下, 왕샤오위(王孝魚) 점교본, 중화서국, 1981.

츠언라이(陳來), 『송명리학宋明理學』, 리아오닝(遼寧)교육출판사, 1995.
(츠언라이, 안재호 옮김, 『송명성리학』, 예문서원, 1997)

훵따원(馮達文)·꾸어지용(郭齊勇), 『신편중국철학사新編中國哲學史(下冊)』, 인민출판사, 2004.

훵여우란(馮友蘭), 『中國哲學史(二冊)』, 상무인서관, 1935.

———, 박성규 옮김, 『중국철학사 下』, 까치, 1999.

리징떠(黎靖德) 편, 『주자어류朱子語類』 전8권, 중화서국, 1994.
(리징떠 편, 허탁·이요성 역주, 『주자어류』 1~4, 청계, 1998)

치엔무(錢穆), 『주자신학안朱子新學案』 전5권, 삼민서국, 1982.

윙-칱 찬(陳榮捷, Wing-Tsit Chan), 표정훈 옮김, 『주자강의』, 푸른역사, 2001.

우노 데쓰토(宇野哲人), 손영식 옮김, 『송대성리학사』 I·II, 울산대학교출판부, 2005.

오하마 아키라(大濱皓), 이형성 옮김, 『범주로 보는 주자학』, 예문서원, 1999.

제19장
명(明)·청(淸) 시대의 철학 경향

19.1 명대의 경향 — 왕서우르언(王守仁)의 철학을 중심으로

19.1.1 주시와 루지우위앤(陸九淵)의 쟁론(爭論)

주시와 같은 시대 사람인 루지우위앤(陸九淵, 1139~1192)은 주시의 학설에 대하여 문제를 제기했다. 루지우위앤은 지앙시 성 진시〔金溪금계, 현 지앙시 성 후우저우 시(撫州市) 진시 현〕 사람으로 자를 쯔징(子靜자정), 호를 시앙산(象山상산)이라 했다. 주시보다 아홉 살 아래였지만, 그보다 먼저 세상을 떠났다. 형 루지우사오〔陸九韶육구소, 호 쑤어산(梭山)〕 및 동생 루지우링〔陸九齡육구령, 호 후우자이(復齋)〕과 더불어 '세 사람의 육씨'(三陸)라고 불린다.

루지우위앤은 지식인(독서인)으로 일생을 보냈으나, 활쏘기와 말타기 등을 즐기는 다혈질의 인간이었다. 그에 의하면 우주의 질서는 마음 밖에 존재하는 것이 아니고, 오로지 개인의 마음속에 존재한다.

> 사방 상하를 가리켜 '우'(宇)라 하고, 고금 왕래를 가리켜 '주'(宙)라고 말한

다. 우주는 곧 나의 마음이요, 나의 마음은 곧 우주다. 천만 세대 앞에 나온 성인이라 할지라도 이 마음과 이치는 같다. 천만 세대 이후에 성인이 나올지라도 이 마음과 이치는 같다(四方上下曰宇, 往古來今曰宙. 宇宙便是吾心, 吾心卽是宇宙. 千萬世之前, 有聖人出焉, 同此心同此理也. 千萬世之後, 有聖人出焉, 同此心同此理也), (『육구연집陸九淵集』 권22, 「잡저」, 《잡설》, 중화서국, 2008, 273쪽 ; 권36 「연보」, 483쪽에도 유사한 글귀가 있음) — 이하 『육구연집』 쪽수는 중화서국본을 가리킨다.

만물은 이 마음속에 있다. 이 마음에 가득 찬 것이 발현되면 우주에 가득 찬 것은 '리'(理)가 아닌 것이 없다(萬物森然於方寸之間, 滿心而發, 充塞宇宙, 無非此理). (『육구연집』 권34, 「어록 上」, 423쪽)

루지우위앤의 이와 같은 주장은 비록 정교한 이론 체계를 갖추지는 못했으나, 2정(二程) 형제와 주시(朱熹)가 주장한 성즉리(性卽理) 이론에 대하여 회의와 반감(反感)을 표시한 것이다. 이 점에서 마음 밖에 객관적인 법칙(理)의 존재를 강조하는 주자학에 대한 정면 도전이었다. 루지우위앤의 지론은 '사람의 마음이 곧 천리(天理)'라는 것으로 학자들은 이를 '심즉리설'(心卽理說)이라고 일컫는다. 그는 다음과 같이 말했다.

사람은 나무와 돌이 아니다. 어찌 마음[心]이 없을 수 있겠는가? 마음은 5관(五官)가운데 가장 존귀한 것이다. …… 그러므로 "대인은 어린아이(赤子)의 마음을 잃지 않는다"라고 했으니, 사단이 곧 마음이며 하늘이 나에게 부여한 것도 이 마음이다. 사람이라면 누구나 마음이 있으며, 마음은 '리'를 구비하고 있으니, 마음이 곧 리다(人皆有是心, 心皆具是理, 心卽理也). (『육구연집』 권11, 「書」, 《여이재與李宰 2》, 149쪽)

성즉리를 주장한 주시와 루지우위앤의 이 같은 견해 차이는 필연코 갈등을 유발할 수밖에 없다. — 앞에서 본 것처럼, 주시에 의하면 "마음은 '기'의 정밀하고 영험함이다"(心者氣之精爽). 이는 '심시기'(心是氣)를 말하는 것이다. 그러므로 '심즉리'의 주장은 주시의 견해와 정면으로 충돌한다.

또한 루지우위앤은 주시의 '천리인욕설'과 '인심도심설'을 정면으로 부정한다. 그는 천리인욕설의 근거가 되는 『예기』, 「낙기樂記」편의, "사람이 태어날 때, 조용한 것은 하늘의 본성이다. 사물에 접촉하여 움직이는 것은 본성의 욕구다"(人生而靜, 天之性也. 感於物而動, 性之欲也)라는 글은 노자(老子)의 학설에 근거한 것으로 유가의 주장이 아니라고 주장한다. 그리고 '도심'(道心)은 곧 천리가 되고, '인심'(人心)은 인욕이 된다는 주시의 견해에 대하여 반대한다(『육구연집』 권34, 「어록 上」, 395쪽).

루지우위앤과 주시는 생전에 서로 만난 일이 있다. 이들의 만남을 주선한 인물이 뤼쭈치엔(呂祖謙)이다. 순희 2년 을미년(1175) 봄 주시가 마침 후우지엔 성 우이(武夷) — 현재 후우지엔 성 우이산 시(武夷山市)에 있는 싱촌(星村) 지역을 말한다. 무이구곡(武夷九曲)이 이곳에 있다. — 에 머물고 있었다. 멀지 않은 곳에 아호사(鵝湖寺)가 있었는데, 주시 및 루지우위앤 등 당대의 지식인이 함께 모였다. 이를 '아호(鵝湖)의 모임'으로 부르는데, 중국철학사에서 상당한 의미를 가진다. 이 모임에 참석한 인물은 주시, 뤼쭈치엔, 루지우위앤과 동생 루지우링 형제, 주헝따오(朱亨道주형도)와 형 주지따오(朱濟道주제도), 임천의 태수 자오징밍(趙景明조경명)과 형 자오징자오(趙景昭조경소), 리우칭즈(劉淸之유청지) 등 적어도 아홉 사람 이상이 한자리에 보였나. — 아호사는 현재 지앙시 성 싱그아오 시(上饒市)에 이름이 '아호(鵝湖)서원'으로 바뀐 채 있다.

아호사의 학술 모임은 일종의 학술 토론, 즉 세미나에 비교할 수 있다. 이들은 4~5일 정도 함께 시간을 보내면서, 성리학의 문제를 토론했다. 토론의 방법은 발제 강연을 하고 이에 대한 토론과 질문이 뒤따르는 것이 아니고, 시(詩)를 주고받는 일종 시회(詩會)의 성격을 지니고 있었다. 아호의 모임에서 서로 확인한 것은 확연한 견해 차이였다. 루지우위앤의 문인 주형따오가 당시의 분위기를 기록하고 있다.

> 아호의 모임에서 논의가 사람을 가르치는 일(教人)에 미쳤다. 주시는 널리 책을 읽은(博覽) 뒤에 그 요점을 추려야 한다고 주장하였다. 2륙(二陸, 루지우위앤과 루지우링 형제)은 먼저 본심(本心)을 밝히고 그 후에 책을 읽어야 한다고 주장하였다. 주시는 루지우위앤 형제의 사람 가르치는 일이 지나치게 간략하다고(太簡) 비난하였고, 루지우위앤 형제는 주시의 사람 가르치는 일이 지나치게 지리(支離)하다고 지적하였다. 서로 견해가 합하여지지 않았다. 선생(루지우위앤)은 주시에게, '야오순(堯舜) 이전에 읽을 만한 책이 무엇이냐?'라고 질문하려고 하였으나, 후우자이(復齋복재, 루지우링) 선생이 이를 제지하였다. (『육구연집』 권36, 「연보」, 491쪽)

철학적 논변과 정치적 투쟁은 구별해야 마땅하다. 논변은 이성적(理性的) 작업이며 정당성은 서로 다른 견해를 인정하는 과정에서 얻어진다. 만일 합리적 동의 없이 자신의 견해만 강요할 때는 도그마(절대적)를 통한 신앙의 외길로 빠지며, 이 경우 철학은 힘을 잃는다. 이 점에서 철학은 종교와 구별되어야 한다. 성리학의 모든 문제가 '아호'의 모임에서 토론된 것은 아니다. 모임이 있은 뒤에도 그들의 의견 교환은 편지를 통하여 계속되었다. 그러나 견해 차이는 전혀 좁혀지지 않았다. 중요한 점은 이들의 쟁론(爭論)에 인간적 성격 차이가 있었다는 것이다. 주시의 이론을 적용하면, 이들의 '기질지성'이 너무 달랐다. 개인적인 성격 차이가 학문에서 영원히 만날 수 없는 평행선을 긋게 했던 사례를 여기서 볼 수 있다.

19.1.2 왕서우르언의 심즉리론(心卽理論)

① 심즉리론

루지우위앤과 학문적 성격을 같이하는 왕서우르언이 살았던 시대는 주시와 약 3백 년의 시차가 존재한다. 그 사이 송(宋)이 멸망하고, 중국은 이민족 원(元)의 지배를 겪은 뒤 명대(明代)로 접어들었다. 이 기간에 학문의 성격 변화는 거의 없었다. 명대 전반에 걸쳐 많은 학자들이 나왔지만 여기서는 왕서우르언과 루어친순(羅欽順나흠순)을 중심으로 당대의 철학 사유를 고찰한다.

왕서우르언(王守仁왕수인, 1472~1529)은 저지앙 성 위야오〔餘姚여요, 현 저지앙 성 닝뽀 시(寧波市) 위야오〕에서 출생했다. 어린 시절에 부친이 산인〔山陰산음, 현 저지앙 성 사오싱 시(紹興市)〕으로 이사했고, 훗날 그가 사오싱에서 멀지 않은 양명동(陽明洞)에 집을 짓고 살았으므로, 사람들이 그를 '양밍(陽明) 선생'이라고 불렀다. 그래서 왕서우르언의 학문을 보통 '양명학'이라고 칭한다.

그는 스물여덟의 비교적 늦은 나이에 진사 시험에 합격한 뒤로 벼슬길에 올랐다. 그리고 병부(兵部)에 근무하면서 군인의 길을 걸었다. 그는 농민 폭동을 진압한 경험이 있고, 1519년 주츠언하오(朱宸濠주신호)의 반란〔일명, 번왕(藩王)의 난〕을 평정하여 세상에 이름을 날렸다. 그 공로로 난징(南京)의 병부상서를 역임했고, 다시 꾸앙시(廣西) 지방 소수민족의 폭동을 진압했다. 이 같은 이력은 그가 생애 대부분을 군인으로 보냈음을 말해 준다. 그는 병사(兵事)에 종사하면서 틈틈이 글을 읽어서 학문에도 밝았다. 그는 문무(文武)를 겸한 인물이었다. 그러나 조정의 실력자이며 환관인 리우진(劉瑾유근)에 맞섰다가 곤장을 얻어맞고 죽기 일보 직전에 풀려나서 꾸이저우(貴州귀주) 룽츠앙(龍場용장)의 하찮은 직책으로 좌천

되었다.

그는 시골 구석인 룽츠앙에서 입을 다문 채 정좌(靜坐)에 빠졌고, 어느 날 밤 홀연히 깨우침을 얻었다고 한다. 학자들은 이를 '룽츠앙에서의 깨우침'(龍場悟道)이라고 부른다. 대부분의 연구자가 개념적으로 전달이 불가능한 '용장오도'의 경지를 뜨거운 마음으로 강조한다. 그러나 철학을 하는 사람들은 '판단중지' 〔判斷中止, 에포케epoke, suspension of judgement, 고대 그리스의 회의학파(懷疑學派)가 독단적인 판단을 중지하고 현상을 있는 그대로 받아들이라고 주장했음〕의 훈련 과정을 거칠 필요가 있다.

우리는 왕서우르언의 깨우침이 무엇인지 정확하게 알 길이 없다. 그의 몸에 무엇인가 화학적(chemical) 변화가 일어난 것은 감지되지만, 이는 개인적인 경험일 뿐 언어로 전달이 불가능하다. 그러므로 철학사에서 왕서우르언의 깨우침의 세계가 무엇인지 과장할 필요는 없다. 이것은 신비주의의 표현일 뿐 언어로 표현되는 철학의 영역으로 다루기에는 무리다. — 룽츠앙의 깨우침을 통하여 왕서우르언이 심즉리설을 확립하게 되었다는 주장이 있다(송재운, 『양명철학의 연구』, 1991, 96쪽). 그러나 주시의 성즉리설은 이 같은 깨우침[悟]의 경험 없이 확립되었다. 깨우침은 종교적 영역이며, 철학에서 강조할 내용은 아니다. 원래 심즉리를 주장한 인물은 루지우위앤이다. 하지만 그가 깨우침을 통하여 이 학설을 정립했다는 기록은 없다.

주시의 철학에서 성즉리의 명제를 강조했고, 마음[心]은 지각(知覺) 작용에 의하여 성정(性情)을 주재하는 존재라고 말했다. 그러나 루지우위앤은 "마음이 곧 '리'다"(心卽理)라는 사상을 정립했는데, 왕서우르언이 루지우위앤의 학설을 따랐다.

그렇다면 육(陸)·왕(王)이 말한 심즉리의 주장은 성즉리와 대등한 이론 체계를 갖추고 있는가? 주시의 성즉리와 왕서우르언의 심즉리를 대립적 차원에서 취급하는 학자들이 많다. 왕서우르언의 심즉리설의 근거를 찾아보자. 왕서우르언의 문하생 쉬아이(徐愛서애)가 묻고, 왕서우르언은 대답했다.

> 내(徐愛)가 "'지극한 선'(至善)을 오로지 마음속에서만 구한다면, 세상의 이치를 이해하지 못한 것이 아닌지 두렵습니다"라고 물었다. 선생(王守仁)이 가로되, "마음이 곧 '리'다. 천하에 마음 밖에 무슨 일이 있으며, 마음 밖에 또 무슨 리가 따로 있느냐?"(心卽理也. 天下又有心外之事, 心外之理乎)라고 대답하셨다. 내가 다시 물었다. "예컨대 어버이를 섬기는 효(孝), 임금을 섬기는 충(忠), 친구와 사귀는 신(信), 백성을 다스리는 인(仁)은 그 사이에 알지 않으면 안 되는 도리가 많이 있지 않겠습니까?" 선생이 탄식하며 말하기를, "그러한 주장이 진실(진리)을 가린 지 오래되었다. 어찌 한마디로 깨우칠 수 있겠느냐! …… 마음이 곧 리다. 마음에 사욕(私欲)의 가림이 없으면 이것이 바로 천리(天理)니, 밖에서 무엇을 가져다 보탤 것이 없다. 이 온전하게 천리를 따르는 마음이 발현하여 어버이를 섬기면, 이것이 바로 효다. 이 마음이 발현하여 임금을 섬기면, 이것이 충이다. 벗을 사귀고 백성을 다스리는 일에 드러나면 신이고 인이다. 오로지 이 마음에서 인욕을 제거하고 천리를 보존하는 일에 노력(用功)하면 된다"라고 하셨다. (『양명선생집요陽明先生集要 上』, 「이학편理學編」 권1, 《전습록傳習錄 一》, 중화서국, 29쪽~30쪽 ; 『전습록 上』, 정인재·한정길 역주, 청계, 2007, 81쪽 3조목) — 이후 쪽수는 중화서국본을 가리킨다.

이와 같은 주장이 왕서우르언 '심즉리'설의 대체다. 주시에게는 효도, 충성, 신뢰, 어짐[仁]의 리(법칙)가 번서나. 효도의 리에 따라서 부모를 섬기고, 충성의 법칙에 따라서 임금을 섬기고, 신뢰의 법칙에 따라서 친구를 사귀고 어짐(인)의 법칙에 따라서 백성을 다스린다. 즉 부모를 섬기는 행위, 임금을 섬기는 행위, 친구에게 믿음을 보이는 행위 속에 리가 잠재되어 있다. 그러나 왕서우르언은 리가 아니라 효도하는 마음이 즉시 효도의 행위로 나타난다고 주장한다. 츠언라이(陳來)는 왕서우르언이 도덕 법칙(리를 말함)이 도덕 행위의 대상 속에 존재하는 것이 아니라고 지적하며 주시를 비판했다고 한다(陳來, 『양명철학』, 2004).

왕서우르언의 심즉리론은 더욱 강화되어 '심외무리'(心外無理)의 사상으로 발전한다. 이는 "마음 밖에 다른 리가 없다"는 주장이다. 심외무리는 그 표현이 강할 뿐 심즉리와 아무 다를 바 없다. 왕서우르언도 물론 주시처럼 마음의 주재(主宰)와 지각(知覺) 기능을 인정했다. 다만 그는 마음이 성(性)과 정(情)을 통솔한다고 말하지 않았다.

주시의 성즉리 이론과 왕서우르언의 심즉리 이론을 놓고 학자들 가운데 전자의 학문을 '리학'(理學)이라고 부르고, 후자의 학설을 '심학'(心學)이라고 하는 사람이 많다. 이는 온당한 호칭이 아닌 듯하다. 두 사람의 학설을 이렇게 대립각(對立角)을 세우는 점은 설명의 방편(편의)상일 뿐이다. 주시와 왕서우르언의 대결은 시대를 넘어 존재했고, 시간이 흐르면서 심지어 과장되었다. 그러나 두 사람의 학설이 마치 물과 불처럼 용납될 수 없다고 보는 것은 잘못이다.

논자에 따라서 견해가 다를 수 있지만, 전체적으로 왕서우르언의 학설과 이론 전개는 주시의 정교함에 미치지 못한다. — 루지우위앤과 왕서우르언은 주시의 이 정교함을 지리멸렬(支離滅裂)하다고 비판했다. — 주시의 심성론을 볼 때, 그의 학문은 리학인 동시에 심학의 측면을 지닌다. 심학이라고 일컫는 왕(王)의 학문적 업적보다 오히려 리학이라고 부르는 주시의 학문이 '심'(心)에 대하여 더욱 정밀하게 탐구했다. 그러므로 "주시는 리학이며, 왕서우르언은 심학이다"라고 2분법으로 나누어 설명하는 태도는 문제가 있다. 왕서우르언의 주장은 독단(도그마)의 성격이 강하다. 심즉리를 주장하면서 별다른 깊이 없이 "마음 밖에 다른 리가 없다"(心外無理)라고 말하는 것이 그렇다.

왕서우르언이 주시의 학문에 염증을 느낀 이유는 다른 데 있다. 그는 주시의 학문이 입신출세의 도구로 전락해 버린 현실을 보았다(송재운, 『양명철학의 연구』, 93쪽). 그는 주시의 학문이 교조화(敎條化)된 데 반감을 표시했다. 왕서우르언에게 학문이란 도덕적 인격 즉, 성인(聖人)의 경지에 이르기 위한 수단이었다. 그 까닭에 왕은 강한 목소리로 심외무리(心外無理)를 주장했다.

왕서우르언의 학문 방법은 거경(居敬)을 바탕으로 천착하는 주시의 방법에 비하여 비교적 직각(直覺)적인 성격이 강하다. 이는 그가 불교(禪宗)적 방법을 버릴 수 없었던 데 기인한다. 사실 왕의 학문과 불교의 관계는 상당히 깊고 연원이 있다(아라키 겐고, 배영동 옮김, 『불교와 양명학』, 1996). 명대 불교에서 '돈오'의 방법은 거칠고 단도직입적인 특징이 있다. 게다가 왕서우르언이 평생 군인의 길을 걸었음을 볼 때, 학문도 간이(簡易)한 방법으로 밀어붙이는 성격이 있음을 지적할 필요가 있다. 학문이 간이하다는 점과 지리(支離)하다는 점은 무엇을 말하는가? 이는 학문에서 방법상의 문제일 것이다. 대나무 쪼개듯이 하는 간이한 방법이 바람직한가, 아니면 생선 굽듯이 혹은 봄날 얼음을 밟듯이 조심해야 하는 것인가? 또한 조심하는 방법은 과연 '지리'한가?

19.1.3 왕서우르언의 양지설(良志說)

『맹자』에 다음과 같은 구절이 있다.

> 사람이 배우지 않고도 할 수 있는 것은 양능(良能)이다. 헤아려 보지 않고도 알 수 있는 것은 양지(良知)다. 아주 어린아이라 할지라도 그 부모를 사랑하지 않는 사람이 없고, 자라서는 그 형을 공경할 줄 모르는 이가 없다. (『맹자』, 「진심盡心 上」)

이 이야기는 사람이 학습하지 않고도 선천적으로(아 프리오리, a priori) 도덕의식과 도덕 감정을 가지고 태어난다는 말이다. 이 구절을 놓고 왕서우르언은 특히 '양지'의 개념에 의미를 부여한다.

지(知)는 마음의 본체니 마음은 자연히 아는 능력이 있다. 아버지를 보면 자연히 효도를 알게 되고, 형을 보면 자연히 공경할 것을 알게 되며, 어린애가 우물에 빠지는 것을 보면 자연히 측은함을 알게 된다. 이것이 곧 양지(良志)니, 밖에서 구할 것이 없다. (『양명선생집요 上』, 「이학편」 권1, 《전습록 一》, 36~37쪽 ; 『전습록 上』, 정인재·한정길 역주, 103쪽 8조목)

왕서우르언의 이야기는 마치 멍커(孟軻)의 이야기의 재생(replay)처럼 들린다. 그러나 멍커든 왕의 경우이든 앞에서 말한 주장에는 약점이 있다(이에 대해서는 후술). 왕서우르언은 선천적으로 타고나는 양지가 인간 행동의 준칙이 되어야 한다고 강조한다.

그대의 '양지'가 그대 자신의 준칙(準則)이다. 그대가 염두(念頭)에 두는 어떤 것에 대해, 양지는 그것이 옳다면 옳다는 것을 알고, 그르면 그르다는 것을 안다. 그러니 조금도 양지를 속일 수 없다(爾那一點良知, 是爾自家底準則. 爾意念着處, 他是便知是, 非便知非, 更瞞他一些不得). (『양명선생집요 上』, 「이학편」 권2, 《어록》, 중화서국, 103쪽)

이와 같은 이야기는 마치 독일 철학자 임마누엘 칸트가 『실천이성비판』에서 주장하는, "너의 의지의 준칙(準則)이 언제나 동시에 보편적 입법 원리로서 타당하도록 행동하라"(Act only according to a maxim by which you can at the same time will that it shall become a general law)라는 말처럼 들린다(버트런드 러셀, 『서양철학사』, 683쪽). 칸트에게 정언명령(the categorical imperative)이 '아 프리오리'인 것처럼, 왕서우르언에게 양지는 선천적인 도덕의식이다.

> 성인(聖人)으로부터 보통 사람에 이르기까지, 한 개인의 마음으로부터 세상 끝에 이르기까지, 또 아주 먼 옛날부터 만대(萬代) 이후에 이르기까지 같지 않은 것이 없다. 이 '양지'라는 것은 천하의 대본(大本)이다(自聖人以至愚人, 自一人之心 以達四海之遠, 自千古之前以至於萬代之後, 無有不同, 是良知也者, 是所謂天下之大本也). (『사고전서四庫全書』, 「집부集部」, 《별집류別集類》, 『왕문성전서王文成全書』 권8, 「서주수건권書朱守乾卷」)

왕서우르언에 의하면, 양지란 공간과 시간을 초월하는 보편성을 지닌 법칙이다. 사람은 오로지 이 보편적 법칙에 따라서 시비·선악을 판단하기만 하면 된다. 왕서우르언은 '치양지'(致良知)라는 술어를 사용한다. 치양지란 내 마음의 양지를 확충하여 실현하는 것이다. "양지 이외에 따로 앎은 없다. 그러므로 양지를 실현하는 것(致良知)이 학문의 핵심이다"("良知之外, 別無知矣. 故致良知是學問大頭腦", 『전습록 中』; 정인재·한정길 역주, 524쪽 168조목). 치양지는 곧 '치지'(致知)를 말한다"("致知者, 致吾心之良知也", 『양명선생집요 下』, 「문장편」 권3, 《서제양백권書諸陽伯卷》, 중화서국, 904쪽). 이 말은 왕서우르언의 『대학』에 대한 이해와 관계가 있다. 그는 말한다.

> 치(致)는 '이른다'는 뜻이다(致者, 至也). 예를 들면 '상(喪)을 당하여 슬픔에 이른다'(喪致乎哀)라고 할 때의 치와 같다. 『주역』에 말하기를 '이를 데를 알아서 이르므로'("知至至之", 「건괘」, 「문언전」 구3 — 저자 역주)라고 하였다. '知至'는 안다[知]는 뜻이요, '至之'는 이른다[致]는 뜻이다. 그러므로 '치지'라는 말은 훗날의 유자(儒者)들이 말하는 '지식을 넓힌다'라는 의미와는 같지 않다. 이

는 내 마음의 양지를 지극하게 하는 것일 뿐이다. (『양명선생집요 上』, 「이학편」 권2, 《대학문大學問》, 150쪽)

왕서우르언에게 중요한 것은 후천적 노력(경험)에 의하여 지식을 넓히는 일이 아니라, 선천적으로 이미 타고난 '본래면목'(本來面目) 즉, 양지를 확충하는 일이다. 양지는 누구나 가지고 있으므로 그 지극함에 이르기만 하면, 성인의 경지에 이를 수 있다는 말이다. 그러나 성인(saint)이 되는 일이 인간의 노력으로 가능하다면, 차라리 후천적인 노력에 의해서 되는 것이 더욱 고귀할 수 있다.

왕서우르언의 주장에는 약점이 있다. 먼저 양지의 선험성(先驗性)이 충분히 증명되지 않았다. 멍커가 말한 '양능'과 '양지'가 선천적이라는 증거가 없다. 모든 인간이 아버지를 보면 자연히 효를 알고, 형을 만나면 공경을 느끼고, 어린애가 우물에 빠질 때 측은한 마음이 생기는 것은 아니다. 어린아이가 부모를 사랑하는 것이나 형을 공경하는 일 등은 문화의 산물이다. 그러므로 이것은 중국 문화의 차원에서 가능한 이야기다. 서양의 가족 관계에서는 이야기가 다르다. 자라나서 형을 공경하지 않은 동생이 있을 수 있다. 또한 동생을 아끼지 않는 형도 존재한다. 그러므로 전술한 이야기는 중국의 유교 문화에서 요청되는(sollen) 개념이지, 인류적 보편성을 띠고 있는 주장이 아니다.

앞에서 멍커의 철학을 설명할 때, '착한 사마리아 사람'(The Good Samaritan)의 경우를 들었다. 다친 사람을 보고 모른 척하는 사람들은 얼마든지 있다. 인간이 모두 측은한 마음을 공유하는 것도 아니다. 또한 양지가 스스로 독립적으로 도덕 법칙이 될 수 있는가라는 점도 문제다. 말하자면 (주시의 주장처럼) 어떤 법칙(理)을 이면의 동기로 삼아서 행위로 나아가는 것이지, 양지가 스스로 주체가 되어서 행위에 착수한다는 것은 이해가 되지 않는다.

왕서우르언의 이론은 정밀하지 못하고 너무 간략하며 거칠다. 그것은 마치 선종(禪宗)에서 사용하는 '떠산의 방망이'(德山棒)나 혹은 '린지의 고함'(臨濟喝)과 비슷하다. 그러므로 일찍이 주시가 루지우위앤의 일파를 '미친 선'(狂禪)이라고 혹평한 바 있다.

왕서우르언의 주장 가운데 '4구교'(四句敎)라고 호칭되는 이론이 있다. 이는 그가 만년에 정립한 것으로, '선도 없고 악도 없는 것이 마음의 본체다'(無善無惡心之體), '선도 있고 악도 있는 것은 의념(意念)의 발동이다'(有善有惡意之動), '선을 알고 악을 아는 것은 양지다'(知善知惡是良知), '선을 행하고 악을 제거하는 것은 격물이다'(爲善去惡是格物)라는 네 가지가 그것이다. 그런데 왕서우르언은 이 '4구교'를 가리켜 화두(話頭)라고 말했다(『전습록 下』, 정인재·한정길 역주, 807~810쪽 315조목). 이는 전적으로 선불교의 화두에 속하므로, 여기서는 더 이상 소개하지 않는다.

4구교의 해석을 둘러싸고 왕서우르언의 후학이 나뉘었는데, 이에 '양명 좌파'(左派) 혹은 '양명 우파'(右派)의 용어가 탄생했다. 좌파는 과격주의자(래디컬리스트, radicalist)로서 전통의 규범을 무시하고 파괴하는 경향을 가진 사람들이다. 왕지(王畿왕기, 龍溪룽시, 1498~1583)가 대표자다. 이에 비하여 과격한 주장을 피하고 주시 수양론의 '주경'(主敬)에 기울어지는 학자들은 우파에 속한다. 치엔떠홍(錢德洪전덕홍, 緖山쉬산, 1496~1574)이 대표자다. 이렇게 좌·우파의 갈래로 나뉜 근원은 현대 학자 양꾸어르옹(楊國榮)에 의하면, 양명 '심즉리설' 자체의 이중성에서 기인한다(송하경 옮김, 『양명학통론』, 1994, 74쪽). 한편 츠언라이에 의하면, '4구교'의 해석 차이로 후학의 분화가 일어났다(인재호 옮김, 『송명성리학』, 1997, 399쪽). 일본의 학자들이 양명학의 분화 현상을 더욱 심화시켰다. 그러나 이것은 현학적인 취미로 보이며, 별로 바람직한 방법이 아니라고 생각한다. 양명학파 분열의 내재적인 원인을 심즉리학(心卽理學)의 길(좌파)과 정일지학(精一之學)의 길(우파)로 설명한 연구도 있다(이상익, 『주자학의 길』, 「보론補論」, 2007).

주시와 왕서우르언 가운데 누가 질량(몸무게)이 큰지 알 수 없다. 자연계에서는 '운동량 보존의 법칙'에 의하여 질량이 작은 사람이 큰 사람에게 밀린다(일본의 스모 선수가 몸무게를 늘리는 것을 생각하라). 그러나 인문의 세계에서는 사정이 다르다. 두 사람의 몸무게에 상관없이 주시의 성즉리 이론과 왕서우르언의 심즉리 이론은 각기 독자성을 지닌다. 양자는 물과 불처럼 서로 만나지 못하는 것이 아니다. 따라서 단순히 어느 것이 옳고 어느 것이 그르다고 말해서도 안 된다. 이 문제를 놓고 권력 투쟁을 할 필요도 없다. 주시의 학설을 '리학', 왕서우르언의 학문을 '심학'이라고 부를 수는 있으나, 이를 '대립각'(counterblow)의 수단으로 활용하는 일은 온당하지 않다. 양자의 상호 기질적 차이를 인정할 일이다.

철학 이론에 '유물론'(唯物論, materialism)과 '유심론'(唯心論, idealism, 관념론)이 존재한다. 주시와 왕서우르언은 함께 후자에 속한다. 유심론은 다시 두 가지로 구분하여 설명한다. '객관유심론'(客觀唯心論)과 '주관유심론'(主觀唯心論)이 그것이다. 객관유심론은 물질세계를 벗어난 모종의 '객관' 정신이 존재한다고 보는 이론이다. 한대(漢代)의 똥종수(董仲舒), 위(魏)의 왕삐(王弼), 송의 주시 등이 여기에 속한다. 서양철학에서는 플라톤(Plato)과 헤겔(Hegel)을 대표적인 예로 들 수 있다. 이에 대하여 주관유심론은 만사만물이 모두 '나'의 감각·관념·의지·정감(情感) 등의 산물이라고 보는 이론이다. 내가 없으면 세계도 없다. 송의 루지우위앤, 명의 왕서우르언 등이 여기에 속한다. 서양철학자에서는 버클리(Berkeley), 피히테(Fichte)를 대표자로 꼽을 수 있다.

주시와 왕서우르언의 이론이 모두 유심론인 점에서 서양철학에서 보자면 관념론의 영역에 속한다. 관념론의 철학을 '공리공론'(空理空論)이라고 비난하는 사람이 있다. 그러나 이는 철학의 속성을 모르는 무지(無知)의 소치다. 역사상 사상 전개와 이에 따른 사물의 진화는 관념에서 실제로 나아가는 경우가 대부분이다. 독일 철학에서 칸트, 피히테, 셸링, 헤겔 등은 불굴의 관념론자다. 이들의 공헌이 없었다면 어떻게 대륙의 '합리론' 및 영국의 '경험론' 철학이 발달할 수 있었겠는가? 그리고 어떻게 근대의 역사가 가능할 수 있었을까? 독일인은 칸트, 헤겔 등을 국민적 영웅으로 칭송하는데, 반대로 동아시아에서는 주시와 왕서우르언을 함께 평가절하하는 측면이 있다. ― 한동안 현대 중국 학계는 유물론 철학에 가치를 두었으므로, 유심론자인 주시와 왕서우르런을 싸잡아서 비난했다. 지나친 자존심도 문제이지만, 지나친 자기 학대(虐待)도 바람직스럽지 못하다. 이는 일종의 콤플렉스다.

왕서우르언의 양명학이 조선 땅에 전해진 것은 1521년(중종 16) 여름 이전으로 추산한다(오종일, 「양명전습록전래고」, 『철학연구 5』, 1979). 그러나 양명학은 퇴계 이황(李滉)이 왕의 저술 『전습록』을 배척하는 글, 『전습록변傳習錄辨』을 발표하자 이것이 유학자 사이에 정론이 되어서 조선에 뿌리내리지 못했다. 이황에 이어서 박세채〔朴世采, 호 남계(南溪), 1631~1695〕와, 한원진〔韓元震, 호 남당(南唐), 1682~1750〕 또한 왕서우르언의 철학을 비판했다(유명종, 『한국의 양명학』, 1983).

진리는 반드시 통용되는 바가 있다. 조선 양명학은 음지(陰地)에서 성장하고, 또한 음지에서 전파되었다. 정제두〔鄭齊斗, 호 하곡(霞谷), 1649~1736〕가 그 선구자다. 조선 양명학은 훗날 '강화학파'(江華學派)라고 명칭되는 바와 같이, 강화도 일원을 중심으로 이광신(李匡臣, 1700~1744)·이광사(李匡師, 1705~1777) 형제(사촌)의 후손을 중심으로 퍼져나갔다. 이후 한 말 이건창(李建昌, 1852~1898)·이건방(李建芳, 1861~1939) 형제(사촌) 등으로 명맥을 이어갔다(민영규, 『강화학 최후의 광경』, 1994). 조선 왕조가 멸망할 때, 아편을 먹고 세상을 등진 황현〔黃玹,

호 매천(梅泉), 1855~1910〕 또한 양명학자다. 만일 이들 양명학 계통의 학자들이 조선의 실제 정치를 담당했다면, 조선의 운명이 사뭇 달라졌을 것이라고 생각한다. 평화로운 시기에는 주시와 같은 지리한 학문을 참을 수 있다. 그러나 위기의 시대에는 왕서우르언 같은 간이직절(簡易直截)한 학문이 도움이 되지 않았을까?

일본의 경우 왕서우르언의 철학은 상당히 대접받았다. 이 때문에 일에 부딪쳐서 실제적인 응용력을 길러나가는 — 이를 양명학의 술어로 '사상마련'(事上磨鍊)이라고 부른다. — 양명학이 일본의 근대화를 추진하는 데 도움이 되었다는 주장이 있다〔일본 양명학에 대하여는 요시다 코헤이(吉田公平), 정지욱 옮김, 『일본양명학』을 참고〕.

19.2 루어친순(羅欽順)의 철학사상

19.2.1 리기일물설(理氣一物說)

왕서우르언과 같은 시대에 활동한 인물로 루어친순이 있다. 그는 지앙시 성 타이허〔泰和태화, 현 지앙시 성 지안 시(吉安市)〕 사람이다. 자를 윈성(允升윤승)이라 하고, 호를 정안(整庵정암)이라 했다. 그는 대체로 츠엉이와 주시의 학설을 계승했으며, 저술에 『곤지기困知記』와 『정암존고整庵存稿』가 있다.

루어친순의 리기론은 다소 독특한 점이 있다. 그는 반드시 '기' 위로 나아가서 리'를 인식해야 한다(就氣上認理)고 주장했다.

> '리'는 반드시 '기' 위에 나아가서 인식해야 한다. 그러나 기를 인식함으로 리가 된다는 것은 아니다(理須就氣上認取, 然認氣爲理便不是). 이 부분이 용납할

수 없고 말하기가 가장 어렵다. 사람이 잘 관찰하고 침묵을 지키며 깨달아야 한다. "다만 기에 나아가 리를 인식한다"(只就氣認理)라고 하는 점과 "기를 인식함이 리가 된다"(認氣爲理)라는 두 가지 말은 분별해야 한다. 이 점을 확실히 이해하지 않으면, 수많은 이야기가 쓸모없다. (『사고전서四庫全書』, 「자부子部」, 《유가류儒家類》, 『곤지기困知記』 32항)

기에서 나아가 혹은 기를 따라서 리를 인식한다라는 말은 리가 기의 조리(條理)라는 뜻으로 이해된다. 감지하는 것은 오로지 기고, 리는 아니라는 말이다.

리는 과연 무슨 물건인가(理果何物也哉)? 무릇 천지, 고금을 막론하고 하나의 기(一氣)가 아닌 것이 없다. 기는 본래 하나다. 그런데 한번 움직이고 고요하고, 오고 가며, 열리고 닫히고, 오르고 내려오니 순환하여 그치지 않는다. 미묘함(微)이 쌓였다가 드러나며(著), 드러남으로 인하여 다시 미묘해진다. 네 계절의 온량(溫涼)·한서(寒暑), 만물의 생장(生長) 수장(收藏), 백성들의 인륜(彛倫), 인사의 성패·득실이 모두 기가 아님이 없다. 천(千) 가지 조리와 만(萬) 가지 실타래가 어지럽게 엉키고 또 붙어 있지만 마침내 난리가 되지 않는다. 그 까닭을 알 수 없으나 자연히 그렇게 되는 것(有莫知其所以然而然)은즉, 이른바 리다. 처음부터 별도로 한 물건(一物)이 있는 것이 아니다. 기에 의존하여 서고[立], 기에 붙어서 행(行)해진다. (『사고전서』, 「자부」, 《유가류》, 『곤지기』 4항)

이상과 같은 이야기는 기 밖에 리가 별도로 존재하는 것이 아니라는 뜻이다. 다시 말하면 리와 기가 두 물건(二物)으로 존재하는 것이 아니다. 루어친순에 의하면, 리는 다만 기의 리(理只是氣之理)일 뿐이다. 학자들은 여기에 근거하여 루어친순의 리기론을 '리기일물설'로 설명한다. — 주시는 일찍이 리기를 두 물건(二物)으로 구별하여 설명한 바 있다. 학자들은 이와 같은 주시의 이물설(二物說)을 좇아서 루어친순의 일물설을 비판한다. 그러나 앞에서 고찰한 바와 같이 리기의 관계를 놓고 볼 때, 주시의 이야기는 모호한 점이 있다. 또 루어친순의 말이 크게 잘못되었다고 볼 수 없는 일이다.

19.2.2 심성설

심성(心性) 문제는 송학(신유학, 성리학)을 연구하는 사람이 비켜갈 수 없는 중요한 범주다. 루어친순에 의하면, 마음[心]은 신령한 존재며 동시에 본성[性]을 담고 있는 그릇이다.

> 마음은 사람의 신명이다. 본성은 사람의 생리다. '리'의 소재를 마음이라 하고 마음의 소유를 본성이라고 하니, 섞어서 하나가 되는 것은 불가하다(心者, 人之神明. 性者, 人之生理. 理之所在謂之心, 心之所有謂之性. 不可混而爲一也). …… 두 가지는 서로 떨어져 있지는 않으나, 섞이는 것은 용납되지 않는다. 지극하고[精] 또 지극하여야 그 참됨[眞]을 볼 수 있다. 혹자는 마음을 인식함이 본성이 된다(識心爲性)라고 여기는데, 털끝만 한 차이가 천리(千里)를 그릇되게 한다. (『사고전서』, 「자부」, 《유가류》, 『곤지기』 1항,)

루어친순의 마음은 루지우위앤이 말하는 '심즉리'(心卽理)의 마음이 아니다. 그에 의하면 마음은 일종 감각 기관으로 인지(認知), 추리(推理) 및 기억의 작용을 한다. 그러나 루어친순의 본성은 『맹자』에서 까오쯔(告子)가 말하는, "생의 본능을 본성이라고 한다"(生之謂性)라는 뜻은 아닌 듯하다. — 사실 루어친순의 글, "본성은 사람의 생리다"(性者, 人之生理)는 다소 모호한 점이 있다. 저자는 이 표현에서 성(性)이 사람의 본능(instinct)

을 가리키는 것이 아니고, '본성이란 생동하는 리(理)'라고 이해한다. 츠엉하오(程顥)의 표현에 "생(生)을 가리켜 본성[性]이라고 한다. 본성은 기며, 기는 곧 본성이다"(生之謂性, 性卽氣, 氣卽性)라는 말이 있는데, 루어친순이 츠엉하오에게서 영향을 받은 것으로 보인다.

루어친순에 의하면, "허령(虛靈)하면서 지각(知覺) 활동을 하는 마음[心]은 미묘한 것이고, 지극하고 순일(純一)함은 본성[性]의 참된 것이다. 지극히 정밀한 자는 본성이요, 지극히 변하는 자는 정(情)이요, 지극히 신명스러운 존재는 마음이다"("至精者性也, 至變者情也, 至神者心也", 『곤지기』 2항). 그런데 루어친순은 이러한 본성을 도심(道心)으로 비유하고, 정(情)을 인심(人心)에 비유한다.

> 도심은 본성이다. 인심은 정이다. 마음은 하나다. 이를 두 가지로 나누어 말하는 것은 움직임과 고요함, 본체와 응용의 구별 때문이다(道心, 性也. 人心, 情也. 心一也, 而言兩之者, 動靜之分, 體用之別也). (『사고전서』, 「자부」, 《유가류》, 『곤지기』 3항)

루어친순의 이러한 양자의 구별은 모순에 직면한다. 즉, 본체로서의 도심은 본성이요 그렇기 때문에 천리(天理)가 되며, 응용으로서의 인심은 정이요 그렇기 때문에 인욕(人欲)이 된다. 만일 인욕을 모두 부정해야 한다면, 인간의 정을 거부해야 한다는 말이 된다. 이것은 모순이다.

이러한 까닭에 왕서우르언은 루즈엉〔陸澄육징, 자 원정(原靜)〕에게 루어친순을 비판하여 말했다.

> 움직임과 고요함이란 (마음이) 만나는 때[時]다. 마음의 본체는 본래 움직임과 고요함의 구분이 없다. '리'(理)는 움직이지 않는 존재다(理無動者也). 움직임은 욕망의 표현이다. 리를 따르면 비록 온갖 변화에 응대(酬酌萬變)하더라도

일찍이 움직인 적이 없다. 인욕(人欲)을 좇으면 비록 마음의 작용을 그치게 하고 생각을 전일하게 하더라도(槁心一念) 일찍이 고요한 적이 없다. "움직임 가운데 고요함이 있고, 고요함 가운데 움직임이 있다"는 것을 또 어찌 의심한단 말인가? (『전습록 中』, 「답육원정서答陸原靜書 又」, 정인재·한정길 역주, 473쪽 157조목)

왕서우르언의 이야기는 루어친순이 도심과 인심을 동정(動靜)·체용(體用)에 붙이는 이분법적 사고의 비판이다. 루어친순의 말처럼 "도심은 본성이다. 인심은 정이다"라고 하면, 사고의 경직성을 벗어날 수 없다. ― 사실 이와 같은 모순은 "인심은 인욕이요, 도심은 천리다"(人心, 人欲. 道心, 天理)라는 츠엉이의 말에서 유래한다. 루어친순은 리기론에서는 츠엉하오의 리기혼연설(理氣渾然)에 영향을 받았으나, 심성설에서는 츠엉이의 학설에 영향을 받았다.

따라서 루어친순의 철학은 독자적인 것이 아니고, 이정(二程)과 주시의 사상에서 영향을 받은 것이다. 그의 학설이 의미를 지니는 또 다른 측면은 『곤지기』가 조선에 전해져서 조선 왕조의 유학자에게 상당한 영향을 미친 점이다. 조선의 기대승(奇大升), 노수신(盧守愼), 이이(李珥)와 임성주(任聖周) 등이 루어친순에게서 많은 영향을 받았음은 확실하다.

19.3 청대의 철학 사조

19.3.1 후앙쭝시(黃宗羲)의 군주정치론

후앙쭝시(黃宗羲황종희, 1610~1695)는 명 말 청 초의 인물로, 저지앙 성 위야오〔餘姚여요, 현 저지앙 성 닝뿨 시(寧波市)〕 사람이다. 자를 타이츠옹(太沖태충)이라 했고, 호는 난레이(南雷남뢰) 혹은 리저우(梨洲리주)다. 부친 후앙쭌쑤(黃尊素황존소)가 환관의 무리를 탄핵했다가, 옥중에서 죽임을 당했다. 부친이 억울하게 죽고 또한 국가의 운명이 바뀌는 난세에, 그는 젊은 시절부터 반항의 기질이 강했고 투쟁의 일생을 살았다. 그를 가리켜 '중국의 장 자크 루소'(Jean Jacques Rousseau, 1712~1778)라고 부르는 학자도 있다〔예컨대 시마다 겐지(島田虔次)〕.

후앙쭝시의 학문은 경세(經世)의 외향적 방향으로 전개되었다. 그러나 명이 멸망하고 이민족인 청이 들어서자(1644), 그는 모든 정치적 운동을 접고 오로지 강학과 저술에 몰두했다. 대표적인 저술로 『송원학안宋元學案』, 『명유학안明儒學案』, 『명이대방록明夷待訪錄』 등이 있다.

후앙쭝시는 과거에 응시하기 위하여 사서, 『통감』, 『좌전』, 『국어』, 『전국책』, 『장자』 등을 읽어야 하는 현실을 고루하다고 여겼다. — 그는 스물한 살부터 서른세 살까지 4회에 걸쳐서 향시(鄕試)에 응시했으나, 모두 낙방했다. 이러한 경험이 과거 공부를 비난하게 된 동기가 될 수 있다. — 그는 경세에 도움을 주는 실학(實學)을 강조했다. 그의 학문은 성리설에 대해서는 별로 볼 것이 없으며, 정치철학에 중심이 있다. 여기서는 『명이대방록』을 통하여 그의 중심 사상을 들여다본다.

후앙쭝시에 의하면 천하의 모든 인간은 이익을 도모하는 존재다. 그러나 군주(君主)만은 개인적 이익을 도모해서는 안 된다. 그는 천하 인민의 이익을 도모해야 한다. 그는 야오·순·위 같은 임금은 자기를 희생하고 만민(萬民)의 이익을 도모했는데, 후세의 군주들은 천하의 이익을 자기 개인에게 돌리고 천하의 해(害)를 인민에게 돌렸나고 비판했다.

> 옛적에는 천하의 인민이 주인이고, 군주는 손님이었다. 무릇 군주가 경영하는 일은 천하를 위하여 한 것이다. 오늘날은 군주가 주인이고 천하 인민이 손님이다. 무릇 천하의 인민은 안녕을 얻을 수가 없고, 오직 군주만 위한다.

(『명이대방록』, 「원군原君」)

후앙쭝시의 말대로 옛적에 천하 인민이 주인이었는지는 의심스럽다. 그러나 그가 한 사람의 이익만 채우는 군주정치에 대하여 비판적인 견해를 가졌다는 사실은 틀림없다. 이처럼 그는 넓은 천지에서 오직 천자(天子) 한 사람만을 두둔하는 정치를 공격했다.

> 옛날 천하 사람들이 자기의 군주를 아껴서 추대한 것이 마치 군주를 아버지에 비교하고 하늘처럼 생각하였는데, 이는 그렇게 지나친 일은 아니었다. 그런데 오늘날은 천하 사람들이 자기의 군주를 원망하고 미워하며, 그를 마치 도둑이나 원수같이 보아서 '독부'(獨夫)라고 이름 지었으니 진실로 당연한 일이다. …… 어찌 천지의 위대함이 억조창생의 온갖 성씨 가운데 오로지 그 한사람, 한 성씨만 사사롭게 하였겠는가(豈天地之大, 於兆人萬姓之中, 獨私其一人一姓乎)? (『명이대방록』, 「원군原君」)

권력이 세습되는 전통 사회에서, 이 주장이 얼마나 파격적인 것인지 현대인은 이해하기 힘들다. 더욱이 후앙쭝시의 주장은 여기서 그치지 않았다. 신하는 인민의 이익을 위하여 종사하는 직책이며, 군주 한 사람을 위하여 행정에 임하는 존재가 아니다. 그럼에도 군주 한 사람에게 아첨하는 무뢰한이 많다고 비판했다(배영동, 『명말청초사상』, 1992).

이처럼 후앙쭝시의 주장 가운데는 근대적 의미의 민권(民權) 또는 민주(民主) 사상이 내재되어 있다. 그러나 그의 주장은 오로지 서재에서 그쳤으며, 현실의 정치에서는 실행을 보장받지 못했다. 조직화를 통한 체제상의 보장을 받지 못하여 쓸 만한 이론이 얼마나 많이 사라졌던가? 선각자의 사상을 수용하지 못하는 사회는 조만간 이에 대한 손해를 입게 되어 있었다. 국가 체제를 개조(改造)하지 못한 청 정부는 말기에 외국의 침략에 대한 방어 능력을 완전히 상실했고, 급기야 제국주의 세력 앞에서 맥없이 나라를 내어 주는 수모(受侮)를 견디며 고통에 땅을 쳐야만 했다.

19.3.2 꾸옌우(顧炎武)의 비판철학

꾸옌우(顧炎武고염무, 1613~1682)는 지앙시 성 쿤산(昆山) 사람이다. 자를 닝르언(寧人영인), 호를 팅린(亭林정림)이라 했다. 당대의 지식인과 마찬가지로 그도 무너지는 명을 붙들고 이민족인 청의 흥기에 대하여 반항했다. 그러나 세상이 뒤바뀌자 마흔다섯 살 이후에는 중원의 이곳저곳을 떠돌며 살았다. 예순일곱 살 이후 산~시 성 후아인(華陰)에 머물었고 그곳에서 죽었다. 그는 말년까지 명 왕실에 대한 사모의 정(情)을 버리지 않았다고 전한다. 그의 저술에 『일지록日知錄』이 있다.

후앙쫑시가 온건한 양명학파에 속한다면, 꾸옌우는 주자학적 경향을 보였다. 그만큼 주자학은 당대의 화두였고, 이를 비켜가는 지식인은 드물었다. 그러나 꾸옌우는 제한된 범위에서 성리학을 비판했다. 그는 "인심은 위태롭고 도심은 은미하니 오직 정일(精一)하라"라는 유가의 전통적인 심법(心法)의 공부에 대하여, 이 학문이 공허해져 성현의 가르침에서 벗어났다고 비판했다(『고정림문집顧亭林文集』 권3, 「여인논학서」).

꾸옌우는 심성론의 역사가 도교와 불교에서 근원한 바가 있다고 보고, 불교와 도교를 더욱 심하게 비판했다. 그는 나아가서 명대 학문의 경향이던 양명학을 비판했다. 즉 양명의 학문이 주시를 훼방하며, 그 폐단이 자칫하면 학문 자체를 무용한 것으로 폐기할 수 있다고 말했다.

꾸옌우에 의하면 왕서우르언이 이해한 주시의 학문은 주시의 중년(中年) 시기의 학설이고, 실제로 주시는 만년(晩年)에 정설이 확립되었으므로 왕서우르언의 주시 이해에 문제가 있다는 점을 지적했다. 또한 왕서우르언의 학문은 돈오(頓悟)의 학문이라고 지적했다. 이러한 지적은 참조할 만하다.

꾸옌우는 당대의 인물 리즈〔李贄, 주어우(卓吾탁오)〕가 성인(聖人)에 반역한 자라고 극심하게 비난했다. 꾸옌우가 쏜 비판의 화살을 피해갈 수 있는 학문과 사람은 별로 없었다. 그러나 그의 비판적 경향을 건설적인 것으로만 볼 수는 없다. 명·청 교체기의 사상적 혼란에 처하여 주시의 학문을 독실하게 지키는 것으로 의무를 다했을 뿐이다.

꾸옌우가 말년까지 명 왕실에 대한 사모의 정을 버리지 않은 이유는 어디 있을까? 단순히 그를 주시의 성리학을 지키려다 시대에 뒤떨어진 고루한 학자로 볼 수는 없다. 이보다 그는 한족(漢族)의 명이 망하고, 이민족인 만주족(滿洲族)이 지배하는 천하를 용납할 수 없었을 것이다. 하지만 한족만 천하를 차지해야 마땅할까? 오랑캐인 이민족은 과연 천하를 경영할 능력이 없는가? 때로는 지나치게 높은 자존심도 일종의 병일 수 있다.

19.3.3 왕후우즈(王夫之)의 역사철학

왕후우즈(王夫之왕부지, 1619~1692)는 명 말 청 초의 인물로, 후난성 헝양(衡陽) 사람이다. 자를 얼농(而農이농), 호를 지앙자이(姜齋강재)라고 했다. 중년 이후 헝양 석선산(石船山) 아래 살면서 스스로 '선산 노인'으로 불렀다. 그의 나이 스물다섯에 명이 멸망했다. 그는 며칠 동안 식음을 폐했으나, 죽지는 않았다. 서른세 살 이후 변방 지역을 전전했고, 마흔두 살 이후 헝양의 석선산에 살다가 일흔 셋에 세상을 버렸다. 죽을 때까지 '꿩머리'(薙髮)를 하지 않았다고 하며, 묘지명에도 '명조의 신하'(明朝遺臣)라고 적도록 했다. 그는 가난해서 글을 책으로 내지 못했다. 따라서 그의 저술이 햇빛을 본 것은 죽은 뒤 2백 년이 지나 쩡꾸어환(曾國藩증국번) 형제에 의해서 출간된 『선산유서船山遺書』에 수록되면서다. 이외에도 대표작으로 『주역외전周易外傳』, 『주역내전周易內傳』, 『황서黃書』 등이 있다.

왕후우즈는 송학에서 장짜이(張載)를 높이 받들었고, 왕서우르언의 학문(양명학)을 격렬하게 비판했다.

> 성인의 말을 업신여기는 것은 소인의 대악(大惡)인데, 요강(姚江)의 학문(왕서우르언의 학문 — 저자 주)은 성인의 말을 마음 내키는 대로 취하여 한 글자 한 구절을 잘라내서 요점이라고 하였다. 선종(禪宗)을 가져다가 기탄없이 저지르는 일 가운데 가장 심하다. (『선산전서船山全書』 12책, 「모해侔解」)

또한 그는 왕서우르언의 '심즉리'와 '심외무리설'은 불교의 유심론(唯心論)과 같다고 비판했다. 나아가서 왕서우르언의 '양지설'은 하나의 독선(獨善)에 지나지 않으며, 성선설의 관점에서 '4구교'의 하나인 '무선무악설'을 비난했다.

왕후우즈는 장짜이의 '기철학'(氣哲學)을 물려받아서, 자신의 '기일원론'(氣一元論)을 확립했다. 그의 사상은 유물론(唯物論)의 성격이 강하여, 현대 중국의 학자에 의하여 유물론 철학의 선구자로 칭찬받기도 했다〔허우와이루(侯外盧), 『중국사상통사』 제5권〕.

왕서우르언은 역사를 발전적인 것으로 인식했다. 이를 학자들은 발전사관(發展史觀)으로 부르는데, 왕서우르언의 철학에서 가장 참고할 만한 내용이다. 그는 만주족의 청(滿淸)에 의하여 한족의 명이 무너지는 현실을 보고, 민족주의적 자각심을 불러일으켰다. 그리고 역사는 야만으로부터 문명으로 진화한다고 믿었다. 종래 학자들은 (거의 예외없이) 고대 야오순(堯舜) 시대가 이상 사회고, 시간이 흐름에 따라서 사회가 점점 타락한 것으로 보았다. 왕후우즈는 이를 정면으로 부인하고, 중국의 역사는 야오순 3대 이후 부단히 발전하여 문명화가 진전되었다고 주장했다. 그는 역사를 '리세론'(理勢論)의 논리로 해석했다.

'리세'(理勢)를 말하는 것은 리의 세력(勢)을 말하는 것과 같다. '리기'(理氣)를 말하는 것은 리의 기를 말하는 것이다. 리는 본래 잡을 수 있는 물건이 아니며, 볼 수도 없다. 기의 조리와 모양에서 리를 확인할 수 있을 뿐이다. 그러므로 시초에 리가 있었지만 기 위에서 리를 느낀다. 이미 리를 얻으면, 자연히 세력이 형성된다. 오직 세력이 반드시 모이는 곳(필연처)에서 리를 볼 수 있다(迨已得理, 卽自然成勢, 又只在勢之必然處見理). (『선산전서』 6책, 「독사서대전설讀四書大全說」 권9, 992쪽)

이는 역사의 발전 법칙에 리가 존재한다는 이야기다. 그러나 현상에서 접촉하는 세계는 기의 세계다. 리는 다만 내재적인 존재일 뿐이다. 그는 다음과 같이 말한다.

도(道)가 있음과 없음의 차이는 '기' 아닌 것이 없으며 그 세력[勢]이 아님이 없다. 기가 다스림의 리를 따라가면 도가 있는 세상이고, 기가 난세의 리를 따라가면 도가 무너진 세상이다. 양자 모두 리에 합당하면 세력이 성립한다. 이 두 가지가 곧 하늘[天]이다. (위의 글, 991쪽)

왕후우즈에 의하면 리와 세(세력)는 나눌 수 없는 관계고, 이것은 기를 통하여 실현된다. 여기서 천은 법칙처럼 느껴진다. 왕후우즈는 리와 세가 기본적으로 통일을 지향한다고 보았다. 이것이 '리세합일'(理勢合一)의 역사관이다. 그러나 왕후우즈의 역사관은 다소의 모순을 내포하고 있다. "천하의 세력은 한번 합해지고 흐트러지며, 한번 다스려지고 한번 난세가 된다"("一合而一亂, 一治一亂", 『선산전서』 10책, 「독통감론讀通鑑論」 권16, 611쪽)라는 이야기에서 이것을 볼 수 있다.

이 말은 역사의 순환론을 뜻한다. 리세론이 지배하는 역사가 직선상으로만 발전하는 것이 아니고, 원형처럼 순환한다고도 생각한 것이다. 왕후우즈는 만청(滿淸)이 지배하는 현실을 놓고, '일치일란'의 변화에 기대를 걸었을 것이다. 그렇지 않고 오랑캐에 의하여 나라가 망해 버린 상황에서 어떻게 한족의 자존심을 지킬 수 있었을 것인가?

명 말 청 초의 인물, 후앙쫑시·꾸옌우와 왕후우즈는 결국 한족의 지식인이었다. 오늘의 눈으로 볼 때, 그들에게는 보편적 사고가 결여되어 있다. 사고의 보편성은 무엇을 말하는가? 16~17세기의 중세를 살아간 그들에게 오늘의 관점에서 동북(東北)의 이민족이 지배하는 보편적인 중화(中華)의 세계를 강조할 수는 없는 일이다. 사람이 시대정신을 벗어나기는 극도로 어려운 일이다. 나폴레옹 보나파르트(Napoleon Bonaparte, 1769~1821)와 같은 혁명가라면 이야기는 다르겠지만 말이다.

참고문헌

금장태, 『산해관에서 중국역사와 사상을 보다』, 효형출판, 1999.

민영규, 『강화학 최후의 광경』, 우반, 1994.

배영동, 『명말청초사상』, 민음사, 1992.

송재운, 『양명철학의 연구』, 사사연, 1991.

오종일, 『중국사상과 역사의 근원을 찾아서』, 한울, 2008.

유명종, 『한국의 양명학』, 동화출판공사, 1983.

이상익, 『朱子學의 길』, 심산, 2007.

천병준, 『왕후우즈의 내재적 기 철학』, 한국학술정보, 2006.

휭여우란(馮友蘭), 『中國哲學史(二冊)』, 상무인서관, 1935.

―――――――, 박성규 옮김, 『중국철학사 下』, 까치, 1999.

왕후우즈(王夫之), 『선산전서船山全書』 전16책, 악록서사(岳麓書社), 1998.

루지우위앤(陸九淵), 『육구연집陸九淵集』, 중화서국, 2008.

왕서우르언(王守仁), 『양명선생집요陽明先生集要』(上, 下) 중화서국, 2008.

――――――――, 정인재·한정길 역주, 『전습록』 1·2, 청계, 2007.

양꾸어르옹(楊國榮), 송하경 옮김, 『양명학통론』, 박영사, 1994.

주시(朱熹), 『주시집朱熹集』 전10권, 꾸어자이(郭齋)·인뿨(尹波) 점교본, 쓰츠우안(四川)교육출판사, 1996년.

츠언라이(陳來), 『송명리학宋明理學』, 리아오닝(遼寧)교육출판사, 1995.
(츠언라이, 안재호 옮김, 『송명성리학』, 예문서원, 1997)

――――――, 전병욱 옮김, 『양명철학』(원제 『有無之境』), 예문서원, 2004.

짱쉬에즈(張學智), 『明代哲學史』, 뻬이징대학출판사, 2000.

리징떠(黎靖德여정덕) 편, 『주자어류朱子語類』 전8권, 중화서국, 1994.
(리징떠 편, 허탁·이요성 역주, 『주자어류』, 1~4, 청계, 1998)

시마다 겐지(島田虔次), 김석근·이근우 옮김, 『주자학과 양명학』, 까치, 1986.

아라키 겐고(荒木見悟), 배영동 옮김, 『불교와 양명학』, 혜안, 1996.

제20장
그리스도교의 전래와 중국 지식인의 반응

20.1 예수회의 중국 선교와 마테오 리치(Matteo Ricci)

20.1.1 예수회의 천주·영혼설

중국에 그리스도가 전래된 것은 아주 먼 옛날의 일이다. 1620년대 명말(明末) 산~시 성(陝西省) 시안(西安) 부근에서 발견된 비석에 의하면, 동방 그리스도교(네스토리우스교)가 일찍이 중국에 들어왔다. 이 석비는 '대진경교유행중국비'(大秦景教流行中國碑)라고 불리며 현재 시안의 비림(碑林)에 보관되어 있다. '대진'이란 사산 왕조 페르시아를 가리키는데, 이에 의하면 그리스도교는 600년경 중국에 전래되었다. 그러나 동방 그리스도교는 홀연히 사라졌다.

세월이 흘러 이탈리아 동북부 시골 마을 마체라타 출신인 마테오 리치〔Matteo Ricci, 중국명 리마떠우(利瑪竇), 1552~1610〕가 중국의 아오먼(澳門오먼, Macao)에 도착한 것은 1582년의 일이다. 그는 일찍이 로마의 성 안드레아 퀴리날레(Santa Andrea's Qurinale)신학교와, 피렌체의 예수회대학 및 로마의 예수회대학에서 '토미즘' 철학을 공부했다. 1580년 사제 서품을 받고 중국 선교에 나섰다.

마테오 리치는 꾸앙뚱 성 자오칭(肇慶)에서 한어를 배우며 중국 선교의 길을 닦았다. 사오저우(韶州) 거주 시절에 『사서四書』의 라틴어 번역을 시작했고, 난창(南昌)에서 한문으로 『교우론交友論』을 저술했다. 그는 변두리에서 중심으로 끊임없는 역정을 결행하여 난징(南京)을 거쳐 1601년 뻬이징 진입에 성공했고, 1610년 뻬이징에서 사망할 때까지 중국의 중심부에 머물렀다.

이탈리아 예수회(Society of Jesus) 소속이었던 리치의 사상 형성에 영향을 준 직접적인 인물은 13세기 토마스 아퀴나스(1225~1274)다. 그런데 토미즘 신학은 시대를 천년이나 거슬러 올라가서 그리스의 철학자 아리스토텔레스에 뿌리를 두고 있다. 리치의 관점에서 사상 계보를 압축하면 같다. 아리스토텔레스 → 아비시나(Avicenna, Ibn Sina, 980~1037) → 토마스 아퀴나스 → 마테오 리치다.

여기서 아리스토텔레스 철학의 존재론 혹은 아비시나 형이상학을 상세히 소개할 필요는 없다고 본다. 그러나 리치의 세계관(이것은 곧 토마스 아퀴나스의 세계관이다)을 검토하는 일은 필요하다.

마테오 리치의 선교 방법은 중국 문화와 조화, 즉 '보유론'(補儒論)으로 알려져 있다. 그의 보유론이 하나의 책략(tactic)인지 아니면 순순한 선교 방법인지에 대하여 논의할 필요가 있다. 아무튼 그가 사대부의 동정과 이해를 얻기 위하여 유교에 긍정적이고 불교를 배척했음은 사실이다.

리치는 중국인이 콩치우(孔丘) 혹은 조상에게 제사를 지내는 행위를 종교 의식(儀式)으로 간주하지 않았다. 그가 유학을 찬양한 까닭은 유학 철학이 천주교의 '자연법칙'(자연 이성)과 부합한다고 믿었기 때문인데, 그가 말한 자연법칙은 토마스 아퀴나스의 개념이다. 마테오 리치의 관점이 이 같이 유학에 대하여 조화 또는 부회(附會)의 태도를 취하고 있는 이상, 생전에 중국 정부와 큰 갈등을 불러일으키지 않았다. 그러나 천주교 교단에서는 그의 선교 전략을 성공적으로 인식하지 않았다. — 마테오 리치가 죽은 뒤, 중국에 들어왔던 도미니크 수도회(Dominican Order), 프란시스코 수도회(일명 방지거회, Franciscan Order), 파리 외방전교회(外方傳敎會, MEP, Les Mission Etrangeres de Paris) 등이 모두 리치의 전교 방법에 대하여 반대했다. 이들 교단들의 건의에 의하여, 1704년 교황 클레멘스(Clemens) 11세가 중국 천주교도의 공자 숭배 및 조상 제사를 금지하는 결정을 내렸다.

① 천주설

세계관의 형성에 영향을 미치는 범주로 우주론이 있다. 이 경우의 '우주'는 '존재하는 모든 것'(every thing that exists), 즉 세계를 의미한다. 천주교에서 세계는 천주(Deus)에 의하여 창조된 것이다. 마테오 리치는 세계가 천주, 즉 '외재적인 초월자'가 목적인(目的因, Final cause)을 실현하기 위하여 운동인(運動因, Efficient cause)을 부여한 것으로 주장했다. 그는 아리스토텔레스의 '4인설'(四因說)을 빌려서 천주(Deus)의 천지 창조를 설명했다. — 1268년 토마스 아퀴나스는 아리스토텔레스의 『영혼에 대하여』(*De Anima* 라틴어본)에 대하여 주석(commentary)을 붙였으며, 이것은 『신학대전*Summa Theologica*』 후반부에 반영되었다. — 만물이 천주에 의하여 창조되었다고 주장하는 리치에 대하여 중국의 선비는 심각한 질문을 던진다.

> 중국 선비가 말한다. 만물을 창조한 시조가 선생이 말하는 천주(天主)라고 한다면, 그 천주는 누구에 의하여 생겨난 것입니까? 서양 선비가 대답한다. 천주는 시작도 끝도 없으며 만물의 시조요, 만물의 뿌리입니다. (마테오 리치, 송영배 외 옮김, 『천주실의』)

존재론(우주론)의 측면에서 전자의 질문은 "'무'(無)에서 '유'(有)를 창조해 낸 존재가 있을 수 있는가?"라는 날카로운 문제다. 이에 대하여 후자(마테오 리치)는 '무시무종'(無始無終)으로 대답했다. 그리고 이것을 인식할 수 있는 근거는 인간에게 부여된 '양능'(良能)이라고 했다.

② 영혼설(靈魂設)

마테오 리치는 인간의 영혼을 어떻게 이해했을까? 그는 토마스 아퀴나스의 '삼품설'(三品說)을 따랐다. 리치는 이 세상에 존재하는 혼(魂)에는 세 가지 품격이 있다고 말한다. 하품(下品)의 혼은 생혼(生魂)이니 초목의 혼이 그것이다. 초목이 말라 비틀어지면 혼도 소멸한다. 다음으로 중품(中品)의 혼이 있으니, 이는 각혼(覺魂)으로 동물의 혼이 그것이다. 동물이 죽으면 혼도 따라서 소멸한다. 마지막으로 상품(上品)의 혼은 영혼(靈魂)이니 인간의 혼이 그것이다. 인간의 영혼은 신체가 죽더라도, 죽지 않고 영원히 존재한다. 이 내용을 정리하면 다음과 같다.

- 식물 – 생혼(生魂, vegetative soul)을 가진 존재 – 하품(下品) – 소멸
- 동물 – 각혼(覺魂, sensitive soul)을 가진 존재 – 중품(中品) – 소멸
- 인간 – 영혼(靈魂, rational soul)을 지닌 존재 – 상품(上品) – 불멸

사람의 혼이 동물의 혼과 다른 점은 어디에 있는가? 이 점에 대하여 리치는 장황하게 여섯 가지 항목을 나열하면서 그 차이점을 설명했다. 그는 동물은 영생(永生)을 바라지 않는다고 말하고, 오직 인간만이 '즐거운 곳'(樂地)에서 살기를 원한다고 말했다. 외재적 존재로서 천주가 만물을 창조했고, 만물 중에서도 오직 인간의 영혼만이 영원히 죽지 않는다는 이 같은 인식은 인간의 우월성을 전제로 한 것이다. 그러나 과연 인간의 영

혼은 영원토록 사라지지 않는 것인가? 또 동식물은 영생을 바라지 않는 것일까?

20.1.2 성리학의 우주·영혼설

① 우주론

마테오 리치의 시대에 중국의 학문적 분위기는 송학(성리학)이 지배적이었다. 그러므로 리치가 상제(上帝)의 존재와 영혼 불멸을 증명함에 즉, 공자 유학에 부합하고 송학(宋學)을 배척했다는 사실은 모순이 아닐 수 없다. 그 점에서 그의 보유론은 처음부터 한계를 지니고 있었다.

이미 설명한 바와 같이 송학의 우주론은 저우뚠이(周敦頤)로부터 출발했다. 그의 『태극도설』은 성리학의 세계관을 이해하는 필수 자료다. 주시(朱熹)는 이를 발전시켜서 성리학(신유학)의 세계관을 확립했다. 주시에 의하면, '태극'이란 만물의 존립을 가능케 하는 근본 원리(本然之理)며, 이것은 '무극이태극'(無極而太極)이다.

무극이태극 즉, "무극이면서 동시에 태극이다"는 무슨 말인가? 이는 유형(有形)의 존재를 부정하는 동시에 태극 자신이 내면상 부정(否定)의 인소(因素)를 포함하고 있다는 뜻이며, 태극이 별도로 존재한다는 의미는 아니다. 그런데 태극이 움직여 양(陽)을 낳고, 움직임이 극(極)하여 고요하면 음(陰)을 낳는다. 한번 움직이고 한번 고요하면 상호 뿌리가 되고, 양의(兩儀)가 확립된다. 이와 같은 태극, 즉 리(理)와 양의(兩儀), 곧 기(氣)의 개념은 송학의 기본적인 범주며, 우주론의 핵심 범주다(저우뚠이, 『태극도설』 참조).

주시는 태극을 리와 동일시하고, 이것이 우주 전체의 질서로 존재하는 동시에 만물에 각기 갖추어져 존재한다고 보았다. 이것이 '리일분수'(理一

分殊)의 이론이다. 태극은 만물의 존립을 가능케 하는 원리로 간주되고, 일종의 자기원인(causa sui)이며, 스스로 동정(動靜)하는 것이고, 무엇이 시켜서 그렇게 되는 것이 아니다.

주시에 의하면 태극이란 천지의 생성에 앞서서 억지로 이름 붙인 것이며, 태극이라는 형체가 있는 것이 아니다. 이때의 기(氣)란 개체를 형성하는 생성(生成)의 힘이다. 이는 '확산하여 펼치는 힘'(陽氣)과 '수축하여 모이는 힘'(陰氣)으로 나뉜다. 이 두 가지 힘이 평형 상태(equilibrium)가 되어서 항상성(恒常性, homeo-stasis)을 유지하는 것이 곧 살아 있는 존재의 모습이다. 평형 상태가 깨어져 개체가 사라지는 것, 곧 기가 흩어지는 것이 죽음이다.

이러한 송학의 세계관에 의하면, '외재적인 초월자' 곧 천주(Deus)의 존재가 아니라, 태극 내부의 내재적인 에너지(氣)가 작용하여 만물이 이루어진다고 해석된다. 그러므로 여기에는 천주교에서 말하는 창조설(創造說)이 처음부터 존재하지 않았다.

② 영혼설

토마스 아퀴나스의 정통 신학에서는 인간의 존재는 물질적인 신체(body)와 정신적인 영혼(soul)이 함께 공존한다고 본다. 중요한 사실은 이와 같은 공존의 형태가 아리스토텔레스 철학에서 말하는 형상(form)과 질료(matter)의 형태가 아니라, 형상(form)과 실체(subject)의 관계라는 점이다. 그러므로 예를 들면 죽은 사람의 시체는 이미 인간이 아니다.

마테오 리치에 의하면 인간은 영혼(靈魂, rational soul)을 지닌 상품(上品)의 존재이며, 신체는 죽더라도 영혼은 영원히 존재하며 불멸한다. 선진(先秦) 유학의 『예기禮記』에도 이와 비슷한 내용이 보이는데, 형백(形魄, body)은 땅으로 돌아가지만, 혼기(魂氣, soul)는 하늘로 돌아간다는 것이 그것이다(『예기』, 「교특생」). 이 내용은 주시에 의하여 더욱 구체화된다.

> '기'가 모이면 삶[生]이요, 기가 흩어지면 죽음[死]이다. (『어류』 권3, 「귀신」, 36쪽)

> 기를 혼(魂)이라고 한다. 체(體)를 백(魄)이라고 한다. …… 사람이 태어날 때 정기(精氣)가 모인다. 사람에게는 많은 기가 있는데, 그 기가 다한 뒤에 혼기(魂氣)는 하늘로 돌아가고, 형백(形魄)은 땅으로 돌아가서 죽는다. (위의 글, 37쪽)

주시가 하늘로 돌아간 영혼을 불멸의 존재로 파악한 것일까? 그렇지 않다. 주시는 결코 사후(死後) 영혼의 존재를 인정하지 않았다.

> 만일 성현이 편안하게 죽었다면, 어찌 (그 기가) 흩어지지 않고 괴이(怪異)한 존재로 남아 있겠는가! 후앙띠(黃帝)와 야오순(堯舜)이 이미 죽었는데, 신령스러운 귀신으로 남아 있다는 이야기를 듣지 못했다. (위의 글, 39쪽)

주시의 이론이 이렇다면, 유교에서 말하는 '제사' 행위란 무엇인가? 조상에 대한 제례란 마테오 리치가 지적한 것처럼 조상의 영혼이 불사(不死)의 존재로 남아 있을 때 가능한 것이며 또한 의미가 있는 것이 아닌가? 이에 대하여 주시는 다음과 같이 말했다.

> 말하자면 자손이 조상(祖先)에게 제사를 지내는 까닭은 그 기를 구하는 것이다. 나의 기를 느끼는 것은(感召) 곧 조상의 기다. 그러므로 (조상이) 있는 것처럼 여기는 것은 느껴서 통하는(感通)의 리(理)가 있기 때문이다." (위의

글, 52쪽)

주시의 이야기는 불가지론적(不可知論的, agnostic)인 견해를 표현하는 것처럼 보인다. 그러나 이면을 고찰하면 인간의 사후에 육체는 물론, 영혼(靈魂, soul)도 소멸한다는 것이다. 즉, 영혼이 영원히 불멸하는 것이 아니고, 잠시 머문다고 해석할 수 있다. 유교의 조상 제사는 헤아릴 수 없는 조상을 향하여 올라가는 것이 아니라, 4대 정도로 한정된다. 유교의 제사 행위는 죽은 자를 기억하는 행위를 통하여, 살아 있는 자의 결속(단합)을 도모하는 면도 있다.

20.2 중국 지식인의 반응

서양 선교사가 중국 땅에 와서 그리스도교(천주교)를 전파하자, 중국 지식인의 반응은 찬성과 반대로 나뉘었다. 인간적인 면에서 칭찬할 만한 품격과 한학(漢學)의 지식을 겸비한 마테오 리치가 생존했던 시기에 중국 지식인의 일부는 그리스도교에 대하여 상당히 호감을 가졌다. 그러나 그리스도교에 대한 반응 형태는 복잡했다.

종교와 학문 — 그리스도교를 포함한 서학(西學)을 말함 — 을 모두 수용한 사람, 종교만 수용한 인물, 서학만 수용한 사람, 이 두 가지를 모두 배척한 사람이 그것이다(최소자, 『동서문화교류사연구』, 2002, 78쪽).

종교와 서학을 모두 수용한 인물 가운데 대표자는 쉬꾸앙치(徐光啓서광계, 1562~1633)다. 상하이(上海) 사람인 그는 1588년 과거에 실패하고, 고향을 떠나서 사오저우〔韶州, 현 꾸앙똥 성 사오꾸안 시(韶關市)〕에 갔다가 그곳에서 천주교 교당을 찾게 되었다. 1604년 진사 시험에 합격한 그는 이 일을 천주(天主)의 은혜로 믿은 듯하다. 이후 쉬꾸앙치는 마테오 리치와 친교를 가진 뒤 세례 교인이 되었다. 그에게 서학의 천문, 역법, 화포(火砲)의 기술 등을 배웠다.

리즈짜오(李之藻이지조, 1565~1629)는 종교와 서학을 모두 수용한 점에서 쉬꾸앙치와 쌍벽을 이룬다. 원래는 지리 연구에서 출발했으나, 마테오 리치를 만나서 세례를 받고 그리스도교에 입문했다. 그는 과학 방면의 관심이 종교로 확대된 대표적인 경우다.

취타이쑤(瞿太素구태소, 1549~?)는 예부상서 취징츠운(瞿景淳구경순)의 아들이다. 리치로부터 자연과학을 배웠고, 함께 유클리드의 『기하원본幾何原本』을 번역한 인물이다. 첩(妾)의 문제로 고민했으나, 나중에 세례 교인이 되었다.

왕정(王徵왕징, 1571~1614)은 명·청 교체기의 사람이다. 선교사 판토야(Pantoja, 龐迪我)의 저술 『칠극七克』을 읽고 천주교에 흥미를 가졌다. 1615년 세례를 받고 입교했다.

양팅윈(楊廷筠양정균, 1557~1627)은 원래 독실한 불교신자였다. 1602년 뻬이징에서 리치를 만났는데, 당시는 천주교에 회의적 태도를 취했다. 그러나 1609년 지앙쑤 성으로 돌아와 리즈짜오를 만난 뒤 개종했다.

횡잉징(馮應京풍응경, 1555~1626)은 1592년 진사가 되었다. 호부와 병부의 관직에 종사했고, 태감 츠언횡(陳奉진봉)으로부터 탄핵을 받고 감옥에 수감되었다. 그곳에서 『천주실의天主實義』를 읽고 감명을 받았다.

이상 그리스도교와 서학에 호감을 느낀 사람들 대부분은 마테오 리치와의 개인적 유대 관계가 깊다. 그러나 리치가 세상을 떠난 뒤 주변 사정의 변화는 그리스도교의 전파에 불리하게 작용했다.

주홍(袾宏주굉)과 그의 제자 선허(沈㴶심각)는 유교의 전통적인 이단(異端) 배격의 관점에서 천주교를 비난했다. 특히 선허는 「참원이소參遠夷疏」라는 상소를 올렸는데, 이는 1616년 '난징교난'(南京教難)의 도화선이 되었다. ― 난징교난이란 1616년 어사 쑹꾸앙위(宋光裕송광유)가 난징

일대의 선교사와 교인을 체포하여 일으킨 천주교 박해 사건이다. 이때 4백여 명의 신도가 체포되어 감옥에 수감되어 고문을 당했다.

왕치위앤(王啓元왕계원) 및 후앙전(黃貞황정) 등은 유교적 파사론(破邪論)의 관점에서 천주교를 배격했다. 이 반대자 가운데 양꾸앙시엔(楊光先 양광선, 1597~1669)이 가장 대표적인 인물이다. 양꾸앙시엔은 안후에이성 시 현(歙縣흡현) 사람이다. 그는 선교사의 추방을 요구하고, 나아가 서양 역법(曆法)의 폐기를 주장했다. 1665년 그는 선교사 아담 샬〔Adam Schall, 탕르우어왕(湯若望)〕을 무고하여 죽음에 이르게 했고, 이에 '시헌력'(時憲歷)이 폐지되었다. 그는 천주교를 비난하기 위하여 유교적 관점에서 『부득이不得已』를 저술했다. 이 시기 양꾸앙시엔의 촉발로 일어난 박해를 제2차 교난으로 본다. 20여 명의 선교사가 감옥에 수감되었으나 대부분 풀려났다.

그 뒤 강희제(康熙帝, 1654~1722)의 친정(親政)이 시작되고 역법의 실험이 있었다. 그 결과 선교사 F. 페어비스트〔Ferdinand Verbiest, 난화이르언(南懷仁)〕의 실험이 옳고 양꾸앙시엔의 주장이 틀렸음이 입증되었다. 때문에 강희 8년(1669) 역법 문제와 아담 샬을 죽음에 몰아넣은 죄를 물어서 양꾸앙시엔의 참수(斬首)를 주장하는 여론이 일어났다. 강희제는 그를 삭탈관직하는 선에서 마무리 지었다. 양꾸앙시엔은 '부득이' 고향으로 내려가지 않을 수 없었고, 그 도중에 죽었다.

그리스도교와 유학(성리학)의 견해를 놓고 시비를 가릴 수 없다. 양자의 세계관이 너무 다르므로 어느 하나를 놓고 잘못이라고 말할 수 없다. 이는 견해 차이의 문제지 시비 증명의 문제가 아니다. 그러므로 교난(박해)이 일어난 것은 상호 '융화할 수 없는 차이점'(irreconcilable difference) 때문이다. 이런 차이로 인해 불행이 생긴다면 자신이 등을 대고 있는 세계에는 잘못이 없다는 맹목적 자신감(믿음) 때문이다. 이런 자존심의 확대 및 권력의 쟁취가 충돌을 빚고 교난(박해)의 역사를 만들어 냈다.

교난의 역사는 중국사에서 불행한 일이다. 이것은 유가 지식인의 독존 또는 자만심의 결과로 보인다. 그러나 중국의 지식인이 그리스도교에서 등을 돌린 이유는 철학이 아니라 문화의 차이에서 발생하는 문제 때문이었다. 중국 사회는 오랫동안 일부다처(一夫多妻)의 제도를 용인했다. 많은 사대부가 첩의 존재를 놓고 신앙의 문턱에서 포기했다. 또한 제사 문제를 놓고 갈등이 많았다. 그리스도교(로마 교황청)가 이 두 가지를 인정하지 않은 것은 결국 문화의 차이다. 그러나 어떤 문화가 다른 문화에 대해 우위(優位)를 차지할 수 있는가?

또한 이 시기에 중국이 내부적인 측면에서 정체성의 혼란을 일으키고 엔트로피(entropy)가 증가하는 과정에 있었음을 지적할 필요가 있다. 그렇다면 그리스도교 측의 반성은 필요 없는가? 세월이 흐른 뒤, 로마 교황청은 이른바 '제2차 바티칸 공의회'(公議會, Second Vatican Council, 1962~1965)를 열었다. 그리하여 제261대 교황 지오반니(Giovanni) 23세는 문화 차이에서 발생하는 상이한 습속(習俗)을 인정하는 일은 천주의 질서에 어긋나는 일이 아니라고 공표했다. 만일 이 같은 발표가 3백 년 앞서서 있었다면, 중국과 조선 땅에 많은 사람들이 피를 뿌리지는 않았을 것이다. — 오늘날 시행되는 그리스도교(카톨릭)의 예배 방식을 보면 일종의 완전한 제사라고 생각된다. 그 성찬(聖餐) 의식(儀式)은 형식을 잘 갖춘 제사 행위다. 프로테스탄트의 예배 방식도 카톨릭 혹은 유교에 비해 성찬의 형태가 간소할 뿐, 결국 제사 행위라고 규정할 수 있다.

참고문헌

금장태, 『동서교섭과 근대한국사상』, 한국학술정보, 2005.

김호동, 『동방 기독교와 동서문명』, 까치, 2002.

마테오 리치, 송영배 외 옮김, 『천주실의』, 서울대학교출판부, 1999.

이기경·이만채 편, 김시준 옮김, 『벽위편闢衛編』, 명문당, 1987.

최기복, 「明末淸初 예수회 선교사들의 補儒論과 性理學 비판」, 『교회사연구』 제6집, 한국교회사연구소, 1988.

최소자, 『동서문화교류사연구』, 삼영사, 2002.

리징떠(黎靖德) 편, 『주자어류朱子語類』 전8권, 중화서국, 1994.

린진쉐이(林金水)·쩌우핑(鄒萍), 『泰西儒士利瑪竇』, 국제문화출판공사, 2000.

쑨상양(孫尙揚), 『明末天主敎與儒學的交流和衝突』, 문진출판사, 1992.

왕위츠우안(王玉川), 리우준위(劉俊餘), 『利瑪竇中國傳敎史』(上,下), 광계출판사, 1986.

왕치엔진(汪前進), 『西學東傳第一師 — 利瑪竇』, 과학출판사, 2000.

조너선 D. 스펜스, 『마테오 리치, 기억의 궁전』, 이산, 2002.

빈센트 크로닌, 이기반 옮김, 『西方에서 온 賢者』, 분도출판사, 1999.

도날드 베이커, 김세윤 옮김, 『조선후기 유교와 천주교의 대립』, 일조각, 1997.

Anthony Kenny, *Aquinas on Mind*, Routledge, 1993.

——————, *Aquinas on Being*, Oxford University Press, 2002.

Jacques Gernet, *China and the Christian Impact*, Cambridge University Press, 1985.

제21장
소수민족의 철학

중국은 56개의 다민족으로 구성된 국가다. 한족(漢族)이 92퍼센트로 중심을 이루고, 나머지 55개 소수민족은 8퍼센트를 차지한다. 현재의 13억 인구를 놓고 보면, 소수민족은 약 1억 명에 해당한다. 이는 영국, 프랑스 혹은 독일의 인구를 능가한다. 즉, 중국에 소수민족의 특징이 있는 철학사상이 존재할 수 있다는 뜻이다.

지구와 달은 자전(自轉) 주기가 같다. 그러므로 지구상의 인간은 평생 달의 한 면만 보게 된다. 한족의 지식인은 인간이 일생동안 달의 한 면을 보고 살듯이 오로지 한족의 철학사상만 금과옥조로 삼았다. 중국에서는 아주 오랫동안 소수민족의 철학이 무시되고 관심 밖에 있었다. 중국철학사는 아무런 의문이 없이 '한족의 철학사'였고 이에 대하여 토론도, 논란도 없었다. 그러므로 이제는 달의 뒷면을 보려는 노력이 있어야 한다고 생각한다.

소수민족의 철학은 재평가되어야 한다. 그들의 철학은 단순히 8퍼센트의 생각에 그치는 것이 아니다. 소외당한 자의 쓰라린 심정을 아는가? 한족의 지식인은 입만 열면 몽골족의 '원'(元), 만주족의 '청'(淸)을 비하했다. 2백 년을 지속한 '서하'(西夏, 1031～1227) 및 '요'(遼, 916～1218) 왕조에 대하여는 이야기를 하지 않았다. '금'(金, 1115~1225)에 대하여도 마찬가지였다. 명 말 청 초의 지식인은 하나같이 명의 멸망에 대하여 땅을 치고 원통해 했다. 왜 그들은 보다 넓은 보편적 질서를 생각하지 않았을까? 한(漢)·당(唐)의 성세를 구가하려는 중화의 인민들은 청 제국이야말로 현재의 중국을 일으킨 나라가 아닌지에 대하여 생각할 필요가 있다.

21.1 당(唐)·송(宋) 시기 소수민족의 철학

21.1.1 남조덕화비(南詔德化碑)의 사상

당나라 초기 윈난 성 얼하이〔洱海, 현 윈난 성 따리 시(大理市)〕 지역에 여섯 민족이 존재했는데, 이들을 '육조'(六詔)라고 불렀다. '육조' 가운데 멍서(蒙舍몽사)는 당 조정의 도움을 받아서 5조(詔)를 멸하고 '남조'(南詔) 정권을 세웠다. 남조는 주로 조만〔烏蠻, 이족(彝族)〕과 백만〔白蠻, 백족(白族)〕으로 구성된 공동 정권이다. 이 정권은 2백 년(737~902)을 존속했다. 남조 초기에 비석을 세웠는데, 이를 '남조덕화비'(南詔德化碑)라고 부른다. ― 당대(唐代) 환츠우어(樊綽번작)가 지은 『운남지雲南志』에 남조 정권에 관한 기록이 있다. 『운남지』는 일명 『만서蠻書』라고도 부르는데, 이 책의 권3에 '육조' 정권이 소개되어 있다.

남조덕화비(이하 '덕화비'라고 부른다)는 약 5천 자의 글자가 새겨져 있는데, 국왕 꺼루어횡(閣羅鳳각라봉)의 인가를 받아서 10여 명의 문무관원이 세운 것이다. 그러나 비문을 지은이는 한족 출신인 정후에이(鄭回정회)라고 기록되어 있다. 덕화비에 다음과 같은 비문이 있다.

삼가받든다. 청탁(淸濁)이 처음에 나뉘고, 음양이 운행하여 만물을 낳는다.

냇물과 산악이 나타나고, 원수(元首)를 세우고 팔방(八方)을 정한다. 그러므로 드러나는 상(象) 가운데 해와 달보다 더 큰 것은 없고, 숭고한 자리는 군신(君臣)보다 더 큰 것이 없다. 도(道)가 다스려지면 중외(中外)가 평안하고, 정치가 어긋나면 반드시 변고가 있다. …… 문무(文武)를 수습하고, 백관을 설치하며 (직책의) 높고 낮음을 배열하여 9등급으로 나눈다. 3재(三才)를 통하여 예(禮)를 제정하고, 6부(六府)를 사용하여 나라를 경영한다. (『사고전서四庫全書』, 「사부史部」, 「운남통지雲南通志」 권29-9)

덕화비의 내용은 원초적인 음양 철학의 표현이다. 이기(二氣)가 작용하여 천지와 냇물, 산악을 낳는다는 소박한 유물론적 사유를 반영한다. 그러나 여기서는 소수민족에게 많이 보이는 샤머니즘 혹은 미신 신앙의 자취가 적고, 일종의 체계적이고 합리적인 사유의 전개를 볼 수 있다. 이 같은 사유의 전개가 한족의 음양오행설의 영향을 받은 것인지는 알 수 없다. 덕화비의 의의는 체계화된 철학 이론의 발전이 아니라, 문명과 동떨어진 오지(奧地)의 정권 차원에서 합리성을 지닌 사유가 발전한 데 있다. — 남조덕화비가 있었던 따리(大理) 지역은 지리적으로 3천~4천 미터의 산악 지대에 속하고, 현재 행정상 '따리 백족(白族) 자치주'로 지정되어 있다.

21.1.2 우주인문론(宇宙人文論)의 사상

이족(彝族)은 윈난 성의 대표적인 소수민족이다. 현재 쿤밍 시(昆明市) 일대에는 이족 자치주와 자치현이 흩어져 있다. 과거에 이들에게 문자가 있었다. 이문(彝文)으로 작성된 「우주인문론」은 이 부족의 사상을 들여다볼 수 있게 하는 자료다. 이 저술의 작자 뚜르언(篤仁독인)과 루쩌(魯則로칙) 두 사람은 한·당 시기의 인물로 전해질 뿐 자세한 이력은 알 수 없다. — 저자는 이족의 문자인 이문(彝文)을 알지 못한다. 그러므로 여기서는 우시옹우(伍雄武)가 소개한 루어꾸어이(羅國義), 츠언잉(陳英) 두 사람이 번역한 『우주인문론』의 자료에 의존한다.

만사, 만물의 원초적인 뿌리(總根子)는 청탁(淸濁) 이기(二氣)다. 하늘과 땅은 이로 말미암아 형성되었다. 그림자와 형체, 이것도 모두 이기로 말미암아 태어났다. …… 사람과 각종 사물이 출현하였다. 지식(知識)도 이로부터 태어났다. 〔우시옹우(伍雄武), 『중국소수민족철학사상간사』, 172쪽〕

상기 문장의 '그림자와 형체'의 번역어는 원래 '애포'(哎哺)다. '애'(哎)는 그림자[影], '포'(哺)는 형체[形]로 번역되었는데, 저자는 이를 따랐다. 윗 문장은 소박한 유물론 철학을 반영한다. 청탁은 맑은 기와 탁한 기를 말하는데, 하늘과 땅을 가리킨다. 이 글의 특이한 관점은 인간의 지식도 두 가지 기의 산물이라보는 점이다. 「우주인문론」에서 또 이렇게 말했다.

하늘과 땅이 생기기 전에 맑은 기(淸氣)는 가벼운 향기가 있었고, 탁한 기(濁氣)는 무겁게 가라앉아 있었다. 맑은 것과 탁한 이기가 상호 접촉하여 한 뭉텅이의 기가 순풍을 타고 일어났다. 두 가지가 접촉할 때, 푸르고 그윽한 것과 붉은 것 한 조각이 형성되었다. 푸른 것은 위로 올라가 하늘이 되었고, 붉은 것은 아래로 내려와 땅이 되었다. 〔우시옹우, 『중국소수민족철학사상간사』, 172쪽〕

이 이야기는 맑은 기, 탁한 기 두 가지 기(二氣)가 천지, 형체 및 만물을 형성했음을 말한다. 이는 우주 발생론의 사유 체계를 가리킨다. 대체로 음양오행설의 발생 이야기와 비슷하지만, 이들이 한족의 영향을 받은 것인지는 알 수 없다. 「우주인문론」은 한 걸음 더 나아가서 하늘과 사람의 합일(合一)을 주장했다.

> 맑은 기, 탁한 기가 충일하여 오행으로 말미암아 천지가 형성된 뒤, 오행의 변화를 따라서 사람의 몸이 생겨난다. 오행 가운데 물[水]은 곧 사람의 피[血]요, 쇠[金]는 사람의 뼈[骨]다. …… 오행의 추이에 따라서 사람의 몸이 형성된 뒤, 생명력이 작동하여 천체 변화를 모방하여 완전한 인간을 이룬다. 하늘의 해와 달은 사람으로는 눈[眼]과 같고, 하늘의 바람은 사람으로는 호흡[氣]과 같다. …… 이렇게 보면 사람은 본래 하늘이 낳은 것이니 곧 하늘을 모방하여 사람이 되는 것이다. 사람이 도를 안다는 것은 하늘도 도를 안다는 말이요, 하늘이 도를 안다고 함은 사람도 도를 아는 것이다. (우시옹우, 『중국소수민족철학사상간사』, 173쪽)

위의 글은 일종의 '천인합일'(天人合一) 사상을 반영한다. 이 책의 저자들이 말하는 하늘은 초월적 신(神)이 아니고, 따라서 인격성도 없고 도덕성도 없다. 그러나 이족의 지성인은 하늘을 말하면서 인간의 윤리와 연결시킨다. 하늘이야말로 인간의 복록(福祿)을 낳는 근본 원인이라고 주장하는 것이다.

21.1.3 우쑤프·하쓰 하지프의 『복락지혜福樂智慧』

우쑤프·하쓰 하지프(哈吉甫옥소보, Yusuf Has Hajib Balasaghuni, 1019~1085)는 카라한(喀喇汗) 왕조 위구르족(回族)의 시인이자 철학자다. 그는 빠라싸쿤(巴拉薩袞)에서 태어났고 이름을 우쑤프(尤素甫)라고 했다. 그는 평생 학술 연구에만 종사했는데, 위구르 문자로 기록한 『복락지혜福樂智慧』가 대표적 저술이다. 이 위대한 저작을 카라한 왕조의 부카한 집정 때 증정함으로써 '임금을 모시는 신하'(御前侍臣)라는 뜻의 '하쓰

하지프' 칭호를 얻었다.

『복락지혜』는 13,290행의 시구(詩句)로 이루어진 저술이다. 원문의 뜻은 '사람들에게 주는 행복의 지식'이었다고 하니, 일종의 행복 철학이 담긴 책이다. 우쑤프는 사람들을 네 가지 그룹으로 나누었다. 이는 비유적인 것으로 첫째는 대신(大臣)이며 '둥그런 달'(月圓)로 상징되고 '행운'(幸運)이라고 호칭된다. 둘째는 국왕이며 이는 '떠오르는 태양'(日出)으로 상징되고, '정의'(正義)라고 불렀다. 셋째는 현명한 사람(賢明)으로서 '지식'(知識)이라고 일컬었다. 마지막은 지혜의 인간으로서 '각성'(覺醒)으로 상징되고 '지혜'(智慧)라고 불렀다.

우쑤프는 본래 인간은 태어나면 무지(無知)의 상태로 배움을 통해서 알게 되고 지식을 얻고, 일에 공(功)을 얻는다고 보았다. 인간은 근본적으로 행복을 추구하는데 행운(대신의 모임), 정의(王), 지식(지식인 모임)의 인간은 모두 현세적 행복을 원한다. 그러나 누구나 죽음을 피할 수 없다. 그렇다면 어떻게 해야 하는가? 그에 의하면 오로지 '각성'의 인간만이 진실하고 영원한 진리를 얻을 수 있다. 우쑤프의 시를 감상해 보자. ― 저자는 위구르어(回鶻語)를 알지 못한다. 여기서는 우시옹우가 소개한 하오꾸안종(郝關中)·장홍차오(張宏超)·리우삔(劉賓) 등 세 사람이 번역한 『복락지혜』의 자료에 의존한다.

국왕이여! 그대는 찬란한 등잔불(燈燭) 같구나
모든 사람들의 어깨 위에 있도다.
……
어느 날 새벽 죽음의 신(死神)이 문을 열고 오네
높은 직책과 권력이 모두 헛것이 아닌가.
……
국왕이여! 반드시 알아야 하리

왕궁과 궁전이 그대가 잠시 머무는 여관인 것을.
그대 앞에 지나간 사람이 있네
그러나 영원히 머무르는 사람은 없으리.
인생의 영광은 두 가지로 구성된다네
하나는 재물(財物)이요, 또 하나는 명성(名聲)이다.
그대는 두 가지가 있으면 천년을 살 것 같지만
죽음의 신이 그대를 움켜쥐면 만사가 헛것(空)이라네.

비록 한 편의 시구지만 여기에 철리(哲理)가 담겨 있으므로, 이를 철학시(哲學詩)라고 말할 수 있다. 무상한 인생, 결국 해답은 신앙의 길에 있다. 우쑤프는 계속 말한다.

그대 무상한 진세(塵世)에 의지하고 있나
세상이 곧 그대를 버릴 것이니 그대 응당 버려야 하리.
청컨대 그대여 금생(今生)을 버릴 때 내생(來生)을 구하라
내세(來世)에 향락이 끝없도다.
그대가 더 좋은 세상을 원하거든
금생의 모든 것을 포기해야 하리.
가거라, 두 세계의 주인을 찾아가라
금생과 내세에서 반드시 주인을 좇아야 하리.
조물주(造物主)를 찾으라, 만물이 그대에게 속한다
창세자(創世者)를 찾으라, 두 세계가 모두 그대에게 속한다.
창세자를 두려워 말라, 또한 맡김(寄託)을 두려워 말라
조물주를 두려워하라, 그에게 맡겨야(依託) 하리

이상 우쑤프의 시구(詩句)는 앞에서 말한 사람들의 네 가지 모임을 상

대로 전개된다. 우리는 여기에 이슬람교의 교리에 합당한 종교철학이 자리 잡고 있음을 확인한다. 영생(永生)의 이야기가 나오면, 철학은 종교에게 자리를 양보하고 날개를 접는다.

21.2 원(元) — 빠오빠(保巴)

빠오빠(保巴보파, ?~1311)는 몽골족이 낳은 철학자다. 자를 푸안(普菴보암)이라 했고, 루어양(洛陽)에서 살았다. 무종(武宗, 재위 1308~1311) 연간 태중대부(太中大夫)와 상서우승(尙書右丞)의 벼슬을 역임했다. 저술에 『역원오의易源奧義』와 『주역원지周易原旨』가 있다.

원대(元代)는 중원의 주인이 몽골족이었다. 자연히 여러 민족이 뒤섞여 살았고 상호 간에 문화적 교류와 접촉이 빈번했다. 빠오빠의 생애를 자세히 알 수 없으나 한족의 교육을 받았다고 추정한다. 엄밀하게 말하면 그의 철학은 독창성을 가진 것이 아니다. 그러나 『주역』 연구에 남다른 깊이가 있었으므로 연구 대상이 되기에 충분하다.

> 대개 한번 음(一陰)하고 한번 양(一陽)하는 것을 가리켜 '도'라고 한다. 하늘은 아버지를, 땅은 어머니를 일컫는다. 하늘과 땅이 여섯 자식(六子)을 낳은 연후에 인륜의 질서가 자리잡힌다. 이른바 임금은 임금답고, 신하는 신하답고, 아버지는 아버지답고, 아들은 아들답고, 남편은 남편답고, 아내는 아내답다는 것이 그것이다. 사람의 도가 이미 확립된 연후에 하늘의 자리와 수(天位數)가 다음과 같다. 자리(位) : 간(幹)一, 태(兌)二, 감(坎)三, 리(離)四, 진(震)五, 손(巽)六, 간(艮)七, 곤(坤)八, 건(乾)九. 수(數) : 갑(甲)三, 을(乙)八, 병(丙)七, 정(丁)二, 무 (戊)五, 기(己)十, 경(庚)九, 신(申)四, 임(壬)一, 계(癸)六. (『사고전서』, 「경부經部」 1, 《역원오의》, 〈선천도〉)

여기서 천지의 여섯 자식은 임금, 신하, 아버지, 아들, 남편, 아내를 가리킨다. 빠오빠는 『주역』(『십익』), 「괘사전」과, 장짜이(張載) 「서명西銘」의 내용을 종합하여 간명하게 자신의 사상을 펼치고, 이를 인간 사회의 자리[位]와 수(數)에 적용하고 있다. 비록 그의 철학이 정주(程朱) 철학의 연장선에 있어 보이지만, 소수민족의 일원으로서 향후 연구 가치는 충분하다.

21.3 명(明) — 리위앤양(李元陽), 리즈(李贄)

21.3.1 리위앤양의 성(性)본원설

리위앤양(李元陽이원양, 1495~1580)은 윈난 성 타이허(太和) 사람으로, 명대(明代) 백족(白族)이 낳은 사상가다. 1526년 가정(嘉靖) 5년 진사에 급제하여 벼슬길에 올랐다. 호부(戶部)주사 및 감찰어사 등을 역임했다. 정권의 부패에 실망하여 관직을 버리고 백족의 고향인 따리(大理)로 귀향, 40여 년을 학문 연구에만 힘을 쏟았다. 저술에 『중계만고中溪漫稿』가 있다.

리위앤양은 소수민족의 관점에서 한족의 철학을 해석하고 수용했다. 그는 멍커(孟軻)가 주장한 덕치(德治)의 개념을 받아들였다. 리위앤양은 "무릇 덕이란 불인지심이다"(夫德者, 不忍人之心也)라고 말하고, 이를 소수민족의 징치에 확대 해석한다. 이하 인용문의 출처는 『이중계전집李中溪全集』이다. 이 자료는 1913년 발행된 『운남총서』에 실려 있는데, 여기서는 우시옹우의 자료에 의존한다.

만리 변방의 백성도 또한 국가의 적자(赤子)다(萬里邊氓, 亦國家之赤子).

(우시옹우, 『중국소수민족철학사상간사』, 182쪽)

일찍이 이렇게 말한 한족의 사상가는 없었다. 리위앤양의 주장은 일면 소수민족의 견해를 반영하지만, 철학의 측면에서는 평등사상의 고양(高揚)이다. 변방은 중앙을 위한 수탈의 대상이 아니라, 보호의 대상이다. 동시에 변방은 중심을 버텨 주는 중요한 기관이다.

리위앤양 철학 개념의 핵심은 '성'(性) 자에 있다. 성이란 무엇인가? 리위앤양은 다음과 같이 말한다.

> '성'은 신령한 존재로 홀로 비추며, 하늘과 더불어 항상 존재한다. 젊다고 해서 융성하지 않음이 없고, 늙었다고 해서 쇠퇴하는 법이 없다. 살았다고 해서 존재하지 않음이 없고, 죽었다고 해서 없어지는 법도 없다. 그러므로 가로되 천명이라고 한다(性也者, 靈明獨照, 與天常存. 不以少而盛, 不以老而衰, 不以生而存, 不以死而亡. 故曰天命也). (『이중계전집』 권5 ; 우시옹우, 『중국소수민족철학사상간사』, 183쪽)

> 사람이 이 성을 갖추면 스스로 치지(致知)와 양지(良知)를 이룬다. 성은 두루 돌지 않음이 없고(周匝), 신령하여 뚫리고 통하지(豁徹) 않음이 없다. 몸(體象)이 없지만 헤아릴 수 있고, 생각(思議)이 없으나 미치지 않음이 없다. 오직 '중'(中)이요, 오직 '일'(一)이다. (『이중계전집』 권10, 「성설性說」 ; 우시옹우, 『중국소수민족철학사상간사』, 183쪽)

리위앤양의 이와 같은 성 개념은 한족의 철학자에게는 볼 수 없었던 특이한 해석이다. 그에 의하면 성은 곧 '천명'이며 우주 만물의 본원이다. 또한 성은 일종의 주관 정신으로, 진아(眞我)다. 리위앤양은 '심·성·정'의 관계를 다음과 같이 말한다.

성의 신령스러운 인식이 쌓여서 사물에 감동하는 것이 마음[心]이다. 마음의 인식이 사물에 의혹되면 뜻[意]이라고 한다. …… 의식(意識)이 흘러가면 '정'(情)이 된다. (만일 정이) 치지와 양지와 위배되면, (사람도) 동물과 다를 바 없다. (『이중계전집』 권10, 「성설性說」; 우시옹우, 『중국소수민족철학사상간사』, 184쪽)

이와 같은 리위앤양의 성론은 왕서우르언의 사상에 영향을 받은 것으로 보인다. 그러나 그의 성본원설은 부분적으로 한족의 철학사상을 보완했고, 이 점에서 일정 부분 중국철학의 발전에 기여한 바가 있다고 평가한다.

21.3.2 리즈의 동심설

리즈(李贄이지, 1527～1602)는 후우지엔 성 취앤저우(泉州천주) 사람이다. 자가 주어우(卓吾탁오) 또는 뚜우(篤吾독오)며, 호는 홍후우(宏甫굉보) 혹은 '원링 거사'(溫陵居士온릉거사)다. 주어우(卓吾)로 더욱 알려져 있다. 그가 소수민족의 일원임을 아는 사람은 드물다. 혹자는 그 사실을 알더라도 신경을 쓰지 않았다. 리즈의 선조는 위구르족 출신이다. 그는 소수민족의 일원이었으나, 한족처럼 교육을 받았다. 리즈를 '무슬림'(이슬람교도)이라고 말할 수 없으나, 그의 처 황 씨는 무슬림이었던 것 같다. 리즈는 젊은 시절 루어르우황(羅汝芳라여방, 1515～1588)을 찾아가서 배웠다.

중국철학사에서 리즈는 '반항아', '유교의 반역자' 혹은 '사상범'으로 알려져 있다. 그는 스물여섯 살에 과거에 합격하여 거인(擧人)의 신분을 얻었으나, 스물아홉 살의 첫 발령지부터 찬밥 신세였다. 그는 고향에서 가까운 강남에 머물고 싶어했으나 만 리나 떨어진 웨이후에이부(衛輝府위휘

부) 꿍츠엉〔共城공성, 현 허난 성 신시앙 시(新鄕市) 후에이 현(輝縣)〕의 벽촌으로 발령받았다. 그 뒤로 계속하여 관청의 하급 관리로 전전했다. 그가 크게 출세하지 못한 데는 위구르족이라는 출신 성분이 작용했을 가능성이 있다.

서른셋에 승진하여 남경(南京)에 부임했다. 서른여덟에 국자감박사(國子監博士)가 되어 뻬이징에 부임했으나, 부친의 죽음으로 가족이 있는 꿍츠엉으로 내려왔다. 마흔두 살에 진사(進士) 시험에 합격했다. '늦깎이'였다. ― 청대 과거 제도는 수재(秀才), 거인(擧人), 진사(進士)의 3등급이 있다. 수재는 현(縣) 단위의 규모이며, 거인은 성(省) 단위이고, 진사는 전국 단위다.

리즈는 콩치우와 멍커의 학문을 싫어하고, 양주(楊朱)와 뭐자이(墨翟)의 학문에 관심을 가졌다. 왕서우르언의 글을 읽고 그 학문에 뜻을 두었다. 쉰한 살에 윈난 성 야오안(姚安)으로 발령받아 부임하여 소수민족에게 관용적인 행정을 펴다가, 한족의 상관들과 사이가 틀어졌다. 쉰두 살에 따리의 감통사에서 백족 출신의 학자 리위앤양을 만났다. 리위앤양은 리즈를 높이 평가했다.

리즈는 쉰네 살에 벼슬을 사직하고 계족산〔鷄足山, 윈난 성 따리(大理) 얼하이(洱海) 북쪽에 있음〕으로 들어가서 얼마 동안 나오지 않았다. 잠시 후뻬이 성 후앙안(黃安)에 거주했고, 쉰아홉 살 이후 마츠엉〔麻城, 현 후뻬이 성 황깡 시(黃岡市) 마츠엉〕 부근의 룽탄(용담)호에 머물렀다. 60대에 머리카락을 기른 채 사실상(de facto) '승려'가 되었다. 그러다 어느 날 갑자기 삭발함으로써 스스로 유자(儒者)가 아님을 증명했다. ― 이때 수염은 깎지 않고 남겨 두었다. ― 룽탄에 지불원(芝佛院)을 증축하고 일흔 살까지 머물렀다. 일흔세 살에 예수회 선교사 마테오 리치를 만난 일이 있다. 일흔여섯 살 때 '혹세무민'의 모함을 받고 감옥에 수감되자, 뻬이징의 옥중에서 자결했다.

리즈는 성격이 매우 조급하고 직언(直言)을 잘했다고 한다. 그는 마치 묵가학파의 협사(俠士)처럼 행동했고, 칼을 차고 온 세상의 기존 질서를 향하여 내려쳤다. 그가 지금 태어났다면 시칠리아 섬 마피아 집단의 '카포'가 되어 경찰에 쫓기는 신세가 되었을 것이다. 그러나 그는 음률과 여색에 담백했으며, 결벽증이 있어서 여인의 접근을 혐오하여 아들이 죽었는데도 첩을 얻지 않았다. — 그가 여성을 비하(卑下)한 것은 아니다. 예순일곱 살 때 편지문을 보면, 여성도 남성과 견식(見識)에서 전혀 손색이 없음을 강조한다(『분서焚書』 권2, 「여인은 도를 공부해도 별 수 없다는 견해에 대한 답변答以女人學道爲見短書」; 김혜경 옮김, 『분서 I』, 241쪽).

저술에 『장서藏書』와 『분서焚書』가 있다. '끝내 햇볕을 못 보고 감추어야 할 책'이라는 뜻의 『장서』는 감추어지지 않았고, '불태워서 없애야 할 책'이라는 뜻의 『분서』는 불태워지지 않았다. 리즈의 저술 가운데 가장 볼 만한 내용은 '동심설'(童心說)에 관한 글이다.

> 동심이란 진실한 마음이다. 만일 동심으로 돌아갈 수 없다면, 이는 진실한 마음이 불가(不可)하다는 말이 된다. 대저 동심이란 거짓을 끊어버린 순진함인데, 사람이 태어나서 처음 갖게 되는 본심(本心)을 말한다. 동심을 잃어버리면 진심도 없게 된다. 진심을 잃어버리면 진실한 인간성도 없다. 사람으로서 진실하지 않으면, 최초의 본마음을 회복할 수 없다. (『분서』, 「잡술雜述」, 〈동심설〉; 김혜경 옮김, 『분서 I』, 348쪽)

리즈의 동심설은 루어르우황의 적자양심설(赤子良心說)로부터 영향을 받은 것이다. 근원을 따지면 두 사람이 모두 왕서우르언의 학설에 영향을 받았다. — 더욱 멀리 올라가면 이들은 모두 멍커로부터 영향을 받았다. 리즈의 동심설은 멍커의 말, "대인이란 어린애의 마음을 잃지 않는 자다"("大人者, 不失其赤子之心也", 『맹자』, 「이루 下」)라는 말에서부터 근원한다. — 왕서우르언의 단도직입적인 성격에서 보았듯이, 리즈 또한 성리학을 지루하게 생각했다. 리즈는 성리학만이 아니라 당대의 기존 질서 자체에 대하여 반항했다.

> 무릇 육경(六經), 『논어』, 『맹자』는 사관(史官)들이 추켜세워 숭상한 말이 아니면, 그 신하들이 극도로 찬미한 말이다. 그것도 아니라면, 우활한 무리들과 멍청한 제자들이 스승의 말을 기억할 때 머리는 있으되 꼬리가 없이 자신의 견해를 책에 기록한 것에 불과하다. …… 그렇다면 육경, 『논어』, 『맹자』는 도학자들이 내세우는 구실이고, 거짓된 무리들이 모여든 소굴에 불과하니, 그것들이 결코 동심에서 나온 말이 아님은 명백하다. (『분서』, 「잡술雜述」, 〈동심설〉 ; 김혜경 옮김, 『분서 Ⅰ』, 351쪽)

쿵치우(孔丘)가 세상에 나온 뒤, 이토록 가혹하게 그를 비난한 글은 없었다. 리즈는 기존의 모든 권위를 철저하게 부정했다. 그는 당시의 사회 질서를 혐오한 듯하다. 심리적 측면에서 고찰하면, 그는 소수민족의 일원으로 늦게 과거에 급제했고 변방의 하급 관리로 전전했다. 따라서 그가 해체주의(解體主義)적 성격이 강한 것은 이상한 일이 아니다. 리즈는 4백 년 전 개인적으로 '문화대혁명'을 시도한 인물이다. 여기서는 리즈의 시 한 편을 감상하도록 한다.

> 부(富)라, 늘 만족함을 아는 것보다 부유한 것은 없고
> 귀(貴)라, 세속을 벗어난 사람보다 존귀한 이는 없도다.
> 빈(貧)이라, 식견이 없는 것보다 더한 가난은 없고
> 천(賤)이라, 기개가 없는 사람보다 천박한 이는 없도다.
> (『분서』 권6, 「시가詩歌」, 〈부막부어상지족富莫富於常知足〉 ; 김혜경 옮김, 『분서 Ⅱ』, 295쪽)

21.4 청(淸) — 마떠신(馬德新)

마떠신(馬德新마덕신, 1794~1874)은 윈난 성 따리 사람으로, 청조(淸朝) 위구르족(회족)의 저명한 이슬람 철학자다. 그는 중국 출신의 소수민족으로는 매우 드문 이력을 지닌 사람이다. 일찍이 이집트, 오스만 제국과 사우디아라비아 왕국에서 이슬람 문화를 연구한 경력이 있다. 귀국한 뒤 이슬람 교육에 헌신적으로 이바지했고, 아랍어와 한어(중국어)로 저술 작업을 했다. 그는 윈난 위구르족의 반청(反淸) 운동에 참가했다가 살해되었다. 저술에 『대화총귀大化總歸』, 『사전회요四典會要』, 『천리명운설天理命運說』, 『성명종지性命宗旨』 등이 있다.

마떠신은 우주의 변화 과정은 화(化)와 귀(歸), 본체와 작용, 하나[一]와 많음(萬)의 관계라고 정의한다. 우주는 3단계를 거쳐서 진화하는데, 선천(先天)·중천(中天)·후천(後天)이 그것이다. 선천의 단계는 '리'(理)는 있으나 아직 현상이 나타나지 않은 단계로, 이를 '리세'(理世)라고 말한다. 이때가 '하느님'(眞主)이 본연한 상태다. 중천의 단계는 만물이 개화하여 리와 현상이 들어나며, 이를 '상세'(象世)라고 말한다. 후천의 단계는 현상에서 다시 리로 복귀하고 만물이 쭈그러들어 하나[一]의 과정으로 돌아가는 단계로, 이를 '복명귀진'(復命歸眞)이라고 표현한다.

선천에서 중천으로 가는 과정처럼 만물이 본체로부터 현상으로 변화하는 과정을 '화'(化)라고 말한다. 중천에서 후천으로 가는 과정처럼 만물이 현상으로부터 본체로 되돌아가는 과정을 '귀'(歸)라고 말한다. 마떠신의 화와 귀의 개념은 난해하다. 화는 생물체가 태어나서 성장할 때의 확산 혹은 융합(融合, fusion)의 개념으로 이해된다. 귀는 성장을 멈추고 다시 죽음으로 '수축(收縮, contraction)하는 과정으로 파악된다. 마떠신은 다음과 같이 말한다.

만유(萬有)의 형색은 몸체가 없이 서로 '화'한다(無體胥化). 만상(萬象)의 의리는 드러나지 않음이 없다(無不顯化). 만류(萬類)의 결속은 뒤섞이지 않음이 없다(無不渾化). 화의 이르는 바는, 즉 귀의 이르는 바다(化之所至, 卽歸之所至也). 귀의 통하는 바는, 즉 화의 통하는 바다(歸之所通, 卽化之所通也). 화는 그 귀하는 바에 화함이니(化卽化其所歸), 천고에 이와 같은 리는 같다. 귀는 그 화하는 바에 귀함이니(歸卽歸其所化), 만사가 그 처음으로 돌아간다(萬事所以復其初). (우시옹우, 『중국소수민족철학사상간사』, 202쪽)

마떠신이 말하는 선천의 리(理)는 곧 본체고, 중천의 상(象)은 곧 작용이다. 본체는 '하나'고 작용은 '많음'(多)을 가리킨다. 마떠신은 아랍철학과 중국철학의 결합을 시도한 학자다. 그의 종교철학에는 변증적 사유가 자리잡고 있다.

소수민족의 사상가는 위에 언급한 사람 외에도 더 있다. 위구르족 아이허머더 아베투라 하라빠티(哈拉巴蒂, 1638~1736), 만주족 아이신쥐에루어(愛新覺羅, 1654~1722), 만주족 아커뚠(阿克敦, 1685~1756), 몽골족 인짠나시(尹湛納希, 1837~1892) 등이 그들이다. 그 가운데서도 아이신쥐에루어, 즉 강희(康熙) 황제의 등장은 중국철학사에 '철인왕'(Philosopher King)의 존재가 가능하다는 것을 보여준다. 그는 송학에 관심을 가졌고, 그의 사상은 대부분 주시의 그것과 일치한다. — 아이신쥐에루어(愛新覺羅)의 '아이신'(愛新)은 만주어로 '금'(金)이라는 뜻이고, '쥐에루어'(覺羅)는 '족'(族)의 뜻이라고 한다. 즉 '금조(金朝)의 귀족'이다. 강희제의 중국어 호칭은 '성조(聖祖) 쉬앤예(玄燁현엽)'다.

참고문헌

금장태, 『산해관에서 중국역사와 사상을 보다』, 효형출판, 1999.

우시옹우(伍雄武), 『중국소수민족철학사상간사中國少數民族哲學簡史』, 윈난(雲南)인민출판사, 1996.

위지아후아(余嘉華) 주편, 『운남풍물지雲南風物志』, 윈난(雲南)교육출판사, 2003.

리즈(李贄), 김혜경 옮김, 『분서焚書』 I·II , 한길사, 2004.

자오지후에이(趙吉惠), 자오후우지에(趙馥潔), 『중국유학사中國儒學史』, 중주고적출판사, 1991.

옌리에산(鄢烈山)·주지엔꾸어(朱健國), 홍승직 옮김, 『이탁오평전』(원명 : 中國第一思想犯), 돌베개, 2005.

장쉬에즈(張學智), 『명대철학사明代哲學史』, 뻬이징대학출판사, 2000.

시마다 겐지(島田虔次), 김석근·이근우 옮김, 『주자학과 양명학』, 까치, 1986.

Jonathan N. Lipman, *Familiar Strangers*, University of Washington Press, 1997.

제22장
아편전쟁(1840) 이후의 중국철학 사조

소수민족 가운데 하나인 만주족이 건설한 청조(淸朝)는 강희(康熙, 재위 1662~1722), 옹정(雍正, 재위 1723~1735), 건륭(乾隆, 재위 1736~1795)의 3대에 상당한 업적을 쌓았다. 특히 아이신쥐에루어 즉, 강희 황제는 뻬이징을 중심으로 동으로 2천여 리, 남으로 2천여 리, 서로 2천여 리를 직접 말을 타고 원정한 인물이다. 그는 1683년 타이완을 점령하고, 1690년 서쪽의 변방 준가르(準喀爾)를 공격하며, 1718년과 1722년에 티베트에서 전쟁을 감행했다.

그 결과 1800년대에 이르러서는 그동안 한족이 지배하지 못했던 칭하이(青海) 서부 지역, 신지앙 위구르(新疆維吾爾) 지역, 시짱(西藏, 티베트) 지역이 모두 중국 땅으로 편입되었다. 이와 같은 변방 정벌은 중국으로 하여금 역사상 가장 광활한 영토를 확보하게 하는 기반이 되었다. 현재의 중국은 이 유산을 물려받았다. — 옛적부터 서역으로 알려진 '신지앙'(新疆)은 동(東)투르키스탄을 가리킨다. 청의 신지앙 정복은 중앙아시아를 장악하고 청조를 위협하던 준가르를 1757년에 소멸시킴으로써 현실화되었다. 위구르는 민족 명칭인데, 여기서는 한어 '웨이우얼'(維吾爾)을 따르지 않고 관례에 따라 '위구르'(Uighur)라고 칭한다. 시짱(티베트) 정벌은 강희 황제가 1717～1722년간 몽골 세력을 몰아내고, 청의 군대를 투입하여 완성했다.

하지만 1796년 백련교(白蓮教)의 반란을 시작으로, 1851년 태평천국, 동치(同治, 1862～1874) 연간의 회민(回民, 위구르족) 반란, 1898년 의화단의 봉기 등으로 인하여 청조는 내부적으로 붕괴하기 시작했다. 그리고 1840년 아편전쟁, 1883년 청불전쟁, 1894년 청일전쟁으로 외부적으로 도전에 직면했다. 이후 1949년 10월 마오쩌똥(毛澤東, 1893~1976)의 '중화인민공화국'이 탄생하기까지 중국은 일찍이 유례를 볼 수 없는 '격동의 백년'을 맞이한다. 이 기간 동안 중국 인민의 신고(辛苦)는 말로 다할 수 없을 정도다. 2차 대전 당시 유럽의 유태 민족이 겪은 고난과 이들의 고통과 비유할 수 있다.

22.1 태평천국의 이상(理想)

22.1.1 홍시우취앤(洪秀全)과 태평천국 운동

원인이 어디에 있던 제1차 아편전쟁(Opium War, 1839～1842)은 전통 중국 사회의 뿌리를 흔들어 놓았다. 이 전쟁은 국가와 국가의 전쟁이 아니고 문명 대(對) 문명의 전쟁이라고 판단할 수 있다. 산업혁명 이후 과학 기술로 무장한 영국 군대와 농업 사회 중국 군대의 전투는 처음부터 승자가 정해져 있었다. 전자는 근대의 상징이고, 후자는 고대 혹은 중세의 대변자였다. 즉, 아편전쟁은 과학이 농업을, 근세가 고중세를 정복한 전쟁이다. 1842년 난징조약으로 마무리되었으나, 불평등조약 — 당시 중국인들은 조약이 무엇인지 개념조차 없었으며, 국제적인 협약이 왜 지켜져야 하는지에 대하여 수긍하지도 않았다. — 은 문제를 남겨 놓았다. 제2차 아편전쟁(1856～1960)은 중국의 모호한 태도와 이를 공략하는 영국의 갈등 표현이었다. 그 결과 1860년 영국과 프랑스 연합군이 뻬이징을 군사적으로 점령하기에 이르렀다.

또한 1846～1848년 사이 홍수와 기근이 중국을 덮쳤다. 이와 같은 상황에서 태평천국(太平天國, 1851～1864) 운동이 일어났다. — '태평천국'에 대한 평가는 극도의 칭찬과 비난이 엇갈린다. 한편에서는 위대한 혁명운동(revolution)이요, 다른 한편에서는 극악무도한 반란(rebellion) 행위다. 주도자인 홍시우취앤(洪秀全, 1814～1864) 개인에 대한 평가 또한 '위대한 영웅'과 '반란수괴'의 두 갈래로 나뉜다. 한 사람에 대한 내용이 이토록 다르게 인식됨은 놀라운 일이다. 루어얼왕(羅爾網)의 『태평천국사太平天國史』는 전자의 대표적인 자료며, 『청사고淸史稿』는 후자의 대표적 자료다.

운동의 주동 인물 홍시우취앤은 꾸앙뚱 성 후아 현〔花縣, 현 꾸앙저우시(廣州市) 북부〕 사람으로, 원래 이름은 르언쿤(仁坤인곤)이다. 젊은 시절 과거 시험에 응시했으나 여러 차례 낙방을 계속하자 만주족의 정부에 불만을 품었다. 그는 병마에 시달린 상태에서 환각을 체험했다. 이는 일종의 무병(巫病)일 가능성이 있다. 그는 주자학(朱子學)을 중심으로 한 과거 공부를 뒤로 하고, 침례교파 선교사 제이콕스 로버츠(Jacox Roberts, 중국명 羅孝全)를 찾아가 세례를 받았다. 예수(Jesus Christ)가 그의 길을 인도했다.

홍시우취앤은 훵윈산(馮雲山풍운산)과 함께 '배상제회'(拜上帝會) —'상제회'(上帝會)로 된 자료도 있음 — 라는 종교 단체를 창립하고(1843), 주변의 소수민족〔주로 요족(瑤族)과 장족(壯族)〕을 끌어모았다. 그러나 그리스도교의 진리가 인민에게 먹혀들어간 것은 아니다. 그보다는 샤머니즘적 요소가 강했다. 그는 혁명의 실천을 위하여 저술 작업을 시도했고, 3권의 대표적 저술을 통하여 혁명 운동의 이론적 기반을 삼았다. '세상을 구제하는 노래'(『원도구세가原道救世歌』), '세상을 깨어나게 하는 가르침'(『원도성세훈原道醒世訓』)과 '세상을 깨닫게 하는 가르침'(『원도각세훈原道覺世訓』)이 그 3부작이다. 이 저작물은 홍의 사촌 동생 홍르언깐(洪仁玕홍인간, 1822~1864)이 저술한 『자정신편資政新編』과 함께 태평천국의 사상 기반이 되었다.

1851년 정월 11일, 홍시우취앤은 38세의 생일날 진티엔〔金田村, 현 꾸앙시 장족 자치구, 꾸이깡 시(貴港市) 북쪽〕에서 군대를 일으켜 자신이 태평천국의 천왕(天王)임을 선언했다. 그의 군대는 같은 해 우한(武漢)을 함락시키고, 1853년 난징을 정복하여 '천경'(天京)이라고 이름을 고쳐 수도로 삼았다. 당시 태평군의 병력 규모는 50만 명을 넘어섰다.

난징에 자리 잡은 태평천국은 정부 형태를 갖추고 혁명 사업을 진행했다. 그 과정에서 콩치우를 타도하는 '반공'(反孔) 운동을 벌였고, 고문체를 버리고 백화(白話)를 사용하는 '문체'(文體) 개혁에 착수했다. 또한 토지제도를 개혁하려고 시도했다. — 현대 한국의 학자 리영희(1929~)는 마오쩌똥의 공산주의 혁명은 태평천국 운동의 이념을 전수받았다고 주장한다. 반공과 문체 개혁을 놓고 볼 때, 그의 견해는 타당성이 높다(리영희, 『대화』, 443쪽).

하지만 태평천국의 태평(太平)은 오래 지속되지 못했다. 11년을 버티었으나, 내부의 혼란으로 지도부 자체가 파괴되었다. 결국 후난 성 출신의 문인 쩡꾸어환(曾國藩증국번, 1811~1872)의 상군(湘軍, 일종의 지방 군대)에게 진압당했다. 1864년 4월 19일 홍시우취앤은 자살로 생애를 마감했고, 지상에 천국을 건설하려던 꿈은 좌절되었다. — 그의 죽음을 갑작스러운 병사(病死)로 보는 견해도 있다.

태평천국의 소멸 원인은 복합적이다. 지도자들이 외부 세계에 무지했고, 권력의 맛에 취하여 내부에서 붕괴의 조짐이 생겼다. 농민이 대부분인 군대는 조직적이고 정신적으로 무장한 쩡꾸어환의 상군을 당해내지 못했다. 다른 원인으로 그리스도교를 내세움으로서 처음에는 외국인의 도움을 받았으나, 홍이 스스로 '예수의 동생'이라고 주장하자 개신교 선교사들의 분노를 샀다. 이것이 서양인이 등을 돌린 원인이 되었다. 일반인에게 그리스도교의 교리가 먹혀들어간 것도 아니었고, 오히려 샤머니즘의 성격이 강했다. 그러므로 '반청복한'(反淸復漢)의 구호를 내세웠으나, 지식인 계층을 포섭하지 못했다. 또한 당시 외세의 침략에 따른 문제도 있었다.

태평천국 운동은 실패로 돌아갔으나, 홍시우취앤이 남긴 영향은 작지 않은 듯하다. 사상의 측면에서 그가 불교와 콩치우를 반대하고, 그리스도 '하느님'(上帝)을 들고 나온 점은 일찍이 볼 수 없었던 사건이었다. 11년간의 '난징(南京) 정부' 통치에서 홍시우취앤은 아편의 흡입, 매춘, 전족(纏足), 축첩(蓄妾), 도박 등을 금지했다. 또한 평등사상에 기초하여 남녀노소 구분 없이 토지를 균등 분배하고 사유를 금지했다.

홍시우취앤에 대한 평가를 『청사고淸史稿』, 「열전列傳」에서 찾아보자.

> 논하여 말한다. 홍시우취앤은 필부(匹夫)로서 혁명을 창도했다. 의복(복장)을 바꾸고, 도읍을 정했다. 나라를 세운 지 10여 년이 넘었고, 군사를 움직임에 10여 성(省)을 누볐다. …… 평정되었으나 (국가의) 원기(元氣)가 크게 손상되었다. 중국의 멸망은 실로 여기에 조짐이 있었다. 성공하면 왕(王)이요, 패배하면 역적이다. 그러므로 한때의 시비(是非)를 반드시 논할 수 없다. …… 명분이 바르지 못하면 언어가 순조롭지 못하니(名不正則言不順), 세상이 의심스럽게 여겼다. 그리고 성(城)을 공격하고 땅을 빼앗을 때, 살육(殺戮)이 너무 심했다. 또한 종족의 견해가 너무 엄격하여서 사람들이 따르지 않았다. 이것이 그 패배의 원인이 될 것인가? (『청사고』 권475, 「열전」, 12966쪽)

쩡꾸어환의 군대가 난징에 입성한 것은 1864년 7월의 일이다. 홍시우취앤은 난징이 함락되기 전에 음독자살했다. 태평천국의 잔여 세력이 소탕되는 이 시기에 중국 인민의 사상자는 무려 2천만 명에 달했다고 한다(레이 황, 『중국, 그 거대한 횡보』, 2002).

22.1.2 태평천국 운동의 정치사상

정치학자 샤오꽁취앤(蕭公權, 1897~1981)의 분석에 의하면, 정치사상의 측면에서 홍시우취앤의 사상은 다음과 같이 세 가지로 요약된다(『중국정치사상사』, 1998).

- 청(淸)을 반대하고 한(漢)을 회복한다(反淸復漢).
- 하늘을 받들고 널리 (인민을) 사랑한다(奉天博愛).
- 평등하게 대하고 현명한 사람을 숭상한다(平等尙賢).

태평천국은 내부의 신앙은 어떻든 외부적으로는 한족의 민족 혁명을 대의로 선포했다. 1851년 태평천국을 선포할 때, '하늘을 받들어 오랑캐를 토벌함'(奉天討胡檄)이라는 문장에서 홍시우취앤은 다음과 같이 외쳤다.

> 내가 생각건대 천하는 상제(上帝)의 것이지, 오랑캐(胡虜)의 것이 아니다. 의식은 상제의 것이지, 오랑캐의 것이 아니다. 자녀와 인민도 상제의 것이지 오랑캐의 것이 아니다. 개탄스럽게도 만주가 독을 내품어 중국을 혼란시켰다. …… 중국은 신주(神州)이고, 오랑캐는 요사스러운 족속이다. 중국을 신주라고 부르는 까닭은 무엇인가? 하느님 아버지(天父) 황상제(皇上帝)는 진인(眞人)이시다. (샤오꽁취앤, 최명·손문호 옮김, 『중국정치사상사』, 1084쪽)

이 글은 홍시우취앤의 청조에 대한 증오감을 보여준다. 그는 반청 운동을 통하여 동지를 규합하려 했다. 그러나 그의 한미(寒微)한 출신, 문헌에 밝지 못한 지도부의 구성 등 여러 가지 요소가 얽혀서 한족 지식인의 호응을 받지 못했다.

태평천국의 두 번째 정치 이상은 '봉천박애'다. 이는 그리스도교의 이상과도 통하지만, 봉천은 그리스도교 교리의 문제가 따르기 때문에 실제로는 박애에 비중이 놓였다.

> 세도가 괴리되고 인심이 각박하여 사랑하고 미워하는 것은 하나같이 자신만을 기준으로 한다. 그래서 국가들 사이에 서로 미워하는 일이 생긴다. 한 국가 안에 서도 마찬가지다. 성(省)·부(府)·현(縣)끼리 서로 미워한다. …… 그것은 다름이 아니라 보는 것이 작기 때문에 생각하는 것도 작은 것이다. …… 천하의 애증이 그와 같다. 어찌 보는 것이 그다지도 작고, 생각하는 것이 그다지도 좁다는 말인가? (『원도성세훈原道醒世訓』, 샤오꽁취앤, 최명·손문호 옮김, 『중국정치사상사』, 1091쪽)

샤오꽁취앤은 위의 인용문에서 문단이 졸렬한 것은 『묵자墨子』, 「겸애」와 비슷하다고 주(注)를 달았다. 사실 태평군의 지도자 가운데 문자를 아는 수령은 『예기禮記』, 「예운禮運」편의 '대동'(大同)사상이나, 『묵자』의 겸애론과 비슷한 사상을 가지고 있었다. 그러므로 홍시우취앤의 박애사상의 근원이 뭐자이(墨翟)에 닿아 있다고 볼 수 있다.

홍시우취앤의 세 번째 정치사상은 '평등상현'이다. 그의 평등사상은 강한 호소력을 지니고 기층 민중 속으로 파고들었다. 평등사상에 기초하여 남녀노소 구분 없이 토지를 균등 분배하고 사유를 금지했다. 이 사상이 가장 구체적으로 표현된 것이 곧 천조전무제도(天朝田畝制度)다.

천조전무제도에 의하면, 천하의 땅을 상중하의 셋으로 나누고, 이를 다시 각기 '상상'(上上)에서 '하하'(下下)로 나누면 9등분이 된다. 9등분의 토지를 남녀를 물론하고 인구에 따라 분배한다. 그러므로 가족 단위 가운데 식구가 많으면 몫이 늘어난다. 농산물의 경작은 천하 사람들이 함께하고, 25가(家)가 수확한 일부를 국가에 바친다(세금). 이 국고의 자금은 민생을 위해서 쓰인다. 첫째로 홀아비와 과부, 고아, 폐질자(廢疾者, disabled person)를 위한 것이다. 이는 경작과 노동을 할 수 없는 자를 국가에서 먹여 살리는 것이다. 둘째로 혼례를 위한 비용으로 국고에서 충당한다. 홍시우취앤은 "모든 사람이 전토를 같이 경작하고, 옷을 같이 두르고, 돈을 같이 쓴다. 평등하지 않음이 없고 배부르고 따뜻하지 않은 사람이 없게 된다"라고 말했다.

이와 같이 『예기』, 「예운」편의 대동사상을 직접 언급할 정도로 평등의 이념을 강조한 점은 높이 살 수 있다. 그러나 천조전무제도는 널리 시행되지는 않은 듯하다. 이상은 높으나 현실성이 취약하여 구체적 성과를 거두기 어려웠다고 판단한다. 이 때문에 천조전무제도는 탁상공론이라고 비난한 학자가 있다(레이 황, 『중국, 그 거대한 횡보』, 2002).

무엇보다 홍시우취앤의 실패는 전통 사상과 문화의 갑작스러운 파괴에 주요한 원인이 있다고 본다. 부조리한 전통일지라도 민중은 사회가 송두리체 해체되는 데 대하여 본능적인 불안감을 느낀다. 또한 반공(反孔)을 내세우고 문체(文體) 개혁을 단행한 일은 지식인들에게 반감을 불러일으켰다. 이는 쩡꾸어환 군대에게 태평군을 토벌하는 명분을 제공했다. 문화의 양상이 다른 중국의 인민에게 그리스도는 너무 낯선 존재였다. 홍시우취앤의 상제 관념은 모호하고, 주장하는 진리는 실제적이지 못했다. 인민은 콩치우가 지배하는 유교적인 윤리와 불교·도교의 신앙 체계가 하루아침에 무너지는 데 찬성하지 못했다. 비슷한 사건이 조선에도 일어났다. '동학 농민전쟁'(1894)이 그것이다. 태평천국 운동과 조선의 동학 농민전쟁은 닮은 점이 아주 많다.

22.2 현대 중국철학의 사상 경향

22.2.1 진보와 혁명

송·명 왕조는 열역학(熱力學, thermodynamics)의 측면에서 보면, 비교적 엔트로피(entropy)가 감소한 시대였다. 이때 주시 성리학은 세상을 만났다. 그러나 청 왕조의 후기에 이르러, 중국 사회는 급격하게 엔트로피가 증가했다. 유용(有用)한 에너지는 고갈되고 왕조는 열(熱) 에너지를 회복하지 못했다.

태평천국 운동이 실패로 돌아가자 청 왕조는 '열죽음'(thermal death) 즉, 멸망의 길을 걸었다. 사상사의 측면에서 볼 때 청 왕조 후기에는 성리학의 철학이 전혀 기능을 발휘하지 못했다. 서학(천주교)이 일시적으로 엔트로피를 감소시킬 수 있는 힘으로 등장했지만 — 이를 '네거티브 엔트로피'(negative entropy)라고 부른다 — 지식인들의 전반적인 후원을 얻지 못했다.

이후 '격동의 100년' 동안 중국은 밖으로 제국주의 세력의 침략에 직면하고, 안으로 내부 분열의 모순에 부딪쳤다. 학자들은 보수와 진보의 갈림길에서 헤맸다. 전자는 콩치우와 주시를 찬양했으나, 후자는 길이 또 갈렸다. 혹자는 과거의 유산에서 진보를 찾아내려고 했고〔이들을 '유신파'(維新派)라고 부른다〕, 혹자는 밖에서 완전히 새로운 것을 찾고자 했다〔이들을 '혁명파'(革命派)라고 부른다〕.

길은 달랐으나 한 가지 점에서 지식인의 행보는 일치했다. 만주족인 청조를 몰아내야 한다는 것이었다. 한족의 일치단결은 성과를 거두어 1911년(辛亥) '신해혁명'의 이름으로 청 왕조는 지상에서 사라졌다(1912). 에너지의 저급화(degradation)가 초래된 것이다. 이에 따라서 중국 전통철학의 이념도 지배력을 상실했다. 마르크스—레닌주의는 이러한 공백기에

빈자리를 비집고 들어앉은 사상 체계라고 볼 수 있다.

22.2.2 캉여우웨이(康有爲)의 대동(大同)사상

캉여우웨이(康有爲강유위, 1858~1927)는 꾸앙똥 성 난하이〔南海남해, 현 꾸앙똥 성 꾸앙저우(廣州)〕 사람이다. 자가 꾸앙시아(廣廈)고, 호는 츠앙쑤(長素)다. 그는 전통 학문(성리학)과 새로운 학문을 모두 섭렵한 인물이다. 청말의 지식인으로 캉은 청년 시절 서양을 본받아 나라를 개혁해야 한다는 과감한 주장을 했다. 그 결과 1898년(戊戌) 황제 덕종〔德宗, 광서제(光緖帝)〕은 그를 불러서 개혁 정치를 감행하도록 조칙을 내렸다. 캉여우웨이 및 탄쓰통(譚嗣同) 등은 잠시 세상을 만났으나, 그들이 시행한 정치는 '백 일' 정도였다. 보수당을 등에 업은 자희태후(慈禧太后)에 의하여 광서제는 영대(瀛臺)에 갇히고 캉의 무리는 죽거나 쫓겨났다. 역사에서는 이를 '무술변법(戊戌變法)' 혹은 '무술유신(戊戌維新)'이라고 일컫는다.

캉여우웨이의 추종자들은 체포되어 죽었으나, 그는 외국인의 도움을 받아서 해외로 망명했다. 이후 16년 동안을 해외에 머물러 일본, 캐나다, 싱가포르, 인도, 이탈리아, 영국, 독일, 프랑스, 미국 등 돌아본 나라가 13개국에 이른다. 16년의 유랑 생활을 마치고 쉰여섯의 나이에 돌아왔는데, 그 사이 세상이 바뀌었다. 그러나 캉은 만년에 '공자교'(孔子教)를 주창하는 등 완전히 보수주의의 경향으로 돌아섰다. 그의 생애가 이처럼 진폭이 컸던 까닭에 처음에는 과격하다는 이유로 보수주의자에게 공격을 받았고, 나중에는 너무 보수적이라고 급진주의자에게서 미움을 받았다(훵여우란, 『中國哲學小史』, 1948). 그의 저술에 『대동서大同書』가 있다.

공자의 도는 넓고 그 웅장함은 하늘을 본받았으니 운행이 미치지 않는 곳이 없다. …… (『예기』) 「예운」편을 읽고 호연히 "공자의 3세의 변화와 대도의 진실이 여기에 있다"라고 감탄하였다. …… 이 글이야말로 공자의 숨겨 놓은 말씀(微言)의 참된 해설이자, 만국 최고의 보배와 같은 경전(寶典)이고 천하 만백성이 죽었다가 다시 살아날 수 있는 신령한 방책이다. (캉여우웨이, 『대동서』, 「예운주서禮運注序」)

캉여우웨이는 유가의 고전인 『예기』에 의거하여, 세계가 3단계의 변화를 거친다고 해석했다. 첫 번째는 난세(亂世)요, 두 번째는 승평세(升平世)요, 마지막이 태평세(太平世)다. 이것이 캉의 이른바 '3통'(三統) 혹은 '3세'(三世)의 이론이다.

공자의 법도는 시대[時]에 부응하는 데 힘썼다. 미개하고 '난세'에 처하여 교화가 펼쳐지지 못할 때, '태평'의 제도를 행하면 해악이 생길 수 있다. 또 '승평세'를 맞이하여 난세에나 있을 수 있는 제도를 묵묵히 따르는 것 역시 해악이다. 현재는 승평의 시대에 비유할 수 있다. 마땅히 자주(自主)·자립(自立)의 사상과 의회제도와 입헌(立憲)의 정치를 실현해야 한다. 만일 법을 개혁하지 않으면 큰 난리가 발생할 것이다. (캉여우웨이, 『대동서』, 「중용주中庸注」)

캉이 말한 난세는 무질서의 시대다. 그는 콩치우의 시대를 난세로 규정한다. 또 그가 말하는 승평세란 난세를 벗어나 점점 평화에 접근하는(升平) 단계다. 그는 유럽과 미국 사회를 이 단계로 보았다. 승평세는 의회정치가 보장되는 입헌 국가다. 캉은 자신이 살고 있는 시대를 승평으로 가는 시대로 본 듯하다. 그러나 태평세는 아직 오지 않았다. 이는 대동(大同)의 시대다.

캉여우웨이가 꿈꾸었던 대동 세계, 즉 태평세는 공상적인 사회다. 그것은 "대동의 도(道)는 지극히 평등[平]하고, 지극히 공적[公]이며, 지극이 '인'(仁)하고, 지극한 정치가 실현되는 세계"(『대동서』, 8쪽)다. 그 세상은 개개 인민이 독립되어 있고, 자유와 평등이 보장되는 세계다. 그 세계는 국가, 종족, 남녀가 일률적으로 평등한 세계다. 그 세계는 계급과 가족의 구분도 없다. 일체의 종교마저도 없는 세계다.

결국 캉의 대동 세계는 실현될 수 없는 '유토피아'의 세계다. 그의 주장은 이처럼 이상적인데, (모든 종교의 구별도 없애려는 그가) 말년에 '공자'를 교주로 하는 종교 단체 '공자교' 운동에 매진한 점은 모순적이다. ― 캉여우웨이는 앞의 글 「중용주」에서 공자는 난세에 살았지만, 3천 년 후에 '성인'(聖人)이 일어나서 대동의 새 가르침을 선양하리라는 점을 미리 알았다고 주장했다. 그렇다면 캉 자신이 성인이란 말인가? 그가 '성인'(成人)이라면 이해할 만하다.

22. 2. 3 탄쓰통(譚嗣同)의 인학(仁學)

탄쓰통(譚嗣同담사동, 1865~1898)은 후난 성 리우양〔瀏陽류양, 현 후난 성 리우양 시(瀏陽市)〕 사람이다. 자가 후우성(復生)이고, 호는 주앙훼이(壯飛)다. 무술년(1898)의 변법 운동에 참여했다가, 33세의 나이로 처형당했다. 저술에 『인학仁學』이 있다.

탄쓰통의 사상은 중국 전통 사상은 물론, 불교의 『화엄경』과 그리스도교의 『성경』(신약성서), 기타 자연과학 사상의 종합체다. 그의 '인'(仁) 사상은 츠엉하오(程顥)의 인 사상의 발전이라고 보는 견해가 있다. 탄쓰통은 말한다.

> 현상계, 허공의 공간, 중생 세계에 지극히 크고(至大) 지극히 미세하여(精微) 모든 곳에 달라붙고, 모든 곳을 관통하고, 모든 곳에 연결되어 충만한 물질이 있다. 눈은 그 색깔을 볼 수 없고, 귀는 그 소리를 들을 수 없고, 입과 코는 그것을 맛보거나 냄새를 맡을 수 없어서 이름조차 붙일 수 없다. (억지로)

이름 지어 '에테르'(以太)라고 한다. 그 드러난 작용을 콩치우는 '인'(仁), '원'(元) 혹은 '성'(性)이라고 불렀다. 뭐자이는 '겸애'라고 불렀고, 부처(붓다)는 '성해'(性海) 혹은 '자비'(慈悲)라고 불렀다. 야소(예수)는 이를 '영혼'(靈魂)이라 불렀고 '남을 자기 몸처럼 사랑하라'라고 하거나, '원수를 사랑하라'라고 했다. 과학자(格致家)들은 '인력'(引力, 원어 愛力) 혹은 '흡력'(吸力)이라고 불렀다. 이 모든 것은 곧 '에테르'를 말한다. (탄쓰통譚嗣同, 『인학仁學』 1-1)

탄쓰통의 사유는 '싱크레티즘'(syncretism)의 본보기다. 그리고 그가 인자를 에테르(ether)의 일종으로 언급한 점은 놀랍다. 그의 전문 용어 '이태'(以太)는 에테르의 의성어(擬聲語)다. 그에게 인은 에테르의 작용이다.

에테르의 작용은 지극히 신령한데 증험되는 바는, 사람의 몸에 뇌(腦)와 같다. 뇌의 종류는 대뇌, 소뇌, 뇌받침(腦蒂), 뇌교(腦橋), 척뇌(脊腦)다. 에테르가 온몸에 분포되어 몸의 피부에 미치는 것을 '뇌신경'(腦氣筋)이라고 한다. 이는 허공의 전기와 같다(曰腦氣筋. 於虛空則爲電). 전기는 허공에 의지하고 있는 것이 아니고, 모든 사물 속에 충만하게 관통하고 있다. 두뇌는 그 한 가지 예고, 형질을 가진 전기다(腦其一端, 電之有形質者也). 사람의 뇌신경이 5관과 백 마디의 뼈를 관통하는 것처럼, 전기가 천지만물과 남과 나를 한 몸으로 관통시킨다. (탄쓰통, 『인학』 1-2)

탄쓰통의 이 같은 논설은 마치 현대 과학자의 논문 한 편을 읽는 것과 비슷하다. 중국철학에서 하나의 범주인 인(仁)을 자연과학의 뇌신경 및 전기 등을 인용하여 일종의 에테르로 연결시키고 있다. ― 에테르는 19세기 물리학의 개념이고, 20세기 물리학에서는 이 가설을 인정하지 않는다. 여기서는 탄쓰통이 인의 충만한 상태를 설명하기 위한 형이상학적 개념으로 사용했음을 상기할 필요가 있다.

> 그러므로 인(仁)과 불인(不仁)의 구별은 통하느냐[通] 막혔느냐[塞]에 있다. 통하고 막힘의 근본은 오직 인이냐 불인이냐에 있다. 통한다고 함은 마치 전깃줄(電線)이 사방으로 통하여 아무리 멀어도 도달하고, 다른 지역을 마치 한 몸처럼 여기는 것과 같다. 그러므로 『주역』은 먼저 '원'(元)을 말하고 이어서 '형'(亨)을 말한다. 원은 인이요, 형은 통함의 뜻이다. 진실로 인은 통하지 않는 바가 없고, 오직 통해야만 인의 역량을 완성할 수 있다. (탄쓰통, 『인학』 1-4)

이처럼 탄쓰통의 철학은 오로지 인의 개념으로 집약되어 있다. 그는 인의 철학을 바탕으로 대동의 정치를 소망했다. 그는 캉여우웨이의 문도였다. 그는 말한다.

> 지구의 정치에는 천하가 있을 뿐 국가는 없다. 주앙저우(莊子)가 말하기를 "천하를 용서한다는 말은 들었어도, 천하를 다스린다는 말은 듣지 못하였다"라고 하였다. '다스림'[治]은 국가에 해당하고 '용서함'[宥]은 국가가 없다는 말이다. 가로되, '재유'(在宥)는 자유(自由)의 다른 이름이다'라는 말은 의미가 깊다. 인민이 자유로울 수 있으려면 국가가 없는 백성이어야 한다. (탄쓰통, 『인학』)

탄쓰통의 무국가 사상은 캉여우웨이 대동사상의 영향이다. 생각건대 두 사람은 모두 '격동의 백 년' 초기 인물에 속한다. 결과를 놓고 말하면 '무술변법'의 '백일천하'의 시기에 탄쓰통은 잡혀서 처형되었고, 캉여우웨이는 외국으로 도망쳐서 목숨만은 구했다. 두 사람은 청 말의 난세를 겪으면서, 국가가 하나의 폭력 단체요 압제의 모범이라는 현실을 경험했다. 그러므로 내심 국가가 없기를 바라는 심정이었을 것이다. 그런데 국가가 사라지면 탄쓰통의 생각처럼 인이 제대로 통하고, 과연 자유가 보장될 수 있을까?

22.2.4 유물 변증법의 시대

1912년 청조(淸朝)가 지상에서 사라졌으나, 혼란은 계속되었다. 과거의 철학은 혈색을 잃었고 새로운 사조(思潮)는 불투명했다. 그리고 중국은 질적(質的)으로 전혀 다른 사상 혁명을 겪는다. 바로 '마르크스－레닌주의'다. 전혀 중국답지 않은 또는 중국의 전통문화와는 관련이 없을 듯싶은 이 새로운 사조가 '유물 변증법'이다. 중국의 유물 변증법은 새로운 시대의 과정에서 나타났지만, 중국철학의 본질과는 거리가 먼 이단(異端) 사상이다.

철학사에서 '변증법'(辨證法, dialectic)의 연원은 멀리 그리스 철학자 헤라클레이토스(기원전 540)에서부터 가깝게는 헤겔(G.W.F. Hegel, 1770～1831)에게까지 소급한다. 중국철학의 측면에서는 『주역』 혹은 『도덕경』(예, 反者道之動)에서도 변증사상의 모습을 찾을 수 있다. 중국 현대에 수용한 변증법은 '유물 변증법'이다. 이는 유물론(唯物論, materialism)의 바탕 위에 성립된 변증법이다.

'변증법적 유물론'(dialectical materialism) 혹은 '유물 변증법'은 역사적으로 독일의 철학자 칼 마르크스(Karl Marx, 1818～1883)와 프리드리히 엥겔스(Friedrich Engels, 1820～1895)에 의해서 정초(定礎)되었다. 이는 세계의 모든 존재는 정신보다 물질의 기반 위에 성립되었으며, 사회 혹은 국가는 이와 같은 바탕 위에서 발전(혹은 진화)을 거듭한다는 논리다. ― 칼 마르크스는 헤겔 학도였다. 헤겔 좌파(左派) 가운데 대표적인 인물 포이에르바하(Ludwig A. Feuerbach, 1804～1872)는 헤겔 철학을 유물론적으로 해석하여 세계사를 '정신의 발전'이 아니고 '물질의 발전'으로 파악했다. 마르크스는 포이에르바하와 밀접한 관계를 맺고 있다. 마르크스는 여기에 자연과학의 발달, 특히 다윈(Charles R. Darwin, 1809～1882)의 '진화론'에 크게 영향받았다.

1840년 아편전쟁 이후, 중국 인민의 화두(話頭)는 "중국은 어디로 가고 있는가?"(中國向何處去?)라는 물음이었다. 백 년 격동의 시기에 기층 민중의 불안은 극도에 달했고, 미래가 암담한 현실이었다. 이때 한 지식인이 횃불을 들고 나왔다. 중국이 나아가야 할 방향을 제시하고, 이에 대한 이론 모델을 제시한 인물은 뻬이징대학교 교수 리따자오(李大釗이대교, 1889~1927)였다.

리따자오는 중국이 채택해야 할 이론으로 '마르크스(馬克思)주의' 철학을 들고 나왔고, 이 모델을 바탕으로 뻬이징에 공산주의 소조(小組)를 건립하니, 이것이 중국공산당의 시초다. 그의 철학 기반에 마르크스 유물변증법〔유물사관(唯物史觀)〕이 있다. 리따자오는 다음과 같이 말했다.

> 마르크스 유물사관은 두 가지 요점이 있다. 그 하나는 인류 문화의 경험적 설명이요, 또 하나는 사회 조직의 진화론이다. 전자는 인류 사회 생산 관계 전체에 대하여 설명하고, 사회 경제의 구조를 결정한다. 이것은 사회의 기초 기구다. 일체 사회상 정치적·법률적·윤리적·철학적, 다시 말하면 정신상의 구조는 모두 (물질적인) 경제적 구조 변화를 따라서 변화한다. 우리는 이와 같은 정신적 구조를 '표면 구조'라고 부를 수 있다. 표면 구조는 기초 구조로 바뀌는데, 기초 구조의 변동은 이윽고 자기 내부에서 진화(進化)의 최고 동인(動因)으로 작용하는데, 이것이 곧 '생산력'이요 주동(主動)하는 힘이다. …… 후자(사회 조직의 진화론)는 생산력과 사회 조직은 밀접한 관계가 있음을 설명한다. 생산력에 변동이 생기면, 사회 조직은 반드시 그것을 좇아서 변동한다. 사회 조직, 즉 사회관계는 또한 의복·곡식과 같다. 이는 인류의 생산력에 의지하여 나타난 산물이다. 손절구(手臼)는 봉건 제후의 산물이요, 증기 제분기(製粉機)는 산업 자본가 사회의 산물이다. 생산력은 사회 발전의 조직에 기인하는데, 처음에는 비록 생산력의 발전에 도움을 주지만, 나중에는 발전적 역량이 사회 조직의 적응에 불가능하게 되고, 그 사회 조직이 생산력을 도울 수 없을

뿐 아니라, 오히려 생산력을 속박하고 방해한다. 그리하여 생산력이 속박당하고 방해받으면, 사회 조직은 이윽고 발전하기를 그친다. 발전의 역량이 더욱 커질수록 사회 조직 간의 충돌은 더욱 급박해지고, 결국 구(舊) 사회 조직이 붕괴할 수밖에 없다. 이것이 곧 '사회 혁명'이다. (리따자오, 『나의 마르크스주의에 대한 견해我的馬克思主義觀』)

리따자오의 마르크스주의 수용에 역사적 사건이 영향을 주었음을 지적할 필요가 있다. 1917년의 '10월 혁명'(October Revolution)이 그것이다. 일명 '소비에트 혁명' 혹은 '볼셰비키(Bolshevik) 혁명'으로 부르는 이 세계사적 사건은 현대 중국의 행로에 커다란 영향을 미쳤다. — 볼셰비키는 러시아어로 다수파(多數派)의 뜻이다. 러시아 마르크스당(黨)의 다수파를 말한다. 다수파인 블라디미르 레닌(Vladmir I. Lenin, 1870~1924)파를 가리키는 용어로 쓰였다. 이에 대하여 소수파를 '멘셰비키'(Menshevik)라고 부른다. 1917년 10월 혁명은 레닌 주도 아래 볼셰비키에 의하여 이루어졌고, 이후 소련 공산당의 별명이 되었다.

중국 공산당 창립 이후 '마르크스-레닌주의'라는 이름이 탄생하게 된 배경에는 이와 같은 사건이 자리 잡고 있다. 중국의 혁명가 마오쩌똥은 리따자오의 철학을 수용한 인물이다. 그는 외적으로 러시아의 10월 혁명에 고무되었고, 내적으로 마르크스 유물 변증법 이론으로 무장했다. 마오쩌똥 자신도 『실천론』과 『모순론』 등의 저술을 남겼으나, 대단한 철학서로 볼 수는 없다.

1949년 10월 1일 마오쩌똥에 의하여 '중화인민공화국'이 탄생했다. 이제 중국은 1840년 아편전쟁 이후 격동의 백 년을 마감했다. 그렇다면 현대 중국은 전통 시대 이후 중국의 철학을 계승 발전시키고 있는가? 떵샤오핑(鄧小平, 1904~1997)에 의하여 창도된 '개혁·개방'은 하나의 경제 논리일 뿐, 이를 진정한 철학의 범주로 편입할 수는 없다. 신중국은 건설되었지만 신중국의 철학은 모호하다. '중국식 사회주의'라는 표현이 사용되고 있는데, 이는 보편적인 철학으로 승화되는 개념은 아니고 폐쇄적인 주장이라고 판단할 수 있다. 중국은 이제 세계를 향해 내놓을 보편적인 철학을 창조할 수는 없는가? 새로운 중국 철학은 아직 미래에 놓여 있다.

참고문헌

금장태, 『산해관에서 중국역사와 사상을 보다』, 효형출판, 1999.

김한규, 『티베트와 중국의 역사적 관계』, 혜안, 2003.

김호동, 『근대 중앙아시아의 혁명과 좌절』, 사계절, 2000.

리영희·임헌영 대담, 『대화』, 한길사, 2005.

조경란, 『중국 근현대 사상의 탐색』, 삼인, 2003.

루쉰(魯迅) 외, 임대근 옮김, 『격동의 100년 중국』, 일빛, 2005.

루어얼왕(羅爾綱), 『태평천국사太平天國史』 전4책, 중화서국, 2000.

샤오꽁취앤(蕭公權), 최명·손문호 옮김, 『중국정치사상사』, 서울대학교출판부, 1998.

자오얼쉰(趙爾巽), 『청사고淸史稿』 권475, 「열전列傳」, 중화서국 42책, 1996.

평따원(馮達文)·꾸어지용(郭齊勇) 주편, 『신편중국철학사新編中國哲學史(下冊)』, 인민출판사, 2004.

레이 황, 홍광훈·홍순도 옮김, 『중국, 그 거대한 행보』, 경당, 2002.

존 킹 페어뱅크, 김형종·신성곤 옮김, 『신중국사』, 까치, 2005.

Jonathan D. Spence, *The Taiping Vision of a Christian China 1836-1864*, Baylor University of Waco, 1996.

History Departments of Futan University and Shanghai Teachers' University, *The Taiping Revolution*, University Press of the Pacific, 2001.

Thomas H. Reilly, *The Taiping Heavenly Kingdom*, University of Washington Press, 2004.

부록 1 중국사 연표

하(夏, Xia Dynasty) 기원전 21세기경~기원전 16세기경, 전설의 왕국

상(商, Shang Dynasty) 기원전 16세기경~기원전 1066

서주(西周, Western Zhou) 기원전 1066~기원전 771

춘추(春秋, Spring and Autumn) 전국(戰國, Warring States) 기원전 770~기원전 221

— 동주(東周, Eastern Zhou)

진(秦, Ch'in or Qin Dynasty) 기원전 221~기원전 207

한(漢, Han Dynasty) : 서한(西漢, Western Han Dynasty) 기원전 206~기원후 8

동한(東漢, Eastern Han Dynasty) 25~220

삼국(三國, The Three Kingdoms) : 위(魏 : Wei) 220~265

촉한(蜀漢, Shu Han) 221~263, 오(吳, Wu) 222~280

서진(西晋, Western Jin) 265~316

동진(東晋, Eastern Jin) 317~420

십육조(十六朝, The Sixteen Kingdoms) :

남조(南朝, Southern Dynasty) 420~589

북조(北朝, Northern Dynasty) 386~581

수(隋, Sui Dynasty) 581~618

당(唐, Tang Dynasty) 618~907

오대(五代, The Five Dynasties) 907~960

송(宋, Sung or Song Dynasty) : 북송(北宋, Northern Sung) 960~1127

남송(南宋, Southern Sung) 1127~1279

요(遼, Liao Dynasty) 907~1125

서하(西夏, Western Xia Dynasty) 1031~1227

금(金, Jin Dynasty) 1115~1234

원(元, Yuan Dynasty) 1271~1368

명(明, Ming Dynasty) 1368~1644

청(清, Ch'ing or Qing Dynasty) 1644~1911

*중화민국(中華民國, The Republic of China) 1911~1949

중화인민공화국(中華人民共和國, The People's Republic of China) 1949~현재

부록 2

중국철학과 관련된 3대 출토 문헌 소개

— 출토 문헌으로 중국 철학사를 고쳐 써야 하는가?

일찍이 콩치우(孔丘, 기원전 551～기원전 479)는 이렇게 말했다. "하(夏)나라의 예(禮)를 내가 말할 수 있으나, (그 후손의 나라인) 기(杞)나라에서 충분히 증거를 대주지 못한다. 은(殷)나라의 예를 내가 말할 수 있으나, (그 후손의 나라인) 송(宋)나라에서 충분히 증거를 대주지 못한다. 역사적 문건(文件)과 현명한 사람이 부족한 까닭이다. 만약 그것이 충분하다면, 내가 증명해 낼 수 있을 것이다"(『논어』, 「팔일八佾」).

이 구절에서 콩치우는 '문헌'의 부족을 한탄했다. 오늘날 우리는 문헌이 넘치는 세상에 살고 있다. 문건(文)은 넘치고 현명한 사람들(獻)이 주위에 가득하다. 그러나 중국 고대에 관한 한, 우리도 콩치우와 같은 고민을 할 수밖에 없다.

1899년 인쉬(殷墟) 갑골문의 발굴 이후 계속 쏟아져 나온 문헌 — 향후 언급하는 '문헌'은 현명한 사람의 뜻을 제외하고 전적(典籍)의 뜻에 국한한다. — 으로 말미암아 중국사상사의 기술에 새로운 문제가 나타났다. 여기서는 금세기 3대 출토 자료를 소개함으로써 중국철학사의 기술에 보완이 필요하다는 점을 강조한다. 부록에서 소개하는 '3대 출토 문헌'은 학계에서 널리 통용되는 개념은 아니다. 몇몇 중국학자들만이 사용하고 있는 현실이다.

3대 출토 문헌의 소개에 앞서서 보탤 것이 있다. 그 첫째로 1899년 허난 성 인쉬 갑골문의 출현이다. '갑골문'이란 갑골(甲骨)에 새겨진 고대 문자를 말한다. 고문헌에는 갑골문에 대한 이야기가 전혀 없다. 기원전 500년대의 인물 쿵치우는 갑골문을 접하지 못했고, 12세기 송대(宋代)의 학자 츠엉이(程頤)·주시(朱熹) 등도 이를 만나지 못했다. 이 문자는 오랜 세월동안 땅 속에 잠들어 있다가, 1899년 홀연 지상에 나타났다. 이후 백 년의 세월 동안 학자들의 연구로 사람들은 고대에 대하여 이전보다 훨씬 더 잘 알게 되었다. 이 자료는 문자학(필로로지)의 영역에 속하지만, 중국 고대 철학의 대표적인 서적의 하나인『주역』연구에 새로운 기원을 마련한 것으로 판단한다.

두 번째로 1900년대 깐쑤 성 뚠후앙(敦煌돈황) 석굴 자료의 발견을 들 수 있다. 청(淸)나라가 운명을 다하는 때, 왕위앤루(王圓籙왕원록)라고 부르는 도사에 의해서 우연히 발견되었다고 전하는데, 이곳에서 나타난 자료가 세계를 놀라게 했다. 고대 '실크로드'의 연장선에 있는 뚠후앙 지역에서 여러 탐험가가 욕심을 내어 유물을 찾았다. 뚠후앙 석굴 자료는 오렐 스타인(Aurel Stein, 1862~1943), 폴 펠리오(Paul Pelliot, 1878~1945) 등 서방의 탐험가와 일본의 승려 오타니 고즈이(大谷光瑞, 1876~1948) 탐험대 — 이들 탐험대는 좋게 말해서 탐험가고 중국 측에서는 유물 도적이다. 스타인은 도둑질의 대가로 1912년 귀족의 작위를 받았고, 펠리오는 프랑스 정부의 최고 훈장 '레지옹 도뇌르'를 수상(受賞)했다. 세상이란 이렇게 모순투성이다. — 에 의해서 영국과 프랑스, 일본 등으로 반출되었다.

시간이 흐르면서 '뚠후앙학'이 정립되었으나, 1994년에 이르러서야 '국제 뚠후앙 프로젝트'(IDP, http://idp.bl.uk)가 결성되었다. 그러나 현재 연구는 신통치 못하다. 뚠후앙 컬렉션은 세계 각국으로 흩어져서 종합적인 연구가 어렵고, 각국은 자료를 개방하는 데 적극적이지 않기 때문이다.

분명한 사실은 뚠후앙의 유물이 언어(필로로지), 불교학(필로소피) 혹은 역사(히스토리, 특히 미술사) 등의 분야에서 보물창고와 같다는 점이다.

뚠후앙 자료 가운데 유교철학(필로소피) 분야는 경적(經籍)의 측면에서 가치가 있다. 『주역周易』, 『시경詩經』, 『예기禮記』, 『춘추좌씨전春秋左氏傳』, 『논어論語』, 『효경孝經』 등의 자료가 각국에 나뉘어 있다. 『주역』은 왕삐(王弼)의 『주역주周易注』가 펠리오(P)와 스타인(S)의 수집품에 부분적으로 보인다. 이를테면 P.2616은 「수괘需卦」에서 「이괘履卦」까지, S. 6162는 「함괘咸卦」에서 「항괘恒卦」까지 남아 있는 식이다. 『논어』에 관한 펠리오의 소장본 가운데 하안(何晏, 190~249)의 『논어집해論語集解』가 거의 완전한 형태로 남아 있다. 이는 당(唐) 희종 건부(乾符, 874~879) 연간에 출판된 것이다(P.2681+2618). — 뚠후앙 석굴 자료의 일부가 한국의 국립중앙박물관에 소장되어 있다. 일본의 오타니 탐험대 수집 물품 가운데 약 3분의 1이 일제(日帝) 치하 조선총독부를 통해 서울에 왔는데, 그 대부분이 현재 그대로 남아 있다.

현대 중국 고고학의 발견 중 철학 분야에서의 이른바 '3대 출토 문헌'에 대한 간략한 내용은 다음과 같다.

① 마왕뛔이 한묘(漢墓) 백서(1973)

1973년 12월 후난 성 츠앙사(長沙) 교외의 마왕뛔이(馬王堆) 무덤에서 발견된 비단[帛]에 적힌 문자를 말한다. 학자들은 이 한(漢)나라 묘의 조성 연대를 기원전 168년으로 추정한다. 이들 자료는 1992년에 세상에 공표되어서 비로소 그 내용이 알려졌다. 발견된 자료 가운데 백서 『주역周易』, 『64괘』, 『이상자문二三子問』, 『계사繫辭』, 『요要』, 『무화繆和』, 『소력昭力』 등이 있다. 그리고 도가 계통으로 『노자老子』 갑(甲)·을(乙)본이 있으며, 『오행五行』, 『황제사경黃帝四經』 등이 있다.

마왕뛔이 자료는 『주역』과 도가 사상의 연구에 획기적인 내용을 담고 있다. 중국철학의 가장 신비하고 난해한 영역을 다루는 이 자료는 고대 중국의 진(秦)나라 이전의 중국철학의 문제를 들여다볼 수 있게 한다. — 마왕뛔이 출토의 자료는 '마왕뛔이 백서' 혹은 '마왕뛔이 한묘 백서' 등으로 호칭된다.

② 꾸어띠엔 초묘(楚墓) 죽간(1993)

1993년 8월 후뻬이 성 징먼(荊門) 교외의 꾸어띠엔(郭店)에서 발견된 대나무 조각에 새긴 문자를 말한다. '죽간'(竹簡)이라고 부르는 이 자료가 발견된 곳은 전국(戰國) 시대 초(楚)나라 땅이었다. 이들 자료는 1999년에 세상에 공표되면서 그 모습을 드러냈다. 묘의 조성 연대가 기원전 300년대로 추정됨으로써, 지금까지 발견된 고대 자료 가운데 가장 오래된 것으로 알려졌다.

발견된 자료 가운데 『노자』, 『태일생수太一生水』, 『성자명출性自命出』, 『오행五行』, 『치의緇衣』, 『노목공문자사魯穆公問子思』, 『성지문지成之聞之』, 『어총語叢』 등이 있다. 이 자료는 하나같이 도가와 유가의 문헌을 다루고 있으며, 연구자들의 새로운 해석을 기다리고 있다. — 꾸어띠엔에서 출토된 자료는 '꾸어띠엔 죽간' 혹은 '꾸어띠엔간'(郭店簡) 또는 '꾸어띠엔 초간(楚簡)' 등으로 불린다.

③ 상하이박물관 초묘(楚墓) 죽간(1994)

금세기 고고학의 발견 가운데 철학 분야의 세 번째 '3대 출토 문헌'은 상하이박물관 자료다. 이것은 1994년 상하이박물관이 홍콩의 문물시장에서 구입한 전국 시대 초나라의 죽간이다. 대륙에서 홍콩으로 흘러들어간이 자료는 출토 장소를 알 수 없고, 묘의 조성 연대도 알 수 없다〔학자들은 대략 '꾸어띠엔 죽간'과 비슷한 시기에 묘장(墓葬)되었을 것으로 추정한다〕.

상하이박물관의 죽간은 2001년 마츠엉위앤(馬承源) 주편 『상하이박물관장전국초죽서上海博物館藏戰國楚竹書(一)』로 발표된 뒤, 2008년 10월 현재 같은 제목으로 6책까지 출간되었다. 보도에 의하면 박물관이 입수한 죽간으로 대략 80여 종이 있는데, 향후 계속 출간될 예정이다.

현재까지 발표된 내용에 의하면, 상하이박물관의 자료에는 『공자시론孔子詩論』, 『치의緇衣』, 『성정론性情論』(이는 꾸어띠엔 초간의 『성자명출』과 같은 내용이다), 『항선恒先』, 『민지부모民之父母』 등이 있다. 학자들에 의해서 '교독기'(校讀記)가 계속 발표되고 있는 현실인데, 출토 문헌의 성격상 학설이 분분하고 해석이 각각이다. — 상하이박물관의 입수 자료는 '상박간'(上博簡) 혹은 '상박 초간'(楚簡) 혹은 '상하이 초간' 등으로 호칭된다.

1970년대 이후 새로 출토된 자료로 중요한 것이 또 있다. 1972년 산똥성 린이(臨沂) 은작산(銀雀山) 한나라 무덤에서 4천 매가 넘는 죽간이 쏟아져 나왔다. 그 가운데 『손자병법孫子兵法』과 『손빈병법孫臏兵法』이 동시에 출현하여 오랫동안 논란이 되었던 병서(兵書)를 새롭게 정리하게 만들었다. 1972~1974년 사이 몽골 자치구의 어지나치(額濟納旗)에서 '거연신간'(居延新簡)이라고 부르는 죽간 약 2만 매가 출토되었다. 1973년 허뻬이 성 띵저우(定州) 빠쟈오랑(八角廊)의 한나라 무덤에서 『논어』 잔본(殘本)과 『문자文子』 등이 나왔고, 1975년 후뻬이 성 윈멍(雲夢) 수이후띠(睡虎地)에서는 진(秦)나라의 법률 문서(죽간)가 쏟아져 나왔다. 그리고 1977년 안후에이 성 후우양(阜陽)의 수앙꾸뛔이(雙古堆)에서 한나라 죽간이 햇볕을 보았다.

1983년 후뻬이 성 지앙링(江陵) 장가산(張家山)에서는 한나라의 법률 문서(죽간)가 쏟아져 나왔다. 1993년 꾸어띠엔 초묘 죽간, 1994년 상하이 박물관 초묘 죽간의 발견 이후 가장 최근의 것으로 1996년 10월 후난 성 츠앙사 시내에서 발견된 삼국 시대 오(吳)나라의 죽간이 있다. '쩌우마러우 삼국오간'(走馬樓三國吳簡)이라고 불리는 이 죽간은 1999년 세상에 발표되었는데, 그 숫자가 무려 십만 매 정도다. 현재 정리 작업이 진행 중이며, 한나라 말기와 삼국 시대 초기 경제사(經濟史) 연구에 중대한 가치가 있는 것으로 알려져 있다.

이와 같은 죽간 및 백서 자료가 1970년대 이후 집중적으로 쏟아져 나온 까닭은 중화인민공화국 창립 이후, 1970년대부터 시작된 '개혁·개방' 정책과 관계가 있다. 이때부터 각종 중장비(重裝備)가 전국 단위로 투입되어 개발한 결과 과거와 비교도 안 되는 면적의 땅을 파헤칠 수 있었고, 따라서 전국 곳곳에서 유물이 쏟아져 나왔다.

새로 출토된 자료와 중국철학과 관련하여 생각하면, 뚠후앙 석굴 자료는 미술사 혹은 불교사(역사 영역)에 속하므로 여기서 다룰 수 없다. 게다가 뚠후앙 자료는 미궁(迷宮)에 빠진 듯이 세계 각지에서 뒤얽혀서 전모를 알기 어렵다. 앞으로 '국제 뚠후앙 프로젝트'(IDP)의 활동을 기대해 본다.

나머지 자료는 본서에서 간간히 언급했다. 저자는 과거의 모든 자료를 폐기처분해야 한다든가 혹은 과거의 철학사관(哲學史觀)을 바꾸자고 주장하지 않았다. 그러나 냉정하게 생각할 때, 철학의 새로운 논제가 드러났음이 확실하다. 저자는 중국철학사에 관한 기왕의 서적은 수정하거나 혹은 보완할 필요가 있다고 본다. 새롭게 출토된 문헌의 해석이 불완전하더라도 우리는 이 자료를 반영할 의무가 있다.

일찍이 청 말의 금석학자 왕꾸어웨이(王國維)는 고대 사상의 탐구 사료(史料)를 두 가지로 나누었는데, 그 첫 번째는 출판되어 전해지는 지상

(紙上)의 사료며, 두 번째는 돌조각과 쇠붙이 혹은 동물의 뼈 등에 남아 있는 지하(地下)의 사료다. 연구자들이 이와 같은 '이중증거법'(二重證據法)을 중시해야 함은 당연한 일이다. 시간의 측면에서 볼 때, 중국 고대철학의 연구는 종이에 남아 있는 지상(紙上) 사료보다 오히려 그 이전의 갑골(甲骨), 금석(金石), 백서(帛書) 혹은 죽간(竹簡) 자료에 더욱 가치를 두어야 할 것으로 믿는다.

위에서 언급한 3대 출토 문헌 자료를 포함하여 기타 많은 참고 자료나 연구 논문 등이 현대 문명의 혜택을 입어 인터넷 상에서 실시간 떠오르고 있다. 출토 문헌에 대해 《간백연구》망(www.bamboosilk.org) 혹은 타이완 중앙연구원(www.sinica.edu.tw) 혹은 '간백망'(www.bsm.org.cn)을 참고하면 도움이 될 것이다.

부록 3 인명 및 지명 한글 표기 일람표
최영애-김용옥 표기법(C.K. System) 사용

가. 중요 인물(가나다 순)

꽁딴후우(公亶父, gong dan3 fu3), 공단보
꽁수판(公輸盤, gong shu pan2), 공수반
꾸어뭐르우어(郭沫若, guo mo4 ruo4), 곽말약
꾸어시앙(郭象, guo xiang4), 곽상
꾸옌우(顧炎武, gu4 yan2 wu3), 고염무
따오신(道信, dao4 xin4), 도신
똥종수(董仲舒, dong3 zhong4 shu), 동중서
똥쭈어삔(董作賓, dong3 zuo2 bin), 동작빈
라오딴(老聃, lao3 dan), 노자(老子)
루어전위(羅振玉, luo2 zhen4 yu), 라진옥
루어친순(羅欽順, luo2 qin shun4), 나흠순
루지우위앤(陸九淵, lu4 jiu3 yuan), 육구연
뤼따린(呂大臨, lü3 da4 lin2), 여대림
뤼뿌웨이(呂不韋, lü3 bu4 wei2), 여불위
뤼쭈치엔(呂祖謙, lü3 zu3 qian), 여조겸
리따자오(李大釗, li3 da4 zhao), 이대교
리아오(李翶, li3 ao2), 이오(이고)
리위앤양(李元陽, li3 yuan2 yang2), 이원양
리즈(李贄, li3 zhi4), 이지
리즈짜오(李之藻, li3 zhi zao3), 이지조
리쩌허우(李澤厚, li3 ze2 hou4), 이택후
마떠신(馬德新, ma3 de2 xin), 마덕신
마오쩌똥(毛澤東, mao2 ze2 dong), 모택동
멍커(孟軻, meng4 ke), 맹자(孟子)
뭐자이(墨翟, mo4 zhai2), 묵자(墨子)
빠오빠(保巴, bao3 ba), 보파

사오용(邵雍, shao4 yong), 소옹
상양(商鞅, shang yang), 상앙
샤오빠오전(蕭抱珍, xiao bao4 zhen), 소포진
선따오(愼到, shen4 dao4), 신도
선뿌하이(申不害, shen bu4 hai4), 신불해
선시우(神秀, shen2 xiu4), 신수
쉬꾸앙치(徐光啓, xu2 guang qi3), 서광계
쉰쿠앙(荀況, xun2 kuang4), 순황
썽짠(僧瓚, seng zan4), 승찬
쓰마치엔(司馬遷, si ma3 qian), 사마천
아이신쥐에루어(愛新覺羅, ai4 xin jue2 luo2), 애신각라(강희제)
양뿨쥔(楊伯峻, yang2 bo2 jun4), 양백준
옌후에이(顔回, yan2 hui2), 안회
왕서우르언(王守仁, wang2 shou3 ren2), 왕수인
왕안스(王安石, wang2 an shi2), 왕안석
왕이르옹(王懿榮, wang2 yi4 rong2), 왕의영
왕츠옹(王充, wang2 chong), 왕충
왕후우즈(王夫之, wang2 fu zhi), 왕부지
윙－칱 찬(陳榮捷, wing-tsit chan, 陳榮捷, chen2 rong2 jie2), 진영첩
장짜이(張載, zhang zai4), 장재
저우뚠이(周敦頤, zhou dun yi2), 주돈이
주시(朱熹, zhu xi), 주자(朱子)
주앙저우(莊周, zhuang zhou), 장자(莊子)
쩌우옌(騶衍, zou yan3), 추연
츠언꾸잉(陳鼓應, chen2 gu3 ying), 진고응
츠언라이(陳來, chen2 lai2), 진래
츠언멍지아(陳夢家, chen2 meng4 jia), 진몽가
츠엉이(程頤, cheng2 yi2), 정이
츠엉하오(程顥, cheng2 hao4), 정호
캉여우웨이(康有爲, kang you3 wei2), 강유위
커우치엔즈(寇謙之, kou4 qian zhi) , 구겸지
콩치우(孔丘, kong3 qiu), 공자(孔子)

탄쓰통(譚嗣同, tan2 si4 tong2), 담사동
푸티따뭐(菩提達摩, pu2 ti2 da2 mo2), 보리달마
한위(韓愈, han2 yu4), 한유
한훼이(韓非, han2 fei), 한비자(韓非子)
홍시우취앤(洪秀全, hong2 xiu4 quan2), 홍수전
홍인(弘忍, hong2 yin3), 홍인
후앙쫑시(黃宗羲, huang2 zong xi), 황종희
후에이넝(慧能, hui4 neng2), 혜능
후에이커(慧可, hui4 ke3), 혜가
훵여우란(馮友蘭, feng2 you3 lan2), 풍우란

나. 중요 지명(地名)

① 4개 중앙직할시

뻬이징(北京, bei3 jing), 북경
티엔진(天津, tian jin), 천진
상하이(上海, shang4 hai3), 상해
츠옹칭(重慶, chong2 qing4), 중경

② 23개 성(省)(가나다 순)

깐쑤(甘肅, gan su4), 감숙
꾸앙똥(廣東, guang3 dong), 광동
꾸이저우(貴州, gui4 zhou), 귀주
리아오닝(遼寧, liao2 ning2), 요녕
산똥(山東, shan dong), 산동
산ㅡ시(山西, shan xi), 산서
산~시(陝西, shan3 xi), 섬서
쓰츠우안(四川, si4 chuan), 사천
안후에이(安徽, an hui), 안휘

윈난(雲南, yun2 nan2), 운남
저지앙(浙江, zhe4 jiang), 절강
지린(吉林, ji2 lin2), 길림
지앙시(江西, jiang xi), 강서
지앙쑤(江蘇, jiang su), 강소
칭하이(青海, qing hai3), 청해
타이완(臺灣, tai2 wan2), 대만
하이난(海南, hai3 nan2), 해남
허난(河南, he2 nan2), 하남
허뻬이(河北, he2 bei3), 하북
헤이룽지앙(黑龍江, hei long2 jiang), 흑룡강
후난(湖南, hu2 nan2), 호남
후뻬이(湖北, hu2 bei3), 호북
후우지엔(福建, fu2 jian4), 복건

③ 5개 자치구 (가나다 순)

꾸앙시 장족 자치구(廣西壯族自治區, gunag3 xi), 광서 장족 자치구
네이멍꾸 자치구(內蒙古自治區, nei4 meng2 gu3), 내몽골 자치구
닝샤 회족 자치구(寧夏回族自治區, ning2 xia4), 영하 회족 자치구
시짱(티베트) 자치구(西藏自治區, xi zang4), 서장(티베트) 자치구
신지앙 위구르 자치구(新疆維吾爾自治區, xin jiang), 신강 위구르 자치구

④ 2개 특별행정구

아오먼(澳門, ao4 men2), 오문(마카오)
홍콩(香港, xiang gang3, hong kong), 홍콩

찾아보기